福祉の経済哲学

個人・制度・公共性

後藤玲子

[著]

Economics and Philosophy of Well-being
Individual, Institution and Publicness

ミネルヴァ書房

は　し　が　き

福祉の思想と経済的思考

　本書の主題は，「福祉の経済学」の基礎づけにある。経済学と福祉は明らかに異質な性格をもつ。経済学的思考は，何であろうと数え上げ，交換可能・取り替え可能な地平を拓き，人と人との間で取り引きされた部分，その限界的な価値の等しさに関心を集中する。それは，深刻な道徳的葛藤や厳しい政治的対立を回避することに役立つことがある一方で，相互に還元し合うことのできない価値の固有性を見落とし，「個体（存在）」への関心を縮減しかねない。

　それに対して，福祉（well-being）の思想は，個体性と固有性の視点を手放さない。日本語の「福祉」の「祉」は神のとどまるところを，「福」は奉げもの，授かりものを意味する。福祉が主題とする個々人の被るさまざまな不利性（disadvantage）は，政治や権力に翻弄され，ときに特権に転化させられることがあるものの（ジラール，1971＝1982），基本的には，別の魅力をもった価値との交換や代替が連続的に可能であるとは，想定されていない。

　人の抱える固有の生きづらさを和らげることに経済学的思考がほとんど役立たないことは確かであり，予想可能な結果を注視して合理的（整合的かつ完備的）に資源分配を設計する際に，福祉の思想が不要とされることも確かである。かくも異質な経済学的思考と福祉の思想であるからこそ，両者を引き合わせることに意義がある。以下に，本書の企図を簡単に述べよう。

　　　　自由主義的思考は，きわめて体系的なしかたで，国家および政治を回避
　　　ないしは無視する。そして，その代わりに，二つの異質の領域，すなわち
　　　倫理と経済，精神と商売，教養と財産という典型的な，そしてつねにくり
　　　返しあらわれる両極のあいだを動揺するのである（シュミット，1932＝1970：
　　　89-90）。

　こう述べたのは，カール・シュミットである。彼は，ヒトラー政権が議会制

民主主義を掘り崩す論理を驚くべき臨場感で叙述した（その理論的支柱になったともいわれる）。本書はシュミットの研究書ではない。だが，彼の言葉から学ぶことがある。それは，従来，経済学が解こうとしてきた二項対立（例えば，協力か非協力か）は，問題の立て方それ自体に死角を含む，すなわち，真に解くべき問題と解法の手掛かりを見逃すおそれがある点である。その死角が，リベラリズムの平等概念——社会契約論の基礎となる——の死角でもあることが，例えば，アレクシ・ド・トクヴィルの次の引用に象徴的に示される。彼は「アメリカン・デモクラシー」の特性と限界を「平等」に見た。

> 平等の時代には，人々はみな同じだから，お互いに誰かを信用するということが決してない。だが，みな同じだからこそ，人々は公衆の判断にほとんど無限の信用をおくことになる。……誰もが似たような知識水準である以上，真理が最大多数の側にないとは思えないからである（トクヴィル，1840＝2008/2009：33-5）。

通常，われわれが想定するように，個々人はだれしも，利益を求め，競い，駆け引きし，協同もすれば，裏切りもする，所詮「みな同じ」であるとしたら，多数決や市場的競争，あるいはそれに準じたゲームのルールを設計することが，課題のすべてであると思われよう。交換や交渉がなされる瞬間，あるいは，投じられた1票を注視すれば，個々人は確かに等しい。個人間に相違が観察されるとしても，それは相互に比較不可能な，むしろ等しく尊重されるべき個性（例えば，無差別曲線の傾きが示す相対評価のように）であって，社会的な関心をもたれるべき差異とはみなされない。

このリベラルな平等観を根底から批判したのが，先に挙げたシュミットだった。彼は次のように指摘する。

---

(1) ミッシェル・フーコーが正しく指摘するように，「万人による万人の闘争」で知られるトマス・ホッブスの議論の根底にも，次のような「事実としての平等」認識があった（第12章2節注(3)参照のこと）。
「自然は人びとを，心身の諸能力において平等につくったのであり，……もっとも弱いものでも，ひそかなたくらみにより，あるいはかれ自身とおなじ危険にさらされている他の人びととの共謀によって，もっとも強いものをころすだけの，つよさをもつのである」（ホッブズ，1651＝1954/2013：207）。

はしがき

　　平等は，常に実質をもつ限りにおいてのみ，したがって少なくとも不平
　等の可能性と危険性が存在する限りにおいてのみ，政治的に興味があり，
　価値があるのである（シュミット，1923＝1972：15）。
　　いかなる領域にもその領域に特有な平等と不平等とがあるのである
　（同：18）。

　最後の一文は，アマルティア・センの「何の平等か」(1980) 論文の中心テー
ゼを彷彿とさせる。両者の議論の出発点は重なる。だが，その行き先は正反対
となった。シュミットは，この実質的な平等概念を梃子に，反リベラルな民主
主義論へと舵を切る。その要点は次の引用に要約されている。

　　民主主義の本質をなすものは，第一に，同質性ということであり，第二
　に——必要な場合には——異質的なものの排除ないし絶滅ということであ
　る（シュミット，1923＝1972：14）。
　　この同質性からして，統治者と被統治者の民主主義的同一性が生ずる
　（同：22）。

　すなわち，ある支配的な意思の周辺に——それを芯とする結晶化作用のごと
く——同調行動を喚起しつつ，「彼ら」と「我ら」という厳格な二分法を支配
的なイデオロギーとしながら，「沈黙（者）」と「中立者」を一掃し，意思決定
参加者の範囲を，同質性の確保された範囲の人々に絞る．そのうえで，合意し
たという事実をもって「同質性」の観念を共有させる。これが「実質的平等概
念」から「民主主義的同一性」を導出するシュミットの論理のすじ道だった。
　長々とシュミットの議論を引用した。その意図は，本書における福祉と経済
という視座は，「中庸」を探る（凸結合をつくる）ための両極を示すものではな
く，互いの常識的前提を照らし疑う視座であることを示す点にあった。「福祉」
は，平等概念の抽象性と普遍性を突き通し，具体的領域における実質的な不平
等をとらえる視座を提供する。それを受けて「経済」は，具体的領域における
実質的な不平等の是正を図りつつ，個人の自由と多様性を尊重する視座を投げ
返す。本書で両者を牽引する理念は，「平等」である。だが，それは，リベラ
リズムの平等概念（類似性）とも，シュミットの平等概念（同質性）とも異なる

iii

ものとなるであろう。

　本書は，センの厚生経済学をもとに自由と福祉の射程を伸ばし，ジョン・ロールズの政治的リベラリズムを批判的に再建しながら，福祉と経済が照射する新たな「平等」概念を展望する。

　つづいて本書の方法的立場について注記したい。

構築の学としての「福祉の経済学」

　法学と並んで教科書をもつ経済学は，法学と並んで批判にさらされやすい。理由の1つは，経済学が批判の学にとどまらず，構築の学であろうとする点にある。批判の学は，ありうべき観点の1つからなされればよく，論点の鋭さや論旨の一貫性は問われるものの，考えうる他の諸観点との整合性は問われない。それに対して，構築の学は，ありうべき複数の観点——それぞれ独立の正当化事由をもつ一方で，相互に対抗的な——の重みづけや優先順位に関して，説明責任を負う。

　「福祉の経済学」の関心は，人々による政策の活用と制度変革の営みにある。そうだとしたら，それは，批判の学にとどまることはできない。制度や政策を構築するための観点探しから始めなくてはならないからである。それらは，代替的な制度や政策のもとで起こりうる個々人の状態変化を査定する観点であり，個々人の状態変化を情報的基礎としながら，代替的な制度や政策を評価する観点である。それらはまた，制度や政策を評価する現実の個々人のいわば一次的観点をとらえる二次的観点であるとともに，それ自体が，現実の個々人に影響を与える一次的観点ともなる。[2]

　観点探しには，規範理論が有効である。複数の規範理論の解釈と解体（ベスト・インタープリテーション）を通じて，異なる正当化事由をもつ複数の観点を抽出する。それらをいわば仮組みしたモデルをつくる（モデル・ビルディングの作業）。モデルは，既存の制度や体制を映し出す鏡の役目をするとともに，規範理論の到達点と限界を映し出す。ここで得られた知見をもとに，本格的な構築

---

[2]　現実の個人が理論・政策を観測する，その視点をさらに観測しなくてはならないので，ウォルナー・ハイゼンベルグのいう「観測経過」問題（『各観測経過は大きな擾乱を引き起こす）は，重奏化されていく（ハイゼンベルグ，1956＝1965/1987, 8）。盛山（1995），郡司ペギオ（2004）なども参照のこと。

作業が開始される。ひとたび解体された規範理論を再度，統合する方法と論理が模索されるとともに，既存の制度や体制を改良する道すじが探究されるのである。

倫理と規範

分析にあたって，本書は，多く，「倫理的 (ethical)」ではなく，「規範的 (normative)」の語を用いた。両者は，「ある (is)」（事実）ではなく，「べき (ought to)」（義務）あるいは「due to」（当為）を扱う点では共通する。だが，「倫理的」は，それ自身に「（他者との関係性における）善さ」の意を含み，「非倫理的」にはしばしば，「（他者との関係性において）善からぬ」という非難が含められるのに対し，「規範的」は，必ずしもそのような意を含まない，という相違がある。

英語の規範 (norm) は「標準，ふつう，物差し」を表し，ドイツ語 (Norm) あるいは漢語は「基準・手本」を表す。後者は前者より，推す，要請するという側面が強まるものの，その意味は他との関係性における善さには収斂しない。「非規範的」は，端的に，規範的であることの補集合，例えば，事実的（経験的あるいは論理的事実）であることを示すにとどまる。

「福祉の経済学」は，いわば規範の集積である「制度」を主要な分析対象とし，さらに，「ふつう」とされている事柄を疑い，「手本」とされている事柄をつくり替えることに関心があるので，ここではより外延の広い「規範的」を用いた。ただし，その意図は，「倫理」という語を経済学から排除することにはない点を注記しておきたい。例えば，フランク・ナイトは『競争の倫理』で，自由な競争市場の外に在り，競争の質をただす外的視点を「倫理」と呼んだ (Knight, 1997)。他との関係性における善さ，悪さをより端的に論じなければならない局面で，倫理ではなく，規範の語を用いるとしたら，正確さを欠くばかりでなく，不正義となりかねない。

規範と事実を峻別することは実際には難しいことも注記しておきたい。例えば，アマルティア・センが挙げる次の例は興味深い。

x と y が等しいとしよう。このとき，「x がよいなら y もよいとせよ」という言明は，事実だろうか，規範だろうか。数学的には，「$x=y$ ならば，$f(x)=f(y)$」と表わされ，問題はなさそうだ。だが $x=y$ が事実であり，f が規範で

あるとすると，事実から規範が導出されることになり，（前者は後者を含みえないとする）「ヒューム法則」に反することになる。しかも，そもそも，$x=y$ は事実だといえるのかどうかも疑わしい。ひとたび x と y が異なる要素だと識別されたのだとすると，両者を等しいとみなす何か別の，もしかしたら規範的な理由が入り込むはずだからである（Sen, 2002a: 369-371，ただし，引用は概要，また Sen, 1966b, 1967 参照のこと）。

規範的分析の方法

第12章で詳述するように，ジョン・ロールズの正義理論に対するアマルティア・センの最大の批判は，ロールズが正義理論の主題を「標準事例（normal cases）」に限定した点に向けられた。セン自身の関心は，もし依然として正義の「理論」に意味があるとしたら，「困難事例（hard cases）」を例外として排除してしまわない理論をどう構成するかにあった。

規範を経済学の主題とする際にも，センの批判点は十分留意されてよい。事実として在る規範の生成プロセスを分析する際に，あるいは，規範的言明を論理的に解体し，より基礎的な条件や隠れた前提を明るみに出す際に，さらには，新たな条件やとりうる前提をもとにありうべき規範を展望する際に，分析者自身の拠って立つ視点が，「ふつう」，「手本」，「正常」などの標準事例に自ずと限定されているおそれがあるからである。

ただし，いまだ認知されていない「困難事例」をあらかじめ排除しない理論をいかに構築するか，その方法は自明ではない。「抽象化」と「現象の節約」を本質とする理論が，はたして，「閉鎖体系」を超えることができるのだろうか。本書第12章5節では，「例外」を「ルールの精度を高め明確化を進める」ものとして位置づけ，「一般化」に組み込むロールズの方法的枠組みをセンの議論で拡張することを試みた。イムレ・ラカトシュに従えば，ロールズの「中

---

(3) 方法論的問題についてはハイエクの次の言葉を参照。「科学や既知の技法は，……どんな特定の人にも知られていない特定の事実全てを説明することができないと言う事実を，克服できない。……実り多き社会科学とは，何がどうでないかの研究に主眼をおかなければならない」（ハイエク，1973=1997/1998：25-26）。また，次の言葉も参照。「この世界の再現は，その再現の再現（いいかえればモデル－対象関係のモデル）を含まなければならないことを意味する。再現の再現ということは，つぎつぎに重なって際限がない」（ハイエク，1952=1989/1998：217）。

核」を残して,「防護帯」すなわち補助諸仮説を批判的に展開した(ラカトシュ,1970＝1986, 190)。だが,拡張された方法的枠組みを再度,理論化する作業は残されている[(4)]。

いま,規範の生成・浸透,消滅プロセスを論理的に,また,実証的に分析する研究を,ケインズやフリードマンらの言葉を援用しつつ,「規範の事実(解明)的分析」と呼ぼう。また,事実的分析に潜む規範的判断を明示化する研究を「事実の規範的分析」と呼ぼう。さらに,(分析者自身の視点も含めて)規範的分析それ自体の被制約性,制度負荷性を批判的に問い返す研究を「規範の規範的(哲学的)分析」と名づけよう。これらに,「事実の事実解明的分析」を加えた4つの分析視角は,「福祉の経済学」研究の柱とされる。本書は「規範の規範的(哲学的)分析」に焦点を当てる。

本書の構成と構造

最後に,各章間の連関と本書の構造を示そう。本書は4部構成をとる。第Ⅰ部では,「福祉の比較理論分析」に焦点が当てられる。第Ⅱ部では,「福祉制度の経済分析」に,第Ⅲ部では,「潜在能力アプローチと福祉の社会的選択」に,そして,第Ⅳ部では,「福祉の政治経済学」に焦点が当てられる。各部の冒頭には課題と問題関心を,各部の末尾には関連する補論を付した。本書の主要な問いは序章に,それに対する本書の暫定的な結論は終章に記される。

本書は規範経済学の方法的枠組みの探索の書である。序章では修辞法を,第3章,第4章,第6章では経済学のモデルビルディングの手法を,第9章,第11章では社会的選択理論の手法を,第7章では潜在能力アプローチを試みた。第2章と第12章で簡単に紹介するように,これらの手法に共通する特徴は,ロールズの政治的構成主義の方法,すなわち,人格と制度に関する仮説を,相互の整合性と,それを支える実践理性の諸原則によって正統化する点にある。

本書はまた,(規範の中身となる)「実践理性の諸原則」の抽出法に関する探索

---

(4) 理論化にあたっては,注(2),(3)で指摘した問題のほかに,トマス・クーンのいう「観察言語」問題(「新しい理論の選択は,異なった言語を採用し,その言語に対応して異なっている世界でその言語を展開しようとする決定なのである。……この種の変化が,しかしながら,改宗というものであり,そしてそれを惹き起こす術は療法的なものである」)が課題とされる(クーン,1956＝1965/1987, 371, 386)。

の書でもある．第 1 章，第 5 章，第10章では現存する諸規範理論（市場の論理も含む）を，第 3 章，第 4 章，第 6 章では現実の福祉制度，第 2 章，第 7 章では当事者に関する社会調査を参照しつつ，規範の抽出を試みた．

　ただし，本書の関心は，方法論そのものにはない．方法論の探究の目的は，「福祉」という主題により接近することにある．現にある福祉を理解し，あるべき福祉を展望することにある．第 3 章ではアリストテレスの正義論により忠実に，第 4 章ではロールズの政治的民主主義を範型として，第 6 章と第 9 章ではセンの潜在能力アプローチを反映させながら，実際に，福祉制度とその社会選択手続きの構築を試みた．終章とあとがきで理論・制度と，現実との隔たりが，そして，こういってよければ希望的関係が手短に論じられる．

　本書が，経済学のさらなる可能性や広がりを探そうとしている人々に，また，福祉の思想に関して伝統的な学問とは違った切り口に関心をもつ人々に，また，経済そのものに関心をもつ人々，福祉そのものに関心をもつ人々，人間や世界に関心をもつ人々に，広くお読みいただければ幸いである．

福祉の経済哲学
──個人・制度・公共性──
目　次

はしがき

序　章　福祉と経済学，そして哲学 …………………………… 1
　　1　個人の選択と自己責任 ……………………………………… 1
　　2　福祉と戦争 …………………………………………………… 4
　　3　推論と常識 …………………………………………………… 6
　　4　世界への気遣いと経済学 …………………………………… 7
　　5　本書の基礎概念 ……………………………………………… 9

第 I 部　福祉の比較理論分析

　　導　論　規範理論の分析視座 ………………………………… 20

第1章　リベラリズムとコミュニタリアニズム …………… 23
　　1　個人内分配と個人間分配の相違 …………………………… 23
　　2　リスクの前で対称的な個々人への「等しい尊重と配慮」… 26
　　3　異なる境遇の個々人への「等しい尊重と配慮」………… 30
　　4　相互性の諸観念 ……………………………………………… 33
　　5　ルールの制定・受容に関する相互性 ……………………… 36
　　6　個人の統一的な価値をとらえる評価の仕組み …………… 39
　　7　社会保障制度の規範的分析における展望 ………………… 43

第2章　正義とケア ……………………………………………… 45
　　1　正義とケアという2つの観点 ……………………………… 45
　　2　基本的枠組み ………………………………………………… 46
　　3　個人の公共的判断とは ……………………………………… 47
　　4　正義とケアの観点の切り結び ……………………………… 49
　　5　ケアと依存性 ………………………………………………… 51
　　6　正義と主体性 ………………………………………………… 53
　　7　当事者・主体・共同性 ……………………………………… 55

第3章 リスクに抗する福祉とは……59
1 リスクと社会階層構造……59
2 観点としてのリスク……63
3 リスクの個人化……66
4 アリストテレスの正義と衡平性……70
5 不当性を伴う経済的給付……73
6 カテゴリー別給付の意味……75
7 基礎的機会の保障……77
8 福祉国家のヴァリエーション……80
9 制度と規範意識……82

補論1 善と正義……85

第Ⅱ部 福祉制度の経済分析

導論 福祉制度の分析視座……94

第4章 「財産所有民主主義」システム……97
1 公理的アプローチに基づく比較制度分析……97
2 基本モデル……102
3 福祉国家のヴァリエーション……104
4 福祉国家を支える諸規範理論と評価軸……106
5 政治的リベラリズムと潜在能力アプローチ……110
6 「財産所有民主主義」システムの構想……113
7 公正概念再考……117
8 損失補塡と基本財保障……118

第5章 市場の論理と福祉制度……121
1 経済体制と規範理論……121
2 所得政策と福祉政策……123
3 市場を補完する所得政策……127

4　アダム・スミス「見えざる手」の再解釈……………………128
　　5　匿名性・効率性・衡平性，そして市民的自由……………131
　　6　市場の失敗と政府の失敗…………………………………133
　　7　不釣り合いを支える規範と労働インセンティブ…………134
　　8　選好の内生的変化と市場…………………………………136
　　9　福祉の思想…………………………………………………139

第6章　公的扶助の財政と就労インセンティブ……………143
　　1　福祉制度と財政構造………………………………………143
　　2　現代日本の所得保障制度の概観…………………………144
　　3　日本の生活保護制度………………………………………149
　　4　NITモデルとアメリカ・フランスの低所得者政策………154
　　5　ミニマム福祉保障再考……………………………………159
　　6　制度の構想…………………………………………………161
　　7　就労意欲を支える公共的相互性…………………………164
　　8　価値の多元性とミニマム…………………………………168

補論2　福祉と経済成長……………………………………………173

第Ⅲ部　潜在能力アプローチと福祉の社会的選択

　導　論　セン経済学の誕生…………………………………………188

第7章　自立の社会的基盤と公的扶助……………………………193
　　1　独立と自尊…………………………………………………193
　　2　自立の社会的基盤再考……………………………………195
　　3　個人の選択したこと，しなかったことの意味…………197
　　4　自立の実質的機会の保障について………………………200
　　5　自立支援政策の問題………………………………………203
　　6　個人と公的扶助……………………………………………206

目　次

第8章　政治的リベラリズムを越える論理と制度　209
1. フェミニズムの視点と制度化の論理　209
2. 制度化批判に伴いがちな4つの論理的盲点　210
3. 支配と依存，そして自由　213
4. 暴力的に介入されない自由と能力　215
5. 暴力の介入の不在を保障する施策　218
6. J. S. ミルと M. ヌスバウムの議論から　220
7. 「特権性」に関する等しい承認プロセス　222
8. 個別・特殊間の整合性　225

第9章　社会的排除・基本的福祉の保障　227
1. 集合間の布置と社会的排除　227
2. 内外関係のもたらす不利性　228
3. 潜在能力貧困と社会的排除　231
4. 公共的経済支援政策の範囲と実行可能性　232
5. 社会的選択手続きの枠組み　235
6. 公共的経済支援政策の社会的選択手続きモデル　238
7. 社会的選択手続きに課す規範的諸条件　242
8. 社会的排除と責任　245

補論3　リベラリズムの数理的定式化　249

第Ⅳ部　福祉の政治経済学

導　論　アロー，ロールズ，そしてセン　258

第10章　多元的民主主義と公共性　263
1. ロールズとセンのパースペクティブ　263
2. ロールズ正義理論の要諦　266
3. ロールズ正義理論に対するセンの批判　270
4. 〈社会〉か多元的集合体かというセンの批判　273

  5 複数の集団にまたがる個人の自己統合化 ……………… 275
  6 公共的熟議と必要の発見 ………………………………… 277
  7 社会的参加と社会的排除あるいは包含 ………………… 280

第11章 民主主義の沈黙 ……………………………………… 285
  1 非決定性の論理と構造 …………………………………… 285
  2 集合的決定と手続き的正義 ……………………………… 287
  3 パレート条件の十分性の検討 …………………………… 290
  4 パレート条件の必要性 …………………………………… 292
  5 多数決ルールの合理性 …………………………………… 294
  6 ポジション配慮的選択手続きの可能性 ………………… 299
  7 民主主義の限界と可能性 ………………………………… 303

第12章 差異の平等 …………………………………………… 307
  1 センによるロールズ正義「理論」批判 ………………… 307
  2 平等をめぐるロールズ‐セン論争 ……………………… 310
  3 厚生経済学と「公正としての正義」構想の内的整合性 … 313
  4 非完備性とロールズ格差原理への潜在能力アプローチ … 317
  5 ロールズ正義理論の方法的枠組みの拡張可能性 ……… 320
  6 社会ルールの客体としての個々人に関する非対称的扱い … 324
  7 社会ルールの主体としての個々人に関する非対称的扱い … 327
  8 「公正としての正義」の向こうへ ……………………… 331

補論4 現代正義論と支援の思想 ……………………………… 335

終 章 自由への規範としての制度 ……………………… 345
  1 福祉サービスの平等と差異化 …………………………… 345
  2 差異と平等規範 …………………………………………… 349
  3 福祉と資本 ………………………………………………… 351

参考文献……355
あとがき……381
人名・事項索引……385

序　章
福祉と経済学，そして哲学

　福祉の視点は，これまで経済学が当是としてきた諸概念を，幾重にも重層化する。これらを再度，経済学に回収すると，経済学的思考の枠組みがどう広がるのか，本書の学問的関心はここにある。そのためには，福祉の概念を定義しておく必要があるだろう。実のところ，その定義は本書全体を通じてなされるものではあるが，ここでは，「修辞法（レトリック）」的方法で接近したい。本書でいう福祉とは，何であり，何でないのか，その輪郭を描くことを試みる。はじめに，昭和の代表的詩人である金子光晴の詩を参照しよう。

1　個人の選択と自己責任

　　遂にこの寂しい精神のうぶすなたちが，戦争をもつてきたんだ。
　　君達のせいぢやない。ぼくのせいでは勿論ない。みんな寂しさが
　　なせるわざなんだ。
　　寂しさが銃をかつがせ，寂しさの釣出しにあつて，旗のなびく方へ，
　　母や妻をふりすててまで出発したのだ。

---

(1) アダム・スミスは「言語の適宜性（propriety of language）」を修辞法の主題とした（スミス, 2004；田島, 1999）。塩野谷によれば，科学知もまたレトリックに基礎をおいており，その役割は，「主観的構成の間主観的受容」にある，という。またシュンペーターやケインズを引くまでもなく，経済学の多くのヴィジョンは修辞法を用いて記述されているという（塩野谷, 1998；McCloskey, 1985/1998も参照のこと）。なお，「論理」を「例」によって補完するアマルティア・センの技法に着目する鈴村興太郎は，前者を「原理対立的な批判（conflicting principles critique）」，後者を「事例含意的な批判（case-implication critique）」と呼ぶ（鈴村・後藤, 2001/2002：115）。さらに，アルバート・ハーシュマンやジョージ・アカロフの著作は，経済学における修辞法の方法の有効性を示す（Hirschman, 1970＝2005; 1977＝1985; 1991＝1997; Akerlof, 1970 など）。日本では，金子守（2003）も，主題に適した方法論の探究の書として参照される。

かざり職人も，洗濯屋も，手代たちも，学生も，
風にそよぐ民くさになつて。
　　　　　　　　　　　……
　僕，僕がいま，ほんたうに寂しがつている寂しさは，
この零落の方向とは反対に，
ひとりふみとどまつて，寂しさの根元をがつきとつきと
めようとして，世界といつしょに歩いているたつた一人の
意欲も僕のまはりに感じられない。そのことだ。
　そのことだけなのだ（金子，1975）。

　1980年代初頭，原爆被害者たちを中心に，原爆被害者援護法制定運動が大きく盛り上がった。それは，1945年にヒロシマ・ナガサキに投下された原爆の被害を，被爆者自身のトータルな生においてとらえ，国家の責任によって補償することを要求する運動だった。当時，原爆被害者に対する救済制度としてはいわゆる「原爆二法」と呼ばれる法律があった[2]。だが，それは放射線被害という被害のごく一部の中のさらに限定された局面をとらえるものでしかなかった[3]。ありえたはずの家庭や社会での生活が，原爆被害によってどのようにねじ曲げられたか，人の身体や精神に刻み込まれた原爆被害の傷あとが，どれだけ深く，広く，人の生に累積していったのか。被爆者たちの抵抗が，原爆被害の拡大をくいとめてきたことは確かである。だが，当然ながら，その抵抗をもって，原爆被害そのものを過少に見積もることはできない。原爆の不当性（国家の責任）とそれに対する人々の抵抗を区別して，後者の人間的意味を正当に評価するためにも，原爆被害は国によって補償される必要がある。彼らの主張は国家補償の本質的意味を見事に言い当てていた。

　だが，被爆者援護法の制定を阻む最大の壁は，「原爆犠牲受忍」論だった。国家補償の法的根拠は国家の戦争責任にいきつく。それに対する反論が「原爆犠牲受忍」論，すなわち，戦争責任を分有する国民は被害を受忍する義務をも

---

[2] 原子爆弾被爆者に対する援護に関する法律が1994年に制定されたが，運動が求める国家補償とは異なるものだったという（濱谷，2005：257）。
[3] 「原子爆弾被爆者の医療等に関する法律」（1957年），「原子爆弾被爆者に対する特別措置に関する法律」（1968年）。

つという論理だった(4)。冒頭の詩に出会ったのはそのときである。国民に戦争責任がなかったと言い切ることは難しい。戦争に向かう意思や選択がなかったと言い切ることも難しい。けれども，そこに，金子光晴がとらえた「寂しさの釣出し」，すなわち，人々が産み落とされた「うぶすな」（生まれた土地）の寂しさがあり，それらがたくみに釣り出されたのだとしたら，受忍論はどう組み立て直されるだろうか。戦争に向かう集合的な意思が人々の側にも存在したという事実，そこで個人が参加を選択したという事実は，ただちに原爆被害という結果のむごさを，「個人」に，本人の自己責任として受忍するよう迫るものではないはずである。上記の詩はそのことを直観させた(5)。

だが，不法性を根拠とする国家補償とは，結局のところ，国家の財政支出を意味するものであり，被爆者に対する援護は国民の納税をもとになされるのだから，議論は結局，現在及び将来の国民に戻される。資源移転のみを注視すれば，現在及び将来の国民が，被爆者の過去から現在，将来に拡がる被害の補償を継承する，そういう構図が浮かびあがる。しかも，被爆者が生きる現在，将来とは歴史的時間（論理的時間ではなく）であるから，被害の補償の内容は現実社会の変化から独立ではありえない。現実社会で発生する被爆者個々人の生活・福祉の観点を抜きに補償の内容を同定することはできないはずである。

「償い」といった政治的問題もまた，生産と消費そして福祉を見据えながら，望ましい分配方法を考えるという厚生経済学の基本問題である。また，本人が選択できる責任的要因と帰結の関係をどうとらえるかは，分配的正義の１つの主題である。さらに，望ましい分配方法（ルール）に関する国民の選好評価を社会的な選択にどう結びつけるかは，社会的選択理論の，そしてデモクラシーの重要な主題である。例えば，全体主義（ファシズム）をいかに押しとどめるか（ワイマール憲法下の議会制民主主義のただ中から，なぜ，いかにして独裁制が出現したのかなど）には，実証的経済史からも理論的経済学からも接近可能である。

---

(4) 石田（1973；1974），濱谷（2005）など参照のこと。
(5) 濱谷はこの問題を「抽象化は，記憶の最大の敵である」というジュディス・ミラーの言葉と，「ひとりひとりの死がないということが，私にはおそろしいのだ」という石原吉郎の詩（『絶望と海』）を引いて説明している（濱谷，2005：261-262）。ここで指摘されている集合と個人，抽象と具体，個別と一般，特殊と普遍をいかに折り合わせるかは，本書全体のテーマとされる。

2　福祉と戦争

　1939年，第二次世界大戦の勃発を予感しながら，アメリカの社会学者ロバート・リンド (1892-1970) は，*Knowledge for What* (1939) において，人々の間で「つるつるに摩滅した硬貨のように，速やかに手渡され」ていく言葉の群れの中に，「福祉」を見つけた。そして，それが「当たり前の前提」(of course assumption) を支える「決まり文句」とされていくことに危機意識をもった。

　　人間はこうした当たり前の前提（ならびに，精緻化された情動的に刺激的な象徴）を，自分の目の前にある道のデコボコをなくす穴うめ役として採用する。（中略）文化のなかでの未来の偶然性に関して不確実性が増せば増すほど，そして手段としてとりえる方策の多様性が増せば増すほど，ますますこうした穴うめ役的な前提は，信頼感らしきものを支え，日々の行動をとどこおりなく回していくものとして，希求されるだろう。

　日々の行動において不確実性が増すことはもちろんのこと，手段としてとりえる方策の多様性が増すこともまた，人々をして，「当たり前の前提」（を互いに手渡ししあうこと）を希求させる。戦争に向かう現実を見えなくする「穴うめ役」でしかないにもかかわらず。

　　わがアメリカ文化の深く亀裂が入った表面は，これらの前提とそれらのさまざまな象徴的表現との心地よい混合体によって，なめらかに糊塗されている。（中略）時がたてば，前提がいっそう古い前提の上に組み込まれ，その結果，われわれは基礎的な前提群に味方する決まり文句をもつわけである。こうして「個人の自由」とか，あるいは「デモクラシー」とか，あるいは「福祉」とかが，団結した前提の全軍勢に味方するに至るのだ。[6]

　貨幣のように手渡されていく，当たり前の前提＝決まり文句となった「福

---

(6)　リンド (1939＝1979：72-74)。ただし，訳語に若干の改変を加えてある。

祉」は，戦争に向かう現実から人々の目を逸らす結果になってしまうだろうとリンドは警告していた。同時代，歴史文学者のステファン・ツヴァイク（1881-1942）も，第一次世界大戦以前にオーストリアで普及した「保険」について，同様の洞察をしていた。

> 安定の世紀は保険制度の黄金時代となった。人々は，火災や盗難に備えて家に，雹や雷雨の害に備えて畑に，奇禍や病気に備えて自分の身体にというふうに，それぞれ保険をかけた。老齢のために終身年金の株を買い，まだ揺籃にいる娘たちに，将来の持参金のために保険証書を与えた。最後に労働者たちさえも組織化し，標準化した賃金と医療費積立会を獲得し，奉公人たちも養老保険に金をさき，また自分自身の埋葬のためあらかじめ埋葬積立会に払い込んだ。憂いなく未来を眺めうる者だけが，晴々とした感情で現在を味わっていた。

ツヴァイクの記述は，まさに20世紀初頭のオーストリア，ドイツでの社会保険の普及の様子をとらえており，興味深い。だが，その後に，つづく彼のコメントはその問題点をつく。

> 運命のいかなる侵入に対しても，自分の生活の最後の隙間にまで柵をめぐらしてそれを防ぐことができるという，この感動すべき信頼のなかには，いかにもそれは人生というものを堅実に謙虚に捉えているように見えるが，実は大きな，そして危険な不遜がひそんでいた。[7]

この手記を，ツヴァイクは，第二次世界大戦の勃発を目の当たりにしながら，ナチスの手を逃れた亡命先のアメリカで，「自分の著作の一冊もなく，手記もなく，メモもなく，友の手紙もなく，誰からもどこからも何らの教示もうけることができずに，ただホテルの一室で『頭脳のうちにだけある回想』によって書いた」[8]という。そして，その2年後に自ら生命を絶った。

リンドとツヴァイクという実際には出会うことのなかった2人の視線が「福

---

(7) ツヴァイク（1944：17）。
(8) ツヴァイク（1944：17）。

祉」と戦争の前で交錯する。2人がとらえた現実は,「自分（たち）」の福祉に固執する人々の「寂しさ」が,「彼ら（他者）」に対する侵略へと釣り出されていく姿とも重なる。戦争国家（warfare state）と福祉国家（welfare state）は驚くほど近接している。はたして,このような結びつきは福祉の思想の宿命なのだろうか,それとも,本来,福祉の思想には,それとは違った契機が含まれていたのだろうか。含まれていたのだとしたら,なぜ,それがかくもやすやすと戦争へと反転してしまうのだろうか。

3 推論と常識

　行動経済学の祖といわれ,「限定合理性」や「満足化原理」の概念で知られるハーバード・サイモンは,『経営行動』の中でこう述懐する。「ナチの綱領の多くはドイツ民族にとっての安全という目標,あるいはドイツ国民にとっての福祉という目標とさえ全く合致するものであろう」と。そして,続ける。ドイツ国民が「『われわれ』の福祉を護るために,彼（ヒトラー）が『彼ら』に加えようとした処置に反対する」ことができなかった最大の原因は,当時の人々の（目標と事実を結びつけるために使われる）推論が「冷静な推論」では決してなく,「熱烈な推論」であったためである,と。ここで彼のいう「熱烈な推論」とは,「熱情と非難を込めて語られた」命題の諸公理（諸条件）に,隠された前提と背景的思想を批判的に精査する暇がないまま,論理形式の正しさに圧倒されて導出された「暴虐な価値」を否定しきれなくなってしまう推論を指す。

　通常,経済学的分析においては,論理の自明性・中立性（誰が追っても同じ結論に到達するはずの）の背後で,分析者の常識的直観が重要な役割を果たすことが,暗黙に了解されている。ここで,きわめて不思議なことに,鋭利な分析力をもつ経済学者たちは,自らが前提とする「常識」の「常識性」を疑わない。なぜか。それは経済学的分析の主要な目的は,起こるべくして起こった現実の

---

(9) 西川長夫は,「空間」,「時間」,「習俗」,「身体」,「言語」の5つの次元で「国民化」が進められたと指摘する。西川（2006：203）。
(10) ハンナ・アーレントは,両者の結びつきがもたらす弊害を鋭く指摘し,それに抗する可能性を「政治」に,より正確には人々の政治的な活動に求めている。アーレント（2005＝2008：179-182, 199）参照のこと。近年は就労国家（workfare state）への再編が試みられている。

切り取れる部分を切り取って，跡づけることにおかれるからである。人々が普段，さほど意識せずにとっている「経済的」な行動様式（多く制度的・集合的な）を，明晰な論理で切り取る経済学的分析は，ときにわれわれの気持ちのよい笑いを誘う（「うん，ある，ある」と）。経済学的思考様式は，われわれの日常生活のいたるところに浸透しているので，それらを透明に抽出（明示化）したうえで，あとは自明な論理形式をあてはめる経済分析の妥当性は否定しがたい。

でも，だからこそ経済学は，リンドのいう「当たり前の前提」を，われわれの生活文化にはりめぐらせるおそれのある点に，われわれは留意しておく必要がある。「まずは食うこと，道徳はそのつぎ」というフレーズで知られるブレヒトの『三文オペラ』は，その意図（アイロニー）に反して，「よくぞ世の習いを看破した」と実業家たちとモッブ（乱衆）の両方から大歓迎されたという（Arendt, 1974/2010: 54）。論理の内的整合性と「常識」を至上価値とする経済学的分析は，まさにそれゆえに，実際にはわれわれの足元を脅かしている「文化の亀裂」を「なめらかに糊塗」するおそれがある。その亀裂にこそ，福祉と戦争の恐るべき結合を阻むヒントが潜まれている可能性があるにもかかわらず。

4　世界への気遣いと経済学

「厚生経済学」の祖といわれるアーサー・セシル・ピグーは，経済学とは「人間生活の改良の道具」であるといった。対して，戦後の政治思想を代表するハンナ・アーレントは，「政治の中心にあるのは，人間ではなく，世界に対する気遣い（コンサーン）だ」という。ピグーの主張は，「［経済学は］人間の個人的，社会的行為のうちで，福祉の物的条件の獲得と利用にもっとも密接に結びついた部分を考察の対象とする」というアルフレッド・マーシャルの考えを正統に継承するものだった。他方，アーレントの主張の背後には，現前する「人々を変えることによって世界を変えることはできない」という，政治哲学の基本認識が存在する。真っ向から対立するように見える，両者の関心を統合することはできないものだろうか。

---

(11)　ピグー（1920＝1953/1975）。
(12)　アーレント（2005＝2008: 137）。
(13)　マーシャル（1890/1920＝1985/1997：1）。

人間への気遣いが,「自分たち」への気遣いに収斂することが不可避であるとしたら, 自分たちの「福祉の物的条件の獲得と利用」を対象とする経済学と「自分たち」を越えた世界への気遣いをうながす政治哲学の乖離は免れえないだろう。例えば, 貧困は必然だという当時の主流的見解（トーマス・マルサスやハーバード・スペンサー）を退け,「貧困からの解放」を自身の研究活動のモティベーションとしたはずのマーシャルが, 実際の経済分析においては,「人間の品位や平穏な生活を知ることがない」ような「残滓階級」（まったく個人的な問題状況にあると見られている人々）を分析対象からさりげなく外しているという事実は, そして, その伝統は新厚生経済学にも継承されたという事実は, 両者の決定的な乖離を証左するように見える。[14]

　だが, もし, ここでピグーの言明における「人間」を,「世界」に対する気遣いをもつ存在として解釈するとしたらどうだろうか。あるいは「世界」から気遣われていると感ずる（もしくは,「世界」から見放されたと感ずる）存在であるとしたらどうだろうか。声もあげず, 姿も現さない, けれども苦悩している「人間」の生活への関心を「福祉」と呼ぶならば, 経済学は「人間生活（福祉）の改良の道具」である, という命題が再度, 真にならないだろうか。

　ケネス・アローからアマルティア・センへ継承され, 発展した社会的選択理論は, このような方向で厚生経済学と政治哲学を整合化する有用な道具となる。マーシャルやピグーにおいては, 人間は, もっぱら経済学が分析対象とする制度・政策の目的（客体）であって, 制度・政策を考案する主体とは見なされていない。それに対して, 序数的かつ個人間比較不可能な選好概念を基盤とするアロー型社会的選択理論は両者の統一を可能とするモデルである。社会的選好の情報的基礎となる個人の選好（順序）は, 制度・政策の変化に伴って変化する個々人（客体）の効用とも, 制度・政策の変化に伴って変化する客体（自己の状態）を評価する選好主体とも解釈可能である。

　センの社会的厚生汎関数は, 目的（客体）としての個人の価値（状態, 利益）と, 主体としての個人の評価をひとたび切り離したうえで, さまざまな条件のもとで再度, 関係づける途を開いた。両者の関係のつけ方は, 理論的にはオー

---

[14]　「『残滓階級』の人々を除外するとしても……」（マーシャル, 1890/1920＝1985/1997：3）。マーシャルのいう「残滓階級」は, 貧困階層一般からも区別されている点に留意が必要である。

プンとされるので，多様なケースを想定しうる。評価主体とはならずにもっぱら制度・政策の客体として振る舞う個人，社会的評価の形成に参加することなくもっぱら制度・政策の潜在的な利用者である個人も包含されることになる。

ただし，容易に理解されるように，このモデルは重要な規範的問題を浮きぼりにする。主体と目的（客体）が切断されるとしたら，両者の間の差異は連続的で対称的な差異とはいいがたいものとなる。もっぱら主体である個人と，もっぱら目的（客体）である個人との間には，想像上の立場の交換可能は成り立ちがたい。はたして，この不連続で，非対称的な差異のもとで，主体が客体を認知したとして主体と客体は対等でありうるのだろうか。主体が客体を保護したとして主体は客体に敬意をもちうるのだろうか。両者の間に厳然として残る不連続性，非対称性，一方向性を認めたうえで，両者の存在における等しさを垂直的公平性といった言葉で片づけないためには，どうしたらよいのだろうか。

この問題は，アーレントのいう「世界」の解釈とも関わってくる。「世界」を気遣う人とは誰なのか，気遣われる「世界」には誰がいるのか。もっぱら評価の客体であることにとどめられた人の中には，不当にもそう強いられている人，主体としての解放を希求する人がいる一方で，少なくとも当面はもっぱら客体としての保護を必要とする人，自らの「世界」にこもる人々もいる。「政治」が関心をもつべき「世界」もまた，均質な空間ではなく，複数の異質な「世界」を包み込む開かれた「世界」である。

これらの点に留意して，ここではピグーの言明を次のように拡張的に定義し直そう。経済学とは，「さまざまな世界への気遣いをもち，さまざまな世界から気遣われる人間たちの生活を規定する諸制度改革の道具である」と。この定義は，他学問との協同へと経済学を押し出すことになるだろう。その一方で，福祉の概念も拡張されることになった。

以上で「福祉」に関する予備的考察を終え，以下では，本書の基礎概念を説明しておく。

5　本書の基礎概念

なぜ制度なのか

「政治の中心にあるのは，人間ではなく，世界に対する気遣い（コンサーン）」であるとい

う言葉の後に，アーレントは，次のように続ける。

> もし世界内に存在する何らかの施設や組織や公共機関を変えたいと望むなら，私たちにできるのはその定款や規約や法規を改訂して，あとは自然に収まりがつくのを祈ることだけなのである。なぜそうなのかと言えば，人が一緒に集まるところではどこでも——それが私的であれ，社会的であれ，また公然たるものであれ政治的なものであれ——人々を寄せ集めると同時に互いに離反させる空間（スペイス）が，生成されるからである。そのような空間はすべてそれ自身の構造を持ち，それは時間と共に変わり，私的文脈では習慣として，社会的文脈ではしきたりとして，公的文脈では規約，定款，規則などとして現れる。人々が集まるところではどこでも，世界が人々の間に割り込んでくる（アーレント，2005＝2008：137）。

「定款や規約や法規を改訂して，あとは自然に収まりがつくのを祈ることだけ」だというアーレントの洞察は，おそらく真実であろう。世界に存在する施設や組織や公共機関の背後には，高度な，けれども，しばしば非効率的で，自己都合的な多種の習慣やしきたり，コードやシステム，さらにはシステム間の連関が広がっている。それらをあらかじめ制御する定款や規約や法規（以下ではこれらを「ルール」と総称する）をつくろうとしたら，施設や組織や公共機関を利用する人々の意図はもとより，利用を図ろうとする人たちの思惑をも越えて，人々の生活の全体を，生涯にわたって，無用に，過剰に，監視し，束縛することにもなりかねない。

だが，アーレントの指摘するルールの限界は，ルールあるいは，ルールを実体化する（人為的）制度の否定と受けとられてはならない。より望ましいルールと制度はいかなるものであり，その制定・改定手続きはどのように設計されるべきかは，焦眉の課題として残される。以下では，ロールズの正義理論を手がかりとして，課題の中身を抽出しよう。

多元性の事実と公共的ルールの課題

ロールズは「理性的な多元性の事実（the fact of reasonable pluralism）」を政治的リベラリズムの理論前提とした[15]。そこには次の3種類の多元性が含意されて

いる。

① 目的の多元性：社会には，異なる複数の目的をもつ個人や集合体（家族，組織・団体，共同体，社会，諸社会の社会）が存在する。
② 規範の多元性：社会には，異なる複数の規範的判断が存在する。
③ アイデンティティの多元性：個人は，異なる複数の集合体に属し，異なる複数の目的と異なる複数の規範，ならびに複数の自我像の受容を要請される。

本書もこれらの「多元性」を考察の出発点とする。ただし，その理由は，ロールズとは異なり，それが事実であるからではなく，「個人の尊重」が「多元性の尊重」を論理的に含意するから，換言すれば，「多元性の尊重」がないとしたら，「個人の尊重」は困難となるからである。さらに，本書は，

④ 存在における「差異 (difference)」と「多様性 (diversity)」

を，観察可能な事実的前提とする。これらの4つの前提から出発するとき，公共的ルールの課題は次の2つに集約される。

課題1　分配方法（経済システム）のあり方について
　ある社会の中に，多元的な目的・規範・アイデンティティ，ならびに差異と多様性を内包するさまざまな集合体を想定する。それらの集合体に対して，社会の責任で保障すべき善きものがあるとして，はたして，そのリストならびに重みづけをいかに定めたらよいか。また，それらの生産・分配・消費に関して，集合体間にどのような権利・義務関係（便益・負担関係）を振り分けたらよいのか。

---

(15) Rawls (1993: xix) 参照のこと。
(16) 後述するように，ジョン・ロールズが『万民の法』の対象は，地球上のすべての人を直接構成員とする単一社会ではなく，「諸社会の社会」，すなわち，異なるさまざまな社会の集まりである。

注記すれば，ここでいう「集合体」には単一の「個人」から構成されるケースも含まれる。単一の個人においては，善のリストと重みづけ，諸資源の生産・分配・消費は，異なるライフステージ間のプラン作成の問題，あるいは，個人の内にありうる多元的アイデンティティ間のバランスの問題として発現する。

　課題2　意思決定手続き（政治システム）のあり方について
　上述の問題，すなわち，善きもののリストと重みづけ，ならびに資源の社会的分配に関する〈社会の判断〉をどのように導出したらよいのか。〈社会の判断〉を，個人その他の集合体が提出するさまざまな種類や内容の判断に基礎づけるとしたら，具体的にはどのような手続きで個人その他の集合体の判断をまとめあげたらよいのか。

　本書では，これら2つの課題をもって公共的ルールを定義する。つづいて，「公共」と「社会」という語について簡単に注記する。

「社会」と「公共」

　アーレントは，人と人との関係やすきまにわりこんでくる「異質なもの」を，政治と呼んだ。それは観念であるとともに実体である。「公共」は，そのわりこんでくる異質なもの（個人の中の自我と自我とのすきまも含む）を，規範的にとらえ返す概念，いうなれば，「わりこませるべき異質な観点」を指す。ロールズは，公共的（public）という語を，現実のさまざまな集合体のしきりを越えて成立する社会世界（social world）と個人との間の反照的関係としてとらえた。現実のさまざまな集合体と個人との間には，社会的理性（social reason）あるいは集団内理性（domestic reason）が働くことがあるものの，それらは公共的とは限らないという。「公共的」であることの要点は次のように例示される。

---

(17)　経済学でいう「公共財」は，財の技術的な性格——消費における非競合性と非排除性——に基づいて「私的財」とは区別される一方で，私的財と同様に，個々人の私的選好体系の中に組み込まれる。それに対して，ここでいう「公共的善」は，個々人の私的選好にはかならずしも還元されない点に特徴がある。経済学の公共財概念については，例えば，Musgrave, R. A. and P. B. Musgrave（1973/1989: 56-57）参照。

いま，位相の異なるさまざまな集合体——個人，家族，共同体，営利組織，非営利組織，宗教団体，国民国家，欧州共同体など——を想定する。各集合体は自律的決定を旨とする，つまり，自分たちで自分たちのことを決めるとしよう。この場合であっても，公共的観点は生じうる。なぜなら各集合体の自律的決定を，集合体間の個別的・自発的関係を超えて保証する必要が問われるからである（すなわち，集合体間の権利・義務関係あるいは便益・負担関係の調整）。さらに，個体としての個人を，それぞれの集合体を超えて——あるいはそれぞれの集合体自体の抑圧からも——直接，保護する必要性が了解されるからである。さらに，どの集合体の利益からも離れた公共善（地球そのもの，あるいは将来世代の善など）への配慮が要請されるだろう。

　このような場面で公共的ルールを制定し，改定し，適用する実体的な場が「社会」である。ロールズは，「社会」を次の2点で特徴づける。第1は，「公正な協同システムとしての社会（society as a fair system of cooperation）」である。それは，自発的に参入・退出しうる「組織（association）」とは異なり，「産み落とされる（born into）」ことにより参入し，「死」をもって退出する。また，共有されたアイデンティティを想定できる「共同体（community）」とは異なり，選好や資質における多様性と異質性を内包する。ここでいう「協同」は，非自発性と偶然性，多様性と異質性を基盤とする協同であり，どの組織・共同体にも属さない（属せない）個人もまた，包含されうる。

　第2は，一定の政治的諸観念（例えば「自由と権利」あるいは「穏当な階層性」など）の共有と制度によるその継承である。前者は，歴史的伝統を事実的な共有を要件とするものではなく，要点は，「歴史的伝統のうちに発見される諸信念を新しい形で表現すること，それらをある広い範囲の人々の熟考された諸信念と結合させることにより，共有された理解のための開始地点を創造し形づくること」（Rawls, 1980: 518）にある。後者の要点は制度負荷性を見込んだうえで制度を設計する点にある。「もし，われわれがリーズナブルで正義に適った政治的・社会的制度の枠内で育ったとしたら，成人したあかつきには，これらの諸

---

(18) ここでの枠組みによれば，「公共ルール」は，さらに，個人の中のある自我を，その自我の属する個体から守る側面をももつといえる。
(19) ロールズ正義論の社会概念に関しては，土場・盛山（2006）を，また，「集まり」をキイとする社会概念については，後藤隆（2009）を参照のこと。

制度を認容するだろう。こうして，これらの制度は時間を超えて持続可能となるだろう」(Rawls, 1999a: 7)。権利や義務は本質的には超時間的概念であるが，同時に，歴史性をもち，常に改定要求にさらされる。

実体としての社会は，対応する公共的ルールとの関係で，「国家」より小さくも大きくもありえる。ロールズは，地球上のすべての人を直接構成員とする単一社会ではなく，国家間連合でもなく，「諸社会の社会」，すなわち，異なる正義原理をもちつつも「万民の法 (the law of peoples)」を共有しうる社会を構想した（グローバル正義）。いま，この概念を拡張して，異なる正義原理をもちつつも一定の政治的観念を共有できる世代のまとまりを「社会世代」と呼ぶならば，「諸社会世代の社会」が有する公共的ルール（世代間正義）の役目は，①特定の「社会世代」を超えて個人の権利を守り，②「社会世代」間の関係性を調整することとなる。

注記すれば，ロールズが「社会は閉じられている」と記述するとき，それは，人の出入りがないことを意味するのではなく，その構成員が「相互性 (reciprocity)」の観念に支えられながら，当該社会への責任を継続することを意味する。すなわち，新たに参入した人々が順次，社会内の制度に組み込まれていく一方で，社会から退出した人々が，その社会に対して，例えば，よき批判者として，一定の影響力と責任を持続することを含意する。以上より，「社会」は，目的意識性を本質とする「組織」からも領土性を本質とする国家からも区別された，「公共性」の担い手とされるのである。

ただし，この「社会」では，ロールズの想定とは異なり，一般的には，公共的ルールの制定主体と公共的ルールの適用客体の集合は一致する保証はない。公共的ルールは，その制定プロセスに直接，参加できた人々のみならず，参加できない人々（地理的・時間的，あるいは身体的・精神的困難より）に対しても，広

---

[20] 将来世代は，先行世代が定めた権利や義務を自分たちの文脈で吟味し，解釈し直し，改定すると考えられている。この点はユルゲン・ハーバーマスとの議論を通じて明確にされた (Rawls, 1996: 401)。

[21] 例えばロールズの次の言葉を参照のこと。「世代間の公正を保証するためには，人々はどの世代に属するかを知らないということ，あるいは天然資源や生産技術水準などに関する情報が遮断されるということを付加しなくてはならないだろう」(Rawls, 1974/1999b: 237)。

[22] ハーシュマンのいう「示威的な他者性 (demonstrative otherness)」も含められる (Hirschman, 1970 = 2005: 108)。

く影響を及ぼすものの，その影響をルールの改定に反映させることができない（例えば，Sen〔1999a〕参照のこと）。いまだここでは意識化されていない出来事や経験を，将来，考慮してルールを改定することが阻まれない，その意味で「開かれたルール」を，いまここで制定することがはたして可能なのだろうか。本書の関心はむしろここにある。

ルールと名前

ロールズはルールを2つの相のもとにとらえる。1つは「要約的」ルールであり，他の1つは「実践的」ルールである。前者は個々の行為の経験を跡づけ，容認するルールであり，後者はさまざまな実践舞台を設定するルールである。前者では，先例にない行為は排除されるか，容認されるとしても例外としてのみ扱われる。それに対して，後者では，先例にない行為も例外としてではなく，新たな舞台の構成要素として組み込まれる可能性がある[23]。例えば，普遍的人権規約の発展の歴史は，条約制定以前の経験のみならず，新たに認知されていく多様な経験に応答しながら，再解釈されることを予定した，換言すれば，実践舞台の枠組みそれ自体の改変と思想の深化を予想した公共的ルールの展開事例として読める。問題は，個々人の個別・具体的な経験を認知し，応答し，再解釈し，改変し，必要ならば解除するプロセスに求められる。

ルールは制定するものであるとともに改定するものでもある。ルールは受容するものであるとともに，解除するものでもある。ルールを改定しうることや解除しうることは，ルールを制定しうることや受容しうることと同じくらい，個人の自律に不可欠である。ロールズ正義理論の隠れた革新性はこのようなルールの統治性の相対化にある。だが，ルールを改定・解除するにも，その手続き（ルール）それ自体の検討が必要となる。かくして，ロールズのルールへの

---

[23] ロールズのルール概念については，Rawls（1955/1999b: 37）。なお，この分類はヴィトゲンシュタインの次の記述と対照すると興味深い。「言語がコミュニケーションの1つの手段であるとしたら，そこには定義における合意のみならず，（奇妙に聞こえるかもしれないが）判断における合意があるのである。これは論理を棄てることと思えるかもしれないが，そうではない。」（Wittgenstein, 1958/1967, I : 241）。ヴィトゲンシュタインは，実践と実践を先導するルールとの関係を，経験的あるいは論理的な因果性とは異なる位相でとらえようとしている。ロールズは，「ヴィトゲンシュタインは（ルールの）観念がどれほど流動的なものであるかを明らかにした」と注記する（Rawls, 1955/1999b: 40; Wittgenstein, 1958/1967, I : 65-71）。

関心は社会的選択理論へと接続される。

　ルールには，あらかじめ定められた一定の要因を通して事を扱うという本質がある。一定の要因を満たす限り，人や物は「合法的」に，等しい扱いを受ける。一定の要因を満たさないとしたら，人や物は「合法的」に異なる扱いを受け得る。人や物のもつそれ以外の要因や他の特徴はまったく問題にされない。まして，人や物の名前で（つまりは，人称的に）扱いを変えることはない。まさにルソーが言うように，「法は特権の存在を決めることは十分できるけれども，何びとにも名ざしで特権を与えることはできない」（ルソー，1987：59）のである。ただし，ルールは，あらかじめ定められた一定の要因を満たさない対象が，——自らと矛盾しないかぎり——他のルールのもとでどう扱われるかについては沈黙を保つという特徴ももっている。

　このルールの沈黙は，ルールの弱さであるとともに，ルールそれ自体を進化させるキイでもある。例えば，制度の実施機関の中でも，より対人的関係に近い場——相談支援や緊急避難施設——では，困難を抱えた個人に対して，ルールに関する「例外的扱い」がなされることがある。同様のケースを同様に扱う原則を保ちつつも，あらかじめ定められた要因を満たさないケースを，とりあえず名前で受入れ，支援する。本書が着目するのは，この「例外的扱い」が，既存のルール，そして法制度の中に戻され，再度，一般化されていくプロセス，換言すれば，対象の差異に応じた法制度の実効的な手立てをもとにして，抽象的かつ普遍的な法制度を，個別・具体的制度へ実質化していくプロセスである。

　このプロセスに対しては，もともとルールに備わっていた選別機能を無効化するものだという批判が寄せられるかもしれない。資格ある（～に値する）ものとないものを区別することがルールの目的であるとすると，この批判は意味をもつ。だが，選別はルールの１つの機能にすぎず，ルールの目的は別にある（例えば，この場合であれば，困難を抱えた個人を支援すること）とすれば，この批判は真の問題を見逃すことになりかねない。

　法学者が指摘するように，「人による支配（rule of man）」から「法による支配（rule of law）」への移行が人類の進歩であったことは間違いない。だが，そこでは，「法による人の支配」をどう組み換えるかという論点は残された。理性的に普遍的法則を立て，それに理性的に従うことは自律であるとして，法のルールに自縛される状態は，自律とはいい難いからである（第10章の注(22)）。

実践的には,「ルール受容」のただ中で「ルール解除」の視点をいかにして保つか,それをいかに「ルール改定」に結びつけるかが重要になってくる。理論的には,ルールの整合性を保持しつつも,完備性の前提を崩すこと,ルールの背景思想や目的と照合しながら,「例外的扱い」を組み込み再編する方途ならびに哲学的基礎を探ることが課題とされる。以上の基礎概念を確認して,次に本論に移ろう。

第Ⅰ部
福祉の比較理論分析

導　論　規範理論の分析視座

福祉の思想

　第Ⅰ部では，福祉の規範理論を構成する複数の観点を探究する。リベラリズムとコミュニタリアニズムの観点，正義とケアの観点，主体と共同性の観点，リスクの因果性（予防原則）と偶然性（事後補償）の観点などである。

　福祉の思想として，通常，思い浮かべられるのは，慈しみ，哀れみ，人類愛などであろう。これらの概念の本質的な意味が，自己と他者の境界を超え（超越し），他者と他者の境界を越え（越境し），だれであろうと人間を尊重することにあるとしたら，これらが福祉の実践を支える個人の徳（アレテー：善き性質）となりうることは間違いない。孟子の惻隠の情，イエスの黄金律，アダム・スミスの同感（compassion）（Smith, 1759＝1973），マルクスの「類的存在」（マルクス，1844＝1964/2004）も重要な徳となりうる。だが，例えば，次のカントの言葉は，これらの徳にしたがって福祉の実践を続けることが困難となる局面のあることを示唆する。

　　　　仮に上の博愛家の心が，彼自身の悲しみによって曇らされ，その悲しみは他人の運命に対するあらゆる同情心を消してしまったとしよう。彼は，他の困っている人々に親切を尽くす能力は依然としてもっているが，自分自身の困窮で心が一杯であるため他人の困窮は彼の心を動かさないとしよう。

　カントは，同情心を失っても，「親切を尽くす能力」は残されている状況に注目する。ただし，ここでいう能力は「善意志」（善き意志）に近いと解釈される（カント，1788＝1979/1998：49）。カントはまた，次のような例を挙げる。

　　　　ある人が生まれつき同情心乏しく［ほかの点では立派な人でありながら］気質の上では他人の苦しみに対して冷たく無関心であるとしよう。そしてその理由は，その人が自分自身の苦しみをも辛抱強くもちこたえる力を生まれつき特にめぐまれていて，そのためそういう生まれつきが他のすべての人にも具わっていると思いこみ，さらにはそれを当然のこととして他人に

も要求するからであるとしよう（カント，1972：239-240）。

ここでは，文字通りの能力が注目される。「苦しみをもちこたえる力」である。カントがここで解こうとする問題は，この能力をもつ人が，それに妨げられることなく，他の人々に親切を尽くすことができるかである。その答えは，純粋実践理性の根本法則，「自分の格率（モットー）が同時に普遍的法則ともなるように行為せよ」（カント，1788＝1979/1998：73）であろう。具体的には，「親切を尽くす能力があるならば，親切を尽くせ」，あるいはよりカントに即すならば，端的に「親切を尽くせ」（定言命法），あるいは，「苦しみをもちこたえる力」の差異に，もっといえば，「苦しみ」そのものの差異に配慮せよ，であろう。後者は，親切の中身の特定化に人を誘う。

権利・人権概念，そして平等規範

困っている人を援(たす)けることが自分にとっても好都合と考えられるとしたら，福祉も自己利益の延長で実践できることになる。「援ける」，「援けられる」という関係も，異なる時点間でならしていけば，互恵的関係（相互性：mutuality），つまり，お互いに利益をもたらす関係とみなされることもあるだろう。

だが，通常，「援ける」人と「援けられる」人との関係は，互恵的とはなりにくい。互恵的であろうとすると，「苦しみをもちこたえる力」をもつ人が，同じことを「他人にも要求する」結果となりかねない（辛抱強くあれ，と）。自己利益の延長としての利他心が，他の人の真の利益には届かない場面に遭遇することをわれわれは避けられない。

その一方で，相互性を超越した公権力の前で，個人が無力化しがちであることも確かである。日常言語とは異質な言葉で書かれた法や規則は，仕様書やマニュアルを越えた高度な体系性をもって人々を圧倒する。ささいなことから個の生活に招き入れた公権力が，個人の利益をことごとく蹂躙しかねない。

このような諸場面では，平等という価値規範，そして，権利や人権という概念がしばしば有効となる。権利や人権は，高度な法制度体系の一部品でありながら，概念として独立に，普遍性と抽象性を備える。しかも，個別な事情や特殊な状況に適合しながら自己変革しうる性質をもつ（例えば，障害者権利条約の制定など）。平等規範は，当該社会で支配的なモラル，組織の都合，支援者が内面

化している道徳，美学，格率（モットー），儀礼，そういったものをひとまず断ち切って，援助される人の守られるべき権利や人権の視点から問題を組み立て直すように要請する。

　カントがいうように，たとえ自然な感情として親切を尽くすことができないとしても，親切を尽くす能力（善意志）をもつ限り，なすべきこと（規範）として，親切を尽くすことができるかもしれない。もちろん，個人に受容された規範は，いかに内面化されようとも個人の外にあり，自己と規範に対する個人の批判的・反省的視点は（よそよそしさとともに）保たれる。

　学問が考察すべき課題は，普遍性・抽象性と個別性・特殊性との論理的整合性を明らかにすること，換言すれば，個別な事情や特殊な状況をもとに権利や人権をつくり替える論理と道すじを解明することである。その手掛かりは，(法制度の)「例外的扱い」を（壊すことなく）再度一般化する道すじを探ること，これまで多くの人々が要求し，制定し，実行し，改定してきた権利・人権思想を，苦悩し困窮する人々自身の視点からより実効的なものへとつくり替えること，個々人の状態に関する理解をもとに，人権の普遍的条項を個別具体的な権利（rights）や権原（entitlements）に落とし込むことなどにある。第Ⅰ部はその基礎作業として規範理論の比較分析を行う。

第1章
リベラリズムとコミュニタリアニズム

1 個人内分配と個人間分配の相違

　社会保障は，競争市場制度を補完して個々人の便益を公的に保障する制度である。その目標は，個人の便益から遊離したところに想定される「社会的便益」ではなく，名前の付いた個々人の私的便益に向けられる。ただし，市場を補完するには2つの方法があり，社会保障には対応する2つの仕組みがある。

　1つは，市場の論理——人々が現に有する選好を所与とする需給関係によって，労働と分配との関係および財・サービス間の関係が同時に決定される——を拡張することによって不確実性などの問題に対処する方法であり，他の1つは，市場とは異なる論理で自然的偶然や社会的影響（市場それ自体のもたらす影響も含む）に対処する方法である。前者に対応する仕組みは，市場の働きを補強することをもってその機能が評価されるのに対し，後者に対応する仕組みは，市場の働きとは独立な規範的観点からその機能が評価される。例えば，公的扶助制度は，すべての個人に対して基本的な福祉（well-being）を保障することは正しいという観点から評価されることになる。[1]

　もちろん，いずれの方法においても分配される財の生産が必須であり，財の生産には個々人の労働が必須であり，分配される財の総生産量は，事実として個々人の労働に応じて変化する。その意味では，後者の仕組みであっても，労働と分配の関係が完全に切り離されることはない。また労働と分配を仲立ちとする個人間の相互性が全く失われることもない。両者の違いが顕著となるのは，それらを関係づける仕方，すなわち分配方法においてである。[2] 前者と比べた後

---

[1] 現存する各種社会保障制度がそれぞれどのような規範的観点を内包するか，に関する詳細については，本書第Ⅱ部を参照のこと。

者の仕組みの特徴は，競争市場によって実現される生産と分配との関係をひとたび切り離したうえで，個々人の多様な活動，あるいは存在そのものに関する評価をもとに，より公正な関係を構築しようとする点にある。

だが，競争市場によって実現される生産と分配との関係が公正とはかならずしもいえないとして，はたして，それに代わる公正な関係を構築することができるのだろうか。競争市場で定まる価格（賃金）はひとの活動や存在の価値を正しく表すものではないとして，はたして，それに代わる「正しい」評価をわれわれは見つけて，実行することができるのだろうか。本章の目的は，このような問題意識のもとに，現存する社会保障制度の性質を規範的に分析するとともに，そのあり方を展望することにある。主な分析視角は2つある。

第1は，個々人をもっぱら形式的な対称性において扱う公正性，あるいは異時点間での個人内分配を実行する合理性は，異なる境遇（ポジションやカテゴリー）にある個々人を等しく尊重する公正性へと拡張されうるのかどうか。第2は，異なる境遇（ポジションやカテゴリー）にある個々人を等しく尊重する分配方法があるとして，はたしてそれを誰がどのような論理で制定し，受容するのか，その実行に誰がどのような論理で責任をもつのか。公共的な相互性（public reciprocity）に関連する問いである。

いうまでもなく，公正性や相互性に関する規範的な研究としては，倫理学，政治哲学，法哲学などの諸分野において，その事実解明的な研究としては，社会学や経済人類学，社会心理学などの諸分野において，多くの優れた業績が存在する。だが，本章は経済学から出発する。その積極的な意義は次の点にある。第2章で紹介するように，経済学には，社会状態を異なる利益や関心をもつ個々人の行為へと分解したうえで，再度それらの相互連関を分析するというモデルビルディングの手法がある。本章もその方法を踏襲する。経済学にはまた，公正性と相互性に関して独自の概念を発展させてきた歴史がある。例えば，個々人の選好の多様性を所与として，自己の取り分よりも他者の取り分を選好

---

(2) この点は，ベーシックインカム構想とワークフェア構想との相違を，労働との関係の有無に求める議論との関係で強調しておきたい。労働なしの分配はありえない。

(3) 以下で使う個人内分配（inner-personal distribution），個人間分配（inter-personal distribution）という概念については，Sandmo（1999）を参照した。前者は異時点間における所得平準化として説明されている。

する個人がいないことに着目する無羨望（no-envy）原理，本人の選好上において平等分配と等価であることに着目する平等等価原理（egalitarian-equivalence），契約当事者間の便益の増減に関する単調性（monotonicity）や対称性（symmetry）に着目する相互便益（mutual advantage）基準，さらに，各人の費用負担と支払い意思（willingness to pay）の釣り合いを図る衡平性（equity）概念，また，どの個人の状態をも悪化させないこと，あるいは，すべての個人の状態を改善することをもって望ましいとする（強あるいは弱）パレート効率性基準など，通常は公正性とは対立的にとらえられがちな基準の中にも，個人間の対称性への配慮が潜まれている。本章はこれらの公正性概念を批判的考察の手掛かりとする。

とりわけ社会保障の文脈では，これまで「公共」，「共同体」あるいは「家族」などの陰に隠れがちであった個人の貢献（家事・育児労働，保険料拠出や税負担）を明るみに出し，それとの関係で社会保障制度を透明化する役割を経済学は果たした[6]。また，国民皆保険制度や福祉の措置制度など，強制性をもつ公的社会保障制度に関して，それへの参加は，はたして個々人に純利益（便益マイナス費用）をもたらすものであるのか，という私的契約主義的な観点を導入するきっかけともなった。経済学の提出する上述の公正性や相互性の概念は，そもそも個人の私的利益と整合的に定義されているため，受容や遂行の問題，すなわち，あるルールが公正であるとして誰がどのような論理でそれを受容するのか，誰がどのような論理で遂行するのか，といった問題をはじめから考えずにすむという分析上の利点がある。本人の利益と整合的であれば，公正性と相互性を備えた制度への参加という問題は，もっぱら本人の合理的な慎慮の問題に還元できるからである。

だが，ここでは注意も必要である。制度をつくり，動かしていく際に，個々人の私的利益との整合性が過度に追求されると，社会保障制度は市場的な性格を色濃くもつことになる。冒頭で述べたように，社会保障には——公的扶助はもちろんのこと各種社会手当と呼ばれるもの，さらには年金・医療・介護など

---

(4) 前者について，Foley（1967），Kolm（1972/1997; 1996），後者について，Pazner and Schmeidler（1978）などを，和文献として蓼沼（2011），須賀（2014）などを参照のこと。また，分配理論の古典的テキストとして青木（1979/1981），石川（1991）を参照のこと。

(5) Roemer（1996＝2001; 1998）など参照のこと。

(6) 第3章で詳述される個々人の選好とリスク発生率の相違，あるいは家事や育児の市場価値に配慮した社会保険の設計（保険料と保険金期待値との釣り合い）など。

の社会保険の中にも——市場を越える機能があったはずであり，それを支える独自の公正性と相互性の概念が存在するはずである。経済学の視点によってそれらを完全におきかえることはできない。

　このような問題関心から，以下では社会保障における経済学的視点の到達地点を確認し，その視点の拡充に努めたい。視点の拡充にあたって参照されるのは，リベラリズムとコミュニタリアニズムという2つの規範理論である。リベラリズムとコミュニタリアニズムは，しばしば，正と善の優位性をめぐって対立的にとらえられがちである。だが，社会保障の文脈においては，両者は相補的な関係におかれる。

　リベラリズムは，個人の視点に立った正義の観念，すなわち個人別衡平性，選択の自由，平等な保障など個々人に対する対称的な扱いを経済学と共有しながらも，同時に，経済学を越える正義の観念，例えば，異なる境遇にある個々人に対する「等しい尊重と配慮」（ロナルド・ドゥオーキン）や「相互性としての正義」（ジョン・ロールズ）という語に表される独自の観念をもつ。他方，コミュニタリアニズムは，共同体という個人間の関係性を基礎としながら，メンバー個々人の貢献や必要に関して，普遍的な市場価格体系とは異なる評価軸，例えばローカルな文脈に依存した評価軸を形成するきっかけをもつ。これら2つの視点を合わせ鏡とするなら，ルールと権利概念を基調とするリベラリズムのフレームに具体的な価値を投入する可能性が開ける。

　本章の構成は次の通りである。続く2つの節では，ロナルド・ドゥオーキンの仮設的保険理論を素材として，正義に関する経済学の視点とリベラリズムの視点の重なりとずれを確認する。続く第4節，第5節では，相互性に関するコミュニタリアニズムとリベラリズムの視点の異同が確認される。これらの分析を受けて第6節では，市場とは異なる論理をもった社会保障制度の論理が，グローバルかつローカルな視野のもとで確認される。

2　リスクの前で対称的な個々人への「等しい尊重と配慮」

　ロールズの正義観念の本質を「等しい尊重と配慮（equal respect and equal concern）」というフレーズでとらえたドゥオーキンは，それを具体化する方法として「資源の平等（equality of resource）」を唱えた。彼のいう「資源」は広義

の概念であり，個人間で移転可能な外的資源（土地や資本，貨幣や商品）の他に，個人間で移転不可能な内的資源（生来の身体的・精神的資質など）を含む。経済学でよく用いられる概念は「厚生」である。これは外的資源を変換して得られた本人の帰結状態を示すとともに，満足や幸福といった概念と同様に，本人の主観的状態を表す。したがって，その平等化を図るということは，例えば，高級リキュールなくして満足できない人にはより多くの資源を，そうでない人にはより少ない資源を配分するといった具合に，高価な嗜好に有利になりかねない。

「資源の平等」を唱えるドゥオーキンの意図は，個人の嗜好からは中立に，個人の所有する「資源」の平等を図ること，そのために，内的資源上の不利性を外的資源によって補償することにあった。だが，ここには，周知の難問がある。はたして，いかにして本人の嗜好と内的資源のもたらす影響を切り分けるのか。高価なリキュールを，本人の好みとは別に，内的資源上の理由で（例えば，特別な身体的・精神的性質ゆえに）必要とする個人が存在する可能性を完全には退けられないからである。しかも，そこでの必要性の程度は，理由とされた事柄の様相（現れ方）によって，あるいは，理由とされた事柄の受容（認識や評価）の違いによって大きく異なってくる可能性があるからである。

このように，個人の嗜好と内的資源との区別がきわめて困難であるとしたら，完全に区別することをあきらめて，嗜好のもたらす不足と条件のもたらす不足をひっくるめて帰結の平等を図る，あるいは，両者をひっくるめて何の平等も図らない（市場的分配を意味する）というやり方も考えられる。それに対して，何らかの形で内的資源の平等を図ろうとはするものの，個人のどんな内的資源の状態を外的資源で補塡する必要があるのかといった判断を再度，本人に差し戻す，あるいは，さまざまな内的資源とさまざまな外的資源を組み合わせる仕方に関する個人の選好を尊重するといった方法も考えられる。ドゥオーキンの提出した「仮設的保険市場」の構想は後者に属する[7]。以下で簡単に紹介しよう。

それは次のような問いかけから始まる。いま，初期資源が平等に分配されているものの，誰がどのような才能をもつことになるかは不確実である社会を想定する。この社会で個々人が，才能のリスク（不利な才能のもたらす不利な結果）に関する保険契約を結ぶとしたら，はたしてどんな契約が結ばれるだろうか。

---

[7] 以下の記述に関してはDworkin（1981b）参照のこと。

問題を考察するにあたって，ドゥオーキンは，才能と資源の組み合わせに関して個々人は特定の選好をもち——才能が低下した場合に備えてどのくらい資源を用意しておきたいかといった具合に——，そのことは本人にとって自明であると仮定した。そして，これらの想定のもとであれば，各人の才能が実際にどのようなものであるかが判明した後に，才能と外的資源の組み合わせ方に関して，どの個人も他者を羨望しない状態が実現すると考え，その状態を公正とみなしたのである。

ドゥオーキンの仮設的保険市場の構想は経済学者たちの関心を惹いた。例えば，数理経済学者であるジョン・ローマーは，期待効用最大化理論を適用するならば，ドゥオーキンの仮設的保険市場においては，より多くの才能により多くの資源を，より少ない才能により少ない資源を割り当てる「保険」が，まさに不確実性下における個々人の合理的な選択として実現する可能性があることを指摘した。このような割り当ては「資源の平等」という目標に真っ向から対立する事態である。はたして，このような事態が本当に起こりうるのだろうか。以下ではより簡単なモデルのもとで検討しよう。

いま個々人が生涯に利用可能な資源の総量を1とする。資源を生産物に変換する個人の才能としては，2種類（ここではそれを基数的に比較可能であると仮定する）あり，ある個人は，現在4の才能であるが将来は1（その4分の1である）になることがほぼ確実に予想されるとしよう。このとき，彼は，生涯利用可能な資源を現在と将来にどのように割り振ろうとするだろうか。単純化のために，資源を生産物に変換する個人の生産関数は才能に比例的（例えば，才能を a，資源を z とすると $f(a,z)=az$ で表される）であるとする。この個人が，生涯の生産量の総和の最大化を目標とするとしたら，彼は次のような最大化問題を解くことになる。すなわち，x を現在投入する資源量，y を将来投入する資源量を表すと，

（最大化目標）　　$4 \times x + 1 \times y$ 　　　　……①
（制約条件）　　　$x + y = 1$

この式の解は，$x=1$，$y=0$ である。つまり，能力が4である現在に資源を

---

(8) 以下では，資源を効用に変換する個人の才能が個人内，個人間ともに比較可能であり，より大きな数の才能はより高い変換率をもつという暗黙の仮定が存在する。

すべて投入し，能力が1に低下する将来には資源を何も投入しないような分配計画が生涯の生産量の総和を最大化する方法として選択される。

次に，ストーリーを若干改変して，ある個人が同じ確率でいずれかのタイプの能力になるとしよう。このとき個人は2つの確率付事象（確率2分の1で実現する2つの能力）に対して外的資源1をどのように配分しようとするだろうか。単純化のために，資源を効用に変換する効用関数は，能力に比例してより多くの効用を資源から引き出すようなかたち，例えば$u(a,x)=ax$で表されるものとする。もし，個人が期待効用最大化行動をとるとすれば，彼は次のような最大化問題を解くことになる。

（最大化目標）　$1/2(u(4,x))+1/2(u(1,y))$
　　　　　　　　$=1/2(4\times x)+1/2(1\times y)$　　　　　……②
（制約条件）　　$x+y=1$

②式の構造は①と同じであるから，解は$x=1, y=0$である。つまり，もし才能が4になるとしたら外的資源をすべて投入し，才能が1になるとしたら資源を何も投入しないという行動が個人の期待効用を最大化する分配方法として選択されることになる。

最後に，このストーリーを個人間の問題にスライドさせよう。いま障害をもつ等しい確率，ならびに等しい資源量1をもち，同一の効用関数（$u(a,x)=ax$）をもつ2人の個人が，次のような保険契約を結ぶとする。すなわち，互いの所有する資源を事前に合算したうえで，各人の期待効用を最大化するように，資源総量2を再分配するものとする。このとき各人が直面する最大化問題は共通

---

(9) この式は，例えばアルコールを享受する能力の高い人は同一量のビールからより多くの快を引き出せることを意味している。
(10) 等しい確率でどちらかのタイプの能力が実現するかとしたら，個々人の期待効用関数は，各々を同確率でウエイトづけした効用関数の和として表されることになる。ここで，期待効用関数の最大化条件は各効用関数の限界効用を均等化することであるから，より高い能力を係数とする効用関数により多くの資源を割り当て，より低い能力をパラメーターとする効用関数により少ない資源を割り当てる配分方法が導出される。
(11) 通常，個々人のリスクの発生率が異なるために，ある集団において個人間で「等しい確率」が導出されるためには，「大数の法則」が成り立つ程の多人数が必要とされるが，ここでは単純化のために，それが成り立っていることを仮定する。社会保険に関するテキストとしては例えば，近藤（1963）参照のこと。

に②と同一の形をとり，制約条件は，$x+y=2$ と改変される。資源の総量が2倍になったことを反映して解は $x=2, y=0$ となる。これは，運良く能力が4になった個人は資源をすべて取得できるが，運悪く能力が1となった個人は資源を何も取得できないことを意味する。だが，期待効用を最大化するという原理に基づくかぎり，このような保険契約が，双方にとって合理的な契約として合意されるのである。[12]

 この契約では，費用と便益（期待効用値）に関する衡平性が満たされている。しかも，得られる期待効用値は②の場合よりも高い（②，③の期待効用値はそれぞれ2，4）ので，この保険契約への参加は，2人の個人の相互便益を高めることになる。ローマーが指摘する通り，仮設的保険市場では，資源の平等とは逆向きの資源配分が，合理的に，また，一定の衡平性を満たしながら帰結することになる。だが，このような結論は，ドゥオーキンが最も基本的な政治原理とする「等しい尊重と配慮」の観念と，はたして適合的なのだろうか。

3　異なる境遇の個々人への「等しい尊重と配慮」

 異時点間で資源変換能力が不変であるとすれば，合理的な個人は，異時点間で等しい資源の割り振りを実行するだろうというのは，経済学でよく知られた命題である。上記の例は，その命題の拡張である。資源を比例的に変換する能力が低下するリスクがあるとしたら，総生産量の最大化を求める個人の合理的行動は，より高い能力により多くの資源を，より少ない能力により少ない資源を割り振る可能性を示している。それは例えば，不慮の災害によって能力が縮減するリスクがあるときに，能力が縮減したら外的資源も減らして活動自体を縮小し，能力が回復したら外的資源も増やして活動を大きく展開するという生き方，それによって異時点間での，あるいは不確実性下での自己の期待しうるトータルな満足を大きくしようという生き方として解釈される。これは個人の生き方に関する合理的・慎慮的選択としては否定されるべきものではなく，むしろ近年，ドゥオーキンが個人の善き生として推奨する〈チャレンジ〉観念と

---

(12) このような結論は，期待効用関数のベースとなる効用関数，つまり能力と資源のうえで定義される効用関数が，資源と能力の増加に対して，連続かつ非増加的な性質をもつ限り，極度に危険回避的なものであったとしても一般的に成立する。

適合的でさえある。

　だが，ここには考察すべき重要な問題が含まれている。それは，異時点間，あるいは，不確実性下での個人内分配原理を，あるいは，リスクの前で対称的とみなされる個人間での分配原理を，互いに別個の存在であるはずの個人間分配原理へとそのままスライドさせることが，はたして規範的に許されるのかという問題である。まったく異なる境遇にある個人に対する「等しい尊重と配慮」のあり方は，同様の境遇にある個人に対する「等しい尊重と配慮」のあり方と同じであってよい保証はないからだ。

　ドゥオーキンの考える保険が，リスクの前で対称的な個人を等しく尊重し，配慮する分配方法の1つであることは間違いない。だが，それは「リスクが発生した個人」と「リスクが発生しなかった個人」という異なる境遇にある個人を等しく尊重し，配慮する方法ではないことも明白である。もちろん，個人の合理的選択は，上記とは異なる方法を帰結する可能性もある。例えば，個人が，期待効用最大化原理ではなく最小便益の最大化を図るマキシミン戦略をとるとしたら，リスクが発生した場合（上述の例では才能が1である場合）により多くの資源を割り振ることになる。この帰結は，最も不遇な人々に優先性を与えるロールズ格差原理，あるいは弱い立場の個人に多く分配することを要請するセンの弱衡平性原理とも一致する。だが，異時点間あるいは不確実性下における個人内分配は本人の人生プランに関する問題であるとしたら，はたしていずれの原理を採用するかという，本人のとるべき戦略に関してあらかじめ個人に強制することはできないだろう。

---

(13)　Dworkin（2000: 253f），長谷川（2000：158）以下参照。また保険に関するドゥオーキンの次の言葉を参照のこと。「保険は，それが利用可能である限り，非運（brute luck）を選択可能な運（option luck）に結びつける。大惨事に対する保険を購入するかしないかは計算されたギャンブルに他ならないからだ」（Dworkin, 1981b: 293）。

(14)　個人別衡平性が成り立ち，相互便益が成立している。しかも，個々人の初期資源は平等であり，リスクの発生率が等しいうえに，「リスクが発生した場合には資源を分配せず，リスクが発生しなかった場合にはすべての資源を分配する」という共通の選好のもとで，結果に対して互いに無羨望であると仮定されているので。

(15)　次のように定義される。「所得のどの水準に対しても個人iの効用は個人jの効用を下回るものとせよ。そのとき，所与の総所得を個人iとjを含むn人の個人の間で分配する際には，最適な所得分配は個人jに対するよりも個人iに対してより多くの所得を与えなければならない」（Sen, 1997a: 18-19）。

ドゥオーキンが仮設的保険市場（外的資源の平等な初期賦与から出発する）を構想した理由は，外的資源の使い方に関する個人の自由を尊重する一方で，個々人の才能（内的資源）の差異を外的資源で補償しながら「資源の平等」を実現することにあった。彼の思想が，「リベラルな平等」と呼ばれるゆえんである[16]。問題は両者の整合性である。「資源の平等」はかならずしも，本人の人生プランとは合致しない。個人の自由を尊重しようとしたら，たとえ外的資源の平等から出発しても「資源の平等」は達成できない可能性がある。

「リベラルな平等」の見通しは，はたしてどこから来るのだろうか。問題を考察する一つの手掛かりは，ドゥオーキンの次の言葉にある。

　　資源の平等にコミットする共同体は，自己にとっての最善の人生を自分で決定することを可能とする点において，個人責任に関する適切な原理の遂行を尊重するものといえる。
　　そのような共同体は，自己の生に責任をもてという要請をすべての個人に対して為すことが公正となりうるような環境を提供するためには，時に，政府の介入も必要であることを認める[17]。

「リベラルな平等」が実現するというドゥオーキンの見通しは，「資源の平等にコミットする共同体」の構想に基づくものだったのだ[18]。長谷川晃によれば，それは，あくまで「個々人の独自の価値や利益を最大限に保障するという共通枠組みを課すもの」（長谷川, 1991：100）であって，後述するコミュニタリアニズムの依拠する共同体概念とは異なる。だが，重要なことは，それは個々人が「適切な諸条件のもとで彼らがもつであろう判断[19]」を引き出す可能性をもつ点である。そこでは，個人間のリスク発生率の相違や私的選好の多様性を越えて，

---

[16] リバタリアニズム（自由至上主義）とは異なる。ただし，同時に，人の善き生き方として〈挑戦（チャレンジ）〉といった概念を提出する点において，ドゥオーキンはロールズから批判されることになる。ロールズによれば，ドゥオーキンは1つの「包括的善の理論」を提示していることになる。

[17] Dworkin（2000：319）。

[18] リベラルな共同体の観念とは，長谷川によれば，「個々人の独自の価値や利益を最大限に保障するという共通枠組みを課すもの」である（長谷川, 1991：100）点において，コミュニタリアニズムの依拠する共同体概念とは区別される。Dworkin（1987）参照のこと。

[19] Dworkin（2000：319）。

リスクを前にしたメンバー間の対称性が倫理的観点から注視されることになる。すなわち,「自分たち」の中の誰にリスクが発生するかはわからないものの,誰かに発生することが不可避であるとしたら,運よくリスクの発生を逃れた個人は,自分自身の僥倖に感謝しながら,あるいは,運わるくリスクに遭遇した人に対して申し訳なさを感じながら,資源の提供に喜んで賛同するだろう,と。障害というリスクに関しても同様である。ある障害の発生率が社会の中で同定されたとしたら,たまたま障害をもたない個人は,たまたま障害をもった個人への資源移転に快く賛同するだろう,と。このようなドゥオーキンの論理構成は,現代の福祉国家における社会保険の1つの側面——市場とは異なる論理に基づく機能——を的確に描写する。

だが,次章で詳述するように,科学技術の発達等によって個々人のリスク発生率の相違が客観的に識別されるとしたら,リスクを前にした個人間の対称性という仮定が事実的として成立しがたくなるおそれがある。加えて,集まりとしての社会の観念が薄れていくとしたら,母集団や分布といった統計理論の前提概念が掘り崩されるおそれもある。その場合には,個人内分配と個人間分配との論理的なギャップは否定しがたいものとなり,私的選好に基づく個々人の選択は,個人間分配の論理を内包した社会保険からの自発的な退出を意味することになるかもしれない。はたして,この状況においても,異なる境遇にある個々人に対する「等しい尊重と配慮」を実現することができるのだろうか。それを可能とする個人間分配の仕組みは,人々によって受容されうるのだろうか。次節からは,相互性の概念を手掛かりとしながら,このような仕組みを受容する論理を検討しよう。

4 相互性の諸観念

福祉においては,「相互性」(reciprocity) の観念がしばしば言及される。それは,例えば,協力ゲームなど経済学的な分析でなじみの深い,私的契約 (private contract) や交渉 (bargaining) 場面で登場する「相互便益」(mutual advantage) とは似て非なる概念である。経済学の「相互便益」の観念は,どの個人の便益も契約以前に比べて増加していることを要求する。したがって,相互便益を満たす契約に入ることは,当事者たちの経済的合理性に適うことになる。

それに対して，福祉で言及される「相互性」は，たとえ誰かの便益が減少するとしても成立するような，そして継続し続けるような関係性（例えば，すべての個人の基本的福祉を保障するために実行される資源の個人間移転），あるいは，そのような関係性を支える観念として理解されている。本節では，このかならずしも相互便益をもたらさない相互性の観念について検討していきたい。

かならずしも相互便益をもたらさない相互性の観念にも，他者との直接的な関係性に依拠するものとルールを媒介とするものがある。両者を区別することから議論をはじめよう。前者は，自分が他者に対して行うことと引き換えに（あるいは，ある関係に在ることと引き換えに），他者も自分に対して行う（あるいは，同様の在りようを示す）という双方向性の成立，あるいは，それへの期待を要件とする。例えば，自分も貴方に干渉しないし，貴方も自分に干渉しない，あるいは，貴方が困ったときは自分が資源を提供するし，自分が困ったときは貴方が資源を提供する，など。その特徴は，たとえこのような双方向性が結果的に純便益（相手から得られる便益と自分が持ち出す負担との差）をもたらさないとしても，双方向性という関係性それ自体の価値が優先されて，相互性が自発的に形成される点にある。

それに対して，後者は，直接的な関係性を介さずに，自分が行うように（あるいは，在るように）他者もまた行う（在る）という対称性のみを要件とする。例えば，「他者に干渉しない」，あるいは「余裕のあるときは資源を提供する」という行為を，自分も採用するが他者も採用する，など。行為の対称性が実際に成立するためには，自他の行為に関する一定の了解が必要であり，通常，それは慣習や信頼などによって支えられるが，それらを明示化するものがここでいうルール（法，規範，実践）である[20]。例えば，「(誰であれ)他者に対して干渉しない」というルール，あるいは，「(誰であれ)余裕のあるときは資源を提供し，困窮したときは資源が提供される」というルールが人々によって受容されるとしたら，ルールを介して人々の間に行為の対称性が保証され，人々の間の行為

---

[20] 序章5節の「ルールと名前」の項で述べたように，ロールズによればルールは2つの概念に区別される。1つは「要約的」な，すなわち，個々人の多様な行為の集成としてのルールであり，他の1つは「実践的」な，すなわち，個々の行為に先立って定められ，出現可能な行為の範囲を規定するものとしてのルールである。ここでは，人々が，前者の意味でのルールの様相を考慮しながら，認知し，制度化しようとするルール，すなわち後者の意味での「ルール」に着目する。

の対称性を通じて，システムとしての相互性が形成されることになる。

　両者の違いを鮮明にするために，資源の個人間移転を例にとろう。例えば，他者に「（余った資源を）提供する」ことと自己が「（足りない資源を）受給する」ことは，いずれも一方向的な行為であるから，提供者と受給者の間に行為の対称性は成立し難い。もちろんここで，両者の間に立場の互換性が想定できるとしたら，行為の対称性が仮想的に成立する余地がある。もし，自分が資源の不足に遭遇したら，自分も資源を受給するだろう，もし，他者に資源の余裕ができたら，他者も資源を提供するだろう，と。だが，現実には各人の社会的・経済的立場は固定され，長期にわたって資源を受給し続ける個人がいる一方で，世代を越えて資源を提供し続ける個人——例えば，競争市場制度において高い賃金を稼得し富を蓄積している個人——がいる。そのような個人の間で，想像上の立場の互換はうまくいかないおそれがある。資源の不足に遭遇している想像上の自己は，資源の不足に遭遇している現実の他者とはまったくかけ離れたものとなるおそれがあり，しかも，その認識上のずれに気づかないまま，自己のもつ倫理規範を他者に押しつけるおそれがあるからである。

　直接的かつ持続的な関係性が期待できる場合には，資源の個人間移転の様相は次のように変容する。例えば，強い絆をもった家族，友人，同僚，地域共同体であれば，資源の提供者は，資源の提供という同種の行為ではなく，「愛情を深める」，「信頼を抱く」などの異種の行為を，自己の行為に対応するものとして期待しうる。さらに，同時点の行為によってではなく，異時点での資源の提供を，対応する行為として期待しうる。このような異種の行為，あるいは異時点での行為をもとに，広義の双方向性（例えば，親による子の扶養と子による親の扶養），あるいは行為の対称性（例えば，親による子の扶養，子による孫の扶養）が成り立つ可能性がある。あるいは，直接的かつ持続的な関係性が期待できる場合には，ただ関係性の存在を基盤としながら，双方向性や対称性をいっさい超越した感情，例えば他者への共感・憐憫・反感・怖れといった感情に基づいて，一方向的あるいは非対称的な行為が自発的に選択される可能性もある。

　両者の区別は，相互性に関するリベラリズムとコミュニタリアニズムの異同を浮き彫りにする。両者はいずれも，どの個人の便益も以前に比べて増加するという，経済学的な相互便益には与しない。ただし，両者には次のような違いがある。コミュニタリアニズムが強調する相互性とは，まさに〈共同性〉とい

う直接的かつ持続的な関係性に依拠するものである。したがって，はたしてどのくらいの範囲で相互性が成立するかは，個人間の関係性そのものの広がりと確かさに依存して自ずと決められることになる。また，相互性の中身は，異なる種類の行為による見返り，あるいは異なる時点の行為による見返りなどを含む広義の双方向性，あるいは共感・憐憫・反感・怖れなどの感情を基調とした一方向的な行為に求められる。

　それに対して，リベラリズムが主張する相互性は，ルールによって媒介される相互性に他ならない。ルールは個々人の行為や状態を等しく制約することによって個人間の対称性を保証するから，ルールが受容され，適用される範囲に応じて相互性の範囲も広がることになる。ロールズのいう「無知のヴェール（veil of ignorance）[21]」とは，まさに当事者間の直接的関係性に依拠して相互性が成立すること（あるいは不成立に終わること）を回避するための装置であった。ルールが直接的な関係性に依存して形成されるとしたら，ルールを媒介として成立する相互性の範囲もまた，直接的関係性の範囲に還元されてしまうことを彼はおそれた。正義の基本原理の制定にあたって，個々人は，自分自身との関係も含めて，いかなる個人との間のいかなる種類の直接的関係性からも離れて，正義原理の妥当性を吟味することが要請される。個人の行為を等しく制約するルール（正義原理）が受容され，適用されることによって，はじめて個人間の相互性が実現されることになる。

5　ルールの制定・受容に関する相互性

　つづいて興味深い問題は，個人間の対称性を保証するけれども，かならずしも相互便益をもたらさないルールの制定，あるいは受容の場面における相互性——手続き的な相互性——の問題である。個人間の行為を等しく制約するルール（正義原理）が受容され，適用され，それによって一定の相互性が実現されるとして，そもそもそのようなルールを制定する場面において，あるいは受容する場面において相互性は必要とされないのだろうか。結論からいえば，「相互性としての正義」でロールズが注目する相互性とは，まさにルールの制定な

---

[21]　Rawls (1971a: 12)。

らびに受容の場面における相互性だった。それを裏づけるのはロールズの次の一文である。「彼ら（ルールの制定に集まった人々：筆者注）は協同の公正な条件としての原理や基準を提案しようとするだろう，他の人々も同様に行為するという保証がある限り」と。ここには「他の人々の同様に行為するという保証があれば」という条件説が付されている。これは，もしその保証がないとしたら，彼らがルールの制定に参加することを期待できないことを意味する。

だが，そうだとしたら，さらに疑問がわく。はたして，ロールズは，そのような保証がどこから生まれると考えたのだろうか。これまでの議論からすれば，行為の対称性への信頼を人々がもちうるとしたら，それは，ルールを制定する場面に先だって，ルールを制定し受容する人々の間の相互性を媒介するルールが存在していなければならないことになる。もしそうでないとしたら，ルールを制定し受容する人々の間に——コミュニタリアンが想定する——直接的な関係性が存在していなければならないことになる。だが，ロールズはそのいずれの論拠もとらない。『正義論』を通じて，ロールズが依拠するのは「自由で平等な人々の社会的協同（social cooperation）の公正なシステムとしての社会」という観念である。社会的協同の観念に導かれて人々は正義原理の制定プロセスに参加し，社会的協同の観念に導かれてそれに相応しい正義原理を人々は提案し，社会的協同の観念に導かれて一定の正義原理を受容し，遂行するであろう，と。

ただし，ロールズの「社会的協同」概念には注意が必要である。それは，例えばコミュニタリアニズムが「徳」あるいは「共同善」として，それ自体の実体的価値を強調する道徳的概念とは異なるものである。序章でも述べた通り，ロールズのいう「社会」とは，一定の政治的諸観念（political ideas）をもとに，既存の集合体の論理と境界を越えて個人が尊重されうる単位であり，その構成

---

(22) 熟議的民主主義を主張する人々によって重視される相互性もまた，承認における相互性である。Gutmann and Thompson (1996)，また，Becker L.C. (1986)，Kolm (2005; 2008) 参照のこと。

(23) 例えば，Rawls (1993: 49) 参照。同様に，「ある政治的権力が適切であるのは，相互性（reciprocity）の基準が満たされるとき，すなわち，政治的行動を正当化するために提供する諸理由が，人々によって理性的に受容されると真摯に信ずることができるときのみである」(Rawls, 1996: x-xvi) 参照のこと。

(24) 小林正弥 (2004) 参照のこと。

メンバーがルールの制定・改定・遂行に責任をもちうる単位とされている。そして,「社会的協同」とは,この「社会」の概念を基盤として,対立的な政治的諸観念を組織化していく,それ自体1つの政治的観念に他ならない。人々は,道徳的実体として存在する社会的協同ではなく,(いまだその中身は十分に特定化されていないとしても)社会的協同という政治的観念に導かれながら,(同様に,社会的協同という政治的観念に導かれている)他の人々もまた,正義原理の制定プロセスに参加し,一定の正義原理を受容し,遂行することを期待しつつ,自分もそのプロセスに参加し,受容し,遂行しようとする,と考えられている。

　以上がリベラリズムの主張するルールを媒介とした相互性概念の骨子である。このようにルールを媒介として相互性を理解することには,共感・憐憫,反感・怖れ,あるいは想像上の立場の互換とは異なる範囲の広がりで,相互性の実現が期待されるというメリットがある。例えば,基本的福祉の保障の内容と方法に関する一定の政治的諸観念が国境を越えて人々に広く了解されていくとしたら,複数の国家にまたがる多様な集団間(目的別・機能別)で資源を移転するルールが制定され受容されうる。それは,国民という直接的関係性を越える一方で,世界市民と呼ばれる直接的関係性に帰着されることもない。ルールの適用と受容の広がりに応じて,また,それを支える政治的諸観念に応じて,既存の集合体の壁を越えた個々人――将来世代も含めて――の間に,相互性が認知されることになる。

　ただし,ルールを媒介とする相互性の広がりは,当然ながら,ルールそれ自体に依存する。ルールが受容され適用される範囲,またルールを支える政治的諸観念に応じて,相互性が実現しうる範囲は変化する。したがって,ルールを媒介とする相互性と直接的関係性に基づく相互性のいずれがより広いかを単純に比較することはできない。実践的には,むしろ,個人間の直接的関係性を広げる努力を通じて,ルールを支える政治的諸観念が広く了解されていく,あるいは,ルールを支える政治的諸観念の了解を通じて,直接的関係性がより深め

---

(25) セン・後藤(2008:第6章)参照のこと。
(26) Rawls(1993: 9)参照のこと。また,次の記述も参照される。「協同性は公共的に了解されたルールと手続き,すなわち行為者たちが,自分らの行為を適切に規制するものとして認知し受容したルールと手続きによって導かれる」(Rawls, 1993: 16)。さらに,ロールズの社会概念に関する詳細は,序章「基礎概念」参照のこと。

られていくといった具合に，両者は密接に関わり合いながら進行していくと考えられる。ここでは，このようにして構築される相互性が，相互便益をもたらすとは限らない一方向的な資源移転を支える論理となりうることを指摘するにとどめたい。

　次節では，これまでの議論を踏まえて市場とは異なる論理と働きをもった社会保障制度の論理を探究する。ポイントは，コミュニタリアニズムとリベラリズムの議論を引き続き参照しながら，1つに，目的とメンバーシップを緩やかに共有する媒介集団が独自に形成する多様な評価の仕組みに着目することであり，他の1つは，より普遍的な権利概念に基づいて形成される人としての価値に着目することである。

6　個人の統一的な価値をとらえる評価の仕組み

　個々人は多様な目的をもって多様な活動をなしている。いま，個々人による無数の活動を一定の方法で結合させる仕組みをメカニズムと呼ぼう。このとき，1人の個人の存在にとってメカニズムの存在は不可欠であることは間違いないとしても，メカニズムの存立にとって1人の個人の存在が不可欠だと言えるだろうか。もし，ここでいうメカニズムが個人間の関係性を完全に断ち切り，それぞれがメカニズムのもとで活動するという行為の対称性のみに注目するとしたら，そして，そこでは匿名性（anonymity）と非人称性（non-personal）が保証されるとしたら，おそらく答えは否だろう。なぜなら，いかなる個人も特有の名前と意味をもちえず，相互に通約可能・代替可能な指標に還元されるとしたら，1人の個人の欠損はメカニズムの崩壊にただちにつながるものではないからだ。メカニズムにとって問題とされるのは，ただ，メカニズムそれ自体の機能を維持するに十分な数の個人が常時，補充され続けることのみである。

　競争市場メカニズムはそのように，形式的な対称性をもち，匿名性・非個人性を本質とするメカニズムの典型である。そこでは，あらゆる種類の財が人々の集合的な需給の均衡に基づいて評価される。個々人の活動もまた例外ではない。個々人の異なる質の活動は相互に比較可能な一元的な指標——相対価格（賃金）——に還元され評価される。そこでは，いかなる代替性をも凌駕する特権的な個人の存在が否定される代わりに，1人ひとりの価値を，その限界的な

貢献に対する需給の論理を超えて，質的に区別する途も閉ざされる。

　それに対して，個人間の直接的な関係性に依拠する共同性の概念は，競争市場のもつ形式的な対称性，匿名性，非人称性を退けながら，1人ひとりの価値を取り戻そうとする。例えば，カップル，友人，家族などの関係性は，1人ひとりの個人の存在を要件として成立する。そこでは，個々人は互いの関係性において特有の意味をもつので，1人の個人の欠損は，関係性それ自体の崩壊につながる。同様に，共同体や組織においては，個人の活動は集団それ自体に実体的な価値をもたらすので，集団の価値基準と整合的な評価軸──集団への貢献・功績を図る集団独自の指標──をもとに，内在的に評価されることになる。そこでの各人の活動は，集団の目的との関係で独自の意味を獲得するから，たとえ同種の活動であったとしても，集団を越えて相互に代替可能であるとはみなされない。

　さらに，共同体に特有なメンバーシップの概念は，一定の集団の構成員であることそれ自体に価値を付与する。それは，個々人の異なる質の活動に関して集団独自の評価軸を設定することを正当化するとともに，個々人の活動評価の相違を越えて，人自身の価値を，まさに集団の構成メンバーとして等しく尊重する包括的な概念である。例えばコミュニタリアニズムの主導者の1人として知られるマイケル・ウォルツァーは，メンバーシップの概念を基に，構成メンバーが共通に必要とするものを，必要に応じて相互に提供し合うことを正義とみなした。また，余裕のある人が必要のある人に資源を提供することは，個々人が共同体のメンバーシップの獲得との引き換えに受容すべき義務であると説明する。[28]

　このようなコミュニタリアニズムの構想は，人自身の価値やその活動に対する独自の評価軸を立てることによって，市場的評価を前提とする正義や相互便益の概念を大きく広げることになった。ただしそこには，次のような問題点がある。共同体は，その内的な絆を強めれば強めるほど，排除の論理を招きやす

---

[27] 本節で問題とする「活動」は，ハンナ・アーレントのいう3つの活動力，すなわち，労働（labor），仕事（work），活動（action）を含んだ活動力（activities）の概念に近い。ちなみにアーレントは活動（action）を次のように定義している。「活動とは，物あるいは事柄の介入なしに直接人と人との間で行なわれる唯一の活動力であり，多数性という人間の条件……に対応している」（Arendt, 1958: 8）。

[28] ウォルツァー（1983＝1999：110）。

い。共同体の境界の外に在るもの，あるいは共同体の境界の内にありながら異質なものと「自分たち」を区別する基準が明確化されるからである。例えば，道徳や宗教，文化，慣習など既存の支配的価値を背景として，一定の勤労倫理，卓越倫理，忠誠倫理などが強調されるとしよう。その場合にはそれらに同調しないことが，メンバーシップをはじめとするいっさいの価値——経済的報酬を含む——を失うことに直結してしまう。さらにまた，そもそもメンバーシップの観念は他のグループとの区別を意味的に内包するものであるとしたら，境界をつくり，誰かを排除することが，共同体の概念から論理必然的に帰結されることになる。はたして，形式的な対称性，匿名性，非人称性をもつ競争市場メカニズムのもとでは十分な報酬を得られないうえに，いずれの共同体からも排除されがちな個人の活動を評価し直し，その必要に等しく配慮するためには，どのような論理を構成したらよいのだろうか。

　ロールズやドゥオーキン，センなどのリベラリズムが核とする権利の観念は，このような文脈で新たな意味を帯びてくる。権利の概念は，所属する共同体や組織の相違，存在する時間と位置の相違を越えてあらゆる個人——いまだ存在しない個人，いまだ特定の共同体や組織に対する貢献・功績が明らかではない個人も含めて——の間の同格性を保証する。それは，競争市場メカニズムがもつ形式的な対称性を尊重しながら，同時に，個人を他とは通約不能・取替え不能な存在として擁護する。しかも，権利の概念は，各々の共同体が依拠する直接的関係性や特定の目的・評価基準——貢献・功績——から独立に，また，特定のメンバーシップからも独立に，すべての個人を等しく尊重することを可能とする。権利が付与されるための条件はただ1つ，同様の他者の権利を尊重すること，換言すれば，自分自身を含めてあらゆる個人を異なる目的主体として

---

(29) 例えば，マイケル・ウォルツアーのいう複合的正義の概念は，本来，比較不可能であり，交換してはならないはずの諸価値が，単一の支配的な尺度によって比較評価されること，また，本来，異なる基準に基づいて配分されるべき諸価値が，単一の支配的な基準に基づいて配分されることを批判するものだった。今田（2004）参照のこと。

(30) 「一つの文化，歴史，成員資格を共有し，そして共有し続けることを心に決めている個人は何を選択するのであろうか」（ウォルツアー，1983＝1999：22）。メンバーシップは「全体としての人類から自らを区別し，特定の共同体の中で諸力を結合させる」（ウォルツアー，1983＝1999：110）。

(31) 第4節で述べたように，ドゥオーキンには共同体を梃子にして倫理や善き生を語る側面がある。それと権利の観念とはどのような関係にあるかは興味深い論点である。

等しく尊重することである。競争市場メカニズムの論理に対抗して，リベラリズムが求めるものは，すべての個人に適用可能な抽象性を備えた権利概念（例えば，福祉的自由への等しい権利）を確立したうえで，あらゆる個人の活動と必要に配慮し，それを尊重する仕組みをつくること，すなわち，個々人の異なる質の活動を内在的に評価し，それに見合った経済的・社会的報酬を提供するとともに，あらゆる個人の基本的福祉の保障に必要な資源を，必要に応じて提供し合う仕組みを用意することである。

確かに，コミュニタリアニズムが指摘するように，個人の異なる質の活動を内在的に評価するためには，ローカルな文脈での個人間の直接的な関係性や協働性を反映しながら，貢献や功績を評価する基準をつくることが有用である。さらに，個々人の基本的福祉を保障するためには，個々人が属する文化や環境の相違を加味した福祉指標が有効となる。その意味では，地域共同体や組織などの共同性をもった集団を福祉保障の基礎単位とすることには理があるだろう。そのうえで，リベラリズムの視点は，それらの集団を包含し，各々の仕切りを緩和する高次システムを構想する。それは，福祉指標と活動評価に関する各集団の自律性を尊重しつつも，集団間・個人間で必要に応じた資源移転（分配）を実行できる財政システムを備えたものである。また，法の前の平等という一般原則のもと，移動の自由（職業や所属，集団間の移動も含めた），精神・良心・表現の自由などの市民的・政治的自由を個々人に保障する法・規範システムを備えている。さらに，道徳・宗教・哲学の多様性を尊重し，意思決定への実質的参加を図る政治システムを備えている。このような高次システムのもとで個々人は，緩やかに重なり合ったメンバーシップを複数もって異なる集団の間を行き来しながら，それぞれの集団が掲げる内的基準で多様な評価を受けつつも，集団の仕切りを越えて活動の機会と基本的福祉を保障されることになる。

---

(32) 例えばリオタールの次の言葉が参照される。「権利の本質はそれにふさわしい価値をもつことによって初めて権利が生まれるという点にある。……人間の言語は実質的に対話の約束（可能性）を含むように構成されている。しかしもし人間がこの約束の担い手たる他者の姿の真の意味を明らかにし，尊重するつもりならば，自身のなかに存在する他者の姿を認めようとしない性質，つまり自身の動物的本性を乗り越えなければならない」（リオタール，1993＝1998：174）。

(33) 近年，アマルティア・センは，緩やかな境界をもった集合の集まり，あるいはそもそも集合の境界が可変的であるような諸集合を包含する開かれた集合体をもとに，ロールズの「万民の法」を批判的に展開しようとしている。詳細については，本書第10章参照のこと。

以上が，コミュニタリアニズムとリベラリズムの視点から描かれる社会保障制度の構想である。最後に1点，重ねて注記したい。ここでいう高次システムとは本質的に国境を越えるシステムである。なぜなら，前節で述べたように，高次システムの構成要件は，実体としての国家を越える政治的諸観念の共有にあり，しかも，ここでいう集団には国境をまたいで活動する組織やグループが含まれるからである。これらの集団を緩やかに包含しながら機能する高次システムは，ローカルかつグローバルな性質をもちうることになろう。

7 社会保障制度の規範的分析における展望

 本章の目的は，正義と相互性という2つの観点から，社会保障制度を規範的に分析したうえで，そのあり方を展望することにあった。分析から得られた主要な結論は2点ある。第1は，異なる境遇にある個々人に対する「等しい尊重と配慮」を可能とする正義の観念，及びそれを支える相互性の観念は，市場の論理——個人内分配原理，個人別衡平性や相互便益の増進——とは本質的に異なるものとして定式化される点である。第2は，共同性ならびに権利の観念を手掛かりとするとき，個々人の多様な活動やひとそのものの価値に関して，市場とは異なる評価軸の形成が可能となる点である。

 これらの結論をもとに，本論の末尾では，共同性をもつ集団の独自な評価軸のもとで個々人の多様な活動や存在が評価されるとともに，集団を越えて個人の基本的福祉が普遍的に保障されるローカルかつグローバルな仕組みが構想された。この構想は，第12章で図示するモデルにおける「理念的制度」の1つである。後述するように，理念的制度は個々人が形成する公共的判断と整合的に構想される。本章が行ったことは，個々人の公共的判断を規定する公正性と相互性の観念に，新たな定義を与えることだった。それにより市場とは異なる制度が構想されることになった。だが，はたして，このような制度は実際に構成できるのだろうか。最後に，その現実化に関して考察すべき課題を確認して結びに代えたい。

 例えば，近年注目されている地域通貨やバウチャーは，財の特性やひとの活動に対して，自由な競争市場とは異なる評価の仕組みを提供する。地域共同体や企業，NGOやNPOなどの個別的文脈における意味の相違が財や活動の評

価に反映されるからである。これらは，福祉の観点からも注目される。通常，競争市場では経済的報酬を受けることのできない個人が，共同体や組織の固有な意味を反映して報酬を受ける可能性が開かれるからである。例えば，退職した高齢者が寝たきりとなった人の話し相手になる，近所の子どもたちの通学路に立って安全を確かめるなど，自由な競争市場にはのらない個人の活動に独自の社会的評価を与え，それを経済的報酬につなげる可能性である。もしこの仕組みが競争市場と両立可能であるとしたら，個人は，市場価格に表現された一般的評価を競争市場から受ける一方で，ローカルな文脈に即した個別的評価を各集団から受けるという，重層的な評価の機会をもてることになる。

　だが，ここに次のような疑念が生じる。はたして，競争市場のただ中で，各集団は独自の評価と分配の仕組みを保持することができるのだろうか。品質の同じ財やサービスが競争市場でより効率的に取引されているとしたら，集団が独自の評価システムを創成する誘因はどこに求められるのだろうか。各集団の掲げるメンバーシップや境界（boundaries）を緩め，出入りしやすいものにするとしたら，集団の創る独自の評価軸を受容し，それに応じて資源分配することへの合意と，資源分配する仕組みを回していく責任を，はたして構成員に期待することができるのだろうか。さらに，各集団の評価軸を尊重しながら，集団間で資源移転をなすためには，各集団の評価軸を相互に比較する上位の評価軸が必要となるが，それは，どのように形成され，受容されると考えたらよいのだろうか。

　いうまでもなく制度とは人為であるから，創ることができるかわりに，壊すこともできる。壊しながら創り替えていくことができるはずのものである。本章の目的は，ひとまずこのような期待を足場としながら，制度を構想することにとどめられた。その具体化に向けて次章では個人の評価を支える２つの観点，正義の観点とケアの観点について論じたい。

第2章
正義とケア

1 正義とケアという2つの観点

　〈正義〉は，人と人との関係性に目を向け，等しいものを等しく扱うことを要請する。〈ケア〉は，それ以上は分割不可能な独立の単位（個体）としての個人の〈名前〉と生活史に関心を寄せる。

　例えば，「お天道様に照らして許せない」と叫ぶとき，人は正義の観点に立つ。あるいは，「君だけは守り抜こう」と心に誓うとき，人はケアの観点をもつ。日頃すっかりなじんだ期待や関心，習慣のとどこおりない運行が，われわれの日常を構成するのだとしたら，正義やケアの観点はその流れをさえぎり，世界を修復する兆しを垣間見せる。本章の関心は，この「兆し」を，またしても日常にかき消されることがないように，社会制度とそれを支える公共的ルールとして持続させること，そのために正義とケアの観点が切り結ぶパースペクティブを展望することにある。以下に関心を述べよう。

　しばしば，正義とケアは対抗的概念とされる。確かに，有限な資源（環境や身体，時間，財）のもとでは，正義とケアの衝突は避けられない。自分が関心を寄せる個人と同様の状況にある個々人を，おしなべて等しく扱うことは現実的には不可能であり，等しく扱われる「等しいもの」の範囲を，遠く離れた一般へ，ただちに拡大することは困難である。だが，はたしてこれら2つの概念は，論理的矛盾を不可避とするものなのだろうか。それとも，各々を定義する領域や実行条件を工夫するとしたら，両者は両立しうる，むしろ相補的な概念なのだろうか。このような関心から，以下では，正義とケアという2つの観点から個人の公共的判断とその基礎となる公共的関心を分析する。

2　基本的枠組み

　分析にあたって，本章は，経済学のモデル・ビルディングの手法を参照する。これは，個人や社会に関する一定の前提をもとに，それらとの整合性を図りながら制度を構想する手法であり，第12章で詳述するロールズの「政治的構成主義」と近似する[1]。例えば，新古典派経済学は，自己利益の最大化を図る個人（合理的経済人）像と自由な競争市場制度を整合化するモデルを構築した。合理的経済人は，多種類の「善きもの」のありうる組み合わせに関する選好順序を矛盾なく形成し，所与の環境的制約のもとで自己利益を最大化する点を選ぶと仮定される。そのような個人像は，かならずしも経験的・心理学的事実である必要はない。それは，メカニズムとしての市場の性能を個々人の選好で基礎づけるための理論的な概念装置にすぎないからである[2]。

　第Ⅱ部では，この概念装置に依拠しつつ，市場とは異なる性能をもったメカニズムを構想する。本章は，この手法を個人の中の規範意識を分析するために用いる。すなわち，個人の中に，正義の観点とケアの観点があるとすると，それらをもとに，どのようにして「個人の公共的判断」が構成されるかに着目する。議論に先立って，伝統的な経済学との異同を簡単に注記する。

　新古典派経済学では個人の選好は単層的な枠組みで扱われる。自己利益最大化を図る個人の「利益・関心（interest）」の種類・内容・構造はいかなるものであってもかまわない。選択可能な対象を本人の望ましさの観点から比較評価するという意味では，経済活動のベースとなる選好も，政治活動のベースとなる選好も，法制度の構築のベースとなる選好も変わるところがないと考えられた。20世紀後半，ケネス・アローが創始した現代の社会的選択理論の枠組みも，基本的には変わらない。選択対象となる社会状態は，資源分配方法や権利・義務の割り当てなどを含む広義の概念とされた一方で，個人は，任意の選択肢の

---

[1]　塩野谷（1984：79）を参照のこと。ロールズは，はじめこれを「カント的構成主義」と呼んでいた。その意味は「特定の人間の観念と正義の基本原理との間に適切な関係を確定すること」（Rawls, 1980/1999b: 520）。背後には実践的理性の諸原理をもつ（本書第10章2節，第12章1節参照のこと）。
[2]　経済活動を推進する「欲求（wants）は経済プロセスの産物である」（Knight, 1997: 13）。

ペアに対するランキング（二項関係）をもとに，整合的で完備的な選好順序を形成しうると仮定し，その内的な葛藤や整合化プロセスが規範的分析の対象とされることはなかった。

新古典派経済学の流れにおいて，選好の単層性の枠組みを打ち破ろうとしたのは，「合理的愚か者」という言葉をもって現れたアマルティア・センである (Sen, 1977a)。彼は，異なる質の個人の選好を区別しながら，その構造を多層的にとらえたうえで，社会的評価を構成する手続きの拡張を図る。例えば，自己利益への配慮を越えて，他の個人や集団に関与しようとする選好，公共的ルールの情報的基礎とする選好などを質的に区別する手続きである。

新古典派経済学において，〈市場〉は，所与のルールや慣習のもとで，私的選好に基づいて行為する個人間の利害調整の場として構想される。そこでの個人の行動は主体的かつ自律的であるとともに，制度負荷的かつ相互依存的でもある。個々人は，自己の私的選好をもとに，自分が利用可能な資源（時間，能力，所得，資産）を合理的に割り振ろうとするが，個々人の利用可能な資源は，現にある制度ならびに他の人々の行動に制約されざるを得ない。そのため，合理的であればあるほど，個人は，自己の状態を越えて，制度のありようや他の人々の行動・状態に配慮せざるを得なくなる。とはいえ，活動する個人の関心が，私的な目的に特化されるとしたら，結局のところ，制度のありようや他の人々に対する関心を，自己の私的な目的に影響を与える限りの範囲へと縮減しかねないのである。

だが，ここで，個人が，さまざまな位置（ポジション）に身をおきながら，自己や他の人々の状態を含む社会状態そのものに関心をもち続けるとしたら，その関心との対応で，公共的ルールを構想する可能性が開かれる。以下では，この可能性を社会的選択理論の枠組みで確認しよう。

3　個人の公共的判断とは

社会的選択理論では，個人の選好は社会を特徴づけるさまざまな情報を含む社会状態 (social states) 上で定義される。個人がもっぱら自己の消費空間に依拠して私的選好を形成する市場モデルは，その限定された1つのヴァージョンにすぎない。ここでは，市場モデルから出発しつつ定義域が拡大していくプロ

セスに注目しよう。

　公共的ルールの制定・改訂プロセスに参加する場合，個人は自己の状態を構成する空間（例えば消費によって達成される自己の状態）から隣人の状態をも含む空間へ，あるいは，地理的にも時間的にも，直面する問題状況においても，遠く離れた人々の状態を含む空間へと自らの関心を拡大していく。そして，それに伴い，異なる場所，異なる時点に位置する人々にもたらされる帰結（個人の状態の連なりとしての社会状態）を予想し，公共的ルールを評価する基準を探り当てていく。

　例えば，特定の文化や慣習，宗教のもとにある個人の視野が，自分や隣人が自由を享受しえているかという問いから，異なる文化や慣習，宗教のもとにある人々が自由を享受しえているかという問いへ拡張されるとき，もともと有していた自己の善の観念にとどまりつづけることは困難となるだろう。例えば，自分自身は，いまこの状況下で，自由よりも愛の絆や安全保障に，正義よりも赦しに価値をおくとしても，他の人々の置かれた多様な状況に照らすときには，社会制度が備える価値規範の1つとして，自由が意識しなおされるかもしれない。不平等の実態を是正することの緊急性に気づくかもしれない。

　しかもこのとき，個人の関心が，評価客体としての他者のみならず，評価主体としての他者に向かうとしたら，どうだろうか。特定の価値規範にウエイトをおく自分の視点からではなく，複数の価値規範に自分とは異なるウエイトを付与しているかもしれない他者の視点から，他者自身の自由の享受をどう評価するか，そのように問いを立て直すとしたら，問題の位相はさらに変わってくるだろう。ロールズの強調する「寛容（tolerance）」（Rawls, 1993），すなわち，個々人が選好評価のさまざまな局面で多様な善の観念をもつことへの自由の問題が意識されるかもしれない。あるいは，個人の視点と本人の状態とのずれといった新たな問題に悩まされることになるかもしれない。

　確かに，個人の私的選好もまた，快苦の感情や欲望の充足だけではなく，長期的な目標の達成や人生プランの慎慮的な追求や幸福，宗教的信条やモットーなどの広がりをもつ。ただし，私的選好と公共的判断との間には質的相違がある。その相違は個人の関心が公共的な関心へと広がる途上でなされる次のような問い返し（explication）に基づくものである（Rawls, 1951/1999b＝1979/1986: 7）。

① 自分の関心はさまざまな環境のもとにあり，さまざまな善の観念，価値規範をもった人々に訴えかけることができるか（一般性の視点）。
② 自分がある判断基準（多様な価値規範間の一定のウエイト）をなぜ受容するのか，について自己や他者に説明可能であるか，外部から精査可能であるか（普遍性・公示性の視点）。
③ 自己（あるいは自分の属する集団・組織）の位置の特徴，ならびにそこで形成される選好や評価がもつ固有の意味は何か（位置性の視点）。
④ 自分自身を含めて，異なる人々（あるいはその人々の属する集団・組織）の位置から形成される選好や状態を不偏的に眺めるとしたら，何がいえるか（位置越境性の視点）。

ここで，①，②はロールズが「正（right）」の概念の形式的制約として挙げた諸点の一部である。それに対して，③，④はアマルティア・センがアダム・スミスに依拠しながら注目する諸点である（以上について，本書第12章5節，6節参照）。前者は正義の観点を示し，後者はケアの観点を含む。公共的判断の形成プロセスでは，正義の観点だけではなく，ケアの観点も作動する。正の形式的制約を備えたルールが，実際に個々人にどんな影響を及ぼすかを理解するためには，個々人の個別的状態をとらえる作業は不可欠となるからである。だが，いったい，名前を獲得したベクトルが，再度，どのように，等しいものを等しく，等しく異なるものを等しく異なるものとして扱うルールへと回収されていくのだろうか。次節からは，このプロセスを検討しよう。

4　正義とケアの観点の切り結び

ケアの観点が問題とするのは，個人の状態の扱いについてである。人々の生来的な，また歴史的・社会的境遇は多様である。人々の幸福感も，本人の抱く価値や目的，ライフ・ヒストリー（個人史）や人生プランに応じて多様である。これらの多様性を前にして，いったい個人の何に対して，どのような理由で，社会的責任でコミットすべきなのか。この角度から鋭く切り込むのがケアの観点である。

例えば，1970年代末になされた原爆被害者に対する聞き取り調査では，個人[3]

の原爆体験を，原爆被害時の体験のみならず，幼少期から原爆被害に至るまで，ならびに原爆被害後今日に至るまで，という本人のライフヒストリー全体の中でとらえる試みがなされた。

　例えば，原爆被害により顔一面のケロイドと後遺症をもつけれども，美しい面立ちの，当時50代の未婚で1人暮らしの女性がいた。24歳の時に軍需工場で被爆した彼女は，身内でただ1人生き残った母親を亡くしたばかりで，ビルの清掃をしながら細々と生計を立てていた。古く薄暗い持ち家には1台のテレビがあり，彼女の現在の楽しみは，仕事を終えて帰宅後，テレビでプロレス観戦することであるという。小さいころから住み慣れた地域社会で暮らすことには，ある種の気安さがあるとともに，原爆被害以前の自分を知る近所の人々から「あんな狐のごた顔になって」とささやかれることに，いまでも鋭い痛みをおぼえると語っていた。

　はたして彼女に対して公共的に配慮すべき〈善きもの〉とは何だろうか。一般的な，また特別な医療，住居の補修費用，晴れ着を購入する費用，栄養バランスのとれた食事をとれる費用，限られた体力・健康状態のもとで継続可能な仕事・活動を用意すること，あるいはそのための生涯教育・職業訓練の機会など。これら一般的に必要なことがらは，彼女にとってもまず必要とされる。だが，それだけでは何かが決定的に足りないことが，聞き取り調査の中で明らかにされていく。

　実のところ，彼女が現在，切実に必要とすることは，原爆のもたらしたさまざまな種類の後遺症に悩まされている事実と，それに抗して生き続けている自分自身の生きようを確かめること，そして自分の生きようを含めたさまざまな出来事を，「原爆体験」という1つの概念としてまとめ上げたうえで，後世に語り伝えることだった。そうすることは，二度と原爆を落とさせないという普遍的メッセージに，個別性に彩どられた鮮やかな表象を与えるばかりではない。

---

(3)　調査は，当時，石田忠教授，濱谷正晴助教授，栗原淑江助手らを主とする一橋大学社会調査室で行われた。調査結果については，例えば石田（1973/1974），濱谷（2005）など参照のこと。以下で紹介する事例は，筆者自身の調査に基づく。この女性は，その後長崎の語り部の1人として知られるようになった片岡ツヨ氏である。階段の多いあの坂道をいったいどうやって通い続けたのか。2014年12月に94歳の生涯を閉じられた。ご冥福を心から祈る。

(4)　「原爆体験」という語は，濱谷（2005）による。

まさに，彼女自身の生に確かな意味と方向を与えるうえで，必要なことだった。彼女にとって，原爆医療費などの公的援助を受けることは，過去に被害を受けた自分自身への補償であるとともに，原爆被害を受けた人々一般を社会が放置しようとはしないことの証であり，さらには，二度と原爆を落とさせないという「現在の人々」の誓いを「未来の人々」の生の保障へとつなげる要でもあったのである。

このように個人の個別性にストレートに向かうケアの観点は，普遍性と抽象性を備えた公共的ルール（例えば，憲法の生存権規定）を，個々人の状況を映し取った具体的ルールに解体せよ，という。それに対して，正義の観点は，個々人の直面している個別的な条件を不偏的に配慮しつつ，それらの相互の重みや優先性を決定せよ，という。これら2つの観点のせめぎあいの中で，普遍的・抽象的な公共的ルールと，複数の個別的な条件を具体化したルール群との整合性が見通される（例えば，生活保護法と「被爆者援護法」との関係）。公共的判断の形成プロセスとは異なる社会的位置にある個々人の，まさにその個別性が有する普遍的な，そして人間的な意味を探る作業にほかならない。その際に，正義とケアとの協働が効をなす。

以上，経済学のモデル・ビルディングの手法と社会的選択理論の枠組みをもとに，個人の公共的判断とそれに対応する公共的ルールの性質を探った[5]。次節からは，個人の視点から正義の観点とケアの観点を併せもつことの意味を考察しよう。

5 ケアと依存性

ある個人が，それが規則だからという理由ではなく，憐憫や共感など相手への直接的な感情に突き動かされて倫理的なふるまいをしたとしよう。そこには報酬への配慮はおろか，反省的推論なども介在する余地がない。われわれが「ケア」に注目する背後には，このような素朴で直截な自発性へのあこがれがある[6]。

---

[5] この枠組みで，人権に関する国際的な規定間の関係を探ることは興味深いテーマであるが，ここでは詳細に立ち入らない。愛敬（2010），石崎・遠藤（2012）参照のこと。
[6] 例としてロールズ正義論の"カント的側面"に対する批判が挙げられる。

だが，その一方で，ケア労働に関しては依存性の問題が指摘されることがある。例えば，「依存者の介護に専ら従事することによって，自ら経済的依存者となっている女性」[7]といった批判的言説は，私的関係性につなぎとめられやすいケア労働に向けられている。いま，これを，「機会費用」，「移動の自由」，「就労機会」という概念で分析しよう。「機会費用」の概念は，あるケア労働を他に振り向けたとしたら，そこで得られたはずの便益（機会費用）を現在の賃金と比較することを可能とする。例えば，いま，「移動の自由」が保障され，「就労機会」が他に十分存在するとしたら，ケア労働者はより大きな便益を求めて移動するであろうと。背後には，あるケア労働者の担っていた仕事とは，社会的ポジションに他ならず，他の人と交換可能だという一般性の仮定がある。

この仮定は，ケア労働の需要側にも当てはまる。「購買の自由」が保障され，「購買機会」が十分存在するとしたら，需要者はより大きな便益を求めてケア労働者を選び直すことができる。もし，これらの仮定がすべて満たされている状況で，なおかつ，ある特定のケア労働者がある需要者のもとにとどまるとしたら，その理由は，たまたまそこで均衡が実現しているのか（労働市場，サービス市場ともに），あるいはその仕事が「パーソナルアシスト（伴走型支援）」といった特別の任務を期待されたポジションだからであるか，さもなくば暗黙の抑圧が存在するからに違いない。これらの仮定のどれかが満たされていないとしたら，私的関係性につなぎとめられている可能性が高い。

私的関係性に基づくケア労働は，特定の個人へ発せられるベクトル（量と方向性をもった）の形をとる。ケアの送り手が通常，期待することは，自己のサービスが相手に届き，〈意味〉をもつことである。いま，ケア労働者の発するベクトルが受け手に無事に届いたとしよう。このとき，ケア労働者は意味を授けてくれたことに感謝の念を覚えるに違いない。ところが，ベクトルが逸れて〈意味〉を獲得できずに終わったとしよう。このとき，行き場を失ったベクトルは未成就のエネルギー——受け手への怒りが禁じられているとしたら——を反転させて，自分自身を責めかねない。いずれにしても，ケアの送り手は受け手の反応，すなわち意味付与に，依存しかねない構造をもつのである。問題の本質は，サービスの〈意味〉がケアの受け手個人に依拠する点，受け手のきわ

---

(7) Fraser and Gordon（1994）参照のこと。

めて私的な趣味や嗜好と行為が〈意味〉付与の決め手とされる点にある。

　その一方で，私的関係性にとどめられたケア労働には，受け手の側に負債が発生しやすいという問題がある。ケアサービスが市場で購入される場合を想定しよう。この場合には，受け手からの直接的な（集合的な需給均衡のもとで成立した価格×量）支払いを通じて，ケアサービスの送り手と受け手の間に収支の均等性が成り立つ。あるいは，ケアサービスが公共サービスとして提供される場合を想定しよう。この場合には，税金に基づく支払いを介して，ケアサービスの送り手と受け手の間に収支の均等性が図られる。これらの支払いは市場価格を含めて，公共的に認知された価格に基づいて算出される。それに対して，私的関係性に基づくケア労働においては，支払い額の根拠は不確かであり，「対価」としての役割を果たせないおそれがある。収支の均等性は徹頭徹尾，双方の主観的な価値評価に帰着させられるからである。

　もちろん，市場や公共サービスなど制度化された対価の仕組みが用意されたとしても，受け手はケア労働の需要を〈必要〉とし，送り手はケア労働の提供を〈必要〉とはしないとしたら，足場の非対称性は残される。ただし，市場や公共サービスは，その非対称性を，経済的対価を通じて調整し，公共的に認知された価格をもって回復することを可能とする。正義の観点がケアの依存性の緩和に役立つ一例ある。

6　正義と主体性

　正義の観点には次のような批判が向けられる。それがただ正義だから，という理由で人々が従うものが正義だとしたら，正義の観点は，個人の内発的な意志とは相容れないのでは，と。

　例えば，他者の困難を目の当たりにし，その声にじっと耳傾ける個人を想定しよう。その人の境遇に深く共感した彼女は，まずもって〈彼〉にとって必要なもの，価値あるものを理解しようと努めるだろう。だが，そのプロセスで，彼女は，〈彼〉にとって必要なもの，価値あるものは，彼と同様の境遇（ポジション）にある人々にとっても同様に必要なもの，価値あるものであることに気づくかもしれない。その一方で，彼女は，〈彼ら〉が必要とするもの，価値あるものは排他性をもつことに，すなわち，彼らによるその消費は他の人々の消

費を排除するおそれのあることに気づくかもしれない。ここで，彼女が，困窮する人々への資源分配の問題を真剣に考えるとしよう。誰であれ困窮している人々に，それぞれの困窮の質的相違に配慮しながら，限りある資源を分配するためにはどうしたらよいのだろうか，と。

　もしかしたら，彼女は，自分がたまたま最初に出会った人に優先的に分配したい気持ちに駆られるかもしれない。紛れもなくあなたを守りたいのだ，と。ケアの観点は，その気持ちを背後から押してくれるだろう。しかし，正義の観点はそうではない。ルソーが鋭く指摘するように，「法は特権の存在を決めることは十分できるけれども，何びとにも名ざしで特権を与えることはできない」（ルソー，本書序章「ルールと名前」参照）。近い順に，あるいは早い順に分配してよいかどうかは，いつかどこかで困窮するかもしれない同様の他者をも不偏的に眺めたうえで，ケース毎に判断されることになる。

　だが，はたして，いつかどこかで同様に困窮するかもしれない人々に対して，困窮の質的相違に配慮しながら，限りある資源の分配を実行しうるのだろうか。この問いは，より公共的な社会的選択プロセスに彼女を投げ入れる。ここで，もし彼女が，さまざまな境遇にある人々の差異に敏感でありながら，不偏的だといえる公共的関心のあり方そのものを模索（比較検討）していくとしたら，それは，批判的推論であると同時に，依然として彼女自身の素朴で直截な内発的な意志に基づく作業であるといえるだろう。

　ただし，留意すべきは，たとえそれが彼女自身の内発的な意志によるとしても，正義の観点に基づく模索は，彼女の私的な好みや喜び，価値や目的，さらには，彼女自身の福祉が拠って立つ基礎に変更を迫るものではないという点である。換言すれば，自分の私的な効用関数に他の人々の効用を含めること，あるいは，自分の効用関数を他の人々の境遇に収斂させることはかならずしも要請されない。自分の好みや喜びを保つこと，自分の価値や目的を追求し続けること，そのこと自体は公共的関心の形成を否定するものでは決してなく，時間的・物理的な制約にたえずさらされながらも，公共的関心の形成とバランスづけられていくものである。付記すれば，不偏的に配慮すべき人々の境遇には，自分自身に固有な境遇も含まれる。人々の個別性・特殊性への配慮は，自らの個別性・特殊性にも向けられなければならないからである。

　公共的ルールを制定することの１つの重要な意義は，個人が，私的選好や公

共的判断を含む多層的な評価主体・行為主体であることを保障する点にある。正義の観点から自分も承認する公共的ルールに従う限り，私的な利益や関心を合理的に追求したとしても，ルールそれ自体が内包する性質（善さや正しさ）から大きく離れる心配はない。むしろ，それは他者の境遇への関心を優先しようとするあまり，私的な好みや喜びを封じ込めてしまったり，私的な好みや喜びを変更できないために，他者の境遇への関心を封じ込めてしまう，といった不自然な心的反応を緩和する。それはまた，異なる多様な境遇にある人々が受けるべき公正な扱いを，自らの有限性をもって切り詰めないことの一助となるに違いない。

7　当事者・主体・共同性

　以上をもって，正義の観点とケアの観点との切り結びをめぐる考察をひとまず終える。これら2つの観点は，以下の章において，福祉の制度や政策を分析し，構想する要となるとともに，個人の公共的判断や社会の公共的判断を理解する手掛かりともされる。複数の個人の状況に分け入り——ケアの観点をもって——抽出されたさまざまな不利性を不偏的に眺めつつ，個別性や特殊性をルールに組み込む——正義の観点をもって——，そういった手順で普遍的で抽象的な公共的ルールを不断に構成することは不可能ではないし，そうすべき理由のあることが示唆される。

　一点，当事者の役割について補足する。人は自分の必要を常に正しく認識しうるわけではないという一般的な警句は，おそらく当事者にもあてはまるだろう。さまざまな力に押され，深く必要とするはずの事柄を抑制してしまう，あるいは，さほど必要としない事柄に同意してしまうおそれは常にある。だが，当事者は自らの置かれた個別的な境遇のまぎれもない目撃者である。当事者が黙するとしたら，その境遇の固有の問題を理解しようとする共同作業が立ち上がらない。

　先に引用したアーレントの言葉を借りるなら，当事者たちが発する声は，「世界からの気遣い」への請求であるとともに，同様の境遇にある他の当事者を含めた，「世界に対する気遣い(コンサーン)」の表明にほかならない。前者が自らに対するケアの観点に基づくとしたら，後者は正義の観点に基づく。もっとも1人の

当事者が声を上げたとして，当事者同士が，互いの必要とその意味を了解し合っていくことは，容易ではないだろう。ときには当事者とも，影響を被る者とも，公正な評価者ともなりうる，緩やかで多層的なアイデンティティをもつ個々人が集まって，個別的な請求の普遍的な意味を互いに解釈し発見していく公共的討議の必要性がここでも確認される[8]。次章では，破局的事象（カタストロフィ）の当事者と公共性の問題を論じたい。

　最後に，本章の冒頭に記した分析枠組みについて注記しておこう。本章は個人の選好を多層化することで，新古典派経済学の枠組みの修正を図った。その一方で，個人と制度との対応関係を探るモデルビルディングの枠組みは残された。すなわち，「個人（尊重）主義」的「主体」概念は保持された。予想される「共同性」あるいは「関係性」の視点からの批判に反論しておきたい。

主体と共同性

　人の生が，他の人の生と不可分の関係にあることは紛れもない事実であろう。私が食べることは，この世に在るだれかが食べることである。私が私の生を閉じることは，この世に在るだれかの生を閉じることである。その理由は，私の食べ物が無数の人々の手を経てここに在る（経済的連関），あるいは，食べる行為をだれかと共有している（社会的連関）ことに限られない。私が食べることにだれかが関心をもっており，そうかもしれないと私が思うことにも由来する。人の生が他の人の生と不可分の関係にあることは，存在の事実であるとともに認識の事実であり，規範的事実でもある。

　だが，人というものがかくも関係的であるとして，個人の概念が不要となるわけではない。他の人の生と不可分の関係にある自己を見る「個人」の姿は，近代が社会設計の基底に据えた「個人」の姿，すなわち，他から区別され，それ以上の解体を許さない独立した存在（個体）としての「個人」の姿と矛盾はしない。互いの関係性に傷つく（そして傷つける）おそれのある個人を個体として守り，尊重する仕組み——例えば，社会的に移転できるものを移転してどの個人の基本的潜在能力を保障する——の必要性が失われることもない。

　現代において「主体（subject）」の語が依然として意味をもちうるとしたら，

---

[8] 公共的討議の形成プロセスに関しては，本書第Ⅳ部参照のこと。

その核心は，自分が「世界への気遣い」をもち，「世界からの気遣い」を受けていることの自覚にあるといえそうだ。アイデンティティが複雑に重なり合い，個体の境界が不明瞭である現実があるからこそ，社会を構成するすべての個人の個人別選好を基礎として，社会的評価の形成プロセスを精査するという社会的選択の構図が，「主体」としての個人を尊重すること，という規範的意味を帯びてくるのである。

第3章
リスクに抗する福祉とは

1 リスクと社会階層構造

　人の生にはおびただしい偶然が伴う。いま自分がこうして在り，他者がそのように在ることは，実のところ，いくつかの偶然的事象の所産にすぎないことを私たちは知っている。金持ちであろうとも，貧乏人であろうとも，不慮の災害から逃れることはできない。完璧にリスク対策をとったはずの富裕者が――ほとんどゼロに近い確率にリスクを減少させたにも関わらず――実際には破局的リスク（カタストロフィ）に遭遇することもある。

　はたして，このような偶然性の事実は，固定しがちな社会階層構造を揺り動かし，社会の平等化を少しなりとも促進するほどの力をもちえるのだろうか[1]。それとも，優れた人的資本や社会的ネットワークなど無形の（物理的には壊れることのない）資産，ならびに，リスク管理の新たなテクノロジーによって，社会的・経済的な利益・不利益はほとんど温存され，社会階層化はむしろ強められていくのだろうか。近年，ウルリッヒ・ベックらによって指摘されているリスクの質的変容，その遍在化・大型化は，社会科学に対してこのような問いを投げかけた。

　例えば，近年，アメリカでベストセラーになった『災害のユートピア』の著者レベッカ・ソルニットは，2007年ハリケーン・カトリーナに襲われたニュー・オーリンズ市の分析を次の言葉でしめくくっている。

---

[1] リスクの質的変容を指摘する文献は多い。例えば，ベック（1986＝1998），Giddens（1998），山口（1998），宮道（1996），今田（2002）など参照。ベックは「危険は階級の図式を破壊するブーメラン効果を内包している」（ベック，1986＝1998：29）と指摘する。

災害も公的機関や社会構造を崩壊させ，個人の生活を一時停止させ，その向こうに横たわるより広い眺めを見えるに任せることがある（ソルニット，2009＝2010：440，強調は引用者）。

　災害は，これまでの私や民や共の組織の利益を越えた，新たな共同性と公共性の地平を展望しうるとソルニットは主張する。

　本の中では，イラク戦争で息子を亡くし，「なぜ息子が死んだか答えて欲しい」と，ブッシュ大統領の農場の外にキャンプを張り続けた母親（「キャンプ・ケーシー」と呼ばれたシンディ・シーハン）の姿も紹介されている。シーハンは「まるで，息子を失った悲しみが通常のすべての欲求をえぐり出し，純粋な目的のみを残して空っぽになってしまったかのようだ」（ソルニット，2009＝2010：398，強調は引用者）と。ソルニットは，破局的リスクは，国存亡の危機といったイデオロギーに取り込まれることを退ける一方で，幸福追求権や私的財産権など，平時にわれわれが所与とする権利や規範を相対化する契機となるとも主張する。

　結論的にいえば，事実としてのリスクの遍在化・大型化が，ただちに既存の社会階層概念を無効化するとはいえない。例えば，ソルニットがとらえた「広い眺め」は，グローバルな資本力と地元政治力の結合で，公共機関を一掃する好機ともされた。公教育・公共住宅・公的医療施設・公共交通が，チャータースクール（特別契約公立学校），民間セキュリティを完備した「ゲーテッド・コミュニティ（高額私設機能空間）」に替えられた（デイヴィス，2006；渡辺，2010など参照のこと）のである。日本においても，例えば，大名屋敷を直撃した1855年安政江戸地震の記録をつぶさに分析し，震災後実行された公的・私的扶助，震災復旧工事，職人景気などの現象に注目する北原糸子は，基本的にはそれらは「災害という現実的・非現実のなかで一時的に解放を感得する」（北原，2000/2013：34）ような「儀礼」（同：282）であって，「社会の変革を迫る直接的・攻撃的動きはなかった」（同：307）と結論づける。

　だが，民族・文化・言語・セクシュアリティなど，不平等をもたらすさまざ

---

(2) 「世界は等しく危険状況に曝される。しかし……その内部で新たな社会的不平等が生まれていることを隠すことができない」（ベック，1986＝1998：60）。
(3) ここでいう儀礼とは「現実において非現実を実現するための一つの儀式」を意味する（北原，2000/2013：282）。

まな要因の「発見」が，従来の社会的・経済的不平等の分析視角の多層化を促進してきたことと同様に，いまだ社会階層指標を形成するに至っていないさまざまなリスクの認識が，分析視角のさらなる多層化を要請する可能性はある。それらは構造化された社会階層のうえに，幾すじもの見えない裂け目を刻み込むであろう。社会の中の誰かのもとに到来し，だれにでも起こりうる危険事象という意味では，あるいは，起こったとしたら，だれであろうと同様の苦悩をもつであろうという点では，それらは個人的な出来事ではなく，社会的な危険事象，すなわち，リスクと呼ぶに相応しい。

例えば，重い精神の病をもつ人々の家族の研究をしたアメリカの心理学者モナ・ワソーは，当事者の1人である社会福祉学者P・マグレガーの次の言葉に着目する。

> （私たちのような人間は）悲嘆者の最下層階級に加わった。この階級は，正常な悲嘆のプロセスを体験する権利を社会から奪われている。なぜなら，こういった者たちの喪失は，率直に認められたり，人前で悼まれたりすることがなく，社会的なサポートも受けられないからである（Macgregor, 1994: 164, 引用はワソー, 2000＝2010：139より）。

ワソーはマグレガーのとらえた新たな階級を病そのもののリスクではなく，そのリスクをまるごと本人と家族に負わせる社会（文化）との関係でとらえる。

> （このように）家族の精神の病とともに生活することは，非常に大きなストレスをもたらす。そのため，家族は絶望的な考えや気持ちに追いやられてしまうことがある。しかし私たちの文化では，家族に対する陰気な考えや，冷たい考え，否定的な考えを表に出すと，顰蹙を買う。だから，ほとんどの人がそういった気持を胸に秘めることが多い。すると，その気持ちが罪悪感や自責の念となり，悲嘆が終わらなくなる（ワソー, 2000＝2010：20, カッコは引用者）。

終わることのない悲嘆を抱えた「悲嘆者の最下層階級」が，家族を磐石な砦と見なす従来の社会階層論の枠組みで認知されることはまずないだろう。だが，

「正常な悲嘆のプロセスを体験する権利」が，社会から奪われるおそれのあることを，われわれがありうべきリスクの1つと見なすとしたら，その観点は，福祉制度に対するわれわれの評価に影響を及ぼすに違いない。例えば，それは，障害や疾病のある人に対するケアを，その質的な相違を何ら精査することなく，家族の養育・扶養機能の自然な延長として家族に負わせているアメリカ合衆国の福祉制度を批判する研究者らの視点とも呼応する（Singer, Biegel and Conway, 2012）。それはまた，夫や息子の健康管理を，家族の精神機能の自然な延長とみなし，過労死遺族に対する労働災害補償保険の適用を厳格化し，雇用主の民事賠償を退ける一方で，家族の監督過失責任を問い，ときに雇用主の賠償責任を相殺させることのある現代日本の制度とも呼応する。[4]

　本章の課題は，「観点としてのリスク」を手掛かりに，福祉への権利を保障する公共的な制度の論拠とその受容可能性を検討することにある。実のところ，リスクに遭遇した個人への支援が「公共性」を獲得することはむずかしい。なぜなら，災害は，いかにそれが大規模であろうとも，一部の人々に「起こった」事柄であり，多くの人たちには「起こらなかった」事柄だからである。「起こった」人にもたらす傷跡がいかに深く執拗なものだとしても，「起こらなかった」多くの人の記憶からは容易に遠ざかっていく。しかも，社会統計学的には原因を特定しがたく，したがって，現在の科学の知見の枠内では，本人特有の原因でとしか言いようのない理由で，リスクにさらされやすい人が実際にいるからである。だが，そうだとしたら，これはまさに本書が主題とする福祉の問題である。本書の目的は，きわめて個人的と見える福祉の問題を，一定の人々の集合体としての社会を前提とした「リスク」概念と結びつけ，その解釈を通じて福祉制度の正統性を探ることにある。

　ここでいう「観点としてのリスク」とは，次の諸事実に着目する分析視角を指す。第1に，いかなる個人も偶然的事象が発生するリスクを，完全に否定しきることができない点で，互いに対称的な存在である，つまりはリスクの前で平等な存在であること，そして，第2に，人は誰しも，制度として確立された「権利（right：正しさ）」を必要としないほど，その存在においても，意識においても，強く安定した存在ではないこと，とはいえ，社会には，第3に，リス

---

[4] ここには序章でふれた集合的責任と個人補償の問題がある。関連して水野（2013）など参照のこと。なお，以下2節までの記述は後藤（2014c）と一部重複する。

クにさらされやすい人々、リスクから逃れるための標準的な合理的営みが、かえってより深刻なリスクを招いてしまう人々がいること。付記すれば、第4に、リスクが実際に発生したことと、発生しないこととの間には、また、リスクが発生した中でも、重大リスクであったこととそうではなかったこととの間には、否定しがたい非対称性が残ること。

「観点としてのリスク」が着目するこれらの事実は、ある個人に発生した個別・特殊なリスクへの事後的な対処を、本人や家族、身近な人々に閉じるのではなく、より公共的な仕組みに開くことの規範的な正統性を示唆する[5]。しかも、そのような仕組みが、いかなる個人においても、まったく他人事とは言い切れない——わずかなりとも「我が事」である——ことを示唆する。さらに、そのような仕組みを制度化された諸権利（rights：憲法などで規定された）あるいは人権（国境を越えた抽象性をもつ）、すなわち、永続性と普遍性をもった（つまりはいつでもどこでも通用する）個人の権利として確立することの有効性を示唆する。これらは、リスクにさらされやすい人々への特別な配慮を含んだ「福祉への権利（right to well-being）」の確立を、人々が広く受容する素地となるだろう。

議論に先だって、次節では、観点としてのリスクの概念的意味について説明しよう。

2　観点としてのリスク

フランク・ナイトは、測定可能かつ客観的確率でとらえられる不確実性を「リスク」と呼び、測定不可能で主観的確率しか割り振れないものに「不確実性」の語をあてた（Knight, 1921/2006: 233）。それに対して、ベックは、社会システムが関与してもたらす、あるいは、より消極的には、社会システムが関与しないことによりもたらされる危険を——測定可能であるか客観的確率でとらえられるかにかかわらず——「リスク」と呼ぶ。以下の議論では、社会の関与を要件とする点で、ベックの定義を採用する。ただし、何をリスクと同定するかについては、人々がいま、ここである個人に起こった出来事に偶然性を見出す

---

(5) 先に引用した北原は、幕府による「施行」が災害時における救援活動から「周縁社会における施行空間への拡がり」をもつ可能性、すなわち「身分社会における呪縛とそこからの解放」という二重の意味をもつ点を同時に指摘する。

ことができるか，また，その個人が被った被害を，社会で対処すべき事柄と見なせるかに依存して変わりうるものとする。

　例えば，ある危険事象が10万分の1の確率で，社会の誰かに発生するとしよう。リスクの前で個々人は等しい。だが，リスクが発生した後でも，その等しさを保ち続けられるだろうか。おそらくそれは困難だろう。なぜなら，われわれは，他でもなくある人にリスクが発生したのはなぜなのか，それを必然とする固有の原因をその人の中に探し出そうとする傾向があるからである。その固有の原因（遺伝子やら，特別の嗜好やら，生活習慣やら）は，リスクの発生がその人であって，自分ではなかったことを必然とする。ここに，その固有の原因に関する事前的な選択機会，自由，責任の論理がからむと，リスクがその人に発生し，自分には発生しなかったことが，規範的にも正当化されることになる。自分がそのリスクの発生から逃れているのは，自分がそれらの原因を遠ざけていたことの必然的かつ当為の結果なのだと。

　とはいえ，同時に，通常，人々はこのようなリスクの発生に関する原因探しは，所詮，憶測にすぎないことを自覚している。加えて，そもそも危険事象の発生確率自体が，蓋然性にすぎないことを知っている。そうである限り，ここで得られる正当性の感覚は，強固な信念となることを免れる。つまり，後から来る別の論理による訂正可能性に開かれる。だが，ここに「リスク予防」という観点が導入されると事態は明らかに変化する。リスクの発生原因をあらかじめ特定し，回避する手立てをとらなければならないとなると，憶測を憶測のまま保持してはいられなくなる。そこで社会統計学等の力を借りて高リスク・グループの抽出と要因連関分析が試みられ，それに基づく科学的因果論が構成される。

　リスク予防の観点は，リスクの原因を探究する営みをいわば「犯人探し」に転化するおそれがある。例えば，社会統計学で特定された高リスク・グループと特性要因は，社会的に操作可能な変数として，社会的改良あるいは排除の対象とされる。その一方で，社会統計学で有意な説明力をもたないとされた要因は，個々人のきわめて個人的な特質か落度とされ，社会的には放置され，リスクが発生後の結果は，たとえどれほど酷いものであろうと，本人の自己責任に帰着させられるおそれがある。

　例えば，「アフリカ系アメリカ人」が犯罪にコミットする確率は統計的に有

意に高いという数字が出されたとしよう。それを引用する研究者の目的は，犯罪は個人的道徳の問題ではなく，特定のグループに対して，教育や就労機会など基本的権利が保障されていないことの証であるから，そのグループに関しては，一定程度，刑罰を減量すべきだと主張することにあったとしよう。だが，「犯罪リスクの予防」という観点からは，その数字はアフリカ系アメリカ人グループを標的とした取り締まりを強化する格好の理由とされかねない。その一方で，社会統計的には有意に特定できないケース（例えば，白人の中間層の中高学歴の若者）に関しては，もたらされた結果はすべて本人の個人責任とみなしてよいという理由を与えかねない[7]。

このようにリスク予防の観点のもとでは，偶然性の論理は，因果性の論理に替えられる。リスク概念に含まれていた確率的蓋然性に替わって因果的必然性の論理が，そして，不確実性下での非決定性に替わって合理的決定性の論理が，リスク予防の観点で前面に押し出されてくる。そもそもリスクとされることがらは，多くの人々にとってない方がよいとされている負の価値であるから（リスクを原動力として努力を喚起するといったメリットを除けば），リスク予防という目的の正統性は否定しがたい。けれども，ここで因果性の論理が，選択と責任と結びつき，規範的色彩を強く帯び始めるとき，それは「リスクの前の平等」というもう1つの規範を侵食しかねない。社会的には特定しえないリスク発生の原因となる要因を回避するよう，選択できたはずの個人の行動あるいは存在そのものが，リスク発生の結果に対する責任を負うべきであると。

それに対して，本章でいう「観点としてのリスク」は，リスクを再度，偶然の相のもとにとらえ直すことを要請する。リスク予防の観点が，社会統計学的操作をもとに，リスクから偶然性を取り除こうとする実証科学的営みであるとしたら，観点としてのリスクは，リスクに偶然性の視点を再定位し，広く公共的な事後補償を計画する経済哲学的営みである。両者は，（一定の「社会」の存在

---

(6) Heckman（1979）など参照のこと。統計的分析は，社会的に操作可能な変数を抽出する一方で，残された説明不能な変数を排除する理由を与える（キング・コヘイン・ヴァーバ，2004：33）。また，ブレイディ・コリアー（2004=2009）参照のこと。竹内啓（2010）の統計論は偶然に関する深い認識に立つ。

(7) ウィルキンソン（2005=2009），Kelly（2014）。数理経済学で責任と補償に着目した文献は多いが，両者の峻別の困難さは指摘されている。Fleurbaey（1994; 1995a; 1995b; 1995c; 1995d），Fleurbaey and Maniquet（2011），Bossert and Fleurbaey（1996）など。

を前提とする点では共通しつつも）リスクの偶然性をめぐっていわば反対方向にかじをとる。ただし，リスクにはもともと偶然性と因果性の両方が含まれているのだとしたら，両者は矛盾し合うものではない。リスク発生の原因をできるかぎり早期に予見し，蓋然性の高い要因にあらかじめ備えるという「リスク予防」の観点と，誰かのうえに実際に降りかかってきてしまう災厄に対する「事後的補償」の観点は論理的には矛盾するものではない。むしろ，事後補償の仕組みがあれば，過度な予防をけん制しうる，また，予防の仕組みがあれば，事後補償は結果的に縮小されうる。肝要なことは，両者を補完関係でとらえたうえで，予防と補償のそれぞれに対応する仕組みを社会的に用意することである。

だが，このようなリスクの予防と事後補償の補完関係を妨げる現象がある。それは「リスクの個人化」と呼ばれる現象である。ベックの言葉を借りれば，この現象は次のように描写される。「個々人にとって，個々人の運命を決定する制度情況は，もはやたんに自分にふりかかる出来事や事情であるだけではなく，少なくとも自分自身が行った決定の帰結でもある」（Beck, 1998: 268）。次節では，この「リスクの個人化」を支える論理との対置で，観点としてのリスクの視座をより具体化しよう。

3 リスクの個人化

歴史的には，「1人は万人のために，万人は1人のために」（自分のために備えることは他の人々のためになり，他の人々のために備えることは自分のためになる）という「相互主義」や「連帯」の言説が人々を保険制度に誘ってきた。例えば，ドイツの社会保険学者アルフレッド・マーネスは次のように記す。[8]

　　最廣義ノ社會保險（Sozialversicherung im weitesten Sinne）トハ相互主義ニ基クアラユル經濟的施設ニシテ勞働者階級及ヒ中產階級（使用人，企業從事者，小獨立企業者，手工業者其他ヲ含ム）ノ偶然ノ事情ニヨリテ生シタル緊切

---

[8] Einer für Alle, Alle für Einen の訳でアルフレッド・マーネスの言葉とされている（宮道，1996；ポラニー，1944＝1975参照のこと）。「フランス社会連帯主義」と福祉国家に関しては，田中（2006），重田（2010），松村（2011）を，また保険と相互扶助の異同については小川浩昭（2006）参照のこと。

ナル財產ノ需要ヲ塡補スルヲ目的トスルモノナリ（マーネス，1905＝1919：2）。

　十分な数を備えた集団であればリスクが確率として表現されうる。それがすべての構成員にとって等しいとみなせる限り，保険は「リスクの前の平等」という思想を体現するものであった。だが，保険にはもう1つの顔がある。

　　保険は，それが利用可能である限り，選択不可能な非運（brute luck）を選択可能な運（option luck）に結びつける。選択不可能な非運に対する保険を購入するかしないかは計算されたギャンブルに他ならないからだ（Dworkin, 1981b: 293）。

　第1章でも言及したロナルド・ドゥオーキンのこの言葉は，不確実性下における合理的選択という保険に関する経済学理論の特質をよく示している。保険のメカニズムを使えば，いかなる大惨事であれ，ギャンブルと同様，本人の選好，選択，そして個人責任の問題に切り替えることができるはずだと。保険市場では，個人の選好とリスク発生率の相違を考慮した個人別衡平性論理（例えば保険料と保険金期待値との釣り合い），ならびに，保険市場への参加はどの個人の便益をも高める（少なくとも低下させない）ものだという相互便益の論理が追求されることになる。背後には，次のような個人合理性の思想があった。
　危険事象の発生に関する客観的な，あるいは主観的な確率には個人差があってよい。危険事象の発生による損害がもたらす不効用にも個人差があってよい。さらに，危険への選好にも個人差があってよい。危険事象に備えて現在の消費をどのくらい控えるかも個人毎に異なってよい。例えば，社会年金保険は，ある集団の平均余命を予想しながら，離職後の「長生きのリスク」[9]に備える仕組みである。稼得期の消費を控えて非稼得期に必要となる生活費を共同でプーリングするものだ。だが，中には，「長生きのリスク」の主観的確率が低い人，生涯働き続けようとする人，余命を養うに足る蓄財を自分で設計したい人，あるいは，現在，保険料を捻出するゆとりのない人がいるかもしれない。これら

---

(9) より厳密には，退職や障害，死別などに起因する稼得手段の喪失を通じて生活困難に陥るリスクと定義される。個人の近視眼的傾向については，Strotz（1955-1956）参照のこと。

の人は平均的な社会年金保険料を不合理に高すぎると感じるであろう。

　新古典派経済学における限界分析の手法は，このリスクの発生確率に関する個人間相違（主観的なあるいは客観的な），また，リスクに対する選好（どの程度，引き受けようとするか，回避しようとするか）の個人間相違に着目することにより，不確実性下においても，便益と費用に関する個人別衡平性（釣り合い）規範を適用する道を開いた。例えば，競争市場均衡においては，個々人において，事故が発生した場合の所得と発生しなかった場合の所得との限界代替率は価格比（純保険プレミアム率：保険料と純保険金との比率）と等しいと説明される。また，事故発生確率と非発生確率との比率を均等化する保険料と純保険金との比率は，「公平な（競争）保険プレミアム」と呼ばれる。[10]

　この理論を下敷きとするとき，社会保険の正当化論理は次のように変化する。もし，個々人の事故発生確率が完全情報として入手され，他の特徴は同一であるとしたら，事故発生確率の相違を反映した「差別プレミアム」（個別保険料）が競争均衡解として実現することになる。だが，現実には，たとえ事故発生確率に相違があったとしても，その情報は不完全である。そのため，競争均衡解では低リスク者が過剰支払いをし，高リスク者が過少支払いをしている可能性，あるいは，低リスク者が市場から退出し，高リスク者だけからなる市場で均衡解が成立する可能性がある。後者は情報の非対称性のもとでの逆選択と呼ばれる現象に他ならない。それらと比べて，社会的な強制力をもった保険制度では，どの個人の状態を悪化することなくいずれかの個人の状態を改善する，すなわちパレート改善的な解を実現する可能性がある，と。[11]

　だが，これには次のような問題がある。この論理は事故率に関する情報が入手不可能だという仮定に決定的に依存している。だが，例えば科学技術の進歩を背景として，ある危険事象に関する個々人の発生確率の相違が透視されるようになったとしたら，議論は，「差別プレミアム」（個別保険料）をもたらす競争市場均衡解こそが望ましいという主張に戻るだろう。それは，受け取る保険金[12]

---

(10)　例えば，酒井（1982：252）参照のこと。また，保険学では，個人別衡平性は，「収支相等の原則」，すなわち保険料総額と保険金総額との釣り合いと並ぶ二大原則の1つであり，「給付反対給付均等の原則」と呼ばれている。例えば，近藤（1963）参照のこと。

(11)　以上の記述に関しては，酒井（1982：12章）参照のこと。

(12)　この点は，保険学では早くから指摘されてきたという。小川浩昭（2006）参照のこと。

が同一であっても個々人の事故発生確率の相違に応じて異なる額の保険料が割り当てられる仕組みであり，個々人の危険回避度に応じて異なる保険金と保険料の組み合わせが選びとられる仕組みに他ならない。それはまた，事故発生確率その他の諸条件において同質的な人々によってグループ化された仕組みであり，自分のために備えることは自分と同条件にある他の人々のためにはなっても，異なる条件にある人々のためにはならない仕組みである。いうなれば，「リスクの個人化」，あるいは「リスクのグループ化」が，事実として可能になってきた。この事実を踏まえて，例えば，「連帯」や「参加」など社会統合的な価値の強いフランスで，本人の責任に応じた保険料といった個人別衡平性の原理の是非をめぐって活発な議論が展開され始めている。

それに対して，2010年3月から実施され始めたオバマ政権によるアメリカ合衆国の医療保険改革の要は，民間保険会社の設定する「差別プレミアム」をむしろ，公的資金の投入によって是正する点にあった。背後には，一方では，既往歴その他の情報から個々人のリスク発生確率の相違を割り出す科学技術の発展，それに基づくリスクの個人化の現実によって，多くの低所得者が医療保険から締め出される現実，他方では，病気に起因する可処分所得の低下と生活苦に起因する治療の遅れの悪循環による，中低所得者層の貧困化という現実があった。「オバマ改革」は，社会保険制度のもつ再分配的側面，すなわち，リスク発生確率に関する再分配，ならびに，保険料の減免を通じた所得再分配の機能を，より強めようとするものだった。

「オバマ改革」とそれをめぐる激しい公共的討議は，公的要素の混入により年金制度が不透明にされているという，経済学者の批判は免れたうえで，次の点を明確にした。医療社会保険制度の——そういってよければ社会的「連帯」

---

[13] 「私保険と社会保険に共通の基礎的要素は危険の引き受けにあり，両者のちがいは，危険の引き受け方にある。私保険では，危険はプールされ，拠出金は近似的に等しい危険をもつ人びとによってほぼ等しい料率で任意に支払われる。かれらの資産，暮らし向きによってかれらが遭遇する危険の程度をはかればよいのだから大きな金額で保険しようと，小さい金額で保険しようと人びとの自由である。それに応じて拠出金もまた定まるわけである。社会保険の場合にも，危険はプールされるが，そこでは個人間あるいは集団間において危険の程度が明らかに相異していても，人びとが一定の拠出金で保護される点に特徴がある」(Richardson, 1960: 55；近藤，1963)。

[14] ロザンヴァロン (2006)，メーダ (1995：2000) など参照のこと。後者はその歴史的起源を1840年代に求める (同書，176)。

の——個人合理的側面と再分配的側面をいかにバランスづけるかは，年金社会保険制度等と同様に，人々の公共的討議に基づく社会的選択に委ねられる点である。実は，現代福祉国家において，リスクに抗して，われわれの安心を支える公的経済給付には，伝統的な社会保険制度を越える視座が含まれている。本章が「観点としてのリスク」と呼ぶ視座である。この点を明らかにするために，次節では，アリストテレスの正義概念を理論的枠組みとして，伝統的な公的経済給付の論拠を解明することを試みる。アリストテレスの正義概念に着目し，その拡張的解釈を試みる理由については，本章の結論部分で注記する。最後に，ベックの問題提起に戻り，リスクに抗する福祉の意味を探る。

4 アリストテレスの正義と衡平性

アリストテレスのいう特殊的正義とは，ある社会（ポリス）を構成する市民間の諸財（名誉や威信，安全，財貨などを含む）を介した関係性を規範的に問うものだった[16]。彼はそれを配分的正義と匡正的正義，応報（交換）的正義の3つに分類する。配分的正義は，共同体で価値のある一定の財をメンバー間に配分するという文脈において，個々人に備わる内在的な価値と配分されるものとの間の比例的釣り合いを要求する。「配分における『正』は何らかの意味においての価値に相応のものでなくてはならない[17]」。ただし，価値の尺度は制度との関係で決められ，例えば，「民主制」では「自由」が，「寡頭制」では「富（あるいは生まれのよさ）」が，「貴族制」では「卓越性」が価値の尺度とされる[18]。

それに対して，匡正（矯正）的正義は，人間交渉における不正（不均等）に対して，「一方から利得を奪うことによって罰という損失でもってその均等化を試みる」こと，（アリストテレス，1971/1999：182）そのために算術比例的な配分を

---

[15] 経済学者による「不透明さ」の指摘は「再分配」の否定をかならずしも意味しない点は留意されてよい。高山（1992）参照のこと。
[16] 以下の議論については，アリストテレス（1971/1999：179ff）参照のこと。また有江（1990）参照のこと。
[17] アリストテレス（1971/1999：179）。
[18] 「民主制論者にあっては自由人たることを，寡頭制論者にあっては富（一部のひとにあっては生まれのよさ）を，貴族制論者にあっては人間の卓越性を意味するという相違がある」（アリストテレス，1971/1999：179）。

さすことをいう。ただし，ここでいう「利得」（ならびに「損失」）とは，「一方の意に反して生じた事態における或る意味における利得（ならびに「損失」）」，すなわち，「自分に属する以上を得る（少なくしか得ない）」ことをとらえる表現であり，「被害が計量されるならば」という条件が付せられる。この条件のもとでは，匡正的な「正」は，利得（過多）と損失（過少）の「中」として表され，そこでは各人は「まさしく自分のものそれ自身が与えられ」ることになる。

　さらに，応報的正義は，人々が経験的にもつ日常的な応報感覚（「目には目を」的な）と関連が深い。すなわち，「ひとびとはあしきことがらに対しては，やはりあしき仕方で応じようとする。然らざればそれは奴隷的な態度だと考えられている。また，よきことがらに対しては，彼らはよき仕方で応じようとする。さもなくば相互給付ということは行われず……」（アリストテレス，1971/1999：186）。他の2つの正義との相違は，当事者間で均衡に至ることが，正義に適っているか否かの判断の決め手とされることにある。アリストテレスが特に注目するのは，「交易的な共同関係」である。それは財（グッズ）であれ，害（バッズ）であれ，結果的に，一定範囲の個々人の間で自発的な交換が実行され，質の異なるモノや行為の間に「通約性」がつけられる状況に他ならない。

　アリストテレスの挙げたこれら3つの正義はいずれも「釣り合い（衡平性）」を問題とするものであり，その実行は個人間・事物間の比較可能性・計測可能性を前提とする点に特徴がある。例えば，配分的正義において「価値に相応」という判断は，単一の尺度（自由人たること，富あるいは生まれのよさ，卓越性など）による比較可能性が前提とされる。さらに，匡正的正義においては，「被害が計量される場合ならば，事実，一方が利得，他は損失と呼ばれる」と表現されるように，計量可能性が明示的に考慮される。また，応報的正義においては，次の引用に見られるように，交易したという事実によって比較可能性・計測可能性が結果的に跡づけられる。

　すなわち，「交易なくしては共同関係はないのであるが，交易は均等性なしには成立せず，均等性は通約なしには存在しない。もとより，かくも著しい差異のあるいろいろのものが通約的になるということは，本当は不可能なのであるが，需要という関係から十分可能となる。その際，すなわち，何らか単一なものの存在することを要するのであって，このものは協定に基づく」[19]。この「単一なもの」として，アリストテレスは貨幣（ノミスマ）を挙げるが，より正

確には，貨幣に表象された価格体系と解するべきだろう。「かくも著しい差異のあるいろいろのもの」に対する人々の「需要」が一定の価格体系に収斂されることが，応報的正義の前提とされるのである。

このようなアリストテレスの正義論は，われわれが常識とする公正性（衡平性）の輪郭を明確化するうえで有用である。ただし，その射程は，個人間での比較可能性，計測可能性を前提とする点で，実行可能性の問題をおくとしても，次のような論理的問題を含む。いま，匡正的正義によって，「まさしく自分のものそれ自身が与えられ」たとしよう。はたして，これで不当性の事実が相殺されたと見なしてよいのだろうか。「され」た側の損失が計り知れないものであるとき，あるいは，「する」側の動機が利得を超えたものであるとき，「するとされるの不均等」は修復不可能な程拡大しているおそれがある。また，配分的正義に関して，個々人が一定の尺度で測定された「価値に応じて」財を配分され，まさしく個人間で価値と配分に関する衡平性が実現したとしよう。だが，それぞれの個人の生の状態に照らして配分が十分である保証はない。さらに，応報的正義に関して，個々人が自発的に交易に参加したとして，ある個人は今日の必需を得るために，明日の必需を提供せざるを得なかったとしたら，明日には生存の維持すら困難となっているおそれを否定できない。

個人間での比較不可能性・計測不可能性を考慮に入れるためには，また，配分前後における個々人の生の状態を考慮に入れるためには，財を仲立ちとする個人間での「衡平性」の観点を超えた正義の理論を構成する必要がある。例えば，西洋における正義理論の歴史を辿ったサミュエル・フライスシェッカーは，現代正義理論の特徴を，ポリスの中での「功績」を根拠とするアリストテレスの配分的正義との断絶に見る。とりわけ，個人の行為もたらす「功績」への報酬ではなく，個人の存在における不足（必要）を根拠とする分配原理を構成する点に見る。フライスシェッカーによれば，この後者の歴史はさほど古くなく，より体系的な理論の出現という意味では，1970年初めのジョン・ロールズの正義論の出現をまつ必要があったという。結論として彼は，「アリストテレスから現代的な分配的正義の観念への移行を説明するには，なぜ人は困窮から逃れた生に値するのかを説明する必要がある」という，きわめて挑戦的な，そして

---

(19) アリストテレス（1971/1999：189）。

本質的な問いを投げかける (Fleischacker, 2004a: 2)。
　「必要」を根拠とする分配理論と対応する福祉制度の検討は次章にゆずるとして，本章の残りでは，アリストテレスの正義論の再解釈をもとに，現代福祉国家を支える規範構造を抽出しよう。彼のいう匡正的正義の観念は，被害の不当性を論拠とする賠償や補償，あるいは，特定の社会的カテゴリー（女性，障害者，高齢者など）に対する制度的扱いの不当性（市民的・政治的自由の実質的制約に起因する経済的・社会的不利益など）を理由とする給付に論拠を与える。また，配分的正義の観念は，「価値に応じて」に関する解釈に応じて，例えば，特定の障害や疾患に抗して生きる人への経済的支援，あるいは，社会の構成員としての価値の等しさを理由とする公的経済給付に論拠を与える可能性を秘めている。次節では現実の福祉国家の事例に即してこの点を確かめたい。

5　不当性を伴う経済的給付

　現代福祉国家における個人を対象とする公的経済給付には，アリストテレスのいう「正しきを回復するための匡正的正義」に対応するものが複数ある。社会的要因に起因する被害はもちろんのこと，自然的・社会的偶然を起因とする被害であっても，あるいは，特定の加害責任主体が明確な被害であっても，ある個人が不当に被った被害を制度的に放置することが許されないとしたら，被害の回復・補償を目的とする公的経済給付の適用が論理的に可能となる[20]。例えば，公害健康被害の補償等に関する法律（1973年），犯罪被害者等給付金の支給等による犯罪被害者等の支援に関する法律（1981年），医薬品副作用被害者救済法（製薬会社の共同基金に基づく（1979年））の成立がこれに該当する。先述した国家の戦争責任という不法性を根拠とする被爆者援護法にも，損害と償いとの間の算術的釣り合いを要求する匡正的正義の側面がある。
　これらの公的経済給付は，ある個人が被害を受けたことは不正義であり，被害が補償されることは本人の権利（right）であることを表象する。あわせて，社会は，刑罰あるいは賠償を命ずることにより，ある個人が加害を為したこと

---

[20]　自然的偶然，社会的偶然そのものに関してはその保障を否定するリバタリアンであっても，歴史的に発生した被害に対する匡正としての分配に関しては，リバタリアンもまた容認する。ノージック（1974＝1985/1989）参照のこと。

は不正義であり，加えた害を償うことは本人が負うべき義務（duty）であることを公示的に示す。上述したように，すでに奪われた利益，加えた害を，正しく計測することはきわめて困難である（通常は「測り知れない」）。現実には，経済的給付は被害者が同社会で基本的福祉を実現していく手段としての意味をもつので，給付額の決定には奪われた利益，加えた害のみならず，被害者の現在及び将来の社会生活上の不利益まで考慮されることになる。肝要なことは，公的経済給付を通じて，被害者が補償されることの正しさ，ならびに加害者が償うことの正しさを，一般的，普遍的な判断として公示することにある。

注記すれば，私人間で発生したことが明らかであるような加害・被害（例えば，犯罪や労働搾取など）に関しても，行為の不当性と行為主体の責任を特定したうえで，補償の具体的な方途については公的経済給付を適用することがある。加害者が特別な法的・道徳的責任をもつことは確かだとしても，背後には，無数の偶然的要因と特定することの困難な社会的要因があることも否定しがたいからである。加害・被害問題を当事者関係に収斂させることなく，被害者の補償への権利の実現と加害者の治療更生に対して，最終的には社会が責任をもつことには，私人間の永続的な応報的関係を断ち切って，「匡正的正義」を実現するという意義がある。

逆に，加害・被害関係が見えにくい匡正的正義の問題もある。近年，フランスやイギリスを中心に福祉社会の再編を牽引している「社会的排除」の概念は，排除する側と排除される側との二者関係を原因として，後者が被る不利益に対する前者の責任を追及する。それは，単に，社会には特定の権利や福祉を享受できているグループと享受できていないグループがあるという不平等を指摘（次節で述べる必要な補償がなされていないことを含む）すること，あるいは，享受できていないグループが被っている貧困や剥奪を指摘することにとどまらない。ある社会で，多数者（マジョリティ）の権利が質的にも量的にも高まって行く途上で，権利の〈適用除外〉とされた少数者（マイノリティ）が，まさに，権利を

---

(21) 賠償額の決定においては，基本的福祉の不足という必要原理，あるいは，逸失した稼得所得の一定割合という貢献原理の両方が考えられる。後者では，例えば，20歳前の女性の賠償額が最も低いといった数値が出されている。

(22) 本章ではこれ以上，詳細に議論することはできないが，不当性の公示と被害の回復要求は民事・行政・刑事分野全般に関わる。さらに，加藤雅信の「総合救済システムの提案」を参照のこと（加藤，1989：305）。

享受できる人々のとなりで権利を享受できないでいる,という権利の非対称的関係性から追加的不利益を被るリスクを指摘する。[23]

ここでいう追加的不利益には,疎外感や羨望,被差別感といった心理的なもののほか,次のような実体的な被害が含まれる。すなわち,一定の権利や福祉を獲得した人々が,それらの行使を通じて,自分たちの価値や好みにあった政治や文化や経済を創り上げ,――諸財の相対価格や議会勢力の変容などを通じて――それらの権利や福祉を享受できない人々の価値や好みの実現をますます困難にする,といった実体的な被害である(この現象は「絶対的貧困」の文脈依存的な相対的変化を説明する。Atkinson, 1995b の分析など参照のこと)。このような権利の非対称性がもたらす実体的被害の認識は,アリストテレスのいう「匡正的正義」の発動を促す。それは,すでに権利を享受できている人々の得た追加的利益を徴収し,権利をようやく享受できるようになった人々への,あるいは,いまだ権利を享受できていない人々の被った被害を補償するような公的経済給付を正当化する。ただし,繰り返し注記すれば,ここで経済的給付による補償は,権利の非対称性という政治的不平等そのものを是正しうるものではない。上述した代替不可能性の問題は残される。

6　カテゴリー別給付の意味

性,年齢,社会的出自,(未)就労体験,障害,家族構成(ひとり親,離婚・死別,単身)などの自然的・社会的属性を理由とする公的経済給付も,しばしば補償的性格を帯びる。だが,そこでの不当性の判断は,属性そのものではなく,属性に対する制度的扱いに向けられる。特定の属性が本人に自然的不利益をもたらすリスクを放置するような,あるいは,それらに社会的・経済的不利益を負わせるような人為的な制度(慣習・法・システム)に対してである。個人に即してみた場合,女性であること,老齢であること,身体的・精神的特徴が"標準"から乖離していること,特定の遺伝子をもつことなどはアイデンティティの一部であり,その意味は他の要因との関係で異なる可能性がある。

だが,特定の属性に対する社会的な対応を通して,ひとは特定の属性の単一

---

[23] 「社会的排除」の概念については本書第9章で詳細に検討する。社会的排除と潜在能力貧困との相違などについては,Sen(2000c)参照のこと。

の意味——社会的カテゴリーと呼ばれる——によって拘束されることがある。[24]例えば,ある特定の障害を理由に社会的活動に参加する機会や公共的サービスの利用機会を実質的に制約される——形式的に閉め出されるのみならず,機会を実際に利用する手立てをもたないままで放置される——などである。

母子世帯,高齢世帯,永久障害者世帯などを資格要件とするアメリカ合衆国の福祉給付は,社会的カテゴリーを基にした公的経済的給付の代表とされている。[25]「選別的」と形容されることもあるが,その目的は,それらのカテゴリーに該当しない人々があたりまえに享受している諸権利——生命,自由,財産に対する権利——の「普遍的」保障にあり,憲法第14条の修正条項に定める平等の実現にある。[26]背後には人種や性,年齢や障害などによって特定の人々に不利益を負わせないというアメリカン・デモクラシーの理念がある。[27]カテゴリー別給付は,被害の不当性を理由とする給付と並んで観察しやすく,個人的情報が操作困難であるから,虚偽の申告によって利益を得るインセンティブを招きにくい点で,経済学者から同意を得やすい。[28]本人の選択可能な要因と不可能な要因を峻別し,後者のもたらす不利益のみを補償しようという「責任的補償理論」の立場からも容認されやすい。[29]

問題はむしろ当事者たちにとっての意味である。カテゴリー別給付は,ある属性に対して社会的に標準的な解釈を付することになる。当事者は,給付を通じてある社会的カテゴリーに共通する観点を獲得する一方で,そこに映し出さ

---

[24] 社会的カテゴリーの概念については,例えば,Hog and Abrams(1988)参照のこと。
[25] 後藤(2011b)参照のこと。
[26] ある制度が不当だという判断が成立した場合,過去に遡及して保障がなされるべきか否かは,大きな問題である。例えば,その不当性が明白であるにも関わらず,制度の改正がむやみに引き延ばされた場合には,それ自体を「社会的被害」とみなすことができる。
[27] 本書第5章参照のこと。また例えば,後藤(2011b)参照のこと。
[28] 例えば,19世紀末,ヨーロッパで労災保険制度が導入されたとき,自傷して障害者になる労働者が出現したという事例報告が出されたが,それらは多く誇張したものであることが後に判明したという。過労死裁判等に見られるように「認定」が過度にきびしく設定される背後にも,詐病等の問題がある。だが,万が一,経済給付を目的とする詐病の事例があったとして,その理由が困窮にあるとしたら,困窮を直接,理由とするより一般的な公的扶助制度をつくることにより,そのような事例を減らすことができるだろう。本書第4章参照のこと。
[29] 責任と補償の理論に関しては,本章2節参照のこと,また例えば,後藤(2002:116)参照のこと。

れた鏡像を超えた自己像を描写することが困難となる。いま、ここに在り、ここで思う自分を見つめるひとの眼差しは、通常、多層的でありえる。一定の属性に対する社会的制約を明白に不当であると判断し、あえて社会的カテゴリーを（その不利益とともにいささかの便益を）引き受けながら生きる可能性とともに、社会的カテゴリーの殻を脱ぎ捨て、自己像を眺め直したいと希望する可能性もある。

　特定の社会的カテゴリーを自我にいかに取り込むかという問題には、公共的な側面も含まれている。それは単に、カテゴリー別給付の受給総数の変化が財政的な影響をもつからではない。特定の、あるいは複数の社会的カテゴリーに属する個人のアイデンティティの統合は、制度・政策設計に関する公共的討議と合意形成の要ともなるからである。例えば、母子世帯主であると同時に視覚障害者であり、原爆被害者でもある彼女が、はたして、何を理由としてどのような経済的給付を受けるのか、あるいは、受けないのかは、彼女自身のアイデンティティの統合化の問題である一方で、異なる制度・政策間の整合化の問題でもある。自己のアイデンティティを見つめ直す個人の視点は、異なる社会的カテゴリー間の関係を見つめ直す視点としても参照されるのである。

7　基礎的機会の保障

　つづいて、特定の被害をも特定の社会的カテゴリーをも理由としない公的経済的給付について検討しよう。例えば、熟議的民主主義の代表的論者である政治学者エイミ・ガッドマンらが「基礎的機会」の保障と呼ぶものは、個人の意思や努力、責任で多様な活動を展開していくうえで、共通に必要とする財やサービス、あるいはその調達に必要な金銭の保障を指す。具体的には、ヘルス・ケア、食事、教育、公共的安全 (public safety)、住居、就労、所得など、まさに現代アメリカ合衆国において、もしそれらを欠くとしたら、個人の選択しうる人生プランや生活様式が、共通に著しく制約されるもの、あるいは、ひとたびそれらを失ったら、再度、本人の意思や努力、責任で充足することが困難となるものである。それは、第Ⅱ部で紹介するセンの「潜在能力」概念と、ロー

---

(30)　Gutmann and Thomson（1996: 213）。

ルズの社会的基本財概念の間に位置する概念であり，カテゴリー別現金給付と並んで，普遍的現物給付を用意するアメリカ福祉国家を表象する。ここでは，アリストテレスの正義論（配分的正義）との対応関係に焦点を当てたい。

　「基礎的機会」の充足を目的とする公的経済的給付の課題は，アリストテレスのいう配分的正義，すなわち，ポリスで共通に価値あるものを個々人の「価値に相応」なかたちで配分することに近い。ただし，個々人の価値を測る尺度は，アリストテレスの想定する自由でも富（生まれのよさ）でも卓越性でもなく，アメリカ社会の構成メンバーであること，すなわち「アメリカ人」としての等しい価値に，そして，基礎的機会に関する「価値に相応」な配分は，アメリカ人の間での平等な分配に置き換えられる。結果的に平等な分配が目標とされるので，具体的には，個々人の不足（必要）に応じた分配の目標とされる。[31]

　カテゴリー別給付に比べて，基礎的機会の保障には，特定の属性から独立に，もっぱら共有された財やサービスの不足を理由に給付を受けられるという利点がある。例えば，養育手段が基礎的機会の1つとされたとしよう。このとき，養育手段を必要とするある個人は，例えば，「母子世帯主」という属性ではなく，養育手段の不足を理由として給付を受けることができる。ただし，基礎的機会の保障には，次の難点が予想される。成熟した市場経済をもつ社会では，価値の多元化は「基礎的機会」の多様化としても現れる。人々の間の事実としての「共通性」に依拠して同定しようとしたら，「基礎的機会」のメニューも内容も，過度に抑制されたかたちで，公的調査に顕れる傾向がある（例えば，多様なライフスタイルとの関係で養育手段は共通に保障すべき基礎的機会とはいいがたいなど）。[32]

　また，「基礎的機会」の保障には，給付水準の決定に関する難点が伴う。社会的被害やカテゴリー別給付の場合は，特定の被害や属性のもたらす限界的な不利益が，給付理由となるとともに，給付水準の算定根拠ともなった。それに対して，すべての個人に対する「基礎的機会」の保障には，何が「基礎的」な給付水準であるかを内生的に決めうるような算定根拠がない。何らかの外生

---

(31)　ここでいうアメリカ社会の構成員の範囲については問題となる。例えば，市民権，永住権をもつことを意味するのか，移民，難民，不法移民の扱いは含まれるのかなど。ガットマンらは基本的にリベラルな平等主義に立つので，その範囲は十分に広いと解釈される。
(32)　後藤・阿部他（2004）。

基準に依拠して，給付水準をより高く設定することも，より低く設定することも理論的には可能である。

　事実，ガットマンらによる次の指摘はこのあたりの困難を物語る。彼女らの観察によれば，人々は，本人の家計行動においても公共財支出の評価においても，基礎的機会とそれ以外のものを完全に切り離してはいない。例えば，「多くの人々は自己の私的生活において，かならずしも基礎的とは呼べないようなもの，ステレオ・セット，カメラ，ビデオ，スポーツ用品，コンサート，映画，旅行などのために，予算を残している」。彼らは，「善き生とは，それがいかなるかたちで定義されようとも，基礎的とは呼べないものへの需要を完全に排除するものではないと考えている」。さらに，「公共的生活においても，市民は，集合的な財がすべて基礎的機会につぎ込まれることをよしとはしないだろう。公園やスポーツ施設や美術館への公共的支出を失くすことには，依然として反対するだろう[33]」。

　日本においてもこの傾向は有力な仮説となりうる。選択的なものの消費支出を減らすとともに，基礎的なものの消費支出も減らしている低所得世帯は少なくない[34]。裏返せば，選択的なものの消費支出を少しでも保つために，基礎的なものの消費支出を控えている。おそらくその背後には，基礎的なものにおいても，選択的なものにおいても，それらを充足する財の価格帯には幅があるという事情があろう。だが，低価格であることは質の低下を意味するとしたら，基礎的なものの質をさらに下げつつ，（どんなに質は低くとも）選択的なものの消費を保とうとしていることになる。

　通常，選択的とされているものの中には，個々人の目的とする活動，人生プランにとって必要不可欠なものが含まれている。その必要性は，ときに人々が共通に必要とする基礎的なものの質以上に重要な意味をもつ可能性があることは確かだろう。例えば，自分や子どもの教育や技能修得のために必要とする費用や貯蓄には，自分が摂る食事の質の低下を上回る価値があるかもしれない。あるいは，親戚・知人とコミュニケーションを図るための交際費や年に1，2度，泊りがけの旅行をする費用には，同様の価値があるかもしれない。その一方で，基礎的なもの同士の相対的ウエイトも，個人の個別性・特殊性に応じて

---

[33] 以上の引用に関しては，Gutmann and Thompson（1996）参照のこと。
[34] 本書第6章5節参照のこと。

異なる可能性がある。例えば，食事をして十分な栄養を摂ること，あるいは，雨風と折り合いながら居住することのどちらにより大きなウエイトをかけるかは，本人の目的や価値に応じて異なる可能性がある。

だが，これらの難点は，社会を構成する人々の等しい価値に相応な分け前というアイディア自体の難点を示すものではない点に留意する必要がある。本書第Ⅱ部では，センの潜在能力アプローチをもとにこのアイディアの拡張を図る。そこでは，ガットマンらのいう「基礎的機会」を含む広義の基本財を用いて実現される個々人の行い（doings）や在りよう（beings）の機会，すなわち潜在能力が，主要な関心事とされる。次節では，引き続き，「観点としてのリスク」の視座から，アリストテレスの正義概念の拡張可能性とそれに基づく福祉制度の構想を探りたい。

8　福祉国家のヴァリエーション

アリストテレスの「配分的正義」概念は，その意味と適用範囲が適切に拡張されるとしたら，公共的に実行される一方向的な資源移転関係を支える根拠を提供しうる。例えば，近年注目されている「住民評価型福祉」は，その１つの典型である[35]。

「住民評価型福祉」とは，たまたま相互に近接した空間に居住し，日常生活を共にすることになった人々の間で自発的に生まれた相互支援活動が，社会的協同（公共的相互性）の論理によって支えられる仕組みをさす。その要点は次の２つの意味での相互性にある。第一は，実際に，住民の誰かが別の誰かを援助し，その援助した誰かをまた別の誰かが援助するといった「行為の相互性」である。第二は，住民の誰かが別の誰かを援助する行為を，互いに評価し（また，援助の必要を認め合い，一定の報酬を割当てるという「評価の相互性」である。評価は，まずもって行為を直接，見聞きしている住民たちの間で共有されるが，住民たちを越えて広く，公共的に認知される可能性をももっている。市場においては，行為の相互性と評価の相互性は，常に，同時に，匿名で顔のない的な形で成立する。任意の２つの行為間の相対的な評価が，「価格（賃金率）体系」

---

[35]　「住民評価型福祉」という概念については，後藤（2008a）参照のこと。

として公示され，それを導きとしながら，人々は一定の貢献をなし，一定の報酬を得る。だが，市場の外では，一般に，この2つが同時に成立する保証はない。通常，誰かを助ける，助けられるという行為の相互性の事実が先だち，評価の相互性は，追って，徐々に形成されていく。

「住民評価型福祉」で見られる貢献と報酬は，いうまでもなく，市場的な生産や賃金を越えた意味内容をもつ。例えば，高齢者や障害者の話し相手や付き添い，子どもたちの見守りなど，住民たちの日々の暮らしの中で現れるさまざまな種類のリスクに素早く対応する多様な援助が，あるいは，自分の受けている援助を少しでも有効なものにしようと協力する高齢者や障害者，子どもたち自身の貢献が，一定の報酬に値する貢献として，たまにはその場に居合わせた住民たちによって住民たちに評価されることがある。このような行為と評価の相互性は，当事者間の交換という意味では，アリストテレスのいう「応報的正義」とも解釈される。

だが，留意すべきは，そこで実現されている「行為と評価の相互性」は，住民たちが，市場的評価とは異なる評価基準で資源分配することに納得する論拠となるばかりでなく，国あるいは財政的に余裕のある他地域から当該地域になされる一方向的な資源移転を支える論拠ともなりうる点である。なぜなら，上述したように，住民たちが形成する評価の相互性には，住民たちを越えて了解可能なより普遍的な意味が含まれるからである。この意味では，「共同体で価値のある一定の財」を人々に内在する等しい「価値に相応に」する形で分配する仕組みとして，つまりは，アリストテレスのいう「配分的正義」に適った仕組みとして解釈できる。

以上，近年，福祉社会で注目される新たな実践をもとに，アリストテレスの正義概念の拡張可能性を探った。再解釈のポイントは，各正義原理の要件を，社会的に対処すべきリスクの観点として立てるものの，量的な計測に基づく衡平性分析の対象とはしない点にある。例えば，住民評価型福祉において，同じ場に居合わせた人々の間で形成される貢献評価の内容は，市場の論理（大勢の人々の需給の均衡で定まる価格を相対価値とするといった），あるいは限界的貢献と限界的便益の釣り合いという個人別衡平性分析の理論値から大きく離れる可能性

---

(36) 後述するように，ここでいう「人々のもつ内在的な価値」の中身が問題になるが，例えば，同一の社会を構成する個人だれもがもつ「功績」と解釈することが妥当であろう。

がある。

先に挙げた「社会的排除」にしても同様である。これは諸権利を享受できる人々の傍らに諸権利を享受できない人々がいるという，集団間の関係性それ自体がもたらす追加的不利益を公的経済給付の論拠とするものであり，厳格な個人別衡平性分析は通常，適さない。

9　制度と規範意識

現代において，「1人が万人のために，万人が1人のために」という「連帯」の規範で社会保険に誘うことは難しい。事実としてリスクが個人化しているとしたら，リスク予防の観点に基づいて，リスクの発生確率や選好，さらには貢献に関する個別性を考慮に入れた個別的衡平性の論理が適用可能となるからである。本章でいう「観点としてのリスク」は，事実として個人化しているリスクの目前で，再度，リスクの前の平等を喚起するための規範である。リスクの前の平等の視点は，実際に，困難に陥ったときには，いつでも，どこでも，だれであっても支援を受けることのできる事後補償制度の構築に向かうであろう。事後補償制度をより体系的に構想することは，本書の次章以降の主題となる。

そのファースト・ステップとして，本章では，アリストテレスの正義概念に基づいて，公的経済給付制度の根拠を探り，さらに，概念の拡張的解釈を試みつつ，対応する制度の可能性を検討した。本章でアリストテレスに注目した理由を最後に述べよう。それは，次の格言に集約される。「われわれの対象の素材に相応した程度の明確な論述がなされるならば，それでもって十分としなければならないであろう」(アリストテレス，1971/1999：18；Sen, 2009a: 375)。これは，第12章で詳述するアマルティア・センが The Idea of Justice (『正義のアイディア』)の基底に据えた方法的枠組みを簡潔に示す言葉でもある。

最後に，リスクと社会階層構造に関するベックの問題提起に戻ろう。結論的には，ベックの考える社会階層構造の平等化に対する福祉制度の貢献は限定的だといわざるを得ない。例えば，1節で紹介した「悲嘆者の最下層階級」の苦しみは基本的には修復不可能だからである。とはいえ，福祉制度の貢献が無駄だということには決してならない。当事者が，自分の声を真摯に聴き，応答する他者を必要としていることは確かである。さらに，公的経済給付などの社会

的支援を通じて他者からの配慮（われわれからあなたへの思い）が当事者にようやく伝達可能となることも確かであろう。「観点としてのリスク」の視座をもつ福祉制度がめざす平等概念は，既存の社会階層構造に基づく平等概念を（ほぼ必要条件として）包含しつつも，より広い概念として定義し直される可能性がある。以下で福祉制度の可能性を記して本章の結びとしたい。

多くの文献が明らかにしているように，現実の社会保障・福祉制度は，資本主義の発展過程で，安定した労働力を確保し，消費市場を拡大する必要に迫られて，また，国家の統治機構を強化し，社会秩序を保つ目的をもって，制度化されていった。多くの国において，社会事業の重要な担い手は，人々が直に接触することのできる地方政府であった。人々によって自発的に担われてきた慈善や相互扶助の延長として，困難を抱える住民たち，例えば，貧者，高齢者，障害者，寡婦，扶養者のいない子どもなどへの援助が，福祉行政として実践され始める。その進展が，個人の福祉の保障を，もっぱら本人と家族の責任に帰属させるのではなく，社会の責任としてとらえ返す視野を開いていったことはまちがいない。

制度としての福祉の特徴は，明示化された一定の基準に照らして，同様に資格をもつ個人に対しては，同様の扱いをなす点にある。制度がより普遍的になると，制度が促進できる規範や価値も広く浸透する。制度が促進できる規範や価値が広く納得浸透すると，制度はより普遍的になる。だが，周知のように，制度は，財政的にも組織的にも，社会を構成する個々人の選好判断や行動抜きにはその目的を実現し得ない。個々人の目的と制度の目的が互いに入れ子状態になっているという意味では，新制度学派らが指摘するように，制度——行政というアクターがそこに加わっただけで——の生成と盛衰のプロセスは，市場メカニズムにおける諸企業の盛衰と変わるところがない。

だが，福祉制度には，市場とは異なる特徴がある。制度が依拠する人々の選好判断が，かならずしも市場のそれと一致しないという点である。制度に関する人々の判断は，しばしば人々の規範意識に基づく。例えば，「自分はそういう制度を欲するわけではない。けれども，この社会にそういう制度がないのはおかしい」といった感覚であり，それは，私の住むこの社会はどうあるべきか，あるいは，およそ人の住む社会はどうあるべきかという視野の広がりを伴う。このような個々人の規範意識と，制度としての福祉を結ぶものが，民主主義の

思想ならびに法制度，すなわち，自分たちの共通の利益を探るとともに，自分たちの利益を超えた，少数の個人の権利や社会の価値を考慮し，相互のずれや重なりを体験する公共的討議の場である。第Ⅱ部以降の課題としたい。

補論 1
善と正義

正義（justice）は，正（right），正しさに関わる概念である。福祉（well-being）は，善（good）に関わる概念である。ここでははじめに，2つの概念の違いを明らかにする。つづいて，福祉と正義の接続可能性について考察する。

よさと福祉

「よい」（善い，良い，好い，佳い）という語は，ものごとそれ自体を，それ自体の特性，持ち味に応じて評価する際に用いられる。アリストテレスの言葉を借りれば，この机はよい机だ，彼はよい人柄だ，というとき，また，この料理はよい味だというとき，われわれは，人やものそれ自体の特性，それらの内からにじみでる何ものかに注目して評価している。

もちろん，われわれは神ではないので，よさを判断する際にも，完全に自分を隠しとおすことはできない。これはよい机だというとき，そういった人の名前が暗黙のうちに注記される。わたしがその机のよさを直接，享受しているにしても，していないにしても，わたしがよいと判断するという，視点の固有性をはずすことはできない。そこから，よさの普遍性，客観性といった問題が浮上する。あるものごとは，だれにとってもよいといえるのか，あるいは，あるものごとは，それ自体がよいといえるのか，と。

福祉についても同様である。ある個人の福祉（よい生 well-being）あるいは厚生（生の厚み welfare）が問題とされるとき，焦点は，当然ながら，その個人の生の在りようにおかれる。その個人が，いま，どう在るのか，これからどう在りえるのか。いま，ここに在るのはまさしく本人の生であり，これからその生を生きていくのは本人であるから，よさの判断においては，本人の視点を外すわけにはいかない。それは，「もち主」の主観的評価は判断の不可欠な構成要素である（あるいは，あるべし）という，論理的あるいは倫理的要請にとどまら

ない。公共的な判断が形成されるその渦中で，本人の生が変容するかもしれないからである。ある個人の生を周囲の人々が口をそろえてよい生だと言い，本人も自分の生はよい生だと述べたとして，実際にそうであるかどうかは，本人がどう生きるかにかかっている。もし，その翌日に本人が生を断ってしまったとしたら，よい生だという評価は，真だとしても，空虚に映る。

だが，たとえそうであるとしても，個人の福祉の評価にあたって，本人以外の視点を外すこともできない。本人がいかに拒絶しようとも，放っておいたら，その人の生は危ういと判断される場合がある。自己の生に満足しており，何の支援もいらないという本人の判断をおして，強制的に社会的支援がなされる場合もある。個人の福祉を目的とする社会的支援は，その定義上，支援を受ける本人の主観性と能動性のいずれにおいても，本人の視点に立つ。支援のよさの最終的な評価者は本人であり，その評価を実体化するのは支援を受けた本人である。だが，それと同じくらいの重みで，社会の視点にも立つ。それは，社会的支援が，社会の安寧秩序を隠れた目的とするからではない。目的はあくまで個人の福祉におかれる。だが，たとえそうだとしても，本人が自己の福祉を実現するまさにその能動性において，あるいは，本人が自己の福祉を評価するプロセスにおいて，社会の関与を外すことは事実的に不可能だからである。

日本語には，「暮らし向き」という語がある。「暮らす」とは，日暮れまで一日やりとおすこと，生計をやりくりしていくこと。思索に暮れる，眺め暮らすなど。ある個人の暮らし「向き」は，他の人々の暮らしと無縁ではありえない。ある個人の暮らしは，もちろん持ち主である本人のものではあるけれど，それがどんなものであるか——上向きなのか下向きなのか——について，周囲はうすうす感じ取っている。しかも，ある個人の暮らしの変化は，その個人に影響を及ぼすにとどまらない。食物や空気や草や大地の消費を通して，その個人の生は他の個人に振動を伝える。たとえ周囲から隔絶された生だとしても，同様の地理的・属性的な位置（ポジション）——職，性や病いや障害など——に置かれた人々が，同様の生を送る可能性を否定できない。

日本語にはまた，「身過ぎ世過ぎ」といった言葉もある。人はこの身でこの世をやり過ごしていけるのか，この世でこの身をやり過ごしていけるのか。やり過ごしていく対象は——主体も——，本人の身であるとともにこの世である。ままならない身であっても，この世であれば，やり過ごしていけるかもしれな

い。ままならないこの世であっても，この身であれば，やり過ごしていけるかもしれない。だが，この身もこの世もままならないものであるとしたら，やり過ごしていくのはきわめて困難となるだろう。この身がどんな身であろうとも，この世で暮らしていけるように，やりくりしていけるように，同じ世に暮らす不特定の人々の間で支援がなされる，それが社会福祉であるとしたら，そこで，ある個人の福祉を評価することは，本人と本人以外の人々との広く協同的な作業となる。ある個人の福祉の実現もまた，本人と本人以外の人々との広く協同的な実践となる。

正と正義

　正（right）という判断は，ものごとに対して，ものごとに外在する参照点，例えば，実定法や慣習法，普遍的法則，超越的存在などとの関係で，あるいはものごと同士の関係性をもって下される。その判断は，個々のものごとのあり方に向けられるだけではなく，ものごとのあり方を一般的に定めるルールに対して，さらには，ものごとのあり方やルールのあり方を判断する仕方，それ自体に対して向けられる。例えば，百姓一揆を起こした農民たちは，「天道」という言葉を口にした。困窮した百姓たちの暮らしを救済しないばかりか，金持ちに暴利を許す統治の仕組みを，彼らは，天の道との関係で糾弾したのである。

　ジョン・ロールズに代表される現代正義論において，正義という概念は，端的に社会の基礎構造，すなわち社会を構成するさまざまな制度全体のあり方に向けられる。その本質は社会的正義にあるので，正義に「社会」を冠することは余分である。その特徴は，例えば，援助に（道徳的に）値する貧者と値しない貧者といった呼称を排した点に，また，個人に対する道徳的非難（blameworthy）を越えて，制度による個人の被制約性，人々の間の相互依存性，さらには偶然の影響に注意を払ってきた点に見られる。

　個人的徳としての正義は，個人の言動に関心を寄せる背後に，個人の目的や判断を超えた全体主義的な価値をこっそりすべりこませる傾向がある。それに対し，現代正義論の特徴は，全体主義的な価値を排し，あくまで個人の価値——個人の保有する価値，個人の形成する評価——を社会の価値の基底とし，個人の基本的権利と自由の保障に目的を絞って，社会的協同のあり方を論ずる点に特徴がある。注記すれば，このように個人の価値の固有性をとらえること

は，個人を孤立的にとらえることをかならずしも意味しない。社会性（関係性）は固有性（個体性）と並んで個人の生の不可欠な構成要素である。本人が自己の福祉を実現するまさにその能動性において，あるいは本人が自己の福祉を評価する自律性において，社会の関与・関心を外すことは事実的に不可能である。

ロールズの言葉を借りれば，社会の基礎構造を判断する正義の概念は，学問における真理のような位置にある。正義は，個々の制度のよさを越えて，制度間のバランスを整え，それらをバランスづけるルールや規則の不具合をただし，さらには，それらを見る見方それ自体の反省的吟味へと向かう駆動力となる。ロールズ自身は，正義の上位概念としての正は，次の5つの形式的要件を満たす必要があるとした。すなわち，一般性，普遍性，公示性，最終性，順序性である。そのうえで，こと正義に関しては「公正としての正義」という構想を提出した。すなわち，個々人に権利や義務を割り当てることと，その割り当て方も含めて社会的意思決定する仕方を定めることという2つを課題とし，それらを公正性の概念をもって正義を論ずるという見解を示した。

ロールズのいう公正性とは，まずもって，正義原理の制定に参加する個々人の足場の対称性と意思形成における自由に求められる。個々人は，だれに気兼ねすることもなく，いかなる権力に屈服することもなく，相互に対等な立場で，自己の意思を形成することができる，と。ただし，個々人は，意思形成に際して，自己の利益に関わる情報に「無知のヴェール」をかけられる。自分はどんな属性をもち，どんな嗜好をもち，どのような社会的ポジションを占めるかなど，いかなる正義の原理のもとであれば，自分の福祉がより高まるかを判断するためのいっさいの手掛かりを失うことになる。

正義は，いま，ここにおり，この身をもってこの世を生きる自分自身の生がどうあるか，それが制度によってどう変化するかという，固有性の視点から離れることを要求する。自分ばかりでない。飢えた隣人であれ，裕福な友人であれ，たまたま訪れた客人であれ，特定の個人にとってのよさからは無関係な見地から，社会の基礎構造を規定するにふさわしい正義の原理（例えば，ロールズ自身は「平等な自由の保証，機会の実質的平等，公正な所得と富の分配」を候補とする）を判断することが求められる。正義は福祉には回収されず，福祉も正義には回収されない。両者は，相互にはみ出た意味内容をもつ。

ただし，1つ注記しておくならば，ロールズのいう無知のヴェールは，「社

会の一般的事実」は覆い隠さないとされている。正義の原理を判断する人々は，その社会にレレヴァントな一般的事実にアクセスすることができる。特定の名前をもった個々人の利益や関心から離れたとして，その個々人と同様のポジションにある人々が，同様に直面するおそれのある問題状況を，社会の一般的事実として，判断の情報的基礎とすることはできる。それでは，具体的に，何が一般的事実と見なされうるのか。ロールズによれば，それは社会的基本財の保有に関する社会的分布である。社会的基本財とは，権利，自由，機会，所得と富，自尊の社会的基盤など，あらゆる個人が必要とする財（すなわち「市民的財」）であり，それにおいて不足があるとしても，「非協力的だと道徳的に非難される」ことはないものの，多いにこしたことはないものを指す。正義原理は，この社会的基本財の分配を変化させる実効力をもつ。ロールズの提起した「格差原理」は，ある社会において，社会的基本財の保有に関して最も不遇な人々の期待を最大限改善することを目標とする。

　だが，人々が知ることのできる「社会の一般的事実」は社会的基本財に限られない。例えば，ロールズがアマルティア・センとの短いやりとりの中で，センの潜在能力アプローチにふれ，健康医療ケアに関する政策を立てる段には，個々人の潜在能力に関する情報が有用となるというとき，ロールズの正義論を福祉の理論に接続する可能性が開けてくる。福祉と正義はそれぞれ他に還元することのできない固有の要請と意味内容を備えている。福祉はよさの観点から正義を批判するだろう，正義は正しさの観点から福祉を批判するだろう。だが，そのことは両者の両立可能性を否定するものではない。福祉と正義という2つの観点を組み合わせられるとしたら，はたしてどんな視野が開けるのだろうか。

厚生経済学と福祉

　古典派経済学の関心は個人の状態に向けられた。アダム・スミスらが国富（common wealth）を論ずる際にも，個人を離れた実体としての国家や社会から始めることはない。マーシャルは経済学の視座を個々人の「厚生」すなわち，「生活程度」（杉本，2005/2006：189）に定めた。ピグーが厚生経済学という専門を立ち上げるとき，彼の視野には困窮する人々の姿が入っていた。だが，現在，主流派経済学で個人の状態をいかにとらえるべきかについて，豊かな議論が展開されているとはいいがたい。周知のとおり，経済学モデルでは，個々人が，

なんであれ自分の目的を最大化する個々人が、稀少な資源をめぐって競争し合い、資源や環境（そこには個々人の目的や行動様式も含まれる）の制約条件下で、最適なオプションを選択する構図が想定されている。合理的経済人が織りなす自由競争市場システムの像である。

近代経済学の関心は、次第に、個人の福祉からそれていく。「消費者主権」は話題にのぼることがあった。意思決定の際の情報の非対称性や、独占や寡占による価格操作が問題とされることもあった。ケネス・アローの言葉を借りれば、「個人の価値」を、それのみを「社会の価値」の基礎とするという、反全体主義の思想は脈々と残されている。ただし、それらが意味することは「市場の失敗（機能不全）」であり、機能不全を起こす原因を取り除いてやりさえすれば、市場はまたうまく回り始めるはずであり、そうすれば、問題の大半は解決されるという考えである。市場制度を支える暗黙の倫理が注目されたりもした。

ただし、これらの関心は、経済行為の結果、個々人がおかれた状態、すなわち、個人の福祉に対する関心とは異なる。経済活動の結果、実現された結果状態とは、価格とか初期賦与とか、個人の力では変えることのできない制約条件下での「最適」であるから、個々人にとっては妥協の産物にほかならないのだが、市場のルールが侵されていない限り、個々人が経済活動の結果もたらされた状態に対して異議申し立てする——例えば、わるいとか、不正だとか——事態はほぼ想定されていない。個々人が直面する制約条件とは、技術や自然環境、さらには無数の人々の合成力から構成されるものであり、そこには足場の対等という「公平性」が存すると見なされるからである。だが、対等な足場に立つ個々人の状態は実際には平等ではない。百円の商品は、どの人にとっても百円であり、その１単位の購入がもたらす限界効用と支払われる限界費用はどの個人においてもつり合っている。それは確かだとしても、個々人の状態は、百円を支払う前も後も、異なっている可能性がある。中には、こうこうと光のともる食卓で食べるものが何もない人がいるかもしれない。だが、貨幣のヴェールのもとで、消費者の匿名性は担保され、市場には、ただ、支払われた百円の流通の道すじが記されていく（杉本，2005/2006：191の記述と関連する）。

また、「消費者主権」といったとしても、そもそも「主権」という語は、外部との対抗関係に着目するものであり、内部に気を配る概念ではない。むしろ、外部との対抗関係にもっぱら着目することにより、内部で噴出しかけている矛

盾から目を逸らさせることがある。反全体主義の思想は，外的権力との関係における自由，すなわち解放（liberation）を問題にすることはできたものの，それを内部にいる個人の状態のよさ，福祉につなげるためには，さらなる論理を必要とした。

潜在能力アプローチ──福祉と正義との接続

　社会の基礎構造を規定する正義の原理が「最も不遇な人々」の状態に焦点をあてるとして，具体的には，いったい，だれとだれを最も不遇な人と同定すべきなのか。個々人の福祉に関心を寄せる限り，正義の視点は，個々人の「合理的な」行動のまさしく「均衡」点において，個々人が置かれている状態へと向かう必要があった。センの潜在能力アプローチが切り込むのはこの局面においてである。センの潜在能力アプローチを理解する一番の手掛かりは，厚生主義（welfarism）批判である。これまでの経済学は，個人の厚生に関心を寄せる素振りを見せながら，実のところ，個人の多次元的な生の現実も，個人の主体的・能動的側面も捨象し，もっぱら，個々人の集合的な勢力とその変動をあとづけることに終始していたのではないか，と。そのオールタナティブとして構想されたものが，潜在能力アプローチ，換言すれば，自由のアプローチである。

　センは，人の生のよさを福祉（well-being）ではなく，自由（freedom）という語でとらえる。あらかじめ断っておくと，彼のいう自由は，実に広い意味内容をもつ。彼は自由概念を乱用しているという批判は少なくない。けれども，センが自由の意味を拡張しつつ，最も基底的な概念としてそれを用いることには，いくつか理由がある。ここでは，それを正義との関係で述べておこう。センのいう自由とは，まずもって，個人が選ぶ理由（reason）があり，実際に選ぶことのできる生の可能性をさす。そして，自分にとってよい生を主体的に判断し，それをたえず改定しながら生きていくことをさす。だが，それにとどまらない。センのいう自由には，自分を含めて社会に在る人々の状態（福祉）の視点から，正義の中身を具体的に構想し，法や制度や実践をつくりかえていく自由もまた含まれる。センにおいて，福祉と正義は，このように広義な自由概念の中で接続される。背後には，個人の生は，本人の主体性なくしてありえない，と同時に，社会の関与なくしてありえないという哲学がある。

第Ⅱ部
福祉制度の経済分析

第Ⅱ部　福祉制度の経済分析

導　論　福祉制度の分析視座

　第Ⅱ部の目的は，福祉の視点から現代福祉国家の経済体制を支える論理と倫理を探究することにある。課題は3つある。①福祉における市場の論理と倫理の可能性と限界を探ること，②福祉の視点から新古典派経済学の前提と情報的基礎の拡張を図ること，③センの潜在能力アプローチの視点から，ロールズの〈財産所有民主主義システム〉構想を具体化し，その視点から日本の生活保護制度の構造的特質を抽出すること。以上を通じて，政治的リベラリズムと現代福祉国家の到達点と限界点，さらなる展開の方向性を探る。[1]

市場・福祉・経済

　20世紀を通じて発展していった普遍的市場は，多元的な価値（財やサービス）を創出し，豊かな評価軸を作ることに大きく貢献してきた。特定の名前をもった個人の権威や権力を離れて，無数の匿名の人々の間で，知識や情報の交換がなされ，需要や必要の発見がなされていったことは，フリードリッヒ・ハイエクが言うように，普遍的市場の利点だといえるだろう。現代社会において，市場が経済の要を占めることは間違いない。

　だが，当然ながら，経済の諸力は市場に還元しつくされるものではない。政治的・社会的な変動，自然災害や事故は，人々の経済活動の基盤や在りようを揺り動かす。財やサービスに関する需給関係をシフトさせるのみならず，所有形態や生産技術，人々自身のスキルや能力，選好をドラスティックに変化させ，個人の生に深い傷を残すことがある。市場は，それらの只中にあって，それらを食い止めるすべをもたない。市場に発現する需要はごく表層にすぎず，人々の真の必要はその奥底で，じっと息を潜めている。

　その一方で，例えば，土地や財産，愛する人を失い，傷心した個人が，わずかな金銭的・現物（サービス）的給付をもとに，地域や社会とのつながりを回

---

[1] ロールズは，「福祉国家」の語に代えて，正義理論を具体化する体制の1つとしてミードの「財産所有民主主義」（Meade, 1964）に注目した。だが，それを具体化することは課題として残された。第4章で仮組みした同「財産所有民主主義」体制と照らすと，貨幣的な連続性・統一性を体現する日本の福祉国家制度の構造的特質が浮き彫りとされる。それは制度の到達点であるとともに，福祉の視点からは，限界点でもある。

復し，市場での匿名的関係やローカルなネットワーク（地域通貨やNPO，ボランティアなど）を通じて，身体的・精神的な活動能力・意欲を維持していくケースも，少なくない。経済が，政治や文化や道徳にとってかわることができないのは確かだが，個々人の福祉の改善を通して，人々が再び，着手する政治的・文化的・道徳的活動を支えることはある。

　第Ⅱ部の課題は，人々が直面している困難や困窮に対する経済的支援を行いながら，個々人のさまざまな種類の行いや在りようを支える制度をより具体的に構想することにある。その要諦は，ローカルな文脈での多様な評価軸のもとで，個々人のさまざまな種類（政治的・文化的・道徳的）の行いや在りように経済的評価を与えること，すなわち「働くことができるときは働き，余裕があれば提供し，困窮しているときは受給する」というルールを具体化することである。労働の権利，就労の義務，生存権という3つの条項を柱とする日本の憲法は，このルールを具体化した一例であり，本章が構想する複層的公的扶助システムも，多元的活動評価システムとともに，憲法のもとに位置づけられる。

　だが，公的扶助制度を構想する際に，かならず寄せられる批判がある。ミニマムな生活が社会的に保障されるとしたら，人々は就労意欲を失うだろうという批判である。その背景には，制度を所与とする個人の制約付き最大化行動を内生化しつつ，制度の性能を評価する就労インセンティブ理論がある[2]。「最適課税論」などに代表されるこの理論は，制度が，個々人の経済行動に与える影響を実証科学的に分析する途を開いたという点でその意義は大きい。だが，いうまでもなく，就労インセンティブの分析結果は，前提と情報的基礎に強く依存する。既存の研究の多くは，自立と自尊の社会的基盤をすでにもつ「標準」的な個々人を前提としたうえで，個人の就労意欲および公平観は自分の所得（消費）と余暇から得る効用に依拠するという二重の情報的制約をもつ。

　第6章の末尾では，「公共的相互性」規範をもとに，就労インセンティブ理論仮説の方法的前提を拡張する方法を探る[3]。そもそも公的扶助制度は，人々のもつ労働の誇りを損ねないために，また，市場の動向に翻弄され，自立が脅かされることがないように，さらに恥じることなく人前に出られるように構想されたものである。そこには，就労意欲の前提となる自立と自尊の社会的基盤を

---

(2) Mirrlees, 1971; 2006; Stiglitz, 1982; Atkinson, 1995a など。アローはその起源をヴィクレイ（おそらくは，Vickrey, 1945）に求めている。

守るという規範が含まれていた。この公的扶助制度を縮約することは，ありえたはずの就労意欲を喪失せしめる結果ともなりかねない。

　個人の潜在能力へのストレートな関心は，制度的調整によっては交換不可能な非対称的存在間の資源の移転に，常識的な公平性とは異なる基準を作動させる可能性がある。それは，たまたま働くことのできる自分が（もまた）働くことの意義について，ジョブを通じて自分が（もまた）他者へ財やサービスを提供することの意義について，家族と集団と社会の結び目に自分が（もまた）身をおくことの意義について，再考を促す可能性がある。総じて，潜在能力アプローチは，就労インセンティブ論が前提とする情報的基礎と公平性規範を変える可能性のあることが示唆される。

---

(3) 労働を喜びとする，あるいは，労働を他者に対する倫理的義務として受容することは，労働環境を改善することとも「生産とは異なる空間を魅力的なもの」とし，「自由時間」を尊重することとも矛盾なく，両立可能である。これらにとって，就労インセンティブ政策は余分（リダンダンド）であり，妨げともなりかねない，とドミニク・メーダ（1995＝2000）は主張する。

第4章
「財産所有民主主義」システム

1　公理的アプローチに基づく比較制度分析

　本章は，現代福祉国家を支える複数の，表層的には対立的な諸規範とそれを具体化するシステムの構造を抽出すること，そして，それらの諸規範を整合化する現代の代表的な政治哲学（政治的リベラリズム）を手掛かりとしながら，「財産所有民主主義（property owning system）」（ロールズ）システムを定式化することを目的とする。

　ロールズによれば，「財産所有民主主義」とは，個人がその維持・発展に関して管理責任をもち，その利用の仕方についての意思決定に参加できるような財産（property）をすべての人に社会的に保障すること，それをミニマムな要件とする民主主義をいう（Rawls, 1971a: 274f）。マイケル・ウォルツァーは，善の多元性（財の多様性）ならびに財の配分を通じて実現される共同性・相互性に着目して配分的正義を実現する仕組みを「相互的用意（mutual provision）」と呼んだ。その分配原理は次の言葉に要約される。「能力（あるいは蓄積）に応じて，各人から，社会的に認められている必要（ニーズ）に応じて，各人へ」（ウォルツァー，1983＝1999：148）。本章は，後者を参照しながらロールズの「財産所有民主主義」を具体化する一試論に他ならない。[1]

　分析にあたっては，公理的分析手法をとる。すなわち，異なるシステムや規範理論のより本質的な特性を抽出したうえで，それらの組み合わせによっても

---

(1)　本章で扱う問題は，個人間に分離可能な財（所得，財・サービス）の保障に限定される。それに対して，例えば，コミュニティそのものを改善する，環境を改善する，良好なネットワークの構築を支援するというように，個人間で分離不可能な財を保障するような「社会保障」を考えることもできる。

たらされるヴァリエーションとして，さまざまな様相をもつ現実の制度の体系（システム）を理解する方法を採用する。そのプロセスで，現存する諸福祉国家の社会保障・福祉制度や改革動向が参照されるが，その目的は，福祉国家を主導してきた動因を歴史的に跡づけること，あるいは，それらを類型化することにはなく，福祉制度の論理的・体系的な構造をとらえることにある[2]。はじめに，問題関心と分析視角を簡単に記そう。

近年，個々人の選択の相違，費用削減に対する貢献の相違を積極的に反映する——その意味ではより市場的論理に近い——医療改革や福祉サービスが提唱される一方で，すべての高齢者に対して一律な給付を行う「基礎年金」，あるいは，既存の産業や職種，均質化された評価システムを相対化しつつ，芸術やボランティア活動に打ち込む未就労若年層への「所得手当」の必要性などが議論されている。その中で，注目され始めているのが現行の公的扶助システムの論理——範囲・資格・水準・期間を支える——である。

市場的な均衡とは異なる方法で価格（財や賃金）が定められる公共サービスは，その利用や提供を通して，個人間の所得再分配を促す。個々人の客観的リスク確率からは独立に，能力に応じた拠出を要請し，一定額の保険給付を行う社会保険システムも同様の機能をもつ。これらは，参加者個々人の私的利益の最大化を基本とする市場とは異なる公正性の論理で動かされている。だが，これらを支える公正性の論理は，普遍的な公的扶助システムのそれとも同一ではない。普遍的な公的扶助システムの目的は，すべての個人に基本的福祉（より正確には基本的な福祉的自由：basic well-being freedom）を保障することにあるが，各人の基本的福祉の欠如はきわめて個別的な状態像をもつために，補塡に際して人の多様な個別性に配慮することが，まさに正義の要件として要請されるからである。そこでは，もはや市場の論理を越えるにとどまらず，個々人の労働と余暇，活動に関する社会的評価のあり方それ自体が，個人の多様な状態像をもとに問い返されることになる。

---

(2) そのような観点からなされた優れた研究書は多い。同時代史の観点からは『世界の社会福祉年鑑』（旬報社，2001〜）が参照される。ワイマール憲法体制の崩壊については雨宮（2011）などが挙げられる。ここでは，最も一般性の高いモデルから出発し，考慮すべき条件に応じて類型（ヴァリエーション）を増やしていくという，経済学の基本的方法を採用する。この方法は，歴史的特殊性をもつ社会保障・福祉制度が内包する論理を抽出するうえで有効である。

システムを動かす論理の違いは現実の福祉国家においても観察される。例えば，福祉国家の典型とされるスウェーデンは，対 GNP 比における社会保障支出は大きく，統計数字に表れる所得格差（可処分所得）は小さい。だが，アグナー・サンドモが指摘するように，スウェーデンにおいては要素（賃金）所得のジニ係数はさほど小さくない。可処分所得のジニ係数が小さい値となるのは，主として各種公共サービスの充実と「個人内所得」の平準化 (income smoothing) によるものである[3]。就労し自立した個々人が，豊富な公共サービスと社会保険システムによって，ライフ・サイクルの途上で遭遇する様々なリスクから中立に，なだらかな生涯所得を達成できる点にこそ，スウェーデン福祉国家の特徴がある[4]。

この個人内所得の平準化は，単に貯蓄等を通じてなされるわけではなく，前章で見たような，リスク概念を媒介として実際には個人間所得の再分配を通じて実現されている。もっといえば，このシステムが人々の合意のもとに維持されている背後には，リスクを前にした個人間の対称性や立場の互換性の認識があり，リスクへの協同的な対処という実践の積み重なりを通じて，相互性 (reciprocity) の観念が実現されている[5]。

とはいえ，スウェーデンの社会保障制度の中心は，市場労働賃金の格差をポジティブに反映する所得比例型年金保険である[6]。他国に比較して若年層の受給率が高い公的扶助制度は，個を単位とする公的扶養の原則が貫かれているという優れた特性をもつものの，所得保障水準は決して高くなく，就労（活動）促進プログラムへの参加に比重がおかれている[7]。つまり，均衡において貢献（生産性）に応じた分配原理が実現する市場システムが，あくまで基本モデルとされている。そうだとすると疑問がわく。はたして，リスク概念を媒介とした個人間所得の再分配（相互性原理）と市場システムを通じた分配原理は併存可能な

---

(3) Sandmo (1999: 15-16)。
(4) 生涯所得の不平等の方が年間所得の不平等よりも小さいという結論を出した実証研究に関しては，Lindbeck (1983)。
(5) これまでは，確かに広範囲の人々の政治的合意に支えられてきたという。だが，近年は，より市場的な論理を求める声も高まり，変化を求める徴候もみられるという。
(6) 次のような指摘参照。「スウェーデンの1998年年金改革では，受給額を拠出額とより厳密に結びつけ，雇用にもとづく所得比例受給分をもたない（または少ない）国民の基礎年金受給権を制限した」（小川有美，2002：97）。
(7) Saraceno, ed. (2002)，宮本 (2009) など参照のこと。

のだろうか。前章で検討したことは,「リスクの個人化」によって相互性の原理が市場の原理に統合されていく論理プロセスだった。それ以外で考えられる両者の併存可能性は,一方を目的とし,他方を手段とする方法である。例えば,相互性を目的とし,市場の原理を効率性の手段として用いる,あるいは,市場経済の発展を目的とし,相互性を手段として用いるなど。これらの場合には,手段とされた方は,その有用性の程度に応じてのみ存続しうることになる。

スウェーデンと比べると,アメリカ合衆国の統治原理はより明瞭で,経済成長を原動力とする連邦国家の強化を最終目的とし,アメリカ社会の多元的統合,公正な機会均等の保障(差別的な取り扱いの禁止ならびに実質的な機会均等の保障),そしてデモクラシー(意思決定プロセスへの実質的に平等な参加)という3つの理念を下位目的とする。[8] この目的体系のもとで,さまざまな社会保障・福祉制度間の具体的な性格は,次の3つの次元における基準対のウエイトによって決められる。

① (政治の次元) 連邦政府の責任に基づく統一的な社会福祉と,地方政府の責任に基づく分権的な社会福祉,さらには,それらと企業福祉や(宗教団体や慈善団体,非営利法人〔NPO〕やボランティア団体などによる)民間福祉とをいかにバランスづけるかなど,

② (価値の次元) 普遍的な人道主義的配慮と「勤勉」といったアメリカ的な価値,あるいは,「他の人々への助け」と「功績のもたらす便益」(貢献に応ずる報酬)をいかにバランスづけるかなど,

③ (経済の次元) 雇用機会の創出,有効需要の拡大政策と,減税その他を通じた就労意欲の向上政策をいかにバランスづけるかなど。

多民族・多文化の移民を包含しながら,資本主義市場経済の拡大とアメリカ社会の多元的統合に努めてきたアメリカにとって,「公正な機会均等の保障」

---

(8) アメリカ連邦憲法は「何人も適正な手続きによらずして生命・自由または財産を剥奪されない」(修正第5条)ことを明記する。また,アメリカ連邦憲法には,「いかなる州も,何人にも平等な法の保護を否定してはならない」(修正第14条)という規定があり,それが,社会生活や雇用の場において,「差別」を禁ずるだけではなく,考えられる限り適切な手段を講ずる方向へと障害者福祉,高齢者福祉を推進する力ともなってきた。

は特別の意味をもっている。それは，人種・皮膚の色・宗教・性・障害・年齢における差別の禁止を要請するにとどまらず，歴史的な不利性を償い，文化的な差異を尊重することをも要請してきた。それに対して，「結果の平等」は公共的理念として人々に受容されていない。市場で定まる賃金格差や昇進格差を不平等と見なす議論も，それが明確に環境条件に起因する場合を除いて，成り立ちがたい。それらはむしろ，市場の原理に基づいた「適材適所」と見なされ，容認される。1960年代に始まった「福祉権（welfare rights）」運動が要請する「健康でディーセントに生きる権利」（Reich, 1965），ならびにそれを体現する普遍的な公的扶助制度を実現する気配は見られない。(9)

　日本は，憲法に具体的な生存権条項をもち，困窮に至る理由や経路の相違からは独立に，いまここで困窮するすべての人に対して普遍的に，国家の責任で公共的に扶助する仕組みをもつ世界でも稀有な国である。対応する公的扶助システム（生活保護制度）は，同一カテゴリーの中の最も不遇な人々の必要を補填する十分性を備えている。アメリカ憲法をはじめとして各国の憲法は，「生命への権利（the right to life）」（日本国憲法においては第13条）をもつけれども，その意味は，生きる自由を外的に妨げられないという消極的な自由権にとどまる。生きるための手段を公的に確保する規定として「生存維持の権利（the right to subsistence）」を明文化する国は少なくないものの，日本の生存権規定のように，「健康で文化的な最低限度の生活水準を維持」するうえで必要な保障（福祉的自由への権利：right to well-being freedom）までを要請するものは少ない。

　例えば，人権保障の長い歴史をもつフランス共和国においても，憲法の前文に「国は個人と家族にその発展に必要な諸条件を提供すべき」（1946年憲法前文10項）であること，「あらゆる人，特に子ども，母親，高齢労働者に対して，健康・妊娠安全・休息・余暇を保証すべき」（同11項）であり，「年齢・身体・精神的条件・経済状況により働けなくなったあらゆる人々は，社会から適切な生存手段を受ける権利をもつべき」（同11項）とあり，給付の十分性は保証されているものの，困窮のみを受給要件とするという無条件性を明記する具体的条文はない。現実の公的扶助制度においても25歳未満の単身世帯は排除されてきた（都留，2000/2010；田中，2006；松村，2011参照のこと）。

---

(9) 全国福祉権連盟（NWRO）を中心とする福祉権（welfare rights）運動については，後藤（2011b）参照のこと。

はたして日本の生存権規定と公的扶助システムは，どのような規範理論に支えられているのだろうか。それは，他のシステムとの間にどのような対立あるいは補完性をもつのだろうか。日本が，先に見たアメリカ合衆国の統治原理とも異なることは明らかであるとして，はたして，いかなる原理が組み込まれているのだろうか。

本章の構成は以下の通りである。はじめに，相互提供システムの基本モデルが仮説的に措定される（2節）。それとの対照で，現実の福祉国家の諸相——社会保障・福祉制度の分立要因——が分析される（3節）。つづいて，福祉国家を支える異なる規範理論が比較検討される（4節）。各規範理論の主張を政治的次元において整合化する理論として，政治的リベラリズムが提示される（5節）。政治的リベラリズムをもとに，異なる公正概念と情報的基礎をもつ「財産所有民主主義」システムが構想される（6節）。また，基本的保障システムを支える公正性の観念が探究される（7節）。最後に，本章で構想したシステムから日本の社会保障・福祉制度を照射して結びとする。

2 基本モデル

はじめに冒頭で紹介したウォルツアーの分配原理をもとに，次のような基本モデルを設定しよう。[11]

基本モデル

1つの政治的共同体（例えば国家）を想定する。個々人が共通に直面する偶然的事象（リスク）の中で，公共的に対処することが望ましいもの（例えば，疾病，障害，要扶養，要介護，稼得機会の縮小，資産消失など）をリスト化し，政治的共同体の全構成員（将来世代を含む）を参加メンバーとする「相互提供システム」を作る。そこでは，ゆるやかな実行可能性（給付総額が拠出総額を上回らないこと）を

---

[10] フランス共和国憲法の最新版は1958年憲法だが，人権規定は1946年憲法に依拠している。1946年憲法についてはフランス共和国憲法審議会（2015）のサイトを参照し，和訳した。
[11] 「均一額の最低生活費給付」，「均一額の保険料拠出」，「行政責任の統一」，「最低保障水準」，「包括性」，「普遍性」を「社会保険の6つの原則」とするベヴァレッジの社会保障計画とも近い（ベヴァレッジ，1969：186f）。

条件として，リスクの種類や各人の発生確率の相違（リスクが既に発生している場合を含む）や発生理由の相違からは独立に（本人の過失・責任の関与を含む），個々人の拠出能力に応じて各人の拠出額が定められる。リスクが発生した場合には，一定の方法でその損失額が貨幣的に評価され，一定の割合で補填給付水準（損失評価額の一定割合として：財・サービスによる代替を認める）が決められる。損失額評価，補填方法，拠出方法は，人々の参加のもとで合意決定される。

等しい扱いと等しい参加

このシステムの特徴は次の諸点にある。第1に，ここには2つの意味の匿名性がある。1つはリスクの名前であり，リスクの種類の相違は，損失評価額が等しい限り，給付方法に格差をもたらさない。他の1つはリスク発生者の名前であり，個人の貢献・責任・選択の相違，あるいは，個人の業績や属性の相違は，給付資格や給付方法に格差をもたらさない。さらに，個々人は次のような2つの意味で等しい参加の自由をもつ。①いかなる個人も拠出と受給を通じて相互提供システムに参加できる。拠出のみで受給のない個人，あるいは受給のみで拠出のない個人もまた，等しい参加資格をもち，定められた社会的協同のルールや責任――例えば，就労機会の活用，教育・技能訓練プログラムへの参加――の尊重を要請される。②いかなる個人も社会的協同のルールや責任を定め，改訂する社会的意思決定プロセスに参加できる。人々は所与のシステムに包含されるのではなく，自分自身の価値や目的を追求する主体として，また，システムを設計し，改変する主体として扱われるのである。

相互提供システムの規模

経済システム全体に占める「相互提供システム」の規模は，人口及びリスクに関する分布関数の相違の他には，公共的に対処すべきリスクの種目と数，ならびに，個々のリスクに割り振る給付・拠出水準によって規定される。例えば，リスクに関連する個人あるいは集団による対処（共済保険など）を増やし，公共的には，小さなリストと低い給付・拠出水準が設定されるならば，相互提供システムの規模は比較的小さいものになる。

公共的に対処するリスクの種目と数，給付・拠出水準は，また，そもそも何をひとが対処すべき偶然的事象と同定するのか，「リスクに関連する」集団を

いかに同定するかという問題にも依存する。例えば,「ひとり親世帯」を,あらかじめ備える偶然的事象の1つとみなすか,それとも個人が自由に選択できる家族タイプの1つとみなすか。偶然的事象とみなす場合には,「リスクに関連する」集団（単位）を現在の当事者集団とするか,あるいは,潜在的な既婚者集団とするか,あるいは人口全体とするかによって公共的システムの規模は変化する。[12]

3 福祉国家のヴァリエーション

　上記の基本モデルは,あらゆる個人を構成員とし,能力に応じて資源を提供し,リスクの発生に応じて資源を受給する統一的な相互提供システム像を示すものだった。システムの目的は,公共的責任において対処すべきリスクがもたらす損失を,一定の観点から評価し,一定の割合で補填することにある。それは,きわめて普遍的かつ不偏的ではある一方で,次のような3つの点で個別性を捨象している。第1に,リスクの質的差異において,第2に,個人の個別的境遇において,第3に,リスクに関する個人の選好・選択においてである。それに対して現実には,これらの個別性に配慮した社会保障・福祉制度が分立し,福祉国家の在りように多様なヴァリエーションをもたらしている。以下に現実の福祉国家の制度の分立を促す個別性の要因を抽出しよう。

対象・目標の相違に基づく制度の分立
　公共的に対処すべきリスクの種目,提供される資源の形態,さらには目標の相違が制度分立の要因となる。例えば,特定の種類の身体的・精神的困難（傷病・障害・要介護状態など）に対する部分的補填を目標とし,特定の治療サービス・介護サービスを提供する医療保障・介護保障制度,また,就労機会を喪失した個人に対して就労復帰を目標とし,生活費を補填するとともに再雇用に有効な教育・訓練プログラムを提供する雇用保障制度,さらに,退職や障害などによる所得激減に対する部分的補填を目標とし,生活費を提供する老齢年金・

---

[12] 自由に選択できるとされた場合には,「ひとり親世帯」となることはリスクのリストから外される。ただし,その場合でも,「ひとり親世帯」の結果的な困難を特有のリスクとみなす可能性は残される。

障害年金保障制度，介護・養育上必要な財やサービスの質と価格の管理を通じて，それらの利用を援助する福祉サービス制度，居住上の必要を補塡する住宅サービス制度などが分立している。

カヴァレッジ（参加者の範囲）の相違に基づく制度の分立

参加資格の設定による範囲の限定が制度分立の要因となる。歴史的に形成された社会保険制度における主要な参加資格は，既存の集団（共同体，企業，労働組合，地方自治体，国家）に所属することであり，各々の集団に対する広義の貢献を認められることだった。例えば，雇用保険への参加資格は職業・勤務形態・労働条件によって制約されている。[13]このような場合には，準拠集団に対する広義の貢献が認知される限り，リスクの発生確率の相違やリスクの発生に至るプロセス，とりわけ本人の過失や責任の関与などの要因からは独立に，参加者として包含される。参加による準拠集団との結束のさらなる強化，各集団の目的や内的原理に対するさらなる忠誠が期待される。

給付・拠出方法の相違に基づく制度の分立

上記の基本モデルでは，能力に応じた拠出のもとで，同一の損失評価に対する同一補塡という給付方法が採用されていた。これは，同一のリスクに遭遇した個人に対して同一の補塡がなされるがために，個人間の事前的な格差はそのまま保持されるという意味で，アマルティア・センの「欠損補塡の平等 (shortfall equality)」概念に相当する（Sen, 1992a: 89-91）。注記すれば，大富豪に対しても同様に損失補塡を行うことになるものの，「能力に応ずる」高率の累進課税によって，富裕者への給付を結果的に相殺することができる。

それに対して，現実には，個々人の〈貢献〉（拠出）あるいは〈ニーズ〉の相違を反映する格差的な給付方法がとられ，給付方法の相違に応じて異なるシステムが分立している。〈貢献〉には，相互提供システムそれ自体への貢献（例えば，拠出量で表現される），システムの母体となる組織・共同体に対する（過去・現在の）貢献などが含まれる。個人の稼得賃金の相違を積極的に反映させる所得比例型年金保険は後者の一例である。[14]他には，マイナスの貢献評価，例えば

---

(13) 雇用保険は失業等給付のほか雇用安定事業や能力開発事業を行う。橘木（2000：168）。

リスクの発生に関与する自己責任部分を給付から差し引く方法もある。自動車賠償責任に対する政府保障事業（国土交通省）などはこの方法をとっている。

〈ニーズ〉に応じた給付には，大きくは2つの方法がある。1つは，追加的な消費支出を要する理由——例えば，障害，養育，要扶養，要介護の存在——を予め特定化し，それらの理由をもつ個人に対して給付する方法であり，他の1つは，共通の〈基本的福祉〉を参照基準とし，ある個人が基本的福祉を充足していないと判断される場合，その不足分を補填する方法である。後者は結果（一定の目標値）の平等を要請するという意味で，センの「達成の平等（attainment equality）」概念に相当する（Sen, 1992a: 89-91）。

4　福祉国家を支える諸規範理論と評価軸

以上，基本モデルをもとに，現実の福祉国家において社会保障・福祉制度の分立を特徴づけている諸要因を抽出した。以下では，一定の規範的観点に基づいてこれらの諸要因を組み込み，〈基本モデル〉を多層的モデルへと展開し，それをもとに望ましい〈相互提供システム〉を構想することを試みる。本節では，はじめに，福祉国家を支える4つの代表的な規範理論を取り上げ，福祉制度の評価軸を抽出する作業を行う。

自由な競争市場への実質的な参加の平等

市場競争を支持する立場からは，公正なルールと機会の下でもたらされる結果の格差は容認される。むしろ，個人の選択の相違を結果に反映させるためには，結果の格差は競争に不可欠な条件とされる。ただし，競争それ自体が〈よさ〉あるいは〈美しさ〉を備えた価値とされる限り，その価値の存続を困難に

---

(14) 定額拠出・定額給付型の年金も，貢献量，給付量に関する選択の余地がないものの貢献原理に基づく。ただし，能力に応じた拠出のもとで一律給付を行う年金は，貢献の相違をポジティブに反映するものではないので貢献原理とはいえない。基本モデルと同様に（ただし，退職後の生活難リスクを他のリスクから切り離している点で基本モデルとは異なるが），同一の補填を行う仕組みである。

(15) 他にも，本人の責任的要因の関与しない失業（非自発的失業）か関与する失業（自発的失業）か，あるいは，就労活動の適性さなどで給付額や給付期間に格差をつける方法がある（橘木，2000：167；Atkinson, 1995a）。

するような結果，例えば潜在的な競合者が皆無となる結果は容認されないことになる。少なくとも競争の継続（システムの存続）に必要な量と質の参加者を残すための政策的介入が容認される。

　あるいは，一歩進んで，あらゆる個人に対して「競争への参加の権利」を保障すべきだと考えるなら，ある個人の継続的な参加を困難にするほどの結果は容認しがたいものとなるだろう。この場合には，競争への継続的参加を可能とするための補塡，例えば，適度な初期賦与あるいは交渉能力の回復に必要な手段の補塡が要請されることになる。

　ここで，問題とされるのは，競争への継続的参加を目的とする事後的な補塡が，個人のプレイそれ自体を変化させる可能性である。例えば，就労機会の喪失保障が存在するがゆえに，自分自身の健康管理や事故への備え，就労能力の開発などを怠るおそれがあるといった問題である。これより，結果を補塡する方法の中に，本人のファイン・プレイを誘引する仕組みを盛り込むことが推奨されるのである。

公共財サービスの民主的配分

　ギフト（贈与）概念をキイとする公共財（共有財）の観念からは，国家を基礎単位とする社会保障制度は，公共財の分配システムとして，すなわち，受益に応じた負担の論理を越えて所得の個人間移転を行うシステムとして解釈される。大地あるいは地球そのものをギフトと見なすとしたら，それを資源として生産されるさまざまな財を，個々の経済主体の貢献に分割する論理は自明ではありえなくなるからである。

　リチャード・マスグレイブによれば，公共財とは，通常経済学で理解されているように物理的・客観的な財の性質に依拠するものではなく，ある財に共同的な価値あるいは必要を認める人々の公共的認知に依拠するものである。そのような認知が存在する限り，たとえ物理的・客観的には個人別の受益・負担関係が明白である財であっても，個人間移転を伴う相互提供システムが公共的に受容されることになる。そこではもはや，競争市場は自明の参照基準とならないために，たとえ個人の選択・行動が競争市場のものとは異なるとしても，それをもってモラル・ハザードの誇りをうけることはない。肝要なことは，何を公共財とみなすかに関する討議・承認のプロセスが民主的に開かれていること

――したがって,公共財サービスのメニューに関しては理論的にオープンであること――である。[16]

ベーシックインカムを主唱するフィリップ・ヴァン・パライスも,このギフト概念を究極の根拠とする。ある社会における基本的な所得量は,だれもが,等しく分有してあたりまえなギフト(からの派生)とみなされるのである。ヴァン・パライスは次でいう自由尊重主義者(リバタリアン)に分類されることが多いが,背後には共有(コモン)の考え方があり,それが財産保有の積極的保障の議論に結びついている点に留意する必要がある(Van Parijs, 1995=2009)。

個人的価値の尊重

人には現在の活動に専念するのみならず,家計の全体を見渡し,不慮の事態を予測し,それに対して予め備えようとする性質がある。自由を尊重する立場からは,人生プランを立てるという個人の営み,自分自身でリスクに備える努力,多様な目的をもった個人の自律的選択,自己の意思・選択によって引き起こされた帰結を自分で引き受けるという自己責任,名前をもった個人のヒストリーや自我などが,私的領域として尊重されなければならない,とされる。この立場から最も警戒されるのは,(国家・共同体からの)私的領域への過度な介入である。この警戒が強まると,公共的な相互提供システムの規模については小さなリストと低い保障水準が,相互提供システムの拠出・給付方法については個人別の便益・負担関係が選ばれる。[17]

ただし,この立場においても,自己責任と非自己責任の境界線,あるいは個人の貢献と集合的貢献の境界線をどこで引くかについて,あるいは,リスクの(客観的・主観的)発生確率,リスクに対する選好,リスクの損失評価などに関する個人間相違をどのように反映するかについて,さらには,何をもって個人の私的領域と判断するかに関して,議論はオープンとされている。例えば,非自己責任ないしは集合的貢献の概念を広く取ることによって,あるいは,リスクに関する個人間差異が比較的小さな〈共同的リスク〉を広く認知することによって,より大きなリストと高い保障水準を選択する余地がある。

---

[16] Musgrave, R. A. and P. B. Musgrave (1973/1989) 参照。
[17] Norzick (1974) 参照。例えば,森村進はリバタリアンの立場から「最小限生存権」を認める議論を展開している(森村, 2013)。

このような線引きの恣意性は自由尊重主義者からも指摘されている。例えば，アイザイア・バーリンは，カントのいう「自律」もまた，自らへの統治を越え，他者への統治に容易に転化するおそれがあるとして，自由概念の定義から，自律を外し，恣意的な介入から逃れる消極的自由に的を絞った。だが，そのことは，消極的自由を保証するための社会的支援を否定するものではなかった（本書第7章4節参照のこと）。

資源の受給を通した間接的・非人称的な相互性

「相互性（reciprocity）」を重んずる立場からは，相互提供システムの存在とそれへの参加が相互性を強めることが期待される。たとえリスクの発生確率が等しかろうと，リスクが発生したという事実は，本人に物理的被害をもたらすのみならず，本人の実存的な孤立感を強める傾向がある。一方でリスクが他の誰でもない自分に発生し，他方でリスクの発生を免れた大勢の他者が存在するという非対称性の事実は，自己の特異性に関する認識を際立たせる。リスクの発生は偶然にすぎず，個人的責任が問われることはないとしても，本人の体験であり，アイデンティティを構成するヒストリーに他ならないからである。かくしてリスクは発生者と未発生者との間に見えない壁をつくるおそれがある。

それに対して，相互提供システムは，リスクを前にした人々の間の対称性・立場の互換性——自分たちの誰かに発生することは必然であるが，自分たちの誰に起こるかは偶然である——に具象的な形を与え，リスク発生者とリスク未発生者との相互性を可視化する。相互提供システムに参加する個々人は，かならずしも直接的・個人的な利他心や共感，連帯感（例えば「自分の身代わりとなってくれた彼ら」あるいは「彼らのために犠牲になった自分」という思い）を抱く必要はない。相互提供システムへの参加を通して——リスク未発生者は資源の提供を通して，リスク発生者は資源の受給を通して——間接的・非個人的に，相互性が築かれることになる。それは，リスク発生という事実を，特定の自我やヒストリーから引き剥がし，公共的空間へと配置し直すこと，公共的観点から解釈し直すことを意味するのである。

以上の4つの規範は，何を〈善きもの〉とみなすかに関する異なる包括的構想（哲学・道徳）から抽出された。各々は異なる評価軸を提起するものの，かならずしも矛盾し合うものではない。この点に留意して，もう1つ規範理論を

導入しよう。それは，ジョン・ロールズに代表される「政治的リベラリズム」であり，次節で紹介するように，異なる善の包括的な構想の間の重複的合意 (overlapping consensus) を志向しつつ，独自の基準を立てる。

5 政治的リベラリズムと潜在能力アプローチ

政治的リベラリズムの射程

4つの規範はいずれも，個人の自由な意思を尊重しつつも，個人のライフ・ヒストリーに潜む偶然性を根拠とし，その社会的・経済的な拡大を防ぐ制度を構築すること，ただし，制度の構築は，最終的には，正義の感覚をもつ人々の公共的討議に依拠すべきものとすることに反対はしないであろう。これらは重複的合意事項であるとみなして，政治的リベラリズムは，さらに，次の3つの基準を立てる[18]。

第1は，個々人の活動の機会や境遇を規定する自然的・社会的偶然を制度的にコントロールすること，すなわち，自然的・社会的偶然が個々人の活動機会や境遇に及ぼす影響を，社会的基本財 (social primary goods) の分配・再分配を通じて調整すること。

第2は，価値や目的の多元性に起因する〈意味〉と〈意思〉の多様性を尊重すること，例えば，自己の置かれた客観的境遇をいかに解釈するか，配分された資源の価値をどのような基準で評価し，何のために，どのような理由で利用しようとするかに関する個々人の主体的な営みの保証である。

第3は，資源配分の公正さに関する個々人の公共的判断の相違（第2章参照のこと），すなわち個々人が公共的ルールの決定にあたって表明する理性的な判断の相違を尊重すること。

第1は民主的平等の要請，第2は市民的自由の要請，第3は政治的参加の実質的自由の要請と呼ぶことができる。政治的リベラリズムにおいては，正義と徳性，幸福との直接的な関係は断たれる。個々人は多様な善の観念をもち，それらを互いに足しあわせること，また，比較評価することがきわめて困難であるとしたら，評価の観点それ自体が多様になるので，例えば最大多数の最大幸

---

[18] 政治的リベラリズムの課題と方法については序章を，理論的特性の詳細に関しては，第10章を参照のこと。

福というかたちで、正義を定義することはできなくなるからである。また、正義の実現が、異なる善の観念をもつ個々人に対して、一様に幸福をもたらすこと、あるいは、特定の徳性をもたらすことは期待できなくなるからである。一定の正義原理のもとで（それを制約条件としたうえで）、はたしてどんな善が具体的に実現しうるかは、まさしく個々人の意思と行為に依拠することになる。

とはいえ、政治的リベラリズムもまた、一定の社会において、構成員にとって共通に有用であるような善にまったく無関心であるわけではない。すべての個人が多様な善の観念を追求することを、単に形式的に尊重するだけでなく、実質的にも尊重すべきであるとするなら、それらの追求を可能とするより基底的な善を社会の責任で保障すべきことが、論理的に導出されるからである。「社会的基本財」とは、まさに多様な善の観念をもつ人々の多様な善の追求を可能とする、より基底的な善を表わす。例えば、大地や空気や気候がそうであるように、社会の基底に在って、そこに暮らす人々の生を支える「社会的基本財」が特定されるとしたら、すべての個人にそれらの所有を積極的に保障することは、自由や機会の保障とならぶ正義の原理として要請されるのである。ここに、政治的リベラリズムを、より実質的な福祉の理論、例えば、センの潜在能力アプローチを基調とする理論に接続する可能性が開かれる。

はたして、両者の接続は、ロールズの正義「理論」の枠組み自体をどのように変更することになるのかという論点の検討は第12章にゆずるとして、また、ロールズ正義論とセンの自由の思想の関係については第5章にゆずるとして、ここでは、ロールズの「財産所有民主主義」の定式化を目的として、両者のミニマムな重複部分、すなわち必要（ニーズ）に応ずる分配原理に注目する。

必要（ニーズ）に応ずる分配原理

センの潜在能力アプローチは、ロールズが社会的に考慮すべき善として抽出した「社会的基本財」の概念を、財の利用によって個人が達成可能となる「潜在能力」、すなわち諸機能 (functionings) の束の可能性集合へと拡張した。機能とは、個々人が資源の利用によって獲得する行い、在りよう (doing, being) を意味する概念である。いま、個人は財の利用によって達成される機能から効用を得るとしよう。このとき、財と効用との間には、財の特性から機能を生み出す個人の利用関数ならびに機能から効用を生み出す個人の評価関数が介在する

ことになる。評価関数は，達成された機能に対する個人の評価パターンを表す概念である。他方，利用関数は，財を利用してその特性を機能に変換する個人の利用パターンを表す概念である。たとえ財の特性が同一であったとしても，個人がそれを変換してどのような機能を達成することができるかは，財の利用パターンを規定する個人の身体的・精神的能力や環境的諸条件に依存して異なる可能性がある。[19]

　例えば，清潔で安定した住居に在ること，学習できること，教育や職業技能を身につけられること，品位ある衣食生活をおくること，近所の人や知り合いと談笑すること，将来の目的やリスクに備えて蓄えをもつことなどの諸機能が，特定化されたとしよう。各機能に関して各人がどれだけ達成可能性をもつか，各機能の達成に各人がどのような比重を置いているか，さまざまな困難に対して各人はどのような耐性をもっているか，不慮の危険に対して各人がいかに備えているか，あるいは，社会は，諸機能の達成にどのような比重を与え，さまざまな困難や不慮の危険にいかに備えるべきであると判断するか，などに関しては，依然として個々人の目的や価値の多様性との関係で一様ではないものの，諸機能は基本的福祉の保障を実現する手掛かりとされる。

　潜在能力アプローチは個々人の効用や欲求ではなく，所得（富）でも功績・貢献でもなく，必要（ニーズ）を根拠とする分配を実行する具体的な道具を提供する。[20]それは，人々の公共的討議を通じたニーズの発見という考え方を背後にもつことによって，従来のベーシック・ニーズ論（状況の相違や評価者の立場からは独立な価値，例えば清潔な飲料水や食物，身体の安全性などに議論を限定する）の射程を大きく拡張することになった。[21]倫理学において，欲求（wants）は欲求を所有する主体の観点から性格づけられ，その意味は所有する主体に隠されたものとして残される。したがって，ある個人の欲求を本人以外の評価者が捕捉することは一般に困難とされる。

　それに対して，ニーズには，所有する主体の観点を越えたある種の客観性が伴う。例えば，xが個人Aに不可欠であるとしたら，個人B，C……にも不可欠である（普遍性）。不可欠であるという判断は個々人の主観性に依存しない形

---

(19)　センの潜在能力アプローチの詳細については，第Ⅲ部参照のこと。
(20)　効用指標に基づく限り，欲求や需要と区別された必要概念は必要とされない。
(21)　Streenten（1980）など参照のこと。

で下すことができる (客観性)。本人以外の第三者が, ある目的に対する手段の有効性を, 本人の追及する目標との関係で, 判断することは不可能ではない。しかも, 入手できる専門的知識や信頼できる情報の量と質に依存して, 第三者の方が適切に判断できる場合もある。さらに, 目標それ自体の理解も利用可能な手段に関する知識や認識の仕方に依存して変化する可能性もある。例えば, 女性の「学習・教育への権利」の重要性は, 本人や支援者の活動を支える環境や条件の整備をまって, はじめて人々に, 女性自身にも明確なニーズとして認識されるようになった。ニーズは, 個々人の主観的評価に還元されるものではなく, 状態間の関係として把握される[22]。

とはいえ, ニーズは, 個々人の認識や評価を全く超越した客観的事実 (実在) として観察されるわけでもない。むしろ, 自分にとってのニーズとは何であり, 自分たちにとってのニーズは何であるか, また, 自分たちを離れたより一般的なニーズとは何であるか, を評価しようという個々人の内省的かつ公共的な営みを通じて, 次第に形をとっていくものであり, 一定の知識・情報・制約条件を所与とした人々の認識と切り離せない。その意味では, ニーズの備える客観性は, 個々人の自由 (freedom), 理性, 選択, 参加, 行為, さらには, 公共的熟議と切り離すことができない (Sen, 2009: 250)。センによれば, 「市民的・政治的自由の権利は, 人々に対して自分自身のために行為する機会を与えるのみならず, 自分以外のより一般的なニーズに対して関心を抱く機会, あるいは他者に対して公共的行為を要求する機会を与えるものである」(Sen, 1999b = 2000: 16-17)。

6 「財産所有民主主義」システムの構想

本節では, 政治的リベラリズムをもとに, 4節で抽出された規範的観点を整合化しつつ, 〈基本モデル〉を個別性に配慮した多層的モデルへと展開することを試みる。下記で例示したモデルは, 個々人の能力に応ずる拠出とニーズに応ずる給付を基本とする「財産所有民主主義」システムの構想である。

---

[22] ニーズ概念に関する詳細は, 後藤 (2002: 第2章および397f) 参照のこと。

公共サービス提供システム

　第1の柱は，必要性をもつ個人が，所得・居住地・年齢・健康状態，その他の利用条件の相違を越えて誰でも，低価格で良質の財やサービスを利用できるという，"標準性"の高いニーズ充足を目的とする公共サービスシステムである。サービスの利用価格（およびサービス従事者の賃金）は通常の市場的な需給論理から離れて，潜在的利用者・被影響者を広く含む社会の公共的判断のもとで定められることになる（公定価格）。その一方で，サービスの利用は，本人の予算制約（家計）のもとで，本人の選択によって実行される点，サービスを需要する理由や利用の仕方，得られた結果や満足など，本人の私的情報に関する開示は最小限にとどめられる点については，通常の財と共通する。公共サービスの対象とする財やサービス特定にあたっては，生産の仕方や消費の方法に関する財・サービスそのものの性質が考慮されるのみならず，当該サービスの価格・品質・数量に対して公的介入することが他の財やサービスに及ぼす影響，さらには労働市場や生産要素市場に及ぼす影響が考慮される。

　具体的なモデルは，制度の普遍性を求める北欧諸国等で重点的に整備されている，建物・設備や製品のユニバーサル・デザイン化，空間や情報・知識のバリアフリー化である。例えば，一般向けのスポーツ施設に車イス使用の設備を併設することにより，より低い追加費用で潜在的ニーズの掘りおこしが可能となる。他のモデルは，アメリカの官民協同のユニバーサル・サービスである[23]。前者は，障害者・高齢者・乳児にとって利用しやすい道路や居住空間，福祉施設など，直接の利用者・受益者は限定されているとしても，社会全体で費用を負担し合うことが望ましいと判断されるサービスが広く対象とされる。後者は，居住地や収入，年齢その他の相違にかかわらず，利用者すべてが等しくアクセスできるように，安価な同一料金で供給することが義務づけられているサービスである。連邦政府の補助金が投入され，サービスの内容や運営方法に関する公共的な精査がなされているが，サービスを提供する主体の多くは民間企業である。同一サービスの利用者であるという，一種のメンバーシップを基礎とし

---

[23] 語源は，アメリカ合衆国の通信事業社 AT&T の社長であったセオドア・ニュートン・ベイル氏（Theodore Newton Vail, 社長在位1878年～87年，1907年～20年）に遡る。1988年 OECD の報告書ではユニバーサルサービスの概念を①地理的に普遍的な利用可能性，②アクセス上の無差別性，③適正な料金または手頃な料金と定義される。

第4章 「財産所有民主主義」システム

て，利用に伴う実際のコストや便益が利用者間で再分配される仕組みである。

損失補塡システム

　第2の柱は，個人の活動能力を著しく低下させる恐れのある危険事象の発生（傷病，障害，要介護状態など）に対して，また，個人の利用可能な資源を大きく減少させるおそれのある稼得機会（失業，就業難など）の喪失，及び稼得収入の永続的な落ち込み（定年退職，扶養者との離死別など）に対して，一定の損失評価をもとに一定基準の補塡がなされる〈損失補塡システム〉である。本システムは，ある社会で人々が共通に遭遇するリスクに対して共同的に備えるという意味では保険である。だが，保険の目的は危険事象に事前的に対処することにあり，また，拠出と給付に関する個人別衡平性が要請されるので，すでにリスクが発生している個人が排除されたり，リスク発生確率が並外れて高い個人，あるいはより多くの損失補塡を要する個人がより高い保険料を請求されたりする。それに対して，本システムは，リスクに関する個人の相違（発生確率，リスク選好，損失評価），あるいは，事前所得の相違からは独立に，誰であれリスクが発生した人に対して，ある標準的な損失評価のもとで，その損害を部分的に回復することを目的とする。ただし，リスクによって損害が発生しているという事実以外の個人的情報，例えば，リスクの発生によって彼の生が全体として受ける損害などに関する情報の開示は要請されない点を特徴とする。

　損失評価は次のようになされる。例えば，不慮の傷病を原因とし，障害が残り，雇用機会を喪失するとともに，所得喪失に陥った個人がいたとする。この場合，まず傷病による身体的・精神的損失を事由として，一定基準の医療や福祉サービスを提供する，つづいて障害を事由として一定基準のリハビリテーションを提供する，さらに雇用機会の喪失を事由として，一定基準の就労機会（例えば障害要因を考慮した職業訓練・障害者雇用の創出などを含む）と一定基準の所得補助を提供する。事前所得の相違から独立に補塡がなされるものの，このシステムを支える拠出の仕組みは，「能力に応ずる拠出」であるため，十分に大きな資源を保有する個人にとっては，損失補塡額から拠出額を引いた残りがマイ

---

(24) 損失評価の方法に関しては，第3章の9節で引用したアリストテレスの言葉が参照される。すなわち，「素材に応じた程度の明確さ」以上を求めることは困難であり，危険でもある。

ナスになる場合もありうる。拠出の方法に関しても，定額支給を基本とするものの，結果的な所得保障を目的とする所得補助に関しては，所得に応ずる定率の減額支給が妥当性をもつ[25]。

基本財保障システム

損失補塡システムは，ライフ・ヒストリーの個々の時点で，個人の福祉が決定的に縮約することを防ぐものとして重要な役割をもつ。ただし，このシステムには次のような限界もある。すなわち，補塡の項目や方法，ある社会における標準的なライフ・スタイルに依存して決められるので，個人が潜在的にもつニーズの発現にタイムラグが生ずる。また，各項目のもたらす損害が人並みはずれて深刻なケース，異なるリスクが複合的に作用しながら膨張するケースなどが放置される。これらのケースに対処するためには，個々人の多様な境遇に即して，本人の所有する基本財の不足（必要）を個別的に補塡するシステムが求められる。そのシステムをここでは，基本財保障システムと呼ぶ。ニーズに注目する点では，第3章で紹介したガットマンらのいう「基礎的機会」と共通するものの，ロールズの社会的基本財リストの「富と所得」に焦点を当てその所有を積極的に保障する点に違いがある。その一方で，基本財保障システムは，本人が利用可能な資源に焦点が当てられるので，第6章で構想する「公共的相互性システム」のように，本人の能力や資質に関するより総合的な情報（パーソナリティ，稼得能力，保有資産，人間関係など）の開示は必要とされない。

以上の3つの層が，「財産所有民主主義」システムを構成する。それぞれの層は，個々人の遭遇する偶然的事象が複合・累積し，社会的・経済的に拡大していくことを緩和するという共通の目的のもとにあり，各層は必要とされる「情報」と要請される「公正性」において違いがあるものの，相互に組み合わせることが可能である。例えば，損失補塡システムでは，個人が被った「障害」に関して，予め定められた標準的補塡のみがなされるのに対し，基本財保障システムでは，障害の発生が本人の基本財所有の文脈においてもたらす個別的な発現形態が問題とされ，前者で残された不足分が後者で補塡される。その

---

[25] 注記すれば，定額支給で所得制限を設けると支給停止所得の前後で，事前収入と事後収入に関する順位逆転現象が起こる。

際，基本財の不足をとらえるために必要な私的情報の開示が要求されることになる。

7　公正概念再考

　〈等しいケースは等しく扱い，異なるものの間に適正な格差をつける〉ことが，公正性の基本的観念であるとしたら，上述した「財産所有民主主義」システムはどのような種類の公正性を満たすのだろうか。まず，「公共サービスシステム」は，公定価格を導きとした消費者個々人における購買量と支払いの釣り合いという意味での公正性を満たす。ただし，特定のサービスの価格に，政府や自治体による補助金等の影響が反映されるという意味では，また，サービスの利用コストが実際には一部の属性をもつ人々により多くかかるとしたら，中立性の仮定は満たさない。ただし，これらは異なるものの間の補正的な格差とみなされる。つづいて，「損失補塡システム」は，等しい損失に対する等しい補塡という意味での公正性を満たす。ただし，実際には一律定額ではなく，個々人の稼得収入などへの配慮が補正的な格差とみなされる。

　これらのシステムに対して，「基本財保障システム」を支える公正性は，端的に，基本財の不足（ニーズ）に応じた補塡におかれる。不足を判断する原則は3つある。第1は，十分性の原則である。政治的リベラリズムの1つの柱は，福祉（well-being）に関する評価の個別性と自律性を尊重することにあった。ロールズの言葉を借りれば，社会的基本財に関するニーズは，市民が備える「合理性（the Rational）」と「公正性（the Reasonable）」という2つの道徳的能力を支える基礎的条件の不足と解釈される。次でいう多様性と総合性に配慮しつつも，政策的にはカテゴリー分けを余儀なくされるとしたら，同一カテゴリー内のミニマムのニーズを満たす十分性が要求される。

　第2は，評価軸の多様性の原則である。市場価格に表象されている人々の集合的評価を越えて，個人の活動・生を社会的に評価し直す際のポイントは，それぞれの主題に即して，既存の標準や常識，一般を相対化しつつ，文脈に即した評価軸を形成することにある。例えば，福祉受給者の就労による余暇時間の減少の評価に関しては，他の人々にとっては快適な職場・通勤環境で甘受せざるを得ない苦痛やストレスも考慮されうる。あるいは，就労以外の活動，例え

ば養育や介護のほか，芸術鑑賞，哲学的観照などを社会的価値として評価することができるかもしれない。第3は，個人の生に即した総合性の原則である。ここでは健康（精神的・身体的疾患，要介護状態を含む），障害，性，学歴などに関する一般的情報を手掛かりとしつつも，個人の個別的かつ特殊な事情を本人のライフ・ヒストリーに即してとらえる視点が必要となる。それらの情報は，公的給付の根拠と給付方法（種類・水準・期間），さらには本人の資源利用能力の発展（回復）プログラムを可能な限り，個人に即したものとするだろう。

8　損失補塡と基本財保障

　市場は，市場に参加する経済主体の自然的・歴史的偶然を是正する方向には動かない。個々人の人生の途上で起こりうるさまざまな自然的・歴史的偶然は，制度や他の人々の選好とともに外生変数とされ，個々人の「経済環境」を構成する。市場に参加する経済主体は，自己の経済環境を所与として，自己の選好に基づく「最適化」行動をとることを余儀なくされる。市場には，もしそれが純粋なものであるならば，貨幣のヴェールがかけられる。貨幣のヴェールは匿名性をもち，他の一切の情報，例えばそれが誰の貨幣であるかなどの情報を覆い隠すので，等しい貨幣に対する等しい扱いが成立するものの，しばしば破れかかる。一定の強制力と財源をもつ公共政策は，貨幣のヴェールの匿名性を強化する（つまりは，個人の属性に基づく貨幣的な差別を禁ずる）一方で，その下で密かに進行していく自然的・社会的偶然の拡大をコントロールする使命を負う。

　「はしがき」で記したように，本章の関心は，異なる規範理論の整合化を図る政治的リベラリズムと潜在能力アプローチの視座を借りて，現代福祉国家の典型的な構造と機能を抽出すること，それらと整合的な形で「財産所有民主主義」システムの構想を具体化することにあった。最後に，本章で構想した理念的システムによって照射される日本の社会保障・福祉制度の特徴を簡単に考察して結びとしよう。

---

(26)　冒頭で紹介したフランス憲法における余暇に関する規定参照のこと。
(27)　これは，正義の視点とケアの視点の切り結びを意味する。本書第2章参照のこと。
(28)　個別性を尊重するためには，相談事業やケースワークなど，いわゆる対人サービス機能が重要となる。

第4章 「財産所有民主主義」システム

　日本の社会保障・福祉制度で，損失補塡システムに相当するものの範囲は広い。労働災害補償保険制度のみならず，健康保険・年金保険制度などが含まれる。これらは，まさに，リスクの同質性や目的の共有，あるいは自発的共同性に基づく組織や集団のしきりを越えて，日本の社会全体を単位として構成された相互提供システムと解される。災害補償・逸失利益塡補，保険料の減免・無拠出制度，生活・医療扶助などを通じて所得に関する個人間再分配をもなしつつ，誰であれリスクが発生した人に対して，ある標準的な損失評価のもとで，その損害を部分的に回復することを可能とする。[29]

　所得保障の観点からは，これらの制度と，戦後まもなく整備された生活保護制度とは連続的に理解される。国民皆保険制度の適用能力が拡大するとしたら，生活保護制度（適用範囲や支給規模）は縮小され，国民皆保険制度の適用能力が縮小されるとしたら，生活保護制度は大きくなる。前者から後者の移行に伴い，開示される個人的情報量が増加し，ニーズの測定方法と公正基準が変化するものの，合わせて基本的な所得と富の所有を社会的に保障する役目を負っていた。だが，実際には，両者の間には政策的，認識的な厳しい断絶が設けられ，その断絶はいまも埋まっていない。それはなぜだろうか。

　歴史的には，国民皆保険制度の主旨に照らして設けられた無拠出制年金制度が，生活保護制度とのつなぎとして機能した。日本の国民年金法（1959年制定）の中で無拠出で運営されていた「福祉年金」制度には，障害福祉年金，母子福祉年金，老人福祉年金などがある。1986年法改正によって障害福祉年金は障害基礎年金に，母子福祉年金は遺族基礎年金に切り替えられ，老人福祉年金は廃止された。例えば，1942年ILO勧告は，この無拠出性年金制度を次の理由で高く評価している。すなわち，「申請者の品位を保護し，各人と家族の状況を評価する客観的な判断基準を定め，そして給付の支給に責任を有する当局の専断的な決定に対して，異議申立てを訴えることを申請者に認める」[30]。このILO勧告の解説を記した高橋武も，日本の国民年金法（1959年制定）で定められた無拠出「福祉年金」制度（障害福祉年金，母子福祉年金，老人福祉年金）を，ミーン

---

[29]　保険制度・国家扶助・責任保険付の不法行為制度などを，潜在的被害者・加害者集団と結びつける枠組みについては，加藤（1989：3）の構図を参照のこと。

[30]　より厳密には，ILO勧告に収録されたオズワルド・スタインの見解。スタイン（1941＝1972：147）。無拠出制に関して平田富太郎（1983：121f）参照のこと。

ズ・テストを課す生活保護制度との比較で,「インカム・テストを要件にして,所得が一定限度を上まわらない限り,すべての者に等しく支給される」点を高く評価している（高橋,1972：175）[31]。

　冒頭で述べたように,日本の生活保護制度は,「福祉的自由への権利」という規範性が明確であり,国民皆保険制度とともに,日本を世界でも有数の福祉国家にならしめている。不利益変更の禁止,不服申立ての権利（生活保護法第56条）とともに,受給要件の〈無条件性〉と給付水準の〈十分性〉が保障されている。だが,それを支える政治哲学はさほど明らかではなかった。日本の生活保護制度は,4つの規範的観点（参加の平等,民主的配分,個人的価値の尊重,非人格的相互性）に手続き的（正義の）観点を加え,さらに市民的自由の保証と政治的自由の実質的保障,そして民主的平等（必要を根拠とする分配原理など）をもって構成されたロールズの「財産所有民主主義」システムにかなり近づいている,というのが本章の暫定的な結論である。はたしてその構造は,他の社会保障制度と連続的なのか,断続するのか,章を改めて考察したい。

---

[31] 高橋は,そのモデルを1891年にデンマークで成立した無拠出年金制度に求めている。だが,ILO勧告書によればデンマークの制度には資力調査があった。ただし,高橋が的確に要約しているように,ILO勧告書の要点は「社会扶助は救貧から社会保険への前進であり,他方,社会保険は私的保険から社会扶助の方向への進展である」（ILO, Approaches to Social Security, An International Survey, Studies and Reports, Series M〔Social Insurance〕, No. 18, 104.）という見解にあり,デンマークの制度に関しても,同様の見通しをもっていた可能性がある。

第5章
市場の論理と福祉制度

1 経済体制と規範理論

　近年,経済学で経済体制を論ずる機会がめっきり少なくなった。1995年に書かれたフィリップ・ヴァン・パリースの『ベーシックインカムの哲学——すべての人にリアルな自由を』(原文の副題は「資本主義に,もしまずいところがあるとしたらそれはどこなのか」)を訳し終えたとき,そう感じた。科学としての経済学の使命は,「論ずる」ことではなく,「分析する」ことにある。そうだとしても,そのことは,経済学理論の射程をもって経済体制の望ましさを「規範的に」分析することの必要性を減ずるものではないはずである。

　1989年のベルリンの壁崩壊以来,市場経済の優位性が誰の目にも明らかだから,ということも理由になるまい。市場経済をとる多くの国には,考察すべき本質的な諸問題が残されており,それらを正面きって論ずるためには,経済体制の規範的分析が不可欠だからである。経済体制の実証的な分析を目的とする研究の1つに,新制度学派の比較制度分析がある。それは,制度を所与とする個々人の選択や行動が,集合的にもたらす帰結の実証科学的な分析を通して,異なる代替的な制度の性能を比較検討する手法である。制度は一定の理念や目的をもってつくられる。だが,それが,実際にどんな機能を果たしうるかは,現実のさまざまな経済主体の行動に依存して異なりうる。経済主体の行動を内生化する比較制度分析は,抽象的な理念や目的を越えて,制度の操作的な機能を解明するうえできわめて有効な手法であるといえるだろう。

　だが,たとえ制度の実証的な分析を目的とするとしても,そもそもどういっ

---
(1) R. コース,D. ノース,O. ウィリアムソンに始まる。青木・奥野 (1996) など参照のこと。

た問題を設定するのか、どの角度から制度を眺め、分析にあたって諸個人の集合的な評価・判断に関してどのような想定をするのかといった事柄に関しては、規範的視点を導入せざるを得ない。その意味では、S. ヴェブレン、J. コモンズ、G. ミュルダール、W. ミッチェル、J. ガルブレイスらに代表される旧制度学派の方が、経済体制への問題意識は鮮明だった。分析者自身をも含めて、人間の思考や行動様式に関する制度負荷性の問題を真剣に取り上げ、経済学という学問の制度化プロセスそれ自体の反省的分析に向かったからである。[2]計画経済論争に直接、関与したO. ランゲやL. フォン・ミーゼズ、F. ハイエクらに限らず、戦後の経済学者の多くは、市場経済への政府の関与の割合といった議論を越えて、理論の根底に経済体制への関心を置いていた（ホジソン〔1988 = 1997〕参照のこと）。

　本章の目的は、資本主義市場経済制度を総体として論ずることにはない。あくまで、福祉政策の視点から、市場の論理と倫理の特性を再検討すること、さらに、それを通じて福祉の論理と倫理の特性を陰画的に浮き彫りにすることに限られる。だが、その射程は経済体制の議論とも通底する。資源分配の方法と社会的意思決定の方法は、既存の私的所有・公的所有の根幹をゆるがしかねないからである。第Ⅰ部で述べてきたことは、「福祉（well-being）」は——それが、正義やケアや、権利や共同性と適切に結ばれるとしたら——、資源（所得や資産、財など）再分配のあり方やその根拠に関して、市場とは異なる視角を提供する点であった。おそらく、それは「政府」——それが権力と支配に基づく統治機構を意味する限り——とも異なる視角を与えるであろう。先述したように、本書で用いる「公的」とは、「公共」の意であり、その要諦は、人々自身の規範的な評価形成にある。

　はじめに、福祉の企図をもって採用されている現代日本の所得政策をつうじ

---

[2] 日本では、例えば1970年代初期に、「公害が資本主義体制のもとで起きるとしても、それは資本主義体制だけに固有のものではない」（塩野谷、1973：228）とし、体制概念から出発して公害問題を論ずるのではなく、公害概念から出発して体制問題を考えたい」（同上）と主張した塩野谷祐一に、その流れを見て取ることができる。また鈴村（1984）において、その問題意識はより鮮明に顕れる。同著の冒頭では社会的選択理論と「経済論争」との関連づけが図られている。さらに、センはアローの「一般可能性定理」が大不況への関心から生まれたことを指摘している（Sen, 2002a: 343）。青木・奥野（1996）も参照される。

て，市場と福祉の重なりとずれを探る。そもそも市場は個々人の福祉の実現に寄与するはずのものだった。はたしてその射程はどこまでとどくものなのか。

2　所得政策と福祉政策

　賃金，利潤等の所得調整を目的とする所得政策は，福祉の実現を直接，目的とする福祉政策とは異なり，特定の産業への補助金や税制優遇措置などマクロ的な経済政策の一環で語られることが多い。(3)だが，成熟した市場をもつ資本主義社会においては，所得政策は福祉政策としても重要な役割を果たす。例えば，公的責任で低所得者に「健康的に住むこと」を保障しようとした場合には，次の3つの方法が考えられる。

① 品位ある質を備えた公営住宅等を建てて低所得者に低家賃で提供する。
② 民間アパート経営者が低所得者に貸し出した場合は税制優遇措置等をとる。
③ 所与の住宅市場のもとで，低所得者に対して直接，家賃補助として現金を給付する。

　このうち，①と②は，住宅市場に対して政府が直接介入することを意味する。「市場の中立性」，すなわち，政府は特定の種類の産業や事業，財やサービス，経済主体を偏重すべきではないという立場からは，これらの施策は敬遠される。(4)市場の中立性の立場から推奨されるのは，③の目的限定的な所得政策である。それは，後述するように，何をどのくらい購入するかに関する消費者の決定力を重んずる「消費者主権」の立場からも好まれる。
　同様の理由で，例えば子どもの養育を目的とする政策を実行するにあたっても，もっぱら現金給付を通じて行うとしたら，市場の中立性は高まり，消費者

---

(3) 例えば，八田（2009）は，集団再分配と呼び，その非効率性を的確に指摘している。弱者保護という名のもとに既得権保護がなされている。
(4) 八田（2009）は，低所得者が家賃を滞納する危険度が高いとしたら，そのリスクプレミアムの分を家賃補助する政策をすすめている。アメリカの住宅バウチャー制度が例に挙げられる。

主権の観点からも評価されるかもしれない。付記すれば，この例において，市場は，ライフ・ステージのある時点，ある環境における本人の選好（家族等他者の利益や選好への関心を含む）と予算制約に基づいて，給付された現金が用途（健康的に住むこと，子どもの養育）以外に振り替えることを許容する。

　だが，そのことは，福祉サービスの供給内容（品質・価格・数量など）や実効性，さらには，それらのサービスの利用を通じた福祉の実現に政府は関与しないこと，むしろ，それらの決定を自由な競争市場，すなわち，当該サービスの需給，当該サービス以外の財・サービスの需給，さらには，当該サービスの受給者本人に委ねることを意味する。だが，はたして，それでよいのだろうか。以下では，所得政策と福祉政策を支える論理と倫理をとらえる。分析にあたっては，第4章と同様の方法，すなわち，各々のより本質的な特性を抽出したうえで，そのヴァリエーションとして現実の政策を理解する方法を採用する。

　はじめに，所得政策と福祉政策をともに，公的責任で実施され，いま，ここで発生している必要（ニーズ）を要件とし，便益に対応する拠出（負担）を要求せずに，資源を提供する仕組みとして定義しよう。この定義のもとでは，所得政策と福祉政策は，①「現金給付」か「現物給付」か，②あらゆる個人を対象とする「普遍的給付」か，特定の属性（カテゴリー）をもった個人を対象とする「属性（カテゴリー）別給付」かという2つの基準を用いて，次のように性格づけされる。まず，福祉政策は「現物給付」かつ「属性（カテゴリー）別給付」として，すなわち，児童・障害者・高齢者・母子といった特定の属性が特別に需要する財・サービス（現物）を必要性のあるすべての個人に対して公的に給付するものとして特徴づけられる。それに対して，所得政策は「現金給付」かつ「普遍的給付」として，すなわち，すべての人が需要する現金を必要性のあるすべての個人に対して給付するものとして特徴づけられる。

　前者の代表例は，保育サービス，障害者サービスや高齢者サービスである。具体的には，施設サービスや在宅サービス，さらには両者の中間に位置するさまざまな形態をとる。後者の代表例としては，ここでいう"現金"概念に将来，市場で換金可能な資産を含めるとしたら，すべての人の最低生活の保障を目的とする各国の公的扶助（生活保護）政策があげられる。より普遍的な所得政策として，近年，注目されているものがベーシックインカム（basic income）構想である。ただし，次章で見るように，最低生活保障という目的及び機能におい

て両者は変わらない。前者は，実際には，最低生活に満たない個人のみに現金が支給されるが，それは，他方で納税の義務があるために，最低生活を越える個人は純支給額（現金給付 − 税の拠出）が負になるためと解釈される。換言すれば，公的扶助あるいはベーシックインカムは，すべての人に共通に必要な所得であり，それを下回る場合は支給され，それを上回る場合は課税を免除することが義務づけられたものとして解釈される。

　この所得税との連動性をより明確化したものに，課税を通じた所得政策（所得控除・課税控除）がある。例えば，近年，アメリカで注目されている稼得所得税額控除（Earned Income Tax Credit: EITC）——稼得所得が一定額未満である場合には，定率（率は稼得所得区間ごとに異なる）給付をなす——はそれに近似する。ただし，次章で詳述するように，EITC も含め現行の税額控除の多くは，稼得所得がゼロである場合には支給されないため，「普遍的給付」とはいいがたい。

　これらの福祉政策・所得政策の典型例に対して，次のようなヴァリエーションが存在する。「現物給付」かつ「普遍的給付」の代表は，公的責任において財・サービスを提供し，すべての個人の普遍的な便益と利用可能性を図る「公共サービス」（警察・防衛・救急医療・公営住宅など）である。福祉政策で提供される財・サービスは「私的財」（便益を受ける個人を特定化できる財）であるのに対し，公共サービスで提供されるものは「公共財」（便益を受ける個人の特定化が困難である財）であるという相違はあるものの，提供する財・サービス（現物）の品質・価格・数量を市場にまかせずに，公的責任で決定するという点では福祉政策と公共サービスは共通の性格をもつ。また，便益に応じた支払いといった応益負担の原則をとらない（公共財の場合は，財の性質上，応益負担がとれないのに対し，福祉政策は規範的判断としてとらないという相違はあるものの）点でも両者は共通する。必要な人々は，負担能力にかかわらず，誰でも利用できる一方で，負担能力の高い人は，累進的な租税システムなどを通じて，本人はさほど利用しないとしてもより多くの費用負担をなすことになる。

　次に，「現金給付」かつ「属性（カテゴリー）別給付」の代表例として，公的責任において現金を提供するものの，特定の理由をもつ（例えば，児童・障害者・高齢者・母子といった属性をもつあるいは特定の疾患にある）人々に利用を限定する諸社会手当や給付金がある。例えば，障害児福祉手当・特別障害者手当・児童扶養手当・難病手当などである。ホームレス家賃補助などもここに分類される。

さらに，被爆者特別手当や犯罪被害者等給付金のように，不法行為の被害者が抱える「いま，ここで発生している必要」を現金で補償する仕組みも存在する。これらは，最低生活保障とは異なり，それぞれの理由に応じて支給されることになる。支給方法は通常，定額であるが，低所得という条件が加味されると所得制限がつき，かつ，所得に応じた定率減額の方法が採用される。例えば，2002（平成14）年より児童扶養手当法が改正され，所得に応じて一定率で減額されるようになった。次章で詳述するように，この方法は所得制限をつけつつ，支給停止前後の事前収入と事後収入に関する順位逆転の禁止という公正性基準を満たす。

以上，「現金給付」か「現物給付」か，あるいは「普遍的給付」か「属性別給付」かという2つの基準を立てたうえで，所得政策と福祉政策の典型とヴァリエーションを分析した。公共サービスと福祉サービスとの，また，公的扶助（ベーシックインカムを含む）と諸社会手当との連続性が明らかになった。2点，注記したい。

第1に，例えば，2012年に法改正がなされた「児童手当」は，児童に対して，児童であることのみを理由として，（児童本人には支払い能力がないので当然ながら）無拠出で，あらゆる自然的・社会的偶然からは独立に，すなわち，出生した場所や環境，時期などの客観的境遇，あるいは，産みの親・育ての親等の意思や選好等から独立に支給される（実際には児童を養育するあらゆる家庭・施設に対して支給される）。現在は，その理念に基づき定額給付（「児童」の定義に関わる年齢に応じた差異はあるものの）が基本とされている。実際には，上限が設けられているが，平均所得を大きく上回るうえに，上限以上でも一部額が「特例給付」されるため，普遍的給付といってよい。「児童」はカテゴリーではあるものの，誰もが児童の時期を経るという意味でも，普遍性は高い。[5]

第2に，上述したように，公的扶助はベーシックインカムなどと同様に，すべての人が共通に必要とする所得，という普遍性に基づく政策であるが，実際には，純受給額が正である人々は，「困窮者」という1つのカテゴリーとして認識されることがある。例えば，「福祉六法」という言葉が示すように，日本の生活保護は，しばしば福祉政策の1つに分類される。現金給付が中心ではあ

---

[5] 近年，エスピン＝アンデルセンは，人の児童期における平等を実質的に保障する政策を提案している（エスピン＝アンデルセン，2011）。

るものの，その用途としては，衣食・住居・教育など生活扶助費相当「現物」があらかじめ想定されていること，また，フロー所得との連続性を見えにくくする資産調査（means test）の運用方法，さらには，純受給額が正である期間が長期である場合を問題視する見方などの要因が融合している。

　例えば，アメリカ合衆国では，より明確に，公的扶助は福祉政策の下位カテゴリーとされている。現金給付は，要扶養児童のいる世帯，あるいは障害者・高齢者世帯，低所得世帯などに限られる。その一方で，属性から独立に，すべての個人を対象とする普遍的公的扶助は，食料や医療サービスなどの現物給付に限定される。その場合には，より意味のある区分は，保険料拠出を要する（社会年金保険・雇用保険など）社会保障と拠出を要しない福祉政策という区分である。興味深い例外は，稼得所得が一定額未満である労働者に支給される上述の稼得所得税額控除（EITC）である。所得税との連動がはじめから明確である政策（したがって，通常，財務省の管轄である）は，拠出を要せず，低所得労働者の福祉（well-being）を支える政策である点では福祉政策と共通するにもかかわらず，人々の意識のうえでは，従来の福祉政策のカテゴリーから外れている。

3　市場を補完する所得政策

　前節では，「公的責任」，「必要性」，「無拠出」という3つの点を要件とする定義のもとで，所得政策と福祉政策を対比してきた。以下では，その定義を越えて，市場制度を補完する役目をもった所得政策をより広く概観する。

　はじめに，先の定義から「いま，ここで発生している必要性」の要件を外そう。現金の需要に関する必要性なので，これは即，低所得という条件を外すことを意味する。そのうえで，新たに，「拠出」を条件として課そう。ただし，拠出と受給との対応関係は私的保険よりも緩やかなものとし，保険料の事業主負担や一部国庫負担を許容するものとする。このとき，現行の雇用保険や公的年金保険，さらに公的健康保険における傷病手当などが，所得政策の代表例として挙げられる。また，拠出と給付の対応関係の緩め方や事業主・国庫負担率の定め方に応じて，次のようなヴァリエーションが存在する。例えば，労働者災害補償保険は，事業規模や雇用形態にかかわらず，全額事業主負担とされる。また，障害年金保険は，障害を原因とする所得の減少や消費の増加を補塡する

目的でつくられたものであるが，20歳に達する前に障害を負った場合は，無拠出で障害基礎年金の受給が可能となる。

さらに，再度，「必要性」要件を課す一方で，「拠出」要件を要求せずに，しかも，「給付」ではなく，「低利子による貸付」を行う代表例としては，「生活福祉資金貸付制度」が挙げられる（前身は1955〔昭和30〕年に創設された「世帯更生資金貸付制度」）。これは，すべての人に必要な所得を保障する「普遍的給付」のヴァリエーションであるが，起業するための実質的機会の保障の意味をもつ。さらに，アメリカで隆盛している低所得者向け個人口座がそうであるように，積極的に金融市場に組み入れる動きとも連動する。

また，これらとは異なって，資源の移転を伴わない所得政策（禁止規定）として最低賃金政策がある。資本主義体制では，賃金の定め方に関する企業の自主性が基本的に尊重される。だが，自由な競争市場のもとでは，きわめて低い賃金率が均衡状態として実現してしまうことがある。最低賃金政策は，被雇用者の最低生活保障の観点から労働市場に介入し，賃金率の定め方を規制する。

以上，福祉政策と所得政策の補完関係を見てきた。近年では，いわばサービス（現物）のパッケージを提供する施設福祉から在宅あるいは地域における福祉へと政策上の比重が移るにつれて，市場を通じた福祉サービスの購入可能性を広げる現金支給の比重が高まっている。公的責任で現物（財・サービス）を提供する最大の理由は，財・サービスの品質に関して利用者が入手し得る情報に制約がある点に求められる。悪品質である財・サービスは利用者の身体や精神に重大かつ不可逆的な被害をもたらすおそれがあるため，品質保証をなす責任主体が不可欠とされる。それに対して，公的責任で現金を提供する最大の理由は，あらかじめ用意された現物（財・サービス）では個人の需要・必要の個別性・特殊性を的確にとらえきれないおそれがあるためである。選択の自由，匿名性，対等性などの観点から市場のもつ特性があわせて評価される。本章の後半では，個人の福祉（well-being）の実現の観点から，市場の論理と倫理の再検討を行いたい。

4 アダム・スミス「見えざる手」の再解釈

18世紀の後半，『国富論』の中で，アダム・スミスはこう書いた。「水ほど有

用なものはないが，……水と交換に手に入れられるものはほとんどない。逆に，ダイアモンドはほとんど何の使用価値ももたないが，しばしばそれと交換に他のものをきわめて多量に手に入れることができる」。市場で定まる「もの」の価値（交換価値）は，ものを利用する人にとっての価値（使用価値）とはかならずしも一致しない。スミスが，その理由を探究するプロセスで，労働を通じた社会関係に注目し，「見えざる手」に裏づけられた分業論を導出したこと，もっぱら「自分自身の利益」を追求する生産者個々人が「見えない手に導かれて，彼の意図のなかにまったくなかった目的［公共の利益］を推進するようになる」と主張したことはよく知られている。ここでは，この背後で前提とされている哲学と倫理に注目したい。

　スミスによれば，生産者は，自己の手元にある素材を変換して「生産物ができるかぎり大きな価値をもつように」労働を方向づける特性をもつという。しかも，生産物の価値を評価する際の視点は（生産物の販売を通じて得られる利益ではなく），生産物を実際に使う利用者におかれるという。つまり，生産者は，素材そのものへの責任と利用者に対する責任の観点から生産物の価値を高めるように生産するという倫理的な動機をもつことになる。その一方で，消費者は，例えば「一家の慎慮ある主人」という言葉で表現されるように，生産物の価値（有用性）を慎慮的に判断し，自分たちによりよい価値をもたらすものを購入しようという倫理的な動機をもつ。ここに隠されている哲学的前提は，生産物の価値評価を介して，利用者と生産者との間に生まれる責任意識と相互性，すなわち，生産物の価値をよりよく評価するための学習，知識や情報の伝達，共有，創出可能性である。

　スミスが貿易に関して国内産業の保護に反対した背後にも，国内産業（スコットランドの中のそれぞれの地域）における，このような生産者，消費者それぞれの動機に含まれた責任意識への信頼，そして生産者と消費者の間に存在する相互性への信頼があった。要約すれば，スミスの「国富」概念の要をなすものは，

---

(6) スミス（1776＝2003〔2巻〕：302-305）。
(7) 同様の倫理的前提はマーシャルの「企業家（undertaker）」の観念にも見られる。次の引用を参照のこと。「産業と企業の自由は，その作用の及ぶかぎり，すべての人が自らの労働と資本を最善に利用できる仕事を探すように導く傾向がある」（マーシャル，1920＝1985/1997：245）。

もっぱら自己利益の追求に基づく生産者の労働ではなく，自らの労働と資本，ならびに生産物の価値をよりよく利用し，評価しようという動機をもった生産者の倫理とそれに呼応した消費者の慎慮であったといえるだろう。もちろん，生産者は利用者の福祉に，あるいは，利用者は生産者の労働に直接関心を寄せるわけではない。あくまで，生産物を介して，より正確には，生産物に対する利用者の評価を通して関心をもつにとどまる。ただし，とはいえ，例えば，生産者は，生産物に対する利用者自身の評価が，本人の福祉から離れていわば暴走してしまう事態に，結果的に歯止めをなす可能性はある。生産者は，生産に際して，すでに共有された一定の知識や情報をもとに，互いの評価の観点を再評価する視点をもちうるからである。

　このような議論を，スミスが，『国富論』の17年前に執筆された，『道徳情操論』に結びつけて全面的に展開するとしたら，市場のみならず，市場を補完する福祉制度が構想されたかもしれない。本書第13章で紹介するように，『道徳情操論』の中核に据えられる「不偏的観察者」の視点は——共感や人間愛，あるいは適宜性，正義，公共性などの道徳を手掛かりとしつつ——市場では需要として表出しにくい（例えばごく一部の人にとってのみ切実に必要な）生産物の使用価値，あるいは，市場では評価されにくい生産物の労働の価値にも関心を向け，その情報を広く共有することを可能とするからである。だが，残念ながら，その仕事はスミス自身においてはなされず，スミス以降の経済学も，もっぱら「見えざる手」の神秘に魅せられていく。

　例えば，新古典派経済学は，「限界効用」の概念，すなわち，生産物のわずかな増加が人にもたらす効用という概念を用いることによって，スミスが難問とした価値と価格に関する統一的な説明を可能とする。例えば，多くの人にすでに十分に享受されている水の限界効用は，ダイアモンドのそれに比べてはるかに低いので，ずっと安い価格で売買されうる。同じ水であっても，例えば人気上昇中のブランド水のように限界効用が高ければ，価格は上昇しうる，と。

　この新古典派経済学で説明された価格形成メカニズムに，自由な競争市場制度の「中立性」と「平等性」を見出す人は少なくない。価値観が多様化している現代社会においては，「利用者にとって」の生産物の価値をとらえることは容易ではない。市場の外では，下手をすると，特定の企業と結びついた政治的権力の偏好が，「もの自体の価値」になりすますおそれがある。市場価格は，

ものの価値を測るベストな方法ではないとしても，単独な主体の恣意的判断で操作され，強制された価格に比べて「より平等」だという感覚は，少なからず人々に深く共有されている。

かつて経済学の教科書にも登場した「消費者主権 (consumer's sovereignty)」（貨幣による投票）の語は，この感覚を端的に表している。フリードリッヒ・ハイエクによれば，この語は「資源配分が，私的情報の持ち主である消費者の分権的意思決定に基礎づけられるべきこと」を意味する[8]。これは，所与の価格と予算制約のもとで最終的に何を買うかは消費者自身が決定できる点で，市場制度は望ましいという規範的判断をもたらす。さらに，資源配分の究極的な支配力は消費者選好にあるのだから，市場制度を所与として，大勢の人々の集合的な意思を変革すれば，ものの価格や販売量をより適正に変化させることができるはずだといった市民運動論を喚起する。

5 匿名性・効率性・衡平性，そして市民的自由

しかも市場には次のような特性がある。市場においては，誰であろうとも一定の貨幣を支払う限り，同一の財やサービスを入手できる。一定の量の貨幣がその持ち主の名前によって，違った意味や効果をもたらすことはない。例えば，出身や性別，性格，身体的・精神的特徴などの相違によって，ある個人は月々6万円の家賃と引き換えに民間アパートを借りることができるのに，別の個人は同額の家賃を確実に支払うとしても借りることができないという事態は，純粋に自由な競争市場では起こり得ない。貨幣は，個々人の出身や性別，性格，身体的・精神的特徴などの相違を覆い隠すヴェールの役割をする。「競争市場は差別の影響をなくす」というゲーリー・ベッカー (1957/1971) の指摘を待つまでもなく，純粋に自由な競争市場は，貨幣のヴェールを媒介として，匿名性・中立性を確保する。貨幣以外の（より正確には，市場的交換に必要な情報以外の）情報をもとに，個々人が識別されたり差別的に扱われたりすることはない。

自由な競争市場制度を評価する議論の多くは，また，私的所有権に基づく競

---

[8] 「消費者主権」の語は1934年，W・H・ハット (Hutt, 1934：1940) によってはじめて使用された。以上の記述に関しては，塩野谷 (1973：118-119) 参照のこと。また合理性の仮定を緩めた定式化に関して，Sugden (2004) 参照のこと。

争均衡が，結果的に「パレート効率性」を満たすことに依拠している。「パレート効率性」とは，他のいかなる個人の状態をも悪化させることなく，ある個人の状態を改善することは不可能であるような資源配分状態をさす。それは，個々の経済主体の資源の使い方ではなく，1つの社会において移転可能な総資源の配分方法に関する分配的正義の基準の1つである。競争均衡では，すべての個人は，初期賦与その他の制約条件を所与として，自己の効用を最大化する点を選択していると想定されるので，すでに実現している競争均衡から出発して，ある個人の効用を高める資源配分は他の個人の効用を悪化させる，その意味で競争均衡は，パレート効率的である。ただし，注記すれば，パレート効率性基準は，パレート効率的な点とパレート非効率的な点を二分して，前者に属する任意の点は後者に属するどの点よりも望ましいといった判断を下すわけではない。例えば，ある私的所有から出発するパレート効率的競争均衡結果よりも，別の私的所有から出発したパレート非効率的平等分配の方が，より正義に適っているという判断は，パレート効率性基準と両立しうる。

　自由な競争市場で成立する均衡は，さらに，衡平性（equity）の観点からも評価されることがある。例えば，生産市場においては，個々人の投入した資源の限界生産性（1単位の労働が産み出す生産量）と産出された財やサービスの価格との積（限界生産性×産出物価格）が，資源を投入した個々人の報酬率（賃金率）とされる。ここでは，個々人の貢献（あるいは負担）と報酬（あるいは便益）が個人別に釣り合っている。換言すれば，個々人の貢献に応じて報酬（裏返せば，便益に応じた負担）が割り当てられている点で，衡平性を満たすと評価される。この論理は，不確実性のある状況へと拡張することができる。例えば，火災にあうリスクとそのときの損失評価が等しい個々人の間では，同一の保険料（負担）と同一の期待便益（リスクの発生確率×損害）をもった保険が成立する。

　以上に述べた権力の不在，貨幣を媒介とした匿名性と中立性，（パレート）効率性，そして貢献と報酬に関する個人別衡平性は，自由な競争市場的分配の論理がもつ特性として，広く一般的に評価されてきた。このような特性をもつ市場的分配の根底には，さらに，次のような倫理がある。個々の経済主体は，私的所有（あるいは使用）権をもつ資源をもとに，所与の環境的制約のもとで，各自の目的や選好に基づいて私的利益を最大化する行動を妨げられてはならない。この倫理は，市民的自由（良心の自由，思想・信条の自由，身体・精神の自由，一定の

私的財産保有の自由など）の平等な保障，すなわち，市民的自由に対する権利の尊重の考え方ときわめて親和的である。歴史的事実としては，純粋な競争市場制度が十分に機能するためには，市民的自由に対する権利の確立が必要であり，純粋な競争市場制度の発展は市民的自由に対する個人の権利の確立を促進したといえるだろう。

6　市場の失敗と政府の失敗

さて，競争市場にわれわれが見出すこれらの利点を踏まえたうえで，つづいて，その射程の限界と可能性を確認しよう。通常，「市場の失敗」（市場の機能不全）と呼ばれるのは，市場の価格メカニズムを通じてパレート効率性や個人別衡平性を達成することは難しい場合，あるいは，市場均衡でもたらされる帰結が望ましくないと判断される場合である。その場合には，一定の望ましさの基準を満たす資源の社会的配分が政府の責任で実行されるが，批判も多い。既得権益をもった特定組織への偏向，効率化インセンティブの欠如など，政治権力による介入は，多元的な目的と複数の基準をバランスづけている経済原理を一蹴するおそれがあるからである。

社会保障や福祉制度もまた，この「政府の失敗」の延長で批判されることが多い。「誰もが利用でき」，「すべての人が共通に利益を得る」仕組みは，上述の市場的な観点からすれば，個々人の私的所有権の割り当てや便益負担関係を不透明にする再分配政策以外の何ものでもないからである。それらは，また，市場競争均衡に介入する政府の権力を肥大化させ，価格の操作を通じて特定の財やサービスに対する潜在的な需要――例えば，価格引下げにより，競争均衡点での需要量を上回る需要を誘発する――を増加させることによって，特定の財やサービスを扱う集団――病院や製薬会社，福祉機器製造業など――を既得権益化するおそれがあるという批判を招いた。近年，勢いを増している福祉の民営化の議論も，政府という権力による価格の恣意的な操作，既得権益をもった特定集団への偏重，私的所有権の不在のもとでの資源の浪費，個々人の負担と便益との関係を不透明にしたまま強制される再分配政策などへの批判が，その原動力となっている。このような批判の特徴は，上述した純粋な競争市場制度がもつ利点――権力の不在，貨幣を媒介とした匿名性と中立性，パレート効

率性、そして貢献と報酬に関する個人別衡平性――、及び、その基底にある論理を規範的に受容したうえで、国家の主導により市場制度を貫徹させようとする点にある。

だが、第Ⅰ部で見たように、福祉には、市場制度を越える視野がある。特定の人々の自由や権利への侵害に抗する論理を内包するものである。さらには、歴史的不正義に抗する論理、あるいは、生来の身体的・精神的差異がそのまま社会的・経済的不平等へ拡大していくことに抗する論理を内包するものである。もしも、そのような論理が社会保障・福祉政策の核心であるとしたら、それらを再度、市場の論理に還元することは意味をなさない。それゆえ、市場の論理から離れつつも、「政府の失敗」に陥らないための方法を模索する必要がある。次には、その方途を探りたい。

7　不釣り合いを支える規範と労働インセンティブ

例えば、離島に暮らす高齢の女性をサービス事業所の職員が訪ねて行くとしよう。その人は耳が遠いために、1つの契約を成立させるためには、普通の人の何倍もの時間をかけて説明をしなければならない。はたして、その人たちへのサービスを担うことが、民間企業にできるだろうか。いま、その人が裕福であるとする。彼女は、十時間のサービスを通常の人の十倍の費用を支払って買うことを申し出る。これなら十分に採算が合うので、民間企業がサービスを担うことができる。その人も、対価を払っているので、気兼ねなく職員に聞き返すことができる。これは、個々人の支払い意思（willingness to pay）に着目した価格の差別化であり、前述した便益と負担の個人別衡平性に基づく問題解決策の1つである。

世の中には、桁外れに高い価格の財を購入する人がいる。それがダイアモンドや新型の高級車である場合、その動機は本人の嗜好にあり、行動は所与の予算制約のもとでの自由な選択行動――あるものを購入するために、ほかのものを買い控える――であるとみなされる。先述した「消費者主権」の語が端的に表すように、個人の購買行動に社会が介入することは許されない代わりに、社会が援助することもない。だが、それがある人が生活していくうえで不可欠な薬品であるとしたら、どうだろうか。たとえどんなに所得が低下しようとも、

ほかの財との引き換えに買い控えることはできない。むしろ、最低限の食費や学業費用を節約しても、薬品の購入にあてようとするかもしれない。この場合、薬品の購入を本人の自由な選択行動の問題として扱うことは適切だろうか。上例の離島に住む1人暮らしの高齢の女性にとって、職員との時折のコミュニケーションが、他の必需費目との代替で買い控えることのできない重要なサービスであるものの、彼女はほとんど稼得手段をもたないとしたら、本人の支払い意思（willingness to pay）をもとに個人別衡平性原理を適用することが適切だといえるだろうか。

　もちろん、これらの問いかけに対して、すべてノーと答えるとしても、代替的な分配原理に関して簡単に合意が形成できるわけではない。保障すべき事柄が複数である場合には、それらを適正にバランスづける方法自体を討議し、決定していく場が求められる。だが、それ以上に困難な問題は、人々による参加をもとに制度を実際に動かしていくことであろう。通常、社会を構成する経済主体は受動的存在ではない。市民的・政治的諸自由への権利が保障されている限り、結果的に、どの程度、社会的配分の意図が達成されるかは、それを所与とする無数の経済主体の選択と行動に依存する。そして、個々の経済主体の選択と行動は、制度政策の変容に依存して変化する。

　これより資源の社会的配分にあたっては、個々人の個人的選択行動の集合的帰結を予測しながら、導入しようとする制度政策の妥当性をたえず修正する必要性がでてくる。だが、そのような作業が容易でないことは想像に難くない。経済学者たちが懸念するように、これらの制度は、次のような問題を伴うおそれがあるからである。例えば、負担を伴うことなく便益が得られるとしたら、人々は費用削減のための自助努力を怠るおそれがあるだろう、あるいは、便益が自分に帰着する保証がないとしたら、就労を通して財源に貢献する意欲を喪失するおそれがあるだろう、といった問題である。市民的自由への権利を前提としたうえで、私的利益の最大化を個人の行動動機として仮定する限り、このようなおそれは否定できない（就労・労働インセンティブ問題）。

　ただし、おそれを否定できないということは、そのおそれをもとに制度を組み立てるべきことを少しも意味しない。個人がある行動動機をもつ可能性があるということと、本人がその行動動機を規範的に容認することとは別問題だからである。身近な生の文脈で人々がなしている多様な貢献を経済的に評価し直

すことは，本人たちの消費や貯蓄能力を高めるのみならず，所得の移転などの倫理的行為を行う実質的な自由をも高めることになる。その自由は，それまで本人が意識することのなかった種類の責任，例えば，経済的貢献が正しく評価された自分（たち）の，いまだ評価されていない人々に対する責任を想起させるかもしれない。あるいは，その責任を同様に意識した人々との間の相互性（reciprocity）を想起させるかもしれない。このことは個人の公平感に，また，個人の労働意欲に影響を及ぼさずにはいられないであろう。この影響は，個々人の行動の変化を通じて，市場的均衡や社会政策の結果を変容させる可能性がある。つまり，労働インセンティブ問題の様相をがらりと変える可能性がある。以下で簡単に例示しよう。

8　選好の内生的変化と市場

障害者雇用

　営利企業による障害者雇用のケースを考える。営利企業が法定雇用率を越えて障害者雇用を積極的に進めようとするとき，少なくとも短期的には，利潤最大化とは異なる論理を働かせることになる。他の従業員と大きく違わない賃金を支払おうとすれば，限界生産性の相違を無視する必要が出てくるためである。そして，そのことは一時的に利潤の減少を伴うおそれがある。ただし，障害者雇用が，他の従業員たちにとっても有益となる可能性がある。例えば，障害者のために新たな設備や就業ルールが導入されたとしよう。それらは障害をもたない人たちにとっても，例えば，健康状態が不調である場合に活用される可能性がある，あるいは少なくとも，そのようなケースに備えたことのもたらす安心感がある。そればかりではない。障害者のために新たな設備や就業ルールが導入された事実が職場に構造的な変化を与える可能性がある。すなわち，将来，種類の異なる新たな困難事例が発生した場合にも，同様に組織的な対応をとるためのいわば構えがつくられる。それは，新たな困難事例が発生するたびに，それらを切り捨て，あくまで標準範囲に固執する硬直した構えとは逆向きの志向性をもった緩やかな構えである。

　権利や人権の概念はこれらの実践に言葉を与える。例えば，2006年国連で可決された「障害者権利条約」によって，それぞれの職場や学校において，障害

者が学び，働き続けられるように，「考えられる限り，適切な手段を講ずること(「合理的配慮（reasonable accommodation）」)」が定められた。この言葉は，すでに障害者のために少しずつ，新たな設備や就業ルールを設けていた個々の企業を，「合理的配慮」の先駆的存在として認知すること，個々の企業に分散していた技巧や工夫を「合理的配慮」のカテゴリーのもとで共有化していくこと，それらの企業を，障害者雇用に関する知識・技術の提供という公共的役割の担い手として正当に評価することを意味する。これを通じて，それらの企業が，障害者雇用に関して一定の「評判」を得るとしたら，既存の従業者らの役割・責任意識に変化をもたらすとともに，質の高い労働力を新たに引き寄せる可能性がある。また，それらの企業が提供する財やサービスに対する消費者の選好，あるいは，その企業に出資する投資者の選好を改善する可能性がある。これらのことは，障害者雇用による一時的な利潤の減少をくいとめる，あるいは，それが利潤の増加に転ずる可能性をもたらすであろう。

　これは市場の需給メカニズムを所与としつつも，人々自身の選好評価や行動原理が障害者雇用に好意的なものへと変化したために，障害者雇用という福祉の実践が利益の追求という企業の目的と衝突せずに効果をもたらすケースである。市場の論理は，需給バランスの背後にある行動動機を問わずに，結果的な需給行動だけを反映させるという，きわめて機械的な仕組みであるがゆえに，人々の選好評価に依存して福祉と利益の調和的な結果が生ずることをも妨げない，という利点をもつ。このような福祉と利益の調和が期待されるとしたら，企業は，さらに福祉を実践するインセンティブをもつことになるだろう。

市場と福祉のつなひき

　同様の議論が，公共サービスについても成り立つ。経済学でいうところの公共財は，通常，競合性や排除性をもたない財，すなわち，所有権保有者，あるいは費用負担者以外の人の消費を排除することが，事実上困難である財を意味する。各人の便益と負担との対応づけが困難となることから，市場的均衡と比べて，過少負担あるいは過剰消費を引き起こすおそれのあることが問題点として指摘される。近年は，それを受けて，技術進歩の助けを借りながら，排除性・競合性を導入するさまざまな工夫が凝らされ始めている。

　それに対して，福祉政策の観点からは，むしろ，排除性・競合性をもちにく

い財の性質を利用しながら，費用負担がより困難であるものの必要性がより高い人が十分に消費できるように，公共サービスの積極的活用が図られる。例えば，障害者スポーツ施設・点字図書館が，公共サービス設備の「付属設備」として提供されることがある。図書館，スポーツ施設などの，公共サービス施設が真に「公共」であるためには，すなわち，真にどの個人にも保障すべき公共財であるためには，障害等をもつ特定の人々の利用を困難とする「障害」を除去する（つまりバリアフリーとする）必要がある。このような思想が浸透するとしたら，実際には，特定の属性をもつ人々に利用が限定されるサービスであり，受益に応じた費用負担を課すことに技術的には何ら支障がないとしても，「公共財」として扱うことが妥当となる。例えば，村上雅子は，福祉施設サービスが「非（未）利用者の住民」にもたらす間接的便益の大きさに着目し，これらを「非純粋公共財」と呼ぶ。[9]

　ここにおいては，公共サービスは限りなく，福祉サービスに近づく。事実として，ある財が物理的に排除性・競合性をもつかどうかよりも，ある財に排除性・競合性をもたせることの規範的妥当性が問題になってくる。例えば，特定の不利性をもつ人々が必要とする財やサービスを，一般の人々を対象とする公共サービス設備に結びつけていくためのさまざまな工夫が，人々の規範的な理解に依拠してなされることになる。第3章で紹介したように，例えばアメリカ合衆国では，便益の相違を越えた等しい価格づけを通じて，受益の異なる消費者間の資源移転を積極的に引き出すユニバーサルサービスが，政府の援助を受けつつ私企業あるいはそれらの連合によって推進されている。

　ただし，その一方で，これまで公共財とみなされてきたサービスに関して，利用者の居住区域や特性のカテゴリー化を通じて，受益と負担の対応関係を強め，価格を差別化する動きもある。技術的には，福祉サービスを公共サービスに限りなく接近させることも，公共サービスを福祉サービスから大きく引き離すことも可能となった現代，いずれの方向に歩みを進めていくかは，システム全体のバランスづけ方（統治の論理），そして，それらを支える基準と福祉の思想にかかっている。

---

(9) 村上は，さらに，「非純粋公共財」に公費負担することの理由を，マスグレイブの「価値欲求」に基づく「価値財」の考えによって正統化している（村上，1984/1988：184）。

9　福祉の思想

「市場の失敗」という語は，市場の論理を実現するための前提条件（私的所有権，私的選好その他，財やサービスの限界効用に関する情報）がそろわないことから，市場のよき性能が発揮されないことを問題とする。それに対して，本章の関心は，むしろ，「市場の成功」，市場の滞りない運行のもとでもたらされる問題におかれた。本章は，はじめに，市場のよき性能の規範的側面，すなわち市場の倫理を確認した。そこには，リベラリズムの核となる倫理が含まれ，福祉の思想においても近年，その重要性が再認識されている。ただし，それは資源分配の手続き的条件を示すにとどまり，代替的な政策候補に対する完備的な評価はもたらさない。本書が意図したことは，公正性の基準と個々人の判断を理論的にはオープンとしたうえで，規範理論（分析枠組みそれ自体）と情報的基礎の拡大によって個々人の選好，行動動機が変容する可能性を探ることだった。以下ではその背景思想を簡単にスケッチしておこう。

先述したように，ロールズに代表される政治的リベラリズムは，自由尊重主義を含めた異なる包括的な道徳的価値の調整と「公共的推論（public reasoning）」を中心的課題とする。その理論枠組みのもとで，ロールズは具体的に「公正としての正義」と呼ばれる分配的正義の理論をもって，リベラリズムの批判的再構築を試みている。彼の主要な関心は，次の言葉に象徴されるように，天賦の才や属性，運など自然的・社会的偶然性に対する制度的扱いにおかれた。

> 何人も，他の人々の助けにならないかぎり，階級的出自や自然的能力など，深く，しつこい影響力をもち，本人の功績とは無関係な偶然性から便益を受けてはならない（Rawls, 1974b: 246）。

ロールズによれば，天賦の才や属性，運などは，それ自身の内に，自然的な有利性や不利性をはらんでいるものの，その価値は多様であり，その意味は人々の解釈や他者との関係性のありように大きく開かれている。天賦の才や属性，運などを特定の社会的・経済的不平等に結びつけるものは，それらを特定の仕方で扱う人為的社会制度にほかならない。ひとは生まれもって，何か特定

の社会的・経済的報酬に「値する (deserve)」わけではない。

このような洞察のもとに，ロールズは，「所与の制約条件下で，もっとも不遇な人々の期待を最大限に高める」ことを目的とする分配原理を提案した。「格差原理 (the difference principle)」と呼ばれるこの分配原理は，市場的分配の論理はもちろんのこと，社会の総利益，換言すれば，社会の中の「平均的な人々の期待」の最大化をめざす功利主義ともまったく異なる視座を提供する。例えば，近年，福祉国家の新たな政策案として注目されているベーシックインカム構想――すべての人に無条件で一定額の基本所得を支給する――も，このロールズ格差原理を基礎哲学として展開された。

ただし，ロールズ正義論には，「最も不遇な人々」をとらえる具体的な指標が明記されていないという難点があった。それは，リベラリズム特有の「善の中立性」の観念に由来する。すなわち，資源をもとに個々人がどんな利益や善を実現するかは，本人が抱く価値や目的，人生プランに依存する。社会政策は，個々人が抱くかもしれない多様な価値や目的，人生プランに対して，できるだけ中立的であることが望ましい。かくして，ロールズは，「所得」を「最も不遇な人々」の近似的指標とみなすにとどまった。

ただし，このようなロールズの議論は，「所得」では捕捉しきれないものの，社会が配慮すべき理由が明らかであるような価値があるとしたら，そしてある人々にその著しい不足が観察されるとしたら，その価値の充足について社会が配慮することに反対する理由をもたない。このような視角から，第4章では政治的リベラリズムとそれに基づく正義理論をアマルティア・センの潜在能力アプローチに接続することを試みた。個人の所得や消費，効用などに関する情報を越えて，個人が達成している行いや在りよう，さらには個人が達成可能な諸機能の組み合わせの集まりに着目する潜在能力アプローチは，一定範囲で個人間比較可能性をもつために，個々人の置かれている境遇 (advantage) を客観的にとらえるうえで有用である。[10]

ひとの行いや在りように注目する潜在能力アプローチには，ロールズが懸念するように，個人の私的領域や個人的情報への社会的介入を招く危険が伴う。また，特定の行いや在りように注目することを通じて，それらの背後にある特

---

[10] ただし，潜在能力を比較評価する社会的判断は，完備性を満たす必要はない点をセンは強調する。社会政策に必要十分であればよい。Sen (1985a) 他参照のこと。

定の価値や目的に特権的な位置を与えるおそれもある。ただし，次の点は確認されてよい。潜在能力アプローチが注目するひとの行いや在りようは，ある人々にその不足が認められたとしたら，放置しておくことは許されないようなもの，社会的移転を通じてその不足を補うことが要請されるようなものである。このことは，たとえ潜在能力アプローチが適用されたとしても，社会的には関与しない行いや在りようが留保されることを意味するとともに，なぜ，ある行いや在りようのみが特権的に着目されるのか，その理由と意味が常に公共的な精査にさらされる——したがって，理論を隠れ蓑として特権性が無批判に保持されることを困難にする——ことを意味する。[11]

センは自由（freedom）を，「本人が価値をおく理由のある生を生きられること（to live the kind of lives they have reason to value）」と定義する。[12] この定義によれば，自由は，本人の選択が外から妨げられないだけではなく，本人が実際に選択できること，選択するための条件を備えていることをも要件とする。センは，このような自由を，個人が目的を設定し追求する「行為主体的自由（agency freedom）」と区別して，「福祉的自由（well-being freedom）」とも呼ぶ。潜在能力とは，まさに福祉的自由をとらえるための操作的概念である。

この定義のもう１つの特徴は，「理由」という語にある。センは，潜在能力の特定化にあたって，自己にも他者にもその理由をつまびらかにしながら，ある生を価値あるものとして選び取っていく，そしてまた，他者がなぜ，そのような選択をなすのか，その理由を互いに了解し合っていく，そのような公共的推論（public reasoning）に着目する。[13] なぜなら，はたして，どのような諸機能を社会的に保障すべき潜在能力のリストに含めたらよいのか，異なる機能間の相対評価をどうつけたらよいかなどの問題は，理論先験的にではなく，当該社会を構成する人々自身の公共的推論に基づいて決定されるべきだ，と考えるからである。[14] 公共的推論に着目する背後には，客観性の根拠を「公共的思考の枠組み」におく考え方がある。これらの点でロールズとセンは近接する。

個人の潜在能力を実現する「資源」と「資源の利用能力」の内容についても

---

(11) Sen（1999b: 274）など参照のこと。
(12) Sen（1999b: 10）参照のこと。
(13) Sen（1999b: 78-79）参照のこと。
(14) Sen（1985a: 2-4）参照のこと。

同様である。例えば，第4章で例示したように，「資源」には，所得や資産，余暇など個人に所属する資源のほかに，市場の成熟度，無料でアクセス可能な天然資源や公共的な財・サービス，人との関係性や私的能力を活用する場（市場以外の地域や近隣，ローカルな関係性に根ざすもの）などが含められる。また，「資源の利用能力」には，生産や消費に関する能力の他に，熟慮的な判断の基礎となる能力（合理性や理性，共感，正義の感覚など）や習慣，他者の介助などが含められる。だが，実際に，各々の要素をどう特定化し，複数の要素間の関係をどのようにつけるかは，当該社会を構成する人々自身の判断に基づいて決定されることになる。

　「本人が価値をおく理由」は，社会的にも尊重されなくてはならない。また，資源の変換能力に関する本人の特殊性は，福祉政策をつくる際の重要な情報的基礎ともなる。ただし，福祉政策に対する個々人の判断は，自分（たち）の「理由」や「特殊性」だけに配慮したものとは限らない。個々人は，自分（たち）の理由や個別性を社会的情報の1つとして提供しつつ，他の人々の理由や特殊性にも配慮しながら，福祉政策に関する判断を形成していくことが要請される。なぜなら，個々人が自己の福祉を実現するプロセスにおいても，また，本人が自己の福祉を評価するそのプロセスにおいても，他の人々の関与を外すことは事実として不可能だからである。

　公共的推論は，人々が共有する「常識」（common sense）や「標準」（standard）を批判的に精査しながら，異なる境遇にある個々人をより普遍的に配慮するための手助けとなるだろう。このように，互いの理由や特殊性を配慮しあう社会的判断の形成プロセスを内生的に扱おうとする点に，センとロールズの思想的重なりがある。

第6章
公的扶助の財政と就労インセンティブ

1　福祉制度と財政構造

　本章の目的は、戦後日本の福祉国家体制が、普遍的かつ連続的な社会保障・福祉制度の体系化を志向するものであったことを、財政構造を通じて明らかにすることにある。具体的には、生活保護制度を含む日本の所得保障制度の連続性と体系性について、事前収入と事後収入を中心とする給付 - 税スケジュールに焦点を当てて分析する。分析にあたっては、ミルトン・フリードマンらによって提唱された「負の所得税」構想（ベーシックインカム構想を含む）、ならびに、現代アメリカ、フランスの公的扶助改革を参照する。

　分析を通じて明らかにされることは、はじめに、日本の生活保護制度には、所得税制度と接続する論理的に整合的な方法が内包されていること（換言すれば、生活保護制度を含む日本の所得保障制度は全体として負の所得税構想と同様の構造をもつこと）、したがって、日本の生活保護制度は福祉国家の優れた特性である普遍性を損ねるどころか、個人の最低生活水準の保障という普遍的目的を体現する点で、戦後日本の福祉国家体制を完結するに相応しい制度といえることである。[1]

　この結論を踏まえたうえで、本章は、続いて、このように抽出された生活保護制度の論理に対して、アマルティア・センの「基本的潜在能力」の視座から批判的検討を加える。上述の給付 - 税スケジュールは、個人の生をもっぱら貨幣指標に基づく一次元的な「事後所得関数」に圧縮してとらえる。この貨幣指標に基づく一次元的な「事後所得関数」に縮約される福祉国家体制は、普遍的で連続的、さらには完備的な様相を備えるものの、異なる制度間の質的相違を

---

(1)　後述するように、家族の扶養義務との関係では、「個人」の保障とはなりきれていない。

見えなくするきらいがある。さらに，特殊で個別な困難事例を，どの制度からも排除している現実を容認しかねない。それに対して，「基本的潜在能力」の視座は，個人間の非対称性をとらえ，制度間の非連続性の意味と妥当性を明らかにする。

貨幣指標に基づいて統一的に構築された福祉国家体制のもう1つの弱点は，就労インセンティブ理論との結合により，最低生活水準の引き下げ要求にさらされやすい点にある。インセンティブ理論は，一般に規範的問題の実証的分析手法の1つであり，制度を所与とする個人の制約付き最大化行動を内生化したうえで制度の性能を解明することを課題とする。例えば，企業や個人が，市場制度その他の先行する制度の利用に際して，生活保護制度の支払いを所与とした操作的な行動をとる可能性があるとしたら，制度の目的は達成されないおそれがある。この仮説的理論が，現実に近年のアメリカやフランスにおける公的扶助改革の牽引力ともなった。端的にいえば，この理論は，就労インセンティブの増加を通じた財政収入の自然増をねらって，勤労控除の引き上げと引き換えに，最低生活費認定額の引き下げを要求する傾向がある。

第12章で詳しく見るが，就労インセンティブ理論には，常識的な勤労倫理観と，限られた情報的基礎（特殊で個別な困難事例を排した）のうえに立つ公平性規範が前提とされているという難点がある。[2]基本的潜在能力の視座は，この就労インセンティブ理論の情報的基礎を変える可能性をもつ。本章では，最後に，就労インセンティブ理論の方法的前提を再考する。

2　現代日本の所得保障制度の概観

日本の生活保護制度は最低生活費認定額を定める。それは，憲法第25条「健康で文化的な最低限度の生活水準」の貨幣表示指標である。これとの比較によって，他のさまざまな制度について，その目標が「健康で文化的な最低限度の生活水準」を保障することにあるのかどうかを判断できるようになる。例えば，

---

[2]　「衡平性と効率のトレード・オフではなく，「功績（desert）」を基礎とする公平観が根底にある」（Atkinson, 1995a: 259）。また，課税所得の弾力性を含む実証研究に関しては，Heckman (1974)，Killingsworth and Stafford (1985)，Ashenfelter and Layard (1974)，國枝（2010）をはじめとして多数の文献がある。

現在，日本の所得税の「課税最低限」は，一般にこの最低生活費を下回ることから，納税義務の免除と結果的な最低生活は連動していないと判断される。現状では，そもそも「課税最低限」という概念の規範性はさほど明確ではなく，すべての人に一律な基礎控除のほか，さまざまな所得控除（家計の属性を反映する「人的控除」含む）の積み上げによって，事後的に決められている部分が大きい。また，年金保険制度の目的は，（保険料拠出時の）部分的な所得代替であって結果的な最低生活の保障ではない。そのため，障害基礎年金が唯一の収入源である場合にも，その金額が最低生活費に満たないことが黙認されている。その一方で，最低賃金制について，その目的が被雇用者の再生産費用を含む最低生活保障にあるのかどうかについては，議論が続いている。

第7章で詳述するが，生活保護法第4条保護の補足性の原理は，生活保護制度は結果的な最低生活保障の観点から，先行する他制度を補足する制度であることを定める。例えば，市場賃金収入・資産収入・年金保険収入等のある個人であっても，資産が一定未満であるかぎり，それらの合計の不足は生活保護制度で補填されることになる。しかも，それらの収入を得る際の必要費用などが勤労控除として収入認定から差し引かれる。後述するように，生活保護支給額の算定式はこの制度間の補足性を明示的に表現する。注記すれば，補足性が意味することは，あくまで論理的な後続性（被優先性）であって，時間的な後続性ではない。時間的には，他の諸制度のもとで発生する収入と，結果的な最低生活費の不足に対する生活保護制度による支払いが逆転することはありうる。およそ貨幣という統一的な指標を用いるかぎり，制度間に境界を設けることは困難である。

これらの点を確認したうえで，日本の税と社会保障の仕組みを次の方法で概観しよう。横軸に市場賃金収入（事前収入）を縦軸に課税・社会保障給付後の収入（事後所得）をとる。2軸に囲まれた空間の45度線は，事後所得が事前収入と同じである点を示す。各事前収入と対応する事後所得と45度線の距離は純

---

(3) 2012年現在，例えば単身世帯であれば収入103万円を超えると税負担が始まる。103万円で生活保護費がまったく切れてしまうとしたら，課税最低限所得者と生活保護受給者の間に逆転現象が起こることは免れない。

(4) 課税最低限をめぐる法学における議論については，例えば，金子（1976/2003），北野（1984/2003）など参照のこと。本章と同様に財政政策と社会保障の関係を考察する文献，例えば，井堀（2010）では，この概念については論じられていない。

第Ⅱ部　福祉制度の経済分析

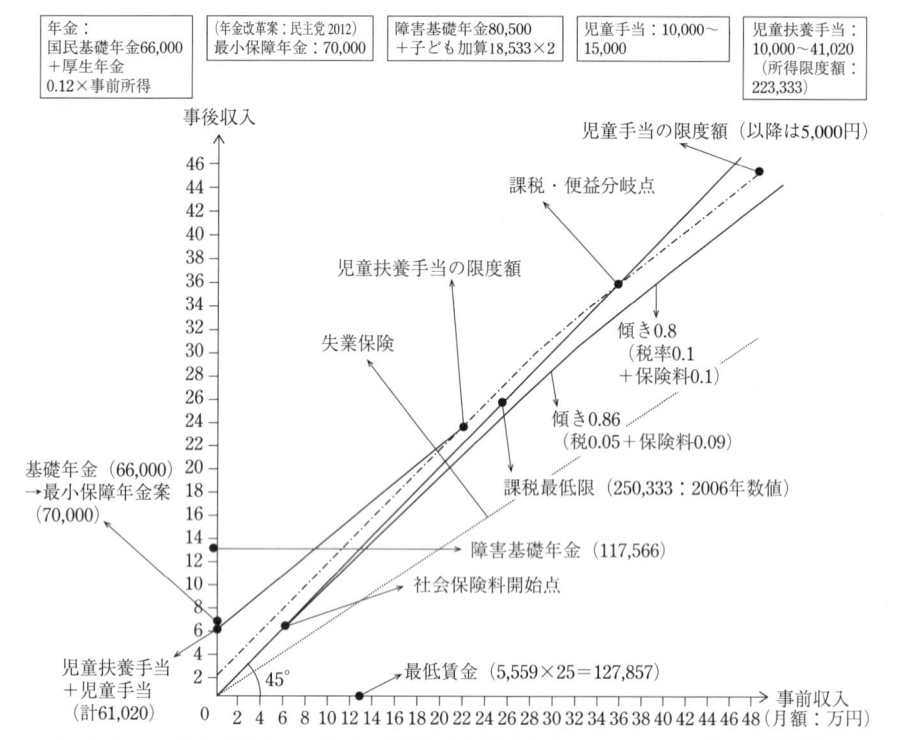

| 年金：
国民基礎年金66,000
＋厚生年金
0.12×事前所得 | 年金改革案：民主党2012
最小保障年金：70,000 | 障害基礎年金80,500
＋子ども加算18,533×2 | 児童手当：10,000〜
15,000 | 児童扶養手当：
10,000〜41,020
（所得限度額：
223,333） |

図6-1　主な社会保障給付に基づく事後収入曲線（2人の子どものいる単身女性世帯）
出所：著者作成。各手当は単独で記述されている。

便益あるいは純課税を表す。純便益が純課税に切り替わる「給付－税分岐点」は，事前収入と事後所得が同一であるケースであり，まさに「課税最低限」を表すことになる。財政収支においては各金額に人数を乗じた総純便益額が総純課税額を下回らないことが要請される。

図6-1は子2人の母子世帯のケースについて，主な社会保障給付を書き入れたものである。社会保険料負担はほぼ収入の発生とともにはじまり，続いて住民税，所得税負担がつづく。これらに伴う所得控除に依存して課税最低限が決まる。社会保障給付には，失業時事前収入に比例して一定期間給付される失業保険給付をはじめとして，一定の年齢に達した場合，あるいは一定の障害等級をもった場合に給付される年金保険がある。例えば，障害1級であれば障害基礎年金（2014年現在，月額80,500円，子ども加算18,533円）[5]である。さらに，ひとり親，子ども，障害者，高齢者などの属性に基づく所得補塡（手当）が含まれる。[6]

これらは多く，定額あるいは逓減的比率で一定の所得限度額まで支給される。なお，健康保険と介護保険の給付は特定の支出に対する補塡（現物給付）であるため，表には記入されていないが，期待給付を貨幣換算するとしたら，事後所得を上方にシフトさせる。さらに，福祉貸付制度やリバース・モーゲージ（持ち家の将来資産価値に応じた受給）も事後所得に正の影響を与える。

以上のさまざまな社会保障給付による事前収入の増加については，基本的に課税対象としないことが明記されている。このことは，税‐給付スケジュールにおいて，事前収入を左方に動かすのではなく，事後収入を上方にシフトさせること，つまり，所得控除ではなく税額控除（補助）と同様の働きをなすことを意味する。社会保障給付は課税最低限（課税・便益分岐点）を上方にシフトさせる効果をもつが，その効果は，同額の所得控除のもたらす効果よりも大きいという性質をもつ。

税と社会保障の概観は，背後に「正義の常識的規則（common sense precepts of justice）」（Rawls, 1971：276）があることを示唆する。はじめに，①自由な競争市場に共通する基本的な考えとして，貢献に応じた報酬（労働所得に対する100％課税は不公平だという考え）基準がある。続いて，②能力に応じた負担（労働所得に体現された「能力」に応じた負担は公平だという考え），また，必要に応じた給付（属性に応じて発生する特別な需要に応じた給付は公平だという考え）がある。ただし，以上でいう「応じた」には，③垂直的公平性（等しくない人々を等しくなく扱うこと）と水平的公平性（等しい人々を等しく扱うこと）を含む。さらに，次のような基準がある。④順位の逆転防止（労働所得順位が税・社会保障政策で逆転するのは不公平だという考え）。例えば，（課税所得の全体ではなく，「超過分」に累進課税率をかける）「超過」累進課税制度，（事前収入の増加に応じて給付額を減らす）逓減的比率制度など。⑤参加費の共通負担（コミュニティへの参加料金は一律であるのが公平だという考え）などである。これらの常識的公正基準をバランスづけながら，それぞれの制度の給付額は調整される。

---

(5) 2013年受給者68万人，全障害者数787.9万人の約8％にすぎない。内閣府（2013），厚生労働省（2013）より算出。
(6) 例えば，事前収入ゼロで，3歳以上小学6年生までの子ども2人の場合，児童手当と児童扶養手当の合計は2014年現在，月額61,020円となる。
(7) カッコ内の定義は，村上（1984/1988：37）による。

第Ⅱ部　福祉制度の経済分析

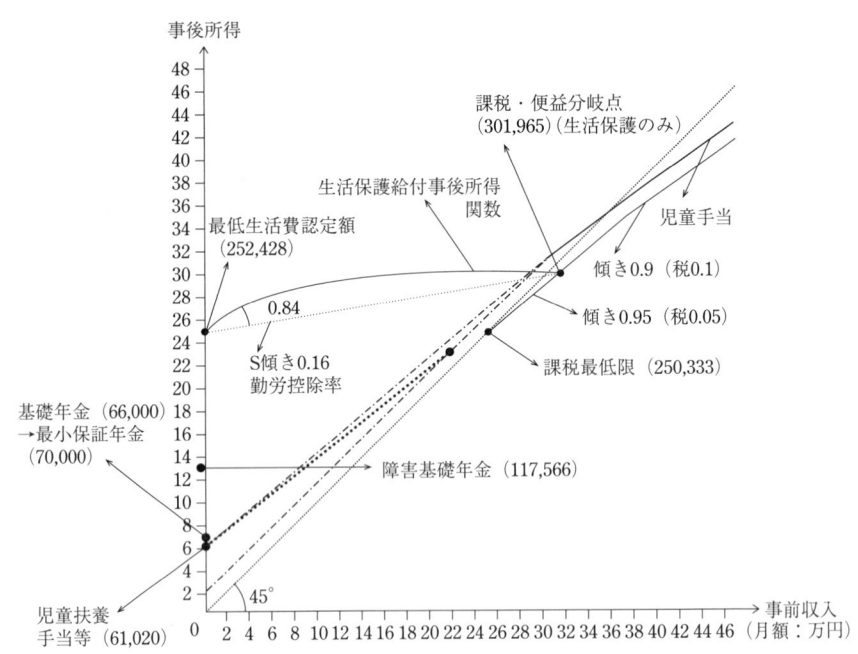

図6-2　生活保護給付と社会保障給付の事後収入曲線（2人の子どものいる単身女性世帯）
注：社会保険料はゼロと仮定。生活保護給付数値は2006年，京都市。
出所：著者作成。

　これ以外にも，村上は，例えば，「犠牲の公平化」基準を指摘する。これは，課税による所得限界効用の増減に着目した考えで，次の2つに細分化される。①「均等絶対犠牲（equal absolute sacrifice）」，すなわち，減少する所得限界効用を所得者間で定量とする。②「均等比例犠牲（equal proportional sacrifice）」，すなわち，減少する所得限界効用を所得者間で定率（総効用に対する比率）とする。理論的興味は，所得変化に対する所得限界効用変化の割合（すなわち所得限界効用の所得弾力性）が個人間で異なるとして，最適な課税値を発見するという作業である。例えば，村上は，日本の所得税率構造は，所得限界効用の所得弾力性を $\phi = -1.326$ と仮定したうえで，均等絶対犠牲基準を適用したケースに近似していることを指摘している（村上，1984/1988：35）。付記すれば，個々人の所

───────────────

(8) この所得限界効用の所得弾力性を発見するための1つのアプローチが，「独立財」の概念を用いたR・フリッシュの研究である（Frisch, 1959，村上，1984/1988：34）。独立財とは，その財の需要量変化が他の財の効用に影響を与えない財である。

得と余暇に対する個々人の効用関数をもとに，一定の公平性基準を体現する社会的厚生の最大化を目標として，最適課税率構造を導出する研究がJ. マーリースらによってなされている（Mirrlees, 1971; 2006）。[9]

以上の分析のもと，本章の関心は次の点にある。ここに，生活保護制度を書き入れると，税－給付スケジュールの様相が大きく変化するかのように見える（図6-2）。だが，所得保障の観点に立つかぎり，他の社会保障制度との隔たりは量的な相違にすぎない。先行する所得保障給付総額の不足分が生活保護支給額から支払われるという意味で，両者は統一的に設計されている。この点を理解するために，次節では，日本の生活保護制度の仕組み，とりわけ，その最低保証所得（minimum guarantee income）の水準（「最低生活費認定額」と呼ばれている）と稼得所得に対する勤労控除スケジュールを検討する。

3 日本の生活保護制度

生活保護費の算出方法

最低生活保障を目的とする日本の生活保護制度では，政府（厚生労働大臣）の責任により，統一的に，最低生活水準が定められる。最低生活水準の具体的な値（「最低生活費認定額」）は，①はじめに，現代日本社会でそこそこ暮らしていくうえで必要にして十分な市場購買力（複数の消費財・サービスの組み合わせを可能とする）に関して，居住地域や年齢，世帯構成などに基づく資源利用能力の違いを反映した（必要即応の原則）「生活扶助基準」が決められ，②続いて，すべての人にとって共通に必要であると考えられる特定の財（医療・住居・教育・介護関連サービス）に関して，各世帯の保有量などの個別事情を考慮したうえで支給量が定められ（「医療扶助」，「住宅扶助」，「教育扶助」，「介護扶助」），③さらに，それらの利用可能性を大きく変動させる要因（属性などの社会的カテゴリー）を反映させた加算（「老齢加算」，「母子加算」，「障害加算」）が追加される（図6-2のy軸切片）。

就労によって稼得所得が発生した場合，他からの仕送り，贈与があった場合，

---

[9] 村上の着目する「パレート最適再分配」は，パレート基準のみを社会厚生関数に課したうえで最適課税率構造を導出する1つの試みと解される（Hochman and Rodgers, 1969; 村上，1984/1988：28）。

第Ⅱ部　福祉制度の経済分析

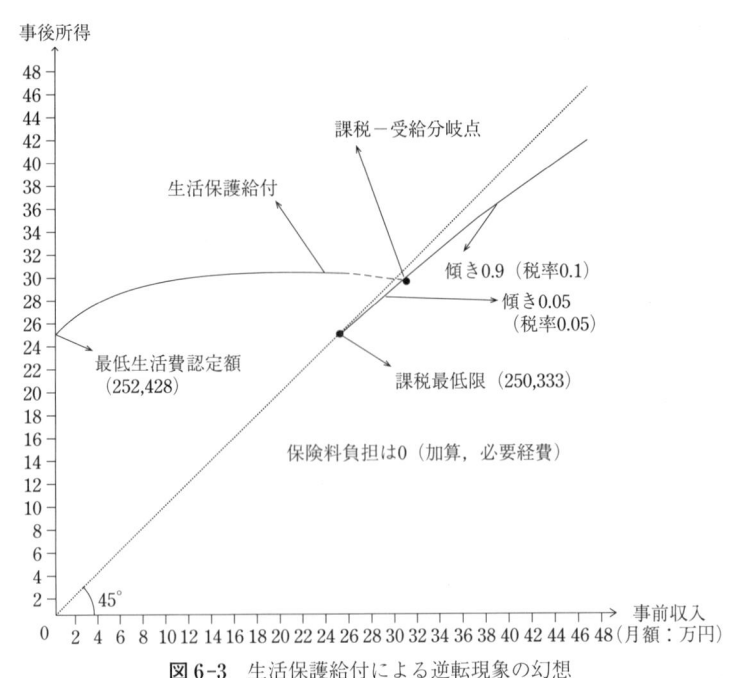

図6-3　生活保護給付による逆転現象の幻想

注：現在のところ，課税最低限は，最低生活費認定額と勤労控除額の合計が45度線と交わる金額よりも低い金額で設定されているために，一般的には，課税による事前収入と事後所得の逆転現象が懸念される。だが，現在の日本の生活保護給付額の算出式によれば，課税が発生した場合は，必要経費として収入認定額から引かれることになっているために，逆転現象は阻止される。

出所：著者作成。

厚生年金保険法，国民年金法，児童扶養手当法に基づく給付がある場合，それらは「収入認定」され（他法他施策優先の原則），給付額から差し引かれる[10]。ただし，就労インセンティブに関しては，次のような配慮がなされている。はじめに，受給者が就業を意図する場合には，「生業扶助」が支払われる。それは就業によって発生する追加的費用を補填するためである。また，就労した場合には，就労に伴う追加費用（社会保険料，所得税，労働組合費，通勤費など）が必要経費として控除されるほか，稼得所得の一定割合が収入認定から「勤労控除」される。すなわち，収入認定額算出式は次のようになる。

　　（収入認定額算出式）　収入認定額＝稼得所得額－勤労控除額－必要経費

---

[10]　社会通念上，収入として認定することを適当としないものは除くとされている。

すなわち，いま，ある世帯の最低生活費認定額を G（ただし，G は $0 \leq G$ の実数値），m 区間の稼得所得を X^m（ただし，m は正の整数値），必要経費を C，m 区間の限界勤労控除率を k^m（ただし，k^m は，$0 \leq k^m \leq 1$ の実数値），事後所得を Y，給付停止所得を $\bar{X}$ とすると，就労者の生活保護給付額 B は，最低生活費認定額から稼得所得額を引き，勤労控除額と必要経費を足した金額として，次のように算出される。

（生活保護給付額）　$X < \bar{X}$ の場合，$B = G - (1-k^m)X^m + C$

このとき，事後所得 Y は，次のように算出される。

（事後所得）
$$\begin{aligned} Y &= X^m + \{(G-(1-k^m)X^m)+C\} \\ &= X^m + G - X^m + k^m X^m + C \\ &= k^m X^m + C + G \end{aligned}$$

すなわち，事後所得は稼得所得額と生活保護給付額の合計，換言すれば，勤労控除額に必要経費，そして最低生活費認定額を加えたものとなる。ただし，上述したように，課税最低限がより低く設定されている場合は，生活保護受給所得においても所得課税が発生しうる。所得課税額は事前収入から所得控除を引いた金額に所得課税率を乗じて算出される。もし，収入認定額が変わらないまま，所得課税が発生するとしたら，事後所得はその分，低下するおそれがある（図6-3の点線部分）。

だが，生活保護費の算出方法によれば，このような逆転現象は起こりえない。なぜなら，発生した所得課税は就労に伴う必要経費として収入認定額からそっくり差し引かれなくてはならないからである。以下ではこの点をモデル上で確認しよう。いま，この区間の所得課税率を t，課税所得控除額の合計（給与所得控除と基礎控除を加えたもの）を F とすると，給付後の事後所得は次のように算出される。

$$\begin{aligned} Y &= X^m - t(X^m - F) + G - (X^m - t(X^m - F)) + k^m X^m + C \\ &= X^m - t(X^m - F) + G - X^m + t(X^m - F) + k^m X^m + C \\ &= k^m X^m + G + C \end{aligned}$$

すなわち，事後所得は勤労控除額と最低生活費認定額，必要経費の総額とな

る。これより，生活保護給付が停止される所得額，すなわち給付停止所得$\bar{X}$は，生活保護給付のない事後所得（事前収入－所得課税額）と生活保護受給のある事後所得（勤労控除＋最低生活認定額）が一致する点における事前収入の値として，以下のように算出される。

受給区間で課税が発生する場合の給付停止所得の算出方法

いま，所得課税以外の必要経費を0，給付停止所得$\bar{X}$における勤労控除率を$\bar{k}$とすれば，

$$\bar{X} - t(\bar{X} - F) = \bar{k}\bar{X} + G$$

が成立する。これより，

$$\bar{X} = \frac{\bar{k}\bar{X} + G - tF}{1-t} = \frac{G - tF}{1 - t - \bar{k}}$$

となる。

例えば，先の母子3人世帯（9歳の小学生と4歳の子）1級地の1（京都市）のケースについて，2006年度時点の数値を用いると，勤労控除を除く所得控除の合計（すなわち課税最低限所得）は250,333円（年額3,004,000円を月額に換算したもの）であるため，生活保護受給者の稼得所得がそれ以上の場合，所得課税が発生することになる。この場合，給付停止所得は次のように算出される。[11] 2006年度時点の最低課税率$t = 0.1$であり，最低生活認定額$G = 252,428$，勤労控除額$k^F\bar{X} = 49,537$（240,000円以上はほぼ定額，ここでは49,537円とした）なので，約$\bar{X} = 335,489$となる。

以上の算出法において留意すべき第1の点は，稼得所得が最低生活費認定額を超える場合であっても，課税最低限以下であれば稼得所得から勤労控除と必要経費を差し引いた残りが最低生活費認定額を超えない限り，給付が続けられることである。留意すべき第2の点は，[12] 課税最低限以上の所得であっても，

---

[11] 給与所得控除額は180万円～360万円以下の算出式を用いた。所得控除額は，基礎控除38万，扶養控除38万×2，社会保険料控除56.4万，寡夫控除26万を用いた。それを月額に直したもの，すなわち，$F^{\bar{X}} = \frac{1}{12}(0.3 \times 12\bar{X} + 180,000 + 1,964,000)$。

「事前収入－課税」(生活保護を受給しない場合の事後所得)が「最低生活費認定額＋勤労控除」(生活保護を受給した場合の事後所得)よりも少ない金額となる限り，後者と前者との差額分だけ，受給可能となる点である[12]。さらに，注記すれば，現状では，母子3人世帯の場合，給付停止額を超えると一定区間まで，(生活保護の扶助項目の1つである児童養育手当はなくなるが)児童扶養手当や児童手当の他，生活福祉資金貸付などが十分高く付加されるとしたら，給付停止額$\bar{X}$を境として事後所得関数が上にジャンプすることになる[14](図6-2の点線参照のこと。ただし，実際には社会保険料等によりその効果は減少させられる)。

　図6-2の上方の曲線は，上記の母子3人世帯(9歳の小学生と4歳の子)1級地の1(京都市)のケースについて，稼得所得増加に伴う勤労控除後の事後所得(所得課税以外の必要経費を除く)の推移の概観(ここではそれを「事後所得関数」と呼ぶ)を表したものである[15]。ただし，この世帯の最低生活費認定額総計252,428(円：2006年度)は，次の式で算出されている。すなわち，最低生活費認定額＝生活扶助(第1類＋第2類)(100,690＋53,290)＋教育扶助(給食費含む)6,360＋住宅扶助55,000＋母子加算25,100＋児童養育加算10,000＋冬季加算(11月〜3月)1,988(月平均換算値)(2014年度の総額は255,030円)。

---

[12] 例えば，このモデルにおいて稼得所得が24万円である場合，必要経費(通勤費と保育費，学童保育費など)をゼロとしても，勤労控除が49,537(基礎控除33,190＋特別控除16,347)円なので，収入認定額は190,463(収入240,000－勤労控除額49,537)円となり，61,965円(最低生活費認定額252,428－収入認定額190,463)の給付が可能となる。その結果，事後所得は301,965円となる。

[13] 実際には，このように算出される給付停止額未満であれば，かならず差額を給付されるわけではない。資産や私的扶養，および，他法他施策によって実行される給付を活用しても，なおその水準に満たない場合に，はじめて受給資格を得る(補足性の原理)。

[14] ここでは単純化のために，住民税を省いているが，住民税を入れてもジャンプの構造には変わりがない。

[15] 就労による所得の場合，勤労控除は基礎控除と特別控除の合計として求められる。2004年の規定では，基礎控除は，8,340円まで全額控除とされ，8,340円を超える場合は，4,000円の区間ごとに階段状に一定額が控除されていく。はじめの4,000円追加の区間で，限界勤労控除率はおよそ半分に減り，その後も減少をつづける。1級地の場合，248,000円で限界勤労控除率は0.138となり，それ以上は基礎控除が33,560円に固定される。特別控除は，1級地で年額152,600円の範囲内で，収入年額の1割を限度とされている。ただし，収入年額の1割が152,600円を超える場合，それに1.3を乗じた額まで認定することが可能とされる(2006年度数値)。なお図6-2の作成にあたって中島裕彦氏(当時，立命館大学大学院博士前期課程に在籍中の京都市ケースワーカー)に尽力いただいたことに感謝する。

図より，課税最低限との関係で発生した所得課税額が必要経費として相殺されるため，最低生活費認定額を超える事後所得部分は，勤労控除額（基礎控除と特別控除の合計，ただし，特別控除は各稼得所得に対する最大の限度額とする）に均等することが確認される。また，限界勤労控除率は事前収入5万前後の低い稼得所得額から次第に逓減しはじめ，事前収入が24万を超えるあたりからほぼ定額となる。稼得所得発生後，給付停止所得までの平均勤労控除率は，およそ0.16である。給付停止所得以降は，事後収入曲線は所得課税率（1－限界税率）のみを表すことになる。

以上，日本の生活保護制度の給付構造を概観した。このような現行の生活保護制度に対して，「就労インセンティブ」の観点からは，給付停止所得までの限界勤労控除率（1－限界税率）が問題とされるだろう。図6-2の通り，初期課税区間での限界税率を上げることなく，限界勤労控除率との乖離を縮め，給付所得停止前後における事後所得関数の変化率をなだらかにするためには，限界勤労控除率を上げる必要がある。だが，変化率をなだらかに保ったまま限界勤労控除率を上げるためには，給付停止所得額を引き上げるか，最低生活費認定額を引き下げるか，などの方法を余儀なくされるだろう。

実は，このように，事前収入区間すべてにわたって，限界税率の変化率をなだらかにするという方法は，「負の所得税（Negative Income Tax：NIT）」構想に他ならない。以下では，就労インセンティブの観点からの批判を吟味するために，負の所得税（NIT）モデルとそのヴァリエーションについて検討しよう。

4　NITモデルとアメリカ・フランスの低所得者政策

1970年前後から，アメリカでは，ワーキング・プアの問題が，政策的関心として浮上してきた。就労しているにもかかわらず，不安的な就労形態のもとで，低賃金であるために，貧しい生活を強いられている人々への関心である。負の所得税（NIT）構想が討議された背景にも，租税制度の簡素化とともに，人々の就労能力・意欲を支えるという関心があった。以下に示すように，その基本的構造は，近年，ヨーロッパなどで提唱されている「ベーシックインカム（基本所得）[16]」など多くのヴァリエーションを包含する，きわめて一般的なモデルである。

負の所得税（NIT）モデル

あらゆる負の所得税モデルは，次の3つのパラメーターによって定義される。稼得所得ゼロのときに給付される最低保証レベルG，稼得所得Xにかかる課税率$t(0<t≦1)$，拠出－給付分岐点（給付資格を完全に失う所得水準）$\bar{X}$である。ただし，拠出－給付分岐点$\bar{X}$はGとtの値に依存して内生的に定まる（図6-2参照のこと）。すなわち，

$$Y = (1-t)X + G$$

ただし，Yは移転後の事後所得，Xは移転前の事前収入，$0<t≦1$，$0≦G$。

これより，稼得所得Xが，$X≧G/t$のとき，$Y≦X$となり，$X<G/t$のとき，$Y>X$となる。すなわち，拠出－給付の分岐点は，$\bar{X}=G/t$となる。

課税率は，稼得の上昇に伴う給付率の減少の割合，すなわち給付減少率とも解釈される。給付減少率を1とすれば，X軸にフラットな，完全に平等な事後所得関数が実現する。給付減少率を0，最低保証レベルも0とすれば，再分配がいっさいなされない状態となる。また，高めの最低保証レベルGから出発して，低めの給付減少率tを実現しようとしたら，拠出－給付分岐点$\bar{X}$は，結果的に，高い値となる。さらに，給付減少率tを一律とするのではなく，小刻みに変化させ，拠出－給付分岐点を境に大きく変えるとしたら，日本の生活保護制度に近い制度が実現する。

実行可能性の観点から肝要なことは，純租税収入と純移転支出との均等性である。政策変数であるGやtは，常に，その均等性を保てるように調整されなければならない。だが，政策変数であるGやtの値に依存して，人々の事前収入が変化する可能性があるために，その調整は容易ではない。その変化の要因の1つが，人々自身の就労意欲である。就労インセンティブ問題に関する近代経済学の理論に従えば，課税が個人の就労意欲に及ぼすルートは2つある。1つは，課税により賃金率が減少すると余暇の価格も下落するので，人は余暇の消費を増やすという「代替効果」であり，他の1つは課税により所得が減少す

---

[16] 負の所得税については，Friedman (1962)，Tobin (1968) などを，ベーシックインカムの詳細については，例えば，Van Parijs (1995) 参照のこと。

ると，人は正常財である余暇の消費を減少させるという「所得効果」である。この２つの効果を考慮したとき，より低い課税率とより低い給付水準（最低保証水準）との組み合わせが推奨されることになる。なぜなら，より低い課税率であれば，賃金率の減少がより低いため，余暇の増加がより少ない一方で，所得水準が低い場合には，所得の増加に伴い余暇の増加を招く所得効果がより小さいと想定されるからである。

事実，アメリカで提出された負の所得税（NIT）型の提案の多くは，低い給付減少率と低い最低保証レベルに特徴づけられるという（マイルズ，2003：211）。だが，いずれにしても，それらの提案が，政策として実現することはなかった。結局，アメリカで実現した政策は，最低保証レベルが完全にゼロである稼得所得税控除（EITC）である。その特徴は，次の３点にある。

① 就労していることを支給要件とする。したがって，事前の稼得所得がゼロのときの最低保証レベルはゼロである。
② 一定額よりも低い稼得所得に対しては，マイナスの課税（credit〔控除〕とよばれる）がなされる。
③ 稼得所得が最も低い区間では，より高い率で控除額が増加し，その後，一定区間までフラットな最高控除額が加算され，より高い区間ではより低い率で控除額が減少していく。

EITC は，歳出規模においても，受給者数においても，現在アメリカで最も比重の高い現金給付政策である。だが，アメリカには，これ以外にも数多くの連邦あるいは州による公的な低所得者政策がある。連邦の公的扶助政策の代表

---

(17) ただし，２つの効果がどう現れ，どう相殺し合うか，すなわち，課税所得の弾力性は，効用関数に依存して変化するのであって，理論的にも実証的にも，一般的な答えはないというべきだろう。ロールズ格差原理を含む異なる分配ルールが就労意欲に及ぼす影響に関する理論的研究として後藤（1994）参照のこと。
(18) EITC の詳細については，Moffitt（2003）などを参照のこと。
(19) 例えば，2014年であれば，連邦最低賃金と同じ7.25ドルで，フルタイム就労の場合，１年間で13,920ドルの稼得所得を得たうえで，5,460ドルの EITC を受けることができる。その結果，事後所得は連邦最低賃金のおよそ140％となる。ただし，貧困水準を上回るとは限らない。2013年連邦貧困水準は子ども１人の３人世帯で19,530ドル，子ども２人を含む４人世帯で23,550ドルであった。

は，困窮のみを要件とする公的扶助政策（現在はTANFと呼ばれる）や食料扶助政策（フードスタンプと呼ばれる），医療扶助政策（メディケイドと呼ばれる）である。1996年の福祉改革以降，TANF（困窮家庭への一時扶助政策）は期限つき（受給開始後2年以内に就労する義務をもつ，生涯最大受給期間5年），食料扶助政策は就労条件つきというかたちで適用範囲が制限されるようになった。また，TANFの給付水準には連邦一律の規定がなく，各州の裁量で最低保証レベルが決められるために州ごとにばらつきがある。就労による稼得所得が発生した場合は，一定の割合で勤労控除されたうえで収入認定がなされ，給付額が減額されるものの，その割合も州ごとに異なる。

低所得者政策としてのEITCと公的扶助

いま，EITCと公的扶助（TANF＋フードスタンプ）制度を低所得者政策として統一的にとらえたうえで，その特徴を眺めよう。章末「数理補説」に記した図6-4は，事前的な稼得所得の変化に応じて，低所得者が，これらの制度のもとで，事後的に受け取る所得の変化を併記したものである（数式については補論参照のこと）。その特徴は次の諸点にある。第1に，TANFの適用により可能となる最低保証レベルは，日本の生活保護に比べて格段に低い。2011課税年度におけるTANF州中間値は月額427ドルであり，貧困水準の26.8％にとどまる。第2に，TANFとEITC統一モデルにおける給付控除率（日本の勤労控除率に相当）は，日本よりはるかに高い（そもそも最低所得区間では1を超える控除率となる。最高還付額が支給される稼得所得区間を超えると，稼得所得の増加に伴い還付額が減少するが，その減少率を緩和する控除率もより高い）。ただし，多くの州で実施されているように，EITCを優先的に適用し，不足分を公的扶助で補足するとしたら（換言すれば，EITCを収入認定しTANFを減額すれば），しかも，TANFの控除率kが，EITCのそれ（$1+t^a$, 1, $1-t^\beta$）と比較して小さい場合（図6-3では，州平均の0.2を採用している）には，公的扶助が適用される区間では，EITCの給付控除率が緩和されることになる。第3に，TANFとEITCから構成される事後所得関数は，下方にキンクする箇所をもつことになる。「就労インセンティブ」の観

---

[20] このほかに，17歳以下の子どものいる就労者で，低所得－中間所得層を支援する税控除として，1997年に創設されたCTC（Child Tax Credit）がある。

点からは，このかたちは，やはり望ましくないとされる[21]。

　事後所得関数をよりなだらかにする方法としては，公的扶助の控除率（0.2%）をEITCなみに上げるか（図6-4では，$k=\frac{b+t^a a-G}{b}=0.658\%$のケースが記載されている），あるいは，EITCの給付控除率を保ったまま（図では$1-t^\beta$のまま），公的扶助の給付水準をさらに下げる（$G'=t^a a+t^\beta b$まで）方法が考えられる。事実，現行の低所得者制度間の整合性を高め，より包括的な所得補助－課税システムに移行しようという関心は，アメリカでも高い。例えば，「行政コストを減らし，子どもをもつ低所得者の就労者の就労インセンティブを合理化する」目的で，次のような方法が提唱されている。「すべての個人に対して，一人当たり千ドルの普遍補助金（universal grants：カップルで2,000ドル）を支給し，就労する両親の稼得所得1万ドルまで，20%の還付付き稼得所得税控除を適用し，10万ドルまで24.5%課税とし，10万ドルを越える稼得所得に対して36%課税とする。他のいっさいの所得控除を廃止する」（Forman, Carasso and Saleem, 2005: 12）。ここでいう「普遍的補助金」とは，ベーシックインカムの一種であり，事前収入がゼロであっても支給される最低保証所得（minimum guarantee income）にほかならない。この方法のポイントは，すべての人が無条件に取得しうる最低保障所得を低水準で確保しながら，課税前後の事後所得がなだらかに変化する負の所得税（NIT）制度を実現することである。

　以上，アメリカの低所得者政策では，一貫して就労インセンティブへの関心が強く，現在提出されている改革案もまた，その観点に依拠していることが理解される。さらに，2008年，サルコジ政権下での法改正によってフランスの公的扶助制度（RMA）においても，就労インセンティブに配慮した設計がなされるようになった。課税最低限が日本やアメリカより高いこともあって，その構造はより簡潔に負の所得税構想の特徴を表す。事前収入が正である公的扶助受給者の事後所得は以下の方法で算出される。

---

[21] 横軸の「事前収入」を労働時間に置き換え，縦軸を稼得所得（事前・事後）に置き換えて，所得と余暇時間を定義域とする個人の無差別曲線を描いた場合，次のことが予想される。いまキンクする箇所をpとすると，選好の原点に対する凸性を仮定した場合，$(0,p)$区間と(p,b)区間の両方で接点をもつ無差別曲線を描くことが可能となるが，この場合には，2つの接点のいずれが選択されるか予測不可能である。

基準額 MF +（事前収入 RF ×0.62）－住居見積額（持ち家，無償提供，住宅手当などの場合正の値をとる）

2012年時点で，単身者474.93ユーロ，単身＋子2人854.87ユーロ，事前収入の62％（上記の限界勤労控除率に相当する）が基準額に加算されるので，事後所得関数の傾きは日本より高い。事前収入（世帯収入）RF には勤労所得，現物給付，家族手当，成人障害者手当などが含まれる。いま，住居見積額が0（借家）であるとすると，給付停止所得額（課税分岐点）は次のように算出される。基準額 $MF+0.62X=X$，すなわち，$X=MF/(1-0.62)$。現在のところ，受給区間における限界勤労控除率を高めの一定値に維持し，所得課税率との接続をなめらかにする一方で，最低生活水準は日本より低めに抑えられている。

5 ミニマム福祉保障再考

本節では，再度，日本の生活保護制度に戻り，「最低生活保障」の観点からの批判に議論を移したい。2003年，厚生労働省の主導によって着手された日本の生活保護見直し論議では，「自立支援サービス」と老齢加算・母子加算の廃止が論議された。高齢者と母子世帯への加算を削減すべきだという提案理由は，生活保護受給高齢・母子世帯の平均消費水準は非受給低所得高齢・母子世帯よりも，それぞれ高いというデータから，加算を含む現行の給付水準は「健康で文化的な生活」を維持する最低限度を超えていると判断されるからと説明された。[22] 後藤（2006）は，この判断の妥当性を潜在能力アプローチの観点から検討した。すなわち，財でもなく，効用でもなく，「本人が価値をおく理由のある生を送る」うえで不可欠な諸機能（行い・在りよう）の達成可能性に着目した。[23] データは，「社会生活に関する調査・社会保障生計調査」（生活保護受給者と低所得者の比較，2003年）による。[24]

本人の選好の比較からは，次の諸点が観察された。低所得母子世帯には，通

---

[22] 社会保障審議会福祉部会「生活保護制度の在り方に関する専門委員会」の提出した報告書（2004年12月）参照。
[23] Sen (1999b: 10, 18)。分析の詳細は本書第7章参照のこと。
[24] この調査の概要報告書は『賃金と社会保障』(No.1426) の巻末に収録されている。

常，必需品と考えられている財やサービスの消費を量的に，あるいは質的に抑制しながら，むしろ，通常，選択項目と考えられている子どもを通じた社会活動，自分や子どもの将来への投資に，所得や時間を振り向けようとする傾向がある。それに対して，生活保護受給母子世帯には，通常，必需品と考えられている財やサービスに関しては，低所得母子世帯よりも高い消費水準を実現する一方で，社会活動や将来設計に向かう支出を抑える傾向がある。必需品とは考えられていないものへの支出には，社会的な抵抗感を強く伴うからである[25]。

諸機能の達成可能性の比較からは，生活保護受給母子世帯の消費水準が低所得母子世帯の消費水準を上回るという事実は，母子加算を含めた生活保護給付額が「健康で文化的な生活」を上回っていることを示すものでは決してない点が確認された。なぜなら，第1に，参照点とされている低所得母子世帯の消費水準では，現在の「社会活動・将来設計」機能を低めることなく，「ディーセントな生活」機能を高めることは困難だからである。第2に，受給母子世帯の「社会活動・将来設計」機能がきわめて低いからである。

センが主張するように，財やサービスの消費金額，あるいは，本人が主観的にとらえた生活程度や「満足感」は，いずれも「健康で文化的な生活」をとらえる指標として適切だとはいえない[26]。ひとの選好の背後にあって，ひとの選択行動を制約する——選択の幅のみならず，選択肢に対する効用関数それ自体をも歪めるおそれのある——諸機能の達成可能性（潜在能力）を理解する必要がある。

両世帯の潜在能力に関する分析の詳述は第7章にゆずるとして，ここでは，制度設計の観点から，結論的に，次の点だけ確認しておこう。低所得でありながら生活保護を受給しない母子世帯は，物価や労働市場のわずかな変動に翻弄

---

[25] マルクス経済学あるいは古典派経済学（アダム・スミス，デービット・リカードなど）は，生産活動の継続に必要であり，他の財とは代替の利かない財を「必需品（necessaries）」と定義した。アルフレッド・マーシャルは「所得に対する需要の弾力性」を用いて，ある社会の多くの人々にとって，所得に対する需要の弾力性のより低い財を必需品，より高い財を贅沢品と定義した。

[26] 「満足」は参照点に依存するので，それをもとに現状を把握することは難しい。その参照点が，所得補助を受ける以前の消費水準に置かれている場合には，受給者は現在の状況に満足していると答える傾向がある。それに対して，参照点が思い描いている将来，あるいは過去に体験した彼女らの理想点である場合には，「満足していない」と答える傾向がある。

されながらも，また，厳しい就労条件や職場環境，時間のやりくりに苦悩しながらも，就労できる環境的・身体的・精神的条件を辛うじて保つことができている。親族や職場の同僚，近隣の人々との人的ネットワークなど，手元に残された個人的資源を活用しながら社会活動や将来設計にいそしむことが，決定的な困窮を回避させたケースもある。とはいえ，彼女たちの中には，ひとたび生活保護を受給したら，人的ネットワークをすべて失い，社会活動や将来設計の機会を大きく制約されるのではないかというおそれがある点を見逃してはならない。[27] そのおそれは，生活保護を開始する時期を遅らせ，とり返しのつかない事態を招く危険があるからだ。彼女たちの意思を尊重しながら，そのような事態をあらかじめくい止める方法はないものか。

6 制度の構想

　成熟した市場のもとでは，所得は多目的手段として機能する。市場価格が所与であるとしたら，人々が実際に多く購入している財やサービスを貨幣的に換算し，物価スライドを加味することで，「健康で文化的な生活」に値する給付水準を近似できる。現在日本で採用されている消費水準均衡方式では，まさに，必需品として特定化された財・サービスに関する一般の人々（実際には低所得者）の総消費金額（生活扶助相当支出額）を参照しながら，生活扶助基準が決められている。所得や消費であれば，本人の内的価値に踏み込むことなく，また，本人が有する価値（善の観念や目的）にも踏み込むことなく，本人がおかれている客観的な境遇（困窮）に接近できると考えたからだった（第5章末尾で記したロールズの思想参照のこと）。
　だが，所得や消費は，本人の善の観念や目的を覆い隠すのみならず，そこには表出しにくい困難やその原因をも覆い隠してしまうおそれがある。例えば，歴史的不正義がもたらした爪あと――原爆被害の後遺症など――は，個人を即，失業に追い込むことはないとしても，ひとの身体や精神を慢性的に苦しめ，ある日，突然，就労を決定的に不可能にしてしまうおそれがある。また，障害や特定疾患など自然的・社会的属性に伴う不利益は，学校教育や求職機会を実質

---

[27] 潜在能力の変化は，非連続的な生の変化（ジャンプ）を表す。

的に制約する——高価な薬品を購入できないために，学校生活が制限されるなど——ことを通して，市場で稼得する可能性を閉じてしまうおそれがある。

　いかに成熟した市場でも，依然として市場では充足困難なもの，市場の外にあって市場的活動を格段に有利にする資源がある。所得や消費が写す本人像には，明らかに限界がある。その像から一歩踏み込んで，個々人が社会的活動や将来設計を差し控える手前のステージで，あるいは，個々人の私的能力の活用が完全に不可能になる手前のステージで，さらには，個々人が就労意欲や活動意欲を喪失してしまう手前のステージで人々の直面する困難を和らげることはできないものだろうか。このような問題関心から，以下では，第4章でスケッチした「財産所有民主主義」システムの拡張を試みる。要点は，「所有」から「存在」へ視点を移すこと。具体的には，次の2つのシステムにある。

【多元的活動評価システム】
① 個々人がさまざまな活動，貢献を通して，経済的報酬を受けることのできる仕組みを豊かに用意すること。ここには，ローカルな文脈で実現されている人々の自発的な経済関係を尊重しながら，公共的な財政支援を行うことも含まれる。

【複層的公的扶助システム】
② 個々人の直面しているさまざまな困難（とのたたかい）に対して，その理由を明らかにしながら，困難を緩和（困難とのたたかいを支援）するための経済的給付を行う。例えば，特定の困難に対応する特定の財・サービス，あるいはそれらを金銭換算した所得補助を支給する（理由別公的扶助システム）。
③ 生活困窮している個人に対して，適宜，必要に応じた経済的給付を行う（一般的公的扶助システム）。

　既存の制度・政策構想との関係で，いくつか注記をしておきたい。多元的活動評価システムは，政策的には，本書第7章5節で紹介するような，OECDを中心に進められている「活動促進政策」(activation policies) と同じ方向性をもつ[28]。また，トニー・ブレアやビル・クリントンが依拠した就労的福祉・積極的

---

[28] OECD (2015)，また宮本 (2004 ; 2009) など参照のこと。

福祉の考え方とも部分的には共通する。活動促進政策は，市場的就労への移行を目標として福祉給付を削減する狭義のワークフェア政策とは異なり，市場的就労を越えたローカルな社会関係（地域やNPO）での雇用創出や教育機会の保障に力点をおく。第3章で言及した住民型福祉活動への財政的な支援も，これに含めることができる。多元的活動評価システムは，ローカルな社会関係の中で自発的に創出されるサービス——アンペイド・ワークとされがちな個々人の多様な活動——に対するローカルな社会的評価を経済的報酬へとつなげること，その際に，公共的な資源移転を用いる点に特徴がある。ローカル社会的評価を経済的報酬につなげるポイントは，サービスの受け手本人や身近な支援者の声を参照しながらその価値を評価する点，その評価がローカルな文脈との関係でリーズナブルであると広く公共的に認知される点にある。グローバルな市場で購入可能な同種のサービスとは異なる価格をつけうる点に面白さがある。

　理由別公的扶助システムは，政策的には，現行の制度で目標別（targeted）制度と呼ばれているものと共通点をもつ（Sen, 1995）。特定の理由で特定の需要をもつグループに対して，特定の援助を行うからである。ただし，現行の目標別制度は，障害者，高齢者，母子世帯といった属性に基づく既存の統計上のカテゴリーを所与として，それに依存して設計されているのに対し，本システムは，カテゴリーの決定も含めて，個々人が不利性を被る理由と社会的支援の妥当性に関する公共的な推論と承認のプロセスに基づいて，実行される点に特徴がある。例えば，第3章で論じた歴史的不正義や自然的・社会的偶然性がもたらす社会的・経済的困難を，制度的に放置することへの不当性の判断にもとづく諸制度はここに含まれる[29]。第4章で構想した社会的基本財の〈損失補塡システム〉がさらに拡張される。

　一般的公的扶助システムは，経済的給付の目標がすべての個人の基本的な福祉保障におかれる点で，ベーシックインカム政策と共通する。だが，本システムは，個々人の困窮の事実が給付の根拠とされる点で，市民であることのみを資格要件とするベーシックインカムとは区別される。ただし，ベーシックインカムも，保障水準とそれを支える課税率を含めて設計する局面においては，

---

[29]　制度①と②には重なり合う部分がある。例えば，困難を緩和する経済的給付を，その困難とたたかう活動への，あるいは，困難とたたかいながら活動意欲を保持しつづけていることへの経済的評価と解釈することもできる。

個々人の所得に関する情報を必要とする点，さらに，「ベーシック（基本）」の具体的水準が，個人的特性や差異に配慮したうえで決定される際には，所得以外の私的情報も要請されることになる。その場合には，ベーシックインカム政策は本システムの構想に近づく点を指摘しておこう。なお，本書第4章で構想した〈基本財保障システム〉はこのシステムに包含される。

以上，本章が構想する公共的相互性システムは，複数のサブシステムを，各々のメリットを生かしながら，統合する意図をもつ。だが，はたして，異なる目的をもったこれらのシステムを，各々のメリットを尊重しながら統合することが可能なのだろうか。はじめに，システム間の整合性を簡単に確かめよう。多元的活動評価システムは，ローカル評価（価格づけ）と市場評価（価格）との二重性を許容するならば，少なくとも論理的には競争市場とも他のシステムとも両立可能となる。それに対して，他のシステムは市場評価（価格）を基底としつつ，それを補完するシステムであるため，競争市場制度も含めてシステム間の整合性を図る必要がある。ここでは，それを制度間の優先づけによって図る。すなわち，「市場」と「公共サービス」の優先性のもとに，「理由別」を「一般的」に優先させ，前者の不足分を後者で補う仕組みとする。

残された問題は，所与の制度のもとで経済主体がとる行動に関連する問題である。理由別公的扶助制度は，経済的給付の要件が観察可能であり，虚偽の申告をまぬがれるという効率上の利点——該当しない個人が給付を目的として自己の行動を変えることはない——を備えているが，一般的公的扶助はそうではない。節を改めて考察したい。

7 就労意欲を支える公共的相互性

就労観再考

以下で展開される議論は，経済学で通常仮定されている就労観，すなわち，個々人は，就労による余暇の喪失のもたらす不効用と所得の増加のもたらす効用を評量しながら，所与の制約下で，自分の選好に照らして最適な労働を選択

---

(30) ベーシックインカムの基本的特徴は「普遍的，無条件，個人単位」の所得保障にある（Widerquist, 2013）。ベーシックインカムと日本の生活保護制度との関係については後藤（2007a）参照のこと。

するだろう、あるいは、個々人は生存上の必要に駆られるとしたら、たとえ不本意な仕事であっても就労する意思をもつだろう、さらには、所得がきわめて低く、余暇が非常に多い状況では、所得に対する余暇の相対評価が低下するだろうといった常識的な就労観とは、異なる発想に立つ。ただし、次の共通点は確認しておきたい。

はじめに、就労時間の増加に伴って、就労に伴う必要経費のみならず、逸失された余暇価値を一定の比率で貨幣換算し、それらを最低保証所得（就労ゼロのときの給付額）に付加していくことには理がある点である。なぜなら、潜在能力指標を用いるとき、個々人の福祉は、物的資源だけではなく、時間資源にも依存するものであり、就労時間の増加とともに留保される時間資源が減少していくことは間違いないからである。したがって、もし事前的な稼得所得の増加と就労時間の増加が正の相関をもつとしたら、例えば勤労控除によって、事前的な稼得所得に対して事後所得が増加関数となるように（最低保証所得に対して）給付額を増加させていくことは妥当だと判断される（Becker, 1965; 1976など参照のこと）。だが、事前的な稼得所得の増加が就労時間の増加から独立であるとしたら、つまり例えば、それはもっぱら賃金率の増加によるものだとしたら、それに伴う勤労控除の増加を「逸失された余暇価値」の理由で積極的に支持することはできないことになる（別の理由が必要とされる）。

その一方で、公的扶助の目的が必要にして十分な福祉を保証するものである限り、限界勤労控除率が逓減し、事後所得がある水準に達成した時点で、給付が打ち切られること、やがて、彼らもまた公的な経済給付を支える側に回るように要請されることは不自然な要請ではない。とはいえ、給付停止所得直後の控除率（1−限界税率）は一般には高いので、給付停止所得をはさんで、事後所得曲線に下方キンクがもたらされることは回避しがたいであろう。だが、たとえそうだとしても、それによって個々人は就労意欲を喪失する、とただちに判断されるわけではない。ここでは就労インセンティブに関して次のような仮説を提示する。

就労インセンティブ問題に関する仮説

個々人の就労（活動）意欲を支えるものは、就労それ自身に内在する価値はもちろんのこと、他者からの適切な評価と公正な経済的報酬、さらには、「公

共的相互性」の文脈に，自分自身の位置を見出せることである。ただし，ここでいう「公共的相互性」とは，共通のルールの受容を基底として，人々の間で成立する広やかな対応性（correspondence）――生存権と働き提供する義務との間の，また，目標と実現可能性との間の――にある。

「公共的相互性」の概念を，日本に即して説明しよう。公的扶助に関わる日本の法律（生活保護法，児童福祉法その他）の上位原理は憲法であり，憲法には，生存権とならんで就労の義務と納税の義務が規定されている。それらの規定は次のような分配ルールを構成する。

　　「働いて提供することができるなら，そうしなさい，困窮しているなら，受給しなさい」。

この分配ルールは，次の2つの条件，すなわち，①この分配ルールを社会を構成する人々が受容し，実行する，そして，②この分配ルールを制定・改定する高次ルール（社会的選択手続き）を，社会を構成する人々が受容し，実行するとしたら，次の4つの意味での相互性が実現される。

① 社会全体の中で，目的と実現可能性との対応が実現する。
② 社会全体の中で，権利と倫理的義務との対応が実現する。
③ 働き提供している個人と個人の間，困窮し受給している個人と個人の間に，提供量の相違，受給量の相違を超えて，「提供する」あるいは「受給する」という行為の対称性が成立する。
④ 働き提供している個人と困窮し受給している個人の間に，共通の分配ルールを媒介とする（すなわち，共通の分配ルールによって制約されるという）対称性が成立する。

このルールのもとでは，「就労」は次のように解釈される。まず，働いて提供することがすべての個人に――したがって，受給者にも――倫理的義務として課されることになる。ただし，第7章で詳述するように，その義務は，生存

---

(31) 以下の記述の詳細については，後藤（2006a：91f）参照のこと。ここでは，以下でいう「相互性」は，「個人別衡平性」の概念に基づく「相互性」（「互恵性」，「相互便益」などと呼ばれるもの）とは異なる概念であることを注記しておきたい。

第6章 公的扶助の財政と就労インセンティブ

権の享受の付帯条件として，すなわち，公的扶助受給の資格要件として発生するものではない。権利は，他者の同様の権利の尊重，ならびに，他の種類の権利の尊重という条件以外のいかなる条件も付帯されない，という鉄則はここでも同様である。就労の義務は生存権を有意味な規定とするために，換言すれば，実行可能とするために，論理的に要請される社会の義務である。個々人はこの社会の義務を分有することになる。

倫理的義務を引き受けられるかどうかの判断は，個別に判断されることになる。ある個人が，その精神・身体に過酷な負荷を受けることなく働くことができるかどうかは，直接的・間接的な就労環境の整備状況ともあいまって，標準的に判断することがきわめて難しい事柄だからである。多くの場合，公的扶助を受給しつづけながら，本人と周囲の人々，ケースワーカーたちとの辛抱強いやりとりの中で試行錯誤していくことになる。そうだとしても，大事なことは，「働いて提供することができるなら，そうしなさい，困窮しているなら，受給しなさい」という分配ルールを本人も受容していること，したがって，本当に働いて提供できるようになったら，そうする用意がある点である。しかも，その分配ルールは，直接，決定プロセスに参加したわけではないとしても，本人もまた解釈し，納得でき，必要なら改定に参加できるということである。

このような視角を提出する「公共的相互性」の概念は，「個人別衡平性」とは明らかに異なっている。「個人別衡平性」は，貢献と報酬，負担と便益，権利と義務，目的と実行可能性を1人ひとりの個人の中で実現すること，それを通じて，異なる個人の間で，対称性（均等性）が実現されることを要求する。それは，アリストテレスの「応報的（交換的）正義」の概念に遡る概念であり，現在，人々に最も広く受け入れられている規範の1つでもある。それに対して，本章が注目する「公共的相互性」の概念は，「応報的（交換的）正義」とは異なる正義の概念——例えば，端的に，ひととしての等しさを守るといった——を支えることになる。ただし，それは「個人別衡平性」と矛盾する——両立不可能な——概念ではないことを注記しておきたい。「衡平性規範」は，貢献と報

---

(32) この正義の概念は，アリストテレスの配分的正義——共同体で価値ある財を「価値に応じて」配分する——において，「価値」を，ひとのなす個々の貢献を束ねたものではなく，ひととしての等しさとして解釈したものとして，理解することができるかもしれない（本書第3章参照のこと）。ただし，その場合には，「応じて」という語は余分となる。

酬を1人ひとりの個人の中で正当に釣り合わせることを要求する。もしその要求が実現し，社会のすみずみで衡平性規範が貫かれたとしたら，日頃，人々がなしている大切な，けれども認知されにくい，たくさんの貢献が，経済的にも評価されるだろう。このことは，自らの貢献を通して経済的報酬を受けようという就労意欲，あるいはまた，「公共的相互性」のもとで，「働いて提供できるのだから，そうしよう」という個人の判断を促す可能性がある。[33]

8　価値の多元性とミニマム

　以上，インセンティブ問題も含めて，〈公共的相互性システム〉の内的整合性を確かめた。残された問題は，これらのシステムを動かす上位原理である。第4章でアメリカ合衆国の統治論理について，背後に経済成長の優先性を支持する功利主義原理が働いていることを指摘した。それに対して，ここでは「すべての個人に基本的福祉を保障する」こと（ミニマム保障）を上位原理として構想する。

　ミニマムという語は，しばしば，ベーシック・ニーズ論などと同様に，きわめて限定的なものとして解される傾向がある。だが，例えば，ロールズ格差原理のように，制約条件下でミニマム水準を最大化する社会的目標関数を考えることもできる。それは，所与の生産技術のもとで，個々人の所得を変数とし，所得税をパラメーターとする関数であるが，この関数のもとで実現されるミニマム水準は，人々の選好判断それ自体を制約条件の1つとしながら，最大化されることになる。[34]

　このように概念を再定式化するとき，あらためてミニマムを保障する公的扶助システムの重要性に気づかされる。それはまさに，一定の社会・経済制度の下で，多様な生を生きている人々の共通部分に注目する概念だからである。価値の多元性を前提とするなら，人々がそれぞれ享受している価値の集合は，互いに一致することはまずないだろう。座標軸も異なれば，各軸の達成度も異な

---

[33]　詳細については，セン・後藤（2008：第4章）参照のこと。
[34]　ロールズ格差原理の経済学的定式化及び就労インセンティブに及ぼす影響に関しては，Arrow（1973/1983：110f）を参照のこと。また，その非協力ゲーム的分析については，後藤（1994）参照のこと。

り，また，座標軸間の代替率も異なるからである。共通部分とは，それらに関する個人間の相違を越えて，どの個人も自己の内に包含している価値の集合を指す。このすべての人々が共通に包含する価値の集合を，できるかぎり豊かにすることは，その人々の住む社会を豊かにすることだとはいえないだろうか。[35]

ただし，ここには次の問題がある。第1に，価値の多元性を前提とする限り，何をもって基本的福祉とみなすかという問題を指標化することは困難となる。そこにはかならずや倫理的判断の余地が残される。第9章では，「基本的潜在能力」という概念は共通ではあるものの，その内容については，さまざまな不利性をもつ人々（グループ）の決定を尊重するモデルを提供する。このモデルでは，共通部分としてのミニマムは単一集合ではなく，複数の共通部分をもとに概念的に構成された高次の共通部分であると解釈される。

第2に，ロールズ「格差原理」と同様に，平等な諸自由の保証と政治的自由の実質的保障を優先するとしたら，ミニマム保障水準が実現できるかどうかは，環境的諸条件のみならず，人々の就労活動の選択——背後にある個々人の選好や判断——に依存することをまぬがれない。これらは，労働（時間）の強制，例えば労働怠惰に対する罰則の禁止を意味するからである。第12章で詳述するように，結果的に達成されるミニマム福祉の水準が人々の就労意欲に依存すること，そもそも格差原理の選択自体が人々の承認と参加にゆだねられることを，ロールズは容認した。だが，ロールズが容認する背後には，社会のルールと自分自身の活動を広く公共的な相互性の文脈でとらえ返す，個々人の熟慮的判断への信頼があったことを見落としてはならないだろう。

一般に，「できる（就労能力をもつ）ことは（就労）すべきことを意味する」と，ただちに言うことはできない。けれども，もし，そこに，公共的相互性の観念を認めることができたとしたら，「働いて提供することのできる個人は，働いて提供する倫理的義務をもつ」と言うことはできないだろうか。もちろん，倫理的義務は法的拘束力をもたない。日本国憲法に記載された義務もまた，法的罰則をもって個人に就労を強制することはできない。だが，日本国憲法の記載は，個々人が，論理的にも現実的にも相互的である社会的文脈の中に，自分自身を見出すこと，その中で，自分が働くことの意味を位置づけることを可能と

---

[35] Gotoh and Yoshihara（2003）は「共通潜在能力最大化ルール」を定式化した。

する。そのもとで構想される複層的公的扶助システムは，市場的な視野を越えて，社会の中で正しく評価されるべき多様な価値と存在に気づかせてくれる。

われわれの生きる社会は，同等の好条件を備えた個人間のゲーム関係には還元できない要素をもっている。同等の好条件を備えた個々人は，相手がフリーライドすることを懸念して，働くという手番の選択をためらうかもしれない。だが，その人たちが，それぞれ——自分たち同士ではなく——働こうにも働くことのできない人たち，働く意欲すら失ってしまった人たちと向き合うとしたらどうだろうか。そして，自分たちがその人たちと向き合っていることを，互いに認知しているとしたらどうだろうか。

貢献なくして報酬を得られるのだとしたら，ひとは働く意欲を失う傾向があるというのは真実であるかもしれない。だが，得られる結果が，ただ自分の利益のみに関わり，他の人々には何の影響を及ぼさないとしたら，働く意欲を持続しつづけることは困難であることも真実ではなかろうか。若年層の労働問題も含めて，現代日本社会で求められているのは，個々人の労働を公共的な相互性の中でとらえ返すという，きわめてあたりまえのことであるように思う。労働の内在的意味を求め，自立的かつ自律的な労働への意志をもつ人々にとって，経済的誘因により労働貢献を釣り出そうとするインセンティブ政策は，かえって，自尊（誇り）を損ねる愚策と映るおそれがある。[36]

数理補説（EITC と TANF・フードスタンプ制度の統一モデル）[37]
以下は，アメリカ合衆国の最低生活保障の数理的構造に関する試論である。
〈TANF・フードスタンプ制度に基づく事後所得関数〉
$$Y = kX + G, \ 0 \leq X \leq \bar{X}$$
〈EITC 制度に基づく事後所得関数〉
$$Y = (1 + t^a)X, \ 0 \leq X \leq a$$
$$Y = X + t^a a, \ a < X \leq b$$

---

[36] 「できる」ことを倫理的義務の要件とすることは，「できない」こととの間に線引きをすることになる。だが，共通の分配ルールを受容する（できるなら，そうする）限り，この線引きは差別の正当化根拠とはならない。本書終章参照のこと。

[37] EITC については Tax Policy Center（2015）を，TANF 全般については Congressional Research Service Report の 1 つである Falk（2014）を，ワシントン DC の TANF については，Fiscal Policy Institute レポートの 1 つである Coventry（2014）を参照した。

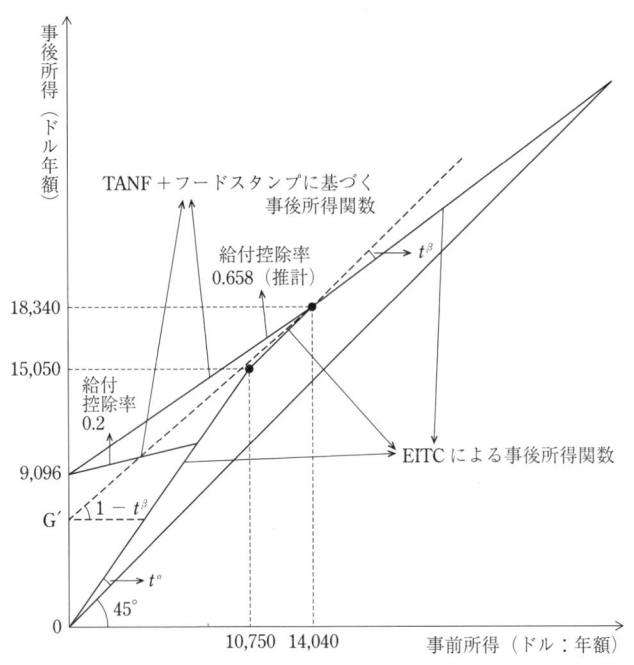

第6章 公的扶助の財政と就労インセンティブ

図6-4 公的扶助とEITCとの統一モデル（アメリカ合衆国「負の所得税」構想）
注：最低保証レベル年額9,096ドルは，TANF州中間値月額379ドルをもとに，フードスタンプをTANFと同額と仮定して算出した。TANF給付控除率0.2（2000年度州平均）であるとEITCの控除率0.4（t^a）への接続においてキンクをもたらす。TANF給付控除率を0.658とすると，EITCの控除率0.2106（t^β）と滑らかに接続され，両者の統一モデルは負の所得税に近づく。
出所：著者作成。

$$Y = X + t^a a - t^\beta X, \quad b < X \leq c$$

ただし，Yは移転後の事後所得，Xは移転前の事前収入
$0 \leq k \leq 1, \quad 0 \leq G$,
$0 \leq t^a \leq 1, \quad 0 \leq t^\beta \leq 1$（ただし，$t^a > t^\beta$）．
$\bar{X}, a, b, c$は正の実数値，かつ，通常，$\bar{X} < a$

2004年（または2014年）課税年度のデータによれば，各パラメーター（ドル年額）の値は次の通りである（（　）内は2014年度のデータ）。

〈2人以上の子どもをもつ世帯の場合〉

$a = 10,750$（13,650），$t^a = 0.4$，$t^\beta = 0.2106$，$b = 14,040$（17,830）（カップルの場合は15,040（23,260）），$c = 43,756$ドル（カップルの場合は35,458（49,186）），最高控

171

除額 $t^a a = 4,300$ (5,460)。

〈25歳から65歳までの子どものいない個人〉

$a = 5,100$ (6,480), $t^a = 0.0765$, $c = 11,490$ (14,590), 最高控除額 $t^a a = 390$ (496)。

また，2人の子どもをもつひとり親に対するTANFの州中間値最大給付額Gは，2000（または2011）年度，月額379（427）である（例えばワシントンD.C.では，2010〜2014年の間に428，342，257，150と減額され，2015年には受給資格を失う。428ドルは貧困ラインの26.3%にしか満たない）。

補論2
福祉と経済成長

異質性と親和性

　経済成長という概念を現実化するためには，いくつかの条件が必要となる。まずもって，複数の「財」から構成される富全体が単一に指標化できなくてはならない。そのためには，各々の「財」の変化を測定する〈ものさし〉がなくてはならない。加えて，異なる質の「財」間の通約性が想定されなくてはならない。新古典派経済学において，これらをいっぺんに可能とする魔法の杖が自由な競争市場のもとで定まる価格（諸財の相対価値）であり，諸財に対する個々の経済主体の選好を表す効用関数と自律的な選択行動の仮定だった。

　実際には，市場がはたしてどの程度，自由な競争に基づくものであるのか，人々の選択行動がどれだけ自律的なものであるのか，疑わしいと思っている経済学者は少なくない。社会には，公的な規制，慣習的な規制が無数に存在するうえに，ある財や労働市場への規制が他の市場に広く連鎖しながら波及していくとしたら，市場が，恣意的な権力や気まぐれな偶然の温床となるおそれがないとは，とても言い切れないからである。

　とはいえ，完全に自由な市場のもとで無数の経済主体の選択行動の均衡として一定の価格が実現するとしたら，それらは政治的コントロールのもとで決められる価格と比べて，はるかに恣意性が少ない，と考える経済学者は多い。その背後には，1人の賢人の途方もないあやまちをまともに受ける世界よりも，無数の人々の意思（たとえそれぞれは気まぐれなものであっても）や行為（たとえそれぞれは突拍子もないものであっても）が相殺しあう世界の方がずっとましだという考えがある。そのまた背後には，人は自らより多くの財を求める存在ではあるけれど，同時に，他の人にも同様の欲求と行為を認めながら，お互いの妥協点を探る存在でもある，といった人間観がある。

第Ⅱ部　福祉制度の経済分析

　本補論は，経済成長優先論の是非を論ずるものではない。経済成長を主唱する経済学者を批判するものでもない。本補論は，新古典派経済学が論理的に経済成長優先論につながるわけではないことを指摘する。例えば，近年，アマルティア・センによって提唱された「潜在能力アプローチ」は，新古典派経済学の思考様式を用いつつも，人々の相互連関活動（社会の経済）を評価する新たな福祉の視座を提起しうる。ただし，その一方で，新古典派経済学が所与とするいくつかの理論前提は，人々が一般に共有する常識の一部ともなって，経済成長優先論に収斂されやすいこと，センの潜在能力アプローチも決してその例外ではないことをも注記する。

　結論としては，福祉の視座は経済成長優先論とは異質でありながら無縁ではないこと，それは経済成長に回収することのできない独自の目的を示す一方で，人々の相互連関活動を評価する経済の射程から切り離して，聖域化すべきものでもないことが論じられる。

新厚生経済学における「個人の厚生」

　私的所有権が確立しており，外部経済・不経済が存在せず，情報の非対称性もなく，取引費用もかからない，つまりは完全競争市場において諸財が無駄なく取引されたとする。このとき，取引に参加した個々人はいずれも，諸財の価格や他の諸個人の効用関数などを所与として，自分の効用を最大限，高める財の組合わせを選んでいる，とはたして解釈できるのだろうか。あるいは，どの個人においても，本人の主観的な諸財間の限界代替率が，諸財間の価格比と等しく釣り合っている，そして，諸財間の代替性に関する個々人の個別性と多様性が等しく尊重されている，とはたして解釈できるのだろうか。

　「できる」というのが，新厚生経済学の答えであり，この解釈を簡潔に数学的に示すものが個人間比較不可能性に基づく序数的効用理論に他ならない。この理論は，完全競争市場が，自由と効率と平等を一度に満たす制度であることを，諸個人の視点から説明する精緻な装置である。ただし，ここでは，個々人が取引後，（取引前も同様に）どのような状態にあるのか，明日も生きていられるのか，どんな風に生きていられるのかは問うことができない。諸財の組合わせから得られる個々人が得る効用の大きさは，人の主観的な尺度に依存し，本人の内で取引前後の状態比較はできるとしても，本人以外の人と状態比較する

こ␣とも，客観的に状態評価することもできないとされるからである。

　新厚生経済学の主要な目的は，完全競争市場メカニズムの性能を「個人の厚生」という言葉で書き換えることにあり，個々人の厚生の内容や意味を理解することにはない。個々人の効用関数は，初期賦与や市場価格と同様に，メカニズムの構成要因にすぎず，独自の概念的意味を内包するわけではない。効用の大きさや具体的な中身は何であっても，例えば，快・願望・幸福のいずれであろうと，また，利己的なものでも，利他的なものでも，いずれであっても構わないのである。この点は，政治哲学における効用概念とも，旧厚生経済学におけるそれとも決定的に異なる点である。

　その一方で，資源概念は，取引後の個々人の状態に光を当てる。完全競争市場制度のプレイヤーとして，自由で効率的で平等な競争市場均衡の成立に寄与した個々人の状態への接近を可能とする。資源概念は，国民所得（コモン・ウェルス）研究でも，配分理論でも重要な役割を果たしてきた。厚生経済学におけるセンの関心の1つは，経済的不平等や貧困の計測に際して，また国民所得の計測に際して，個々人の多様な状態をとらえるために概念や方法，考え方を拡張することにあった。例えば，貧困計測指標に貧困の深度に関する考慮を入れた研究，あるいは，実質所得計測法に分配に関する考慮を入れた研究などが著名であるが，他にも，財の質的側面を分析する目的でゴーマンやランカスターらによって提唱された「特性関数」アプローチ（Lancaster, 1966; Gorman, 1956; 1980）などが広く検討されている（Sen, 1979 など）。ゲーリー・ベッカーの人的資本論の批判的検討も含めて，個人の状態への接近を可能とする所得理論は，潜在能力アプローチの1つの源泉だといえる。

経済学的思考法

　新古典派経済学の思考法の最も基本的な特徴は，財の測定可能性に関するものである。われわれに価値をもたらし，われわれが日々選択を迫られるさまざまな財は，少なくとも序数的に，場合によっては基数的にも測定可能とされている。ただし，ここでいう序数的に測定可能とは，順位（よりまし，同じくらい，よりまずい）がつけられることを，基数的にも測定可能とは，ゼロ値やマイナス値も含めて，対応する数値の絶対値，及び，数値間の差や比率が意味をもつことを指す。

このような想定をおく対象は，経済的な財に限られない。例えば光と闇，安全と危険，自由と抑圧，善と悪，公と私のように，通常，二分法的にとらえられている事柄に関しても，明るさ（暗さ），安全さ（危険さ），自由さ（不自由さ），善さ（悪さ），公さ（私さ）という程度の相違として，すなわち，もっぱら量的変化の問題として理解することを可能とする。例えば，公的領域の割合がきわめて高いものを公（おおやけ）といい，きわめて低いものを私（わたくし）という，といった具合に。一次元の軸上で，その量的変化が少なくとも序数的にあるいは基数的に測定可能と理解されることになる。

それに対して，例えば，「安全」と「自由」といった相互に独立した関係にある，異なる質をもった要素同士はどうだろうか。この場合には，たとえそれぞれの要素が序数的あるいは基数的に測定されるとしても——安全あるいは自由がそれぞれ十分にある状態を100とし，皆無である状態を0として——，2つの要素の単位はかならずしも相互に通約できるものではないので，安全が80で自由が60の社会状態と，安全が60で自由が80の社会状態について，通常，どちらがより望ましいかを直接比較することは困難である[1]。

だが，新古典派経済学は，異質な要素を比較する装置として〈効用関数〉を発明した。もともと人の選択行動を「快を求め不快を避ける」と一元的に記述する効用概念は，功利主義思想によって提起され，社会設計原理として哲学的に深化されたものだった。その思想を摂取しながらも，その意味内容について，例えば，効用とは快不快を表すものなのか，願望充足を表すものなのか，幸福を表すものなのかといった意味内容をいっさい捨象したうえで，数理的に操作可能な形式を与えるものが〈効用関数〉である。

〈効用関数〉の基本は，質の異なる複数の要素（財）をいろいろな割合で，またいろいろな水準で組み合わせた選択肢（財ベクトル）の集合を定義域とし，効用値の集合（通常，実数の集合で表される）を値域とし，両者の対応関係を法則としてとらえることにある。それは，任意のあらゆる二対の選択肢に関して順位づけを可能とする。ドイツ，イギリス，フランスでほぼ同時期に起こった，

---

[1] 例えば，ポール・サミュエルソンは，鈴村興太郎氏のインタビューに答えて，「自由のために，どのくらいのパンを犠牲にできるか，パンのために自由をどのくらい犠牲にできるか，各人の支払い意思をたずね，その釣り合いを探す」考え方を示している（Suzumura, 2005: 347）。

いわゆる「限界革命」を経て成立した新古典派経済学は，この〈効用関数〉をてこにして，本来は，互いに通約不可能な価値をもち，代替することも，比較することも不可能な事柄を，それらを利用する本人の限界的な（微小な一単位の変化に対する）需要の観点から量的，一元的に比較評価するフレームワークを提出する。新厚生経済学は，まさにこの新古典派経済学の落とし子である。

新古典派経済学と経済成長

　諸財のさまざまな組み合わせに対する本人の評価にはいろいろなタイプがありえる。例えば，安全の確保のために監視装置をつける議論が出されたとしよう。このときに，他の要素を一定とした場合，いまあるプライバシーの自由との引き換えで，どのくらいの安全を確保できるとしたら，効用が一定にたもたれるか，もともとプライバシーの自由が十二分に保障されている場合は，そうでない場合に比べて，自由との引き換えに要請される安全の量に違いがあるのか，そういった比較評価が個人の主観的効用において可能となるという理論をつくりあげたのである。

　もちろん，どれほどの安全との引き換えが提起されても決して自由を手放そうとしない個人，すでにかなりの安全を確保しているにもかかわらず，安全のわずかな減少も許せない個人，自分は自由に至上の価値をおくけれど，暴力におびえる周囲の人々の状況を考慮して，自由への介入に賛同する個人もありうる。だが，通常，新古典派経済学ではこのようなケースは考慮の外におかれる。新古典派経済学でウエルディファインド（扱いやすい）と称される，あるいは標準的，と称される効用関数は，いずれか1つの要素に絶対的な比重を与える辞書的選好ではなく，どの要素も互いに他の要素によって連続的に代替可能であり，しかも，特定の財だけを多く含む選択肢よりも，複数の要素が適度に按配された選択肢をより好むタイプの選好を表す。この仮定は，どの財も増えれば（より正確には，他の財が一定であるという条件である財が増えれば），効用は高まる，財の増加とともに個人の効用は上昇するという「単調性の仮定」，さらには，人は自分の効用を最大化しようとするものだという「効用最大化の仮定」と結びつき，市場的な取引の分析を格段にしやすくするとともに，無数の人々が参加し，相互に取引をする自由で競争的な市場システムを規範的に擁護する。

　所与の市場価格体系（諸財の相対価値を表す）のもとで個々人が選択する諸財

の組み合わせは，それが誰であれ，本人の予算集合の範囲内で本人に最大の効用をもたらすものと解釈される。その一方で，市場価格体系それ自体は，市場に参加する無数の人々がそれぞれ，さまざまな価格体系であれば選択したであろう諸財の組み合わせ，そこで実現する諸財の限界代替率を個人間で均等にするように自ずと定まると考えられた。新古典派経済学にとって効用関数とは，個人が，何であれ，自分にとって価値のある物事を自分なりに評価する，評価の主体性を象徴する道具だった。そして，市場とは，その効用関数がウエルディファインドな性質をもち，それをもとに自分の効用最大化を追求する，その意味では，互いにフラットな地歩をもつ無数の個人の間の力のバランスを可視化する装置に他ならない。ここでは「社会」の〈ものさし〉は基本的に不要である。各個人の主観的評価をベースとする効用関数は目盛も単位もてんでんばらばらなので，個人間の効用比較に科学的根拠は見出されないという見解を新古典派経済学はあっさりと受け入れた。(2) 個々人の効用関数の背後で，それらのウエイトを秤量して「社会」の厚生を測る装置として，「社会的厚生関数」が構想されたものの，個々人の効用関数のウエイトを秤量する具体的方法について，新古典派経済学自身は多くを語らない。(3)

　新古典派経済学が，唯一，自信をもって推奨する社会厚生の規範は，どの個人の効用をも減らすことなく，ある個人の効用を増加する社会状態（効用ベクトル）はより望ましいというパレート条件である。パレート条件は，一人一票の原則をもつ投票制度と類似して，あらゆる個人の効用変化を等しい重みでカウントするという形式的な平等性を備えている。ただし，それは，多数決原理とは異なって，ある個人の効用が低下し，別の個人の効用が増加するといった具合に，個人間で利害が対立する場合には，沈黙をたもつ。単調性の仮定のもとでは，他の財を一定としたときに，ある財が増加すれば，個人の効用は高くなる。どの個人の効用を下げることなく，効用が高まる人々が存在するとしたら，社会全体の厚生は向上する。新古典派経済学者が自らの学問に忠実でありながら，経済成長を積極的に支持することがあるとしたら，それは，このように財の生産・所得・消費を通じて人々の効用にパレート改善がもたらされるケ

---

(2) ロビンズの批判（Robbins, 1935）に対する新古典派経済学の受容については鈴村・後藤（2001）参照のこと。
(3) Bergson（1938），また，Sammuelson（1981）参照のこと。

ースにとどめられる。

　このようなケースを超えて，例えば，効用が低下する個人が存在するにもかかわらず，社会全体の総効用を高めること，あるいはより端的に総生産量，総所得量，総消費量をもたらす経済成長を望むとしたら，そこには新古典派経済学とは異なる別の論理が忍び込んでいると考えるべきだろう。例えば，「最大多数の最大幸福」を目標とする功利主義思想のように，個々人の効用を基数的に加算しえるという仮定をおいて，総効用の最大化を社会的目標とする，さらには，総効用の変化は総生産量の変化にもっぱら依存するという仮定をおくなど。この点を確認したうえで，以下の二つの節では，新古典派経済学の理論前提について，その分析的な目的の背後にある（意図せざる）意味を探ってみたい。

思考の柔軟さ？　それとも視野の狭窄さ？

　ウエルディファインドな効用関数の想定は，思考の柔軟性とも視野の狭窄さとも受け取れる。異なる複数の財の間の代替性を無数に想定できるということは，ある性質をもつ財が入手困難だとしても，他の性質をもつ財を余計に取得することで，同じくらいの満足を得られることを意味する。そして，効用が連続的だということは，ある財のわずかな減少が，他の財によっては代替不可能な，妥協の余地のない事態をもたらすわけではないことを意味する。例えば，緊張の解けない業務にあって眠れる夜が続いていたとしても，あるいは，夜間休日出勤を余儀なくされて養育介護時間が減少したとしても，効用損失を上回る報酬が少しでも期待されるとしたら，本人を含めて「容認」されかねない。過剰労働は個人の自由な選択であるとともに，個人には動かしがたい状況による強制でもある。ウエルディファインドな効用関数の自明視は，個人の選択を尊重する寛大さの裏側で，自縄自縛せざるを得ない個々人の拘束的状況から目をそらすことに加担しかねない。

　確かに，ウエルディファインドな仮定があらゆる場面で成立するとしたら，換言すれば，世界で起こる事象がすべからくこの仮定が成立する範囲にとどまるとしたら，世界はもっと平和でありえたかもしれない。例えば，メイナード・ケインズが経済競争に対する人々の熱中は戦争の勃発を回避しうるだろう，と期待を込めて語るとき，また，ウィルヘルム・レプケが「（ビジネスの原理）は暴力や搾取を皆無に近い程に減らした」(4)と語るとき，彼らの頭にあったのは，

ただウエルディファインドな効用関数をもつ人同士で，あるいは，ただ人々がそのような効用関数をもつことができるような社会状況のもとで，プレイすることのできる経済競争であったに違いない。

彼らの期待に反して，経済競争は，消極的（競争に打ち負かされないため）にも，積極的（競争に打ち勝つため）にも，戦争に誘導されることを食い止める論理を内にもたない。さらに，経済競争に敗れた人々が，妥協の余地のない，生存すら困難な状況に陥る危険性をも否定できない。ただし，経済競争それ自体は戦争とは異なることも確かである。経済競争は，ある市場からの撤退を余儀なくされたとしても別の市場に参入するチャンスが残されているといった具合に，アクターたちが無数の代替可能性・交換可能性のもとでさまざまな妥協点を模索することのできるはずのものである。この点は，しばしば妥協なき戦いを強いられる政治的交渉あるいは宗教的非寛容と，経済競争との根本的な違いとして理解されてよいだろう。

「効用最大化の仮定」を超えて

つづいて，効用関数のもとで想定されてきた他の2つの仮定に移ろう。1つは，財であれ，自由や安全であれ，人にとって価値あるものは，より多ければより高い効用をもたらすという仮定（単調性の仮定）である。他の1つは，人はできる限り自己の効用を高めようとするという仮定（効用最大化の仮定）である。前者は事実的仮定であるのに対して，後者は規範的仮定である。人にはできる限り自己の効用を高めようとする傾向があることが事実だとしても，人には同時に自らを振り返る能力があるとすれば，ある状況下で他でもない効用最大化行動を自己に許すことは，規範的な判断に他ならないからである。

この2つの仮定がすんなりと結びつくと，個々人はあらゆる場面で，すべての選択肢にわたって，自己により高い効用をもたらすものをより高く評価しつづけると想定される。この想定に先述したパレート条件が形式的に適用されると，何であれ，あらゆる個人が自己により高い効用をもたらすと判断した選択肢は，社会的にもより望ましいと判断されることになる。だが，このような図式は何かをとらえ損ねていないだろうか。

---

(4) レプケ（1963＝1974：38）。

単調性の仮定について，それは一定量を超えて与えられたとしても，それ以上効用があがらない場合があるという事実をとらえ損ねている，という指摘は以前からあった。「飽和 (saturation)」の概念に基づく批判である。効用最大化の仮定に対しても，それは選択肢の認識や評価の一貫性に関する人の合理性を過信しすぎているという批判はあり，それに代わるものとして例えばサイモンの「満足化原理 (satisficing principle)」などが提出されている[5]。だが，それらは，上記の図式を大きく揺るがす力はもたない。なぜなら，それらは，一定範囲の選択肢のもとで，他の条件が一定であるときに，ある財に関して，ある場合にはより多い方を選ぶものの，別の場合にはより少ない方を選ぶといった人の選択行動を説明できないからである。もっといえば，ある場合にはもっぱら自分が財から得る効用を注視して，選択肢を評価するものの，別の場合には，自分以外の人の状態に配慮して選択肢の望ましさを判断するといった評価の多層性を説明できないからである。例えば，人は，他の人にも十分に行き渡る財がある場合には，その財をより多く得ようとするが，そうでないかもしれない場合には，より多い財の取得を控えることがある。あるいは，人は，自分自身に対しては何の益にもならない財ではあるけれど，それらを大変必要とする人々の在ることを知り，その財のより多い供給を支持することがある。人はまた，そもそもある種の価値を市場的な財として取引すること，別の財と代替することに断固として反対する場合がある。武器や麻薬，児童労働，性などに関しては当事者たちの効用最大化とは違った論理で扱うべきことに納得する場合がある。

 アマルティア・センがいうように，それを裏づける動機はさまざまであってよい。例えば，他者の視線にさらされたから，そうすることが自分の美学だから，そうする方が格好良く思えたからなど[6]。中には，きわめて一時的な反応やすぐさま撤回されるとっさの判断に突き動かされる場合もあるだろう。いずれにしても大事なことは，個人の評価は，多様な情報と「外的視点との対応」に開かれている可能性のあること，そこには，効用最大化とは異なる種類の規範，例えば，自己や他者の状態を不偏的に顧みる「開かれた不偏性」(Sen, 2002b) が作動する余地があることである。これらの点を内部にとりこむ経済理論をつくることは急務であると思われる[7]。次項からはその可能性を探ろう。

---

(5) 満足か不満足かという二値論理に基づく決定を指す Simon (1955) 参照のこと。
(6) Sen (2009a: ch. 4) 参照のこと。

社会の経済(人々の相互連関活動)をどう評価するか

　生活保護などの社会扶助(導入されるとしたらベーシックインカムも)の増加は,国内総所得(GDI)を増加させるとは考えられていない。それは市場を媒介とする生産や消費と対応して生産要素間で配分された所得総額の再分配,つまりは政府から家計への一方向的な移転であって,経済活動による付加価値の増加とはみなされないからである。もっとも社会扶助などを通じて所得再分配を受けた人々が市場的な財やサービスを消費するとすれば——高額納税者たちの消費の減少と相殺される可能性はあるものの——国民総支出に反映される。けれども,例えば,それが社会に対する人々の信頼感を高めることに役だった,あるいは,厳しい環境に適応的な選好を形成してきた人々のニーズの顕在化に役だったなど,という社会的価値が評価されることはない[8]。また,地域住民たちの労働時間が相互扶助的なサービスとして高齢者や傷病者に移転されることがあったとしても,それらが国民総生産や国民総支出に反映されることはない。

　社会の経済をとらえるうえで,市場を媒介とする生産や消費のみを注視する指標,それに基づく経済成長の評価は,社会生活を構成するさまざまな局面のこと経済的な資源のフローとストックに問題を限定するとしても,不十分さをまぬがれ得ないことは確かである。生産や消費の量的な変化の背後にある質的な価値の変動をとらえきれないからである。先に論じたように,連続性,代替性,単調性などの性質を備えたウエルディファインドな効用関数と効用最大化行動という単一の規範に彩られた新古典派経済学にはこれに代わるアイディアは期待できない。国民純福祉(NNW)や国民社会指標の系譜を継承しつつ,近年,東京都社会指標は数百にわたる項目に関してその時系列的な変化を追い,人々の暮らしの豊かさを比較評価するさまざまな観点を浮き彫りにする[9]。だが,個々の経済主体の相互連関的活動が社会の経済(価値・富)に与えた影響を評価しようというGDIの目的から,それらの指標が離れていることは否めない。はたして,個々の経済主体の相互連関活動のありようから目を離さずに,ある

---

(7)　この点に関する詳細については,セン・後藤(2008)参照のこと。

(8)　国民所得統計に関しては http://www.esri.cao.go.jp/jp/sna/toukei.html 参照のこと。推計手法の解説に関しては http://www.esri.cao.go.jp/jp/sna/071011/suikei.html,また,中村(1999)参照のこと。

(9)　東京都社会指標に関しては http://www.toukei.metro.tokyo.jp/ssihyou/ss-index.htm 参照のこと。

社会の経済を,その質的な価値の変動を正しく評価するような方法はないものだろうか。

これまでの考察から示唆されるポイントは2つある。1つは,さまざまな状況に置かれた人々が選ぼうと思えば選ぶことのできる活動や状態を評価する福祉指標をつくること,他の1つは,自己や他者の福祉に対する「開かれた不偏性」のもとで形成される個々人の規範的判断をとらえることである。これら2つは切り離されるものではなく,「開かれた不偏性」のもとでの個々人の規範的判断の形成が,個々人の活動や状態を適切に評価する指標の発見をもたらし,逆に,個々人の活動や状態に関する適切な指標の発見が,「開かれた不偏性」のもとでの個々人の規範的判断の形成をうながすといった相互的な関係にある。効用アプローチに代わるものとして,センの提唱する「潜在能力アプローチ」は,この2つの折り込みを可能とする。個人の効用を何であれ,不可侵の情報的基礎とするのではなく,財やサービスの生産や消費そのものに依拠するのでもなく,個々人の活動や状態の実現可能性(すなわち,「潜在能力」)に着目するという視点の転換は,社会的評価を集合的に構築する個々人の規範的判断の情報的基礎にも影響を与えずにはいられないからである。最後にこの点を検討しよう。

潜在能力アプローチと経済成長

ある個人が生産し,保有し,消費できる資源がどのくらいあるかではなくて,それらの資源を利用してその個人がどんな機能(栄養を摂取すること,移動すること,他者と交流すること,リスクや将来に備えることなど)を実現できるかに着目して,ある経済をとらえる見方は,市場を媒介とする商品の流通に視点を限定する国民総生産・国民総所得アプローチ,あるいは,個々の経済主体の相互連関活動から離れて社会の諸相そのものに視点を当てる社会指標アプローチがとらえることのできなかった視点をもたらす。

例えば,それは,資源の利用能力においてより制約の多い障害者が,障害手当を受給することによって,情報にアクセスする機能,移動する機能を実現する可能性が少しでも高まったとしたら,福祉が改善されたという評価をもたら

---

(10) 第12章参照のこと。

す。あるいは，市場では十分な稼得所得を得られない人が，生活保護やベーシックインカムを受けることによって，ディーセント（適正）な生活を送る機能，他者との交流や将来に備える機能を実現できるようになったとしたら，福祉が改善されたという評価をもたらす。

これらの評価は，単に，以前と比べて「より快適になった」，あるいは，以前より「快が増した」という連続的な変化の視点を超えて，以前には到底実現できなかった社会状態を今回ようやく実現できた――例えば，誰であろうとそれを享受することが当然だと思われる機能を，障害をもつ人々や，さまざまな不利性を抱えて困窮している人々にも保障することができた――という，いわば社会の質的転換をとらえる視点を提供する。

この視点は個々人の福祉の在りようをいわば背後から眺める「社会」の〈ものさし〉であり，規範的判断にほかならない。何であれ，個人の選好を等しく一票とカウントすることを旨とする効用アプローチが，できればなしですませようと理論の外に追いやった規範的判断の視点を，福祉の指標をつくる作業を通じて奪回しようというのが，センの潜在能力アプローチの基本的なモティベーションである。

ただし，潜在能力アプローチもまた，より多くの機能（より多くの財とより高い財利用能力によって可能となる）の組み合わせはより高い評価をもたらす（単調性），あるいは，ある機能の低下は別の機能の向上によってスムーズに代替されうる（代替性），さらには，各人は所与の経済環境のもとで機能評価を最大化するように行動する（最大化行動）といった仮定をおくとしたら，効用アプローチとまったく変わらぬ議論が組み立てられかねない。すなわち，各人は，諸機能空間上でウエルディファインドな評価関数をもち，ときどきの自分の潜在能力（達成可能な機能ベクトルの集合）を制約条件として，最大の評価をもたらす機能の組み合わせ（したがって諸財の組み合わせ）を選択するという図式におさめてしまったら，諸財が諸機能に，効用が機能評価に，予算集合が潜在能力（市場価格を所与として本人の財保有量と財利用能力によってその形状が定まる）に置き換えられただけで，依然と変わらぬ競争市場均衡モデルが構築される。

すなわち，各人の制約付き最大化行動の均衡として諸財の価格が定まり，その価格を所与として，各人は自分の財利用能力と資源保有量を考慮しながら，どの財をどのくらい購入するかを決めるといった，いわば潜在能力に基づく競

争市場機構が構想される。この潜在能力基底的競争市場機構を参照点として，パレート条件が採用されたとしたら，どの個人の評価も下げることなく，ある個人の評価を上げることができる政策は，積極的に支持するがそうでない政策については沈黙を保つ準順序的な社会厚生関数ができあがる。そのもとで個人は，福祉を犠牲にした経済成長がパレート条件の発動により決定されることをくいとめることはできる。だが，そこに（形成された準順序に），こっそり他の基準（例えばスーパーヒーローの所得倍増による総効用最大化）が組み合わされることを黙認するとしたら，福祉を犠牲にした経済成長政策を消極的に支持することにもなりかねない。

あるいは，新厚生経済学者たちが，社会厚生関数の具体的な形を決めるのは倫理学者の仕事であると後ろに引いたところ，「幸福な家庭はすべてよく似たものである」（トルストイ，1926）というトルストイの言葉を引きながら（それに続く，「不幸な家庭は皆それぞれに不幸である」を無視して），個人間比較可能な基数的効用指標のもとで功利主義的社会厚生関数が採用されることを追認する結果となるかもしれない。単に指標を変えるだけでは，モデルを複雑にしただけで終わってしまう。はたして，ここに抜け道はあるのだろうか。

生産・分配・消費そして福祉

先日，火災による大怪我で救急病院に運ばれた。病院で一番驚いたことは，必要に応ずる分配があたりまえのように実行され，患者もおおかたそれを受け入れている点である。入院したての頃，患者は昼でも夜でも休日でも自分が必要と感じたときにナースコールを押す。けれども，呼んでもなかなか看護師が来てくれない，来た途端に別のナースコールに応じて去ってしまうなどの経験から患者は，自分のいまの欲求が他の人の別の欲求に比べて，より緊急度の高いものか，そうでないかを学んでいく。また，自分の身体機能の回復に応じて付与されるサービスが減り，自分でやるべきことが増えていくことに気づく。

このようなあり方を患者たちが受け入れるのは，他人にゆずることを自己のモットーとしているからなのか，以前に比べて少し調子がよいことに感謝しつつであるのか，自分よりも重篤な人が少しでも楽になることが率直にうれしいのか，あるいはその人たちに優越を感じる自分を恥じてのことなのか，単に抗議することが面倒くさいからなのか，実にさまざまであるとしても，結果的に，

より緊急の人に対してより必要なサービスをという分配ルールが支持され，それが院内での希少な人的資源の分配方法として機能している。これは大きな発見だった。

　医療や福祉には，他の産業には還元できない特殊性が——必要性だけではなくモラルも——あることは確かである。そこで要する財やサービスは多種多様であって相互に代替されがたい。それらへの需要は切実に必要とする一部の人に限定されるので，それらが他の財やサービスの供給との競争を生き延びることは一般的には難しい。だが，そのことに気づいているからこそ，人々は，普段とは異なる視角をもって，規範的判断を形成しようとするのである。ここに，新古典派経済学者が想定する効用最大化原理を超えた論理の作動の余地が生まれる。はたして，新古典派経済学に飲み尽くされることなく，その一方で，政治的紛争や宗教的非寛容を招き入れることなく，医療や福祉の論理を構築できないものか。この難問に対する本論の暫定的な答えは，医療や福祉がとらえる特殊性を，人々の活動や状態をとらえる福祉の指標に入れること，人々の苦痛や悲嘆に対する「開かれた不偏性」のもとで形成される個々人の規範的判断を社会的評価の基礎とすることである。

　このことは，これまで「社会の経済」の指標とされてきた生産＝分配＝消費の恒等式に，「福祉」指標を挟み込むことを意味する。ただし，この挟み込み方には留意が必要である。前三者と福祉指標は等価では結ばれない，福祉は前三者の恒等式から容易に押し出されるおそれがある。さもなくば前三者に同化してしまうおそれがある。だが，大切なことは，またしても福祉を拾い上げること，前三者とのつながりで福祉をとらえ，福祉とのつながりで前三者をとらえ，両者を結び直す作業をあきらめないことである。医療や福祉を絶対的価値に聖域化してしまわないことは，「開かれた不偏性」に基づく人々の規範的判断を矮小化してしまわないことと同じくらい大事であると思われる。終章で，再度，考察したい。

第Ⅲ部
潜在能力アプローチと福祉の社会的選択

第Ⅲ部　潜在能力アプローチと福祉の社会的選択

導　論　セン経済学の誕生

　第Ⅲ部では，社会的選択理論と潜在能力アプローチを中心とするセン経済学の適用を図る。その主眼は，「生」の構成要素の多様性，個人の状況や選好判断の多層性，必要な資源や手段の多種性，総じて，ひとの生の多次元性と(不)自由に接近する潜在能力アプローチの可能性を探ることにある。[1]

新厚生経済学と反全体主義

　ジョン・リチャード・ヒックス，アブラハム・バーグソン，ポール・サミュエルソンそしてケネス・アローらを旗手として展開された「新厚生経済学」は，個々人の厚生の視点から社会の仕組み（さまざまな財の生産・交換・分配の流れとストック）を分析するという問題関心をマーシャル，ピグーらの「厚生経済学」から継承しつつも，序数的で個人間比較不可能な効用概念を共通の方法的基礎として，近代合理主義の歴史を進めた。

　アローの社会的選択理論の枠組みに端的に示されるように，新厚生経済学の基本的立場は，個人尊重主義を踏みにじる全体主義への抵抗にあった。そこでは個々人の価値（評価）に基礎づけられることのない全体的な価値（評価）――それが，国家であれ，共同体であれ，人倫であれ――は否定される。だが，そこには「事実的記述」を超えた「倫理的判断」が否定されなければならない論理的必然性はなかった。主題が規範的論点に関わるものだとしたら，選択肢を順序づける個々人の選好も，それらを集計して形成される社会的厚生も，倫理的性質を帯びることは自然である。新厚生経済学の関心は，倫理的判断を形成するプロセスの質にあったというべきだろう。

社会的選択理論と政治的リベラリズム

　アローが提出した社会的選択理論は，この形成プロセスを見通す，鮮やかな視野を開く。その基本的枠組みは，異なる代替的な社会状態に対する「社会の評価」を形成する情報的な基礎を，人々の「個人の価値（評価）」におくことにある。例えば，異なる社会状態が福祉政策の候補を表すとすると，各候補のも

---

[1]　以下の記述は，アマルティア・セン（2002＝2014）の訳者解説（「後藤玲子」と記名部分）と一部重複する。

とで予測される個々人の効用（福祉）に関する情報を集約して，福祉政策候補を社会的に評価する。あるいは，福祉政策候補に関する人々自身の選好（評価）を集約して，社会的な評価を形成する。この構成手続きが「アローの社会厚生関数」に他ならない。

この枠組みのもとで，アローは問いかける。「社会の価値」を導く集計手続きが，個々人の特定の評価の表明をあらかじめ禁ずることがあってもよいのか，個々人の表明した評価に依存して整合的な評価を形成できないケースがあってもよいのか，すべての個人の評価が一致したにもかかわらず，その評価が覆されることがあってもよいのか，選択肢の名前に応じて集計の方法が変わることがあってもよいのか，と。これらの問いかけに順に「否！」と応えていくと，「自由」，「合理性」，「主権」，「中立性」など，リベラリズムの大原則（つまりは手続き的正義，アローのいう「デモクラシーの条件」）に違反する集計ルールが，次々と，排除されていく。

その一方で，「自由」，「合理性」，「主権」，「中立性」といった手続き的正義を超える判断は何であれ，跡かたもなく消去される。例えば，2人の個人が対立する選択肢のランキングがあったとして，それがどういう基準で裁定されて，最終的な決定に至ったのか，その2人が薬害当事者と製薬会社の社長であった場合は？　あるいは，十分な情報と知識をもつ人とそうでない人であった場合は？　いずれの場合も手続き的正義の記録には残されない。「自由」，「合理性」，「主権」，「中立性」といった手続き的正義を徹底するとしたら，ある個人的評価の束のもとで，ある選択肢のペアにおいて，どういう理由であれ，決定力をもった個人（本人のランキングが，社会的評価に採用された）が，あらゆる選択肢のペアに対して，あらゆる個人的評価の束のもとで決定力をもつようになる，つまりは独裁者になることを免れない。アローの透徹した論理は，リベラリズムと民主主義の矛盾を説く一方で，議会制民主主義と独裁制の収斂可能性を示すカール・シュミットの理論を1つの定理に収めたといえるだろう。

センの「厚生主義」批判

これに対して，アマルティア・センは，集計手続きの推移性条件を弱めたうえで，アローの「デモクラシーの条件」（つまりは「自由」，「合理性」，「主権」，「中立性」）に（非独裁制条件を強めた）「匿名性」条件を課すならば，パレート拡張ル

189

ールが（それだけが）導出されることを示した。パレート拡張ルールとは，個人間の評価が一致した場合にはそれを社会的評価に採用し，個人間に対立のあるランキングについては無差別という社会的評価を下すかたちで，パレート条件を拡張するルールである。

　この結論は，アローの不可能性定理を打破して可能性定理を出した，という意味を超えた強烈なメッセージを放つ。センはアローの透徹した論理に潜まれている真の問題を見逃さなかった。同様のパターンのランキングが同様の扱われ方をされるというきわめてシンプルな法則性が貫徹される形式的合理性の支配を打ち破るものは，個々の議題に応じた個別的判断でしかありえない。ある社会的選択問題で個人的評価が相互に対立した際には，何らかの裁定基準をもとに個人的評価を比較する必要性が出てくる。そして，各々の問題状況に適した裁定基準を導入するためには，根拠となる情報と倫理がつまびらかにされる必要がある。個人的評価の理由をとらえるいかなる情報をも倫理をも完全に締め出し，個々人を完全に匿名的に扱うとしたら，全員一致の判断か，無差別の判断しかありえない。これは普遍的・抽象的人間像に基づくリベラリズムの論理的帰結にほかならない。

　センは，社会的評価の情報的基礎を個人間比較不可能で序数的な効用に限定することにより，ローカルな問題状況に適した情報的基礎と倫理的根拠への関心を停止して，あらゆる問題状況を貫く体系的論理化に急ぐ傾向を「厚生主義（welfarism）」の語で鋭く批判した。新厚生経済学がリベラリズムの大原則を受容するところまではよい。だが，そこで自らを閉ざし，いっさいの倫理的判断から中立的でありつつ，「合理性」を当然視するとしたら，有意な社会的評価を形成する可能性を疎外しかねない。個々人の抱えるさまざまな困難や困窮をとらえる指標，あるいは，その改善方法に関して，部分的であれ判断順序を社会的に形成することは可能であり，そうすべき理由がある。実質所得や権原概念などに依拠した貧困や不平等，分配的不正義の測定に関する長い探究ののちに，センは潜在能力という新たな指標の提出に踏みきる。自らの思想的源流をアダム・スミスに求めるセンは，新厚生経済学の興隆のただ中で，その方法的革新を試みたのである。[2]

---

[2] ケルビン・ランカスターの特性理論やウィリアム・ゴーマンの消費理論が参照された。Lancaster（1966），Gorman（1980）参照のこと。

女性の自由と潜在能力

　第7章と第8章では，脆弱性をもちながらも，社会の矛盾を鋭く抉り出す存在（実在かつ表象）としての女性に，焦点を当てる。その射程は，字義どおりの女性（生物的な，あるいは社会的役割としての）から，既存の法制度や文化のもとで，不利性を被りつつも，社会的問題とはされてこなかったさまざまな人の生へと拡がる。法制度の不備に由来する不利性，整備された法制度のもとで見えなくされている不利性，家族制度など文化や慣習，宗教に深く根ざした不利性，国家によって作為的にもたらされる不利性，不作為的にもたらされる不利性，市民的自由と福祉的自由の葛藤に関連する不利性など。これまで，「平等か保護か」，「機会の平等か結果の平等か」といった二項対立でとらえられがちであった問題の諸相を，ここではセンの「潜在能力」概念をキイとして総合的にとらえ直すことを試みる。

　第Ⅰ部の冒頭で示唆したように，異なる個人の普遍的人間性に配慮する一方で，似通った個人の特異性に配慮し，結局のところ，どの個人をも等しく尊重するためには，権利や人権の普遍的条項を，苦悩し困窮する人々自身の視点からより実効的なものへとつくり替える必要がある。対象をいかなる「指標」でとらえ，データをいかなる手続きで集計するかという経済学の中心テーマは，個別性・特殊性に開かれた不偏的な法・制度・実践をいかに構築するかという法学・政治学・社会福祉学の主題と深く関わる。価値を測定する道具の改良に踏み切りたい。

第7章
自立の社会的基盤と公的扶助

1 独立と自尊

1863年，ロシアで社会主義革命が起こる半世紀ほど前に，ロシアの文学者チェルヌイシェーフスキイは，その主著『何をなすべきか』でこう記した。

完全な独立なしには完全な幸福はない。[1]

フェミニズム運動の原典とも称されるメアリー・ウォルストンクラフトの『女性の権利』，ならびに，ジョン・スチュアート・ミルの『女性の解放』が公刊されたのは，その6年後のことである。ミルは併行して，議会で婦人参政権を提唱していた。これらの著者に共通する関心は，まずもって家庭内正義にあった。他から隔絶された組織として制度化された家庭の内部における不正義が，政治や経済を貫く社会制度的な不正義の温床となっていることを，そして家庭内部の不正義に切り込むためには，女性の就労と政治への参加が——回り道に見えて——最も早く有効な方法であることを彼らは鋭く見抜いていたのである。

本章のテーマは，「自立」にある。後述するように，その意味は「自足 (self-supporting)」という経済的意味に限定されない。それは，上述の「独立 (independence)」あるいはジョン・ロールズのいう「自尊 (self-respect)」に近いが，ときに，その射程を越える。依存 (dependence) あるいは self（自我）の意味それ自体が問い返されるからである。さらに，本章の焦点は，「自立」そのものではなく，その社会的基盤（すなわち，ロールズが社会的基本財の最後に挙げた

---

[1] チェルヌイシェーフスキイ (1863＝1980：199)。

「自尊の社会的基盤」)におかれる。理由は，本章の関心が福祉政策のあり方におかれているからであり，その際には，社会的基盤に直接アプローチすることが有効だと考えられるからである。ただし，これまでにも述べてきたように，本書が採用する福祉政策の概念は広義であり，既に制度化されているはずの権利の具体化を図ることのみならず，いまだ十分に制度化されてはいない権利の具体化も射程に入る点を注記しておく。本章では，「自立」とは何かが繰り返し問われることになるだろう。

さらに，以下では，自尊と自立の社会的基盤を，「社会活動・将来設計の条件を維持すること」と「ディーセントな生活の条件を維持すること」という2つの要素に分けて話を進める。この分類方法，あるいは各々の具体的内容・手段に関しては，さらなる議論を要するが，本章の関心は，両者の実現方法を，福祉政策の文脈で再考することにあるので，議論の詳細には立ち入らない。むしろ，両者はその重要性が自明であるかのように見えて，現実の福祉改革の議論，あるいは人々の規範意識においては，さほど自明ではない——例えば，「必要（必需）」概念はより狭義となりがちである——理由を論ずる。各国の福祉改革においても，2つの要素間の独立性と関係性が十分に考慮されているとはいいがたい。以下に問題関心を簡単に述べよう。

例えば，「離婚の自由」は女性の解放にとって，必要であるとしても十分ではない。長年の抑圧経験の中で人並みはずれた忍耐力を身につけることと裏腹に，自ら選択する意思と可能性を封じ込めてしまった女性たちにとって，「離婚の自由」を実際に行使することはきわめてむずかしいからである。同様のことは，「職業選択の自由」についてもいえる。ミルが指摘するように，「女性は自分に関係する個々人にたいしてのみ義務を負えばいい」という教育を受け，「その実行を許されたほとんど一つの義務をあまりにも忠実に履行する」傾向を身につけてしまっているとしたら，その義務を押し切って「職業選択の自由」を行使することは容易ではない。しかも，「自分に関係する個々人」に対する直接的関係性に基づく「義務」は，途切れることのない履行を365日，刻一刻と要求するので，就労のタイミングをつかむことは容易ではないだろう。

---

(2) ロールズが「自尊」ではなく「自尊の社会的基盤」(Rawls, 1971a)を社会的基本財としたことと対応する。
(3) ミル (1869＝1957/2004：155)。

本書が「働き提供することができるなら，働き提供する」ことを倫理的義務とする理由の1つはここにある。倫理的義務とするとは，義務不履行に対する法的な罰則規定はいっさい設けない一方で，1つの社会規範とすることを意味する。これは，現代の女性の解放にとっては戦略的にも有効である。第2章で言及したように，現代の女性の状況を改善するためには，私的関係性を外に開くことが必要であり，それには，彼女たちがなしている「働き」を見えるものとすることが有効だからである。就労に向けての決断がもっぱら「自分に関係する個々人」からの要請（とりわけ家計収支上の理由）に収斂されがちな状況下で，倫理的義務は，それとは違った，けれども少なくともそれと同じくらい強固な就労の理由を提供しうるであろう。しかも，個々人が適性にあった職業を通じて倫理的義務を引き受けられるように，社会的条件の整備を促すであろう。職業の選択・移動の自由，公正な対価の支払い，ディーセントな労働環境などは当然，用意されなくてはならない。さらに，労働が同じく義務の形をとる奴隷（slave）とは違ったものであるためには，これまで脆弱な境遇におかれた女性たちの自尊（self-respect）を回復する必要がある。再教育と資格取得，貯蓄や資産形成，起業に向けた福祉貸付制度の拡大などの積極的な社会的・経済的投資（自立支援政策）は必須事項である。

　この点を十分に確認したうえで，とはいえ，働くこと，あるいは，「自立支援政策」への参加を生活保護制度の資格（剥奪）要件とすべきではないことを注記したい。「働くこと」の外側には「働かないこと」があり，そのことの価値の発見が「働かない」人々によってなされているとしたら，働くことの強制は自尊と自立の基盤そのものを脅かしかねない。また，そもそも「自立支援政策」が受給者の利益に適うものであるとしたら，参加しないことにより損失を受けるのは本人である。受けられるはずの利益を失ったことに加えて，罰則を課す必要性は見当たらない。困窮していることを生活保護制度の唯一の資格要件としつつ，「自立支援政策」を，自尊と自立の社会的基盤を整備するものとして機能させることは可能である。次節からはその理由を述べよう。

2　自立の社会的基盤再考

　いま，仮に，「自立」を次のように定義しよう。自立とは，本人にとって有

用であるような行いや在りようが，広く他者の助けを借りながらも，可能であること，ただし，どんな行いや在りようが「本人にとって」有用であり，「本人が」価値をおく理由のある生とはいかなるものであるのか，その内容については理論的・政策的には開かれている，と。このような緩やかな定義のもとであれば，およそひとにとって自立は重要であり，すべての個人が自立を享受できているかに社会が関心をもつこと，したがって，自立を，資源の社会的移転を基盤とする公共政策の目的とすることが妥当性をもつかもしれない。

ただし，その際にも，そもそも「本人にとって」の有用性，あるいは「本人が」ある行いや在りように価値をおく理由（reason）もまた，他者の反応をまって——例えば，他者のうなずきやら受けとめやらを通じた相互認識のもとで——形をなしていく点に，つまり，自立は，すでにその定義において，他者との関係性と不可分の関係にある点に留意する必要がある。また，人生には，他者にまったく依存することが必要なときもあり，また，自分にもたらされる利益や有用性を忘れて献身することが，至上の幸福をもたらす場合もある。さらに，自己の利益や有用性を忘れて献身する際に，それは自分の使命なのだと誇らかに宣言できる場合もあれば，自分が選んだことだからと静かにあきらめるしかない場合もある。自立，あるいは依存の個々人への現れ方は，多様であり，両者の間に明確なラインは引きがたい。

以下の引用に見られるように，「福祉に依存する女性の多くは，依存者をケアするケア従事者に他ならないという事実」に着目し，アメリカの福祉政策に関する言説を批判的に論じたナンシー・フレイザーらの関心もここにあった。

> ひとにとって依存性とは，人生の始まりと終わりには必須であり，人生の途上においてもしばしば必然性をもって現れる普遍的な事実である。しかも，依存者に対するケアとは，個別的人称性に基づく通約不可能な実存的取り組みであり，非人称的・一般的な価格をもって統一的に評価することは本質的に困難であるような労働である。[4]

依存者に対するケアが「個別的人称性に基づく通約不可能な実存的取り組

---

(4) Fraser and Gordon (1994)，ボードリヤール (1999/2002) も参照のこと。

み」であるがゆえに，依存者をケアする福祉受給者たちの自立のあり方も通約不可能となる。画一的な自立を迫る福祉政策は，依存者をもっぱら否定的な存在として非難するか，あるいは，――その裏返しであるが――もっぱら権力への同化を拒む存在として賞賛するか，いずれにしてもイデオロギー操作の対象として利用しかねないのは，おそらく確かであろう。とはいえ，本書は，一定の通約可能性を追究する。第2章では，依存者に対するケアについて，ケア供給者の移動の自由とケア需要者の選択の自由を担保したうえで職種に応じた統一価格を設定することは可能であり，むしろ必要であるという議論を行った。本章でもその視点から，自立支援政策の有効性それ自体は支持される。問題は，自立支援政策を包含する支援の枠組みにある。

　以上の関心により，本章では，「自立」を「自由」の視座からとらえることとする。ただし，ここでいう自由とは，自立の実質的機会，すなわち自立の意欲と能力を支える手段を社会的に保障する（例えば，適正な労働環境下にあるさまざまな職を用意する，訓練・再教育の場を用意する，ケアに専念しながらディーセントな生活を送るための所得補填をする）という積極的な意味とともに，例えば，特定の自立プログラムへの参加を所得補填の条件とするなどの形で，自立を強制されないこと，あるいは「移動の自由」をまったくもたない労働に一方的に拘束されないことをも意味するものとする。次節でより詳しく述べよう。

3　個人の選択したこと，しなかったことの意味

　アマルティア・センの近著『自由と経済開発』に次のような一節がある。

　　半奴隷的な境遇に生まれ落ち，拘束的な状態にある労働者，抑圧的な社会で束縛的な状況におかれている女性，自己の労働力以外に格別の実質的稼得手段を持たない労働者らは，福祉の観点から剥奪されているばかりではない。彼らは責任ある生を送る能力という観点からも剥奪されている。なぜなら，責任ある生を送る能力は基本的諸自由をもつことに依存するものであるから。責任は，その前提条件として自由を要求するのである。[5]

---

(5) Sen (1999b: 10)。

本章の議論の文脈では、文中の「責任」の語は、「自立」とも読み替えられる。「自立は、その前提条件として自由を要求する」、と。この本が構想されたのは、アメリカで「個人の責任と就労機会の保障法」(1996年) ができ、公的扶助制度の存在それ自体が個人の自立を妨げているという、逆説的な批判が声高く叫ばれ、本来、市場メカニズムとは異なる論理をもつはずの福祉制度にも、市場の論理と倫理を貫徹しようという議論が、党派を超えて席巻し始めた時期である[6]。それに対抗して、センが主張する「自由」の概念が、形式的な選択の自由に還元されないことは、明らかである。それは、「本人が価値をおく理由のある生 (to live the kind of lives they have reason to value)」を実際に選ぶことができること、選ぶための条件を備えていること、すなわち「福祉的自由 (well-being freedom)」を意味する[7]。

この福祉的自由をとらえる分析手法が、「潜在能力 (capability)」アプローチである。その第1の特徴は、所得や消費、あるいは主観的な満足を越えて、ひとの「行い (doings)」や「在りよう (beings)」に接近することにある。第6章で言及した「社会生活に関する調査・社会保障生計調査」(2003年) は、生活保護受給母子世帯と低所得母子世帯の潜在能力を比較検討するための手掛かりを与える。収入と支出を記す家計簿に基づく「社会保障生計調査」、ならびに、社会生活の実態に迫る「社会生活に関する調査」の両側面から比較がなされているからである。

潜在能力アプローチに即していえば、生計調査は個人の利用可能な資源を、社会生活調査は資源を利用して個人が達成した機能 (行いや在りよう) を表す。両者の間には、本人の資源利用能力 (スキル、時間、資産など) が介在する。例えば、前者は「食費」などの資源情報を示すのに対し、後者は「新鮮な食材で調理している」、「栄養のバランスをとって食事している」、「献立の種類を増やすようにしている」などの機能情報を示す。両者の視点の違いは表7-1のように対照される。食費に関しては生活保護受給1人世帯の方が低所得世帯1人世帯

---

[6] 「リベラル派も保守派も自立が究極的善であること、あるいは自立を賃金労働と同一視するという理論前提それ自体については何の疑問もはさまない」(Fraser and Gordon, 1994)。

[7] Sen (1983; 1985a; 1985b; 1999b; 2002a; 2009a) など。アマルティア・センの自由概念に関する包括的な研究の試みとしては、例えば、後藤 (2002) 参照のこと。

第7章　自立の社会的基盤と公的扶助

表7-1　生計調査と生活調査の対照

生計／生活 世帯類型	食費	新鮮な食材で調理している
低所得1人世帯	平均288,000円	79.2%
生活保護受給1人世帯	平均314,000円	68.0%
低所得母子世帯	平均469,000円	86.3%
生活保護受給母子世帯	平均581,000円	84.9%

出所：「社会生活に関する調査　社会保障生計調査　結果報告書」(2003年)。

よりも高いが，ディーセントな生活機能の一端を示す「新鮮な食材で調理している」では順位が逆転する。母子世帯では，後者において差はない。

各調査の調査対象と方法・期間及び定義は次のように記されている。

(1)社会保障生計調査

調査対象：①低所得世帯（生計簿），住民基本台帳から無作為に抽出した世帯のうち，世帯人員別の所得額が低い方から第Ⅰ・5分位に属する757世帯（うち東京都339，他12都道府県・指定都市・中核市）。②生活保護制度が適用されている世帯の515世帯。調査方法：自記式の留置調査。調査期間：平成13年7月～平成14年6月，平成13年4月～平成14年3月。

(2)社会生活に関する調査

調査対象・方法についてはほぼ上記と同じ。調査期間：平成14年2月。

(3)定義：本章で分析の対象とする母子世帯は，死別，離別，その他の理由（未婚を含む）で現に配偶者のいない18歳から60歳未満の女子と18歳未満のその子だけで構成されている世帯と定義され，調査数は低所得世帯73，生活保護受給世帯119である。平均世帯人数は，低所得世帯2.6人，生活保護受給世帯3.0人である。

なお，以下の分析では，充足率（当該集団における充足数の割合）も一部示すが，基本的には，非完備的かつ推移的な，序数的個人間比較可能性（本書第Ⅲ部補論参照のこと）のみを仮定する。本章の目的においては，基数性と完備性は不要だからである。

分析結果の概要は次の通りである。一方で，「社会保障生計調査」の結果から，低所得母子世帯は生活保護受給母子世帯に比べて総消費に占める食費の割合が少ないことが明らかにされた。他方で，「社会生活に関する調査」の結果から，低所得母子世帯は，「子どもと外食する」，「友人と交流する」など活動

機能の達成がより高いこと、ただし、「献立の品数をそろえる」、「規則正しく食事をとる」など生活機能の達成はより低いことが明らかにされた。さらに、外から認知されにくい必要を示す事柄として、例えば、「家族全員に十分なふとんがある」の充足率は、低所得者世帯で89.0％、生活保護受給世帯で79.8％であり、「外食を楽しむ機会がある」の充足率は、低所得者世帯で65.7％、生活保護受給世帯で55.5％である。平均所得世帯では100％の充足率が想定されるとしたら、両者の値はいずれも低い。だが、生活保護世帯はより低い。これらの結果は何を意味するのだろうか。

はじめに指摘されるのは、生活保護世帯と低所得世帯の活動傾向の違いであろう。低所得世帯は、通常、必需品と考えられている財やサービスの消費を量的に、あるいは質的に抑制しながら、むしろ、通常、選択項目と考えられている子どもを通じた社会活動、自分や子どもの将来への投資に、所得や時間を振り向けようとする傾向がある。それに対して、生活保護受給母子世帯は、社会活動や将来投資を抑える一方で、家族が見苦しくない（ディーセントな）生活を送るための衣食の支出を惜しまない傾向がある。

このような傾向に、彼女たち自身の自発的選択を読み取ることはできるだろう。例えば、低所得母子世帯は、調理にかかる光熱費を抑えつつ、物価や社会情勢の変動をすばやく読みとり、知人との会話を楽しみ、有益な情報を交換しあうために比較的安価な外食を多く選択した、と。他方、生活保護世帯は、受給前に失いかけた自分や家族の健康や尊厳、ならびに安定した生活を取り戻そうと、よりよい調理や恥ずかしくない外見を選択した、と。

だが、低所得世帯の選択は、住環境の厳しさ、母親自身の栄養摂取と休息の欠如という犠牲を伴っている。また、生活保護世帯の選択は、知人・友人との交流機会の制約や貯蓄や投資の制限という犠牲を伴っている。本人が選択したことがらの背後には、本人には選択しようにもできなかったことがらがある。潜在能力アプローチの特徴は、自発的な選択点の背後にある実質的な選択機会をとらえることにある。次節で詳述したい。

4　自立の実質的機会の保障について

「潜在能力」は、本人が、自己の選好にしたがって、選ぼうと思えば実際に

選ぶことのできる選択肢の集合を指す。裏返せば、潜在能力の外部の点は、本人がどんな選好をもとうとも（自己の選好をどのように変形させようとも）決して選ぶことのできない点を表す。個人が現に達成している点（行いや在りようの連なり）ではなく、個人の潜在能力に注目することは、彼女がある行いや在りようの連なりを達成していない理由が、それらの行いや在りようの連なりを本人が選好していないからなのか、それとも、選択機会をもたないため、すなわち、選択することを外から阻まれている、あるいは達成するための手段が不足しているためであるのかの追究を助ける。[8]

　いま、調査された項目を「ディーセントな生活を充足できている」（y軸）と「社会活動・将来設計に取り組むことができる」（x軸）という2つの機能にまとめる。前者には、他に、「栄養のバランスをとって食事をしている」、「すきま風が入らない」などの項目が、後者には、他に、「街でショッピングをしたり見て歩いたりする」、「相談にのってくれる人がいる」などの項目が入れられる。そのうえで、低所得母子世帯、生活保護受給母子世帯、さらには平均所得世帯に関して、2つの機能の達成可能性を序数的に（相対的高低のみに着目して）比較し集合間関係で図示しよう（図7-1）。

　要点は、低所得母子世帯と生活保護受給母子世帯のいずれの潜在能力も互いに他を包含する関係にはないこと、ただし、いずれの潜在能力も平均所得世帯に包含される点にある。すなわち、低所得世帯は、「ディーセントな生活」の達成可能性はより低いものの、「社会活動・将来設計」の達成可能性はより高い。生活保護受給世帯は、「ディーセントな生活」の達成可能性はより高いものの、「社会活動・将来設計」の達成可能性はより高く、しかも、目に見えにくい社会的抑制（social inhibition）のせいで、「社会活動・将来設計」の達成可能性が、本来よりも、大きく削がれている。ただし、ここでいう社会的抑制とは、生活保護受給にあたって本人たちが受け入れざるを得ない抑制、例えば、多くの人々がかならずしも「必要（必需品）」とみなさない財やサービスの消費を控えるといったものである。

　この生活保護受給母子世帯の潜在能力が社会的抑制によって「削がれてい

---

[8]　各世帯が実際に達成している点は、さまざまな行いや在りようの達成度に関する本人の評価関数をもとに本人が選択した最適点として解釈可能である。問題は、ある点を「最適」とする理由にある。

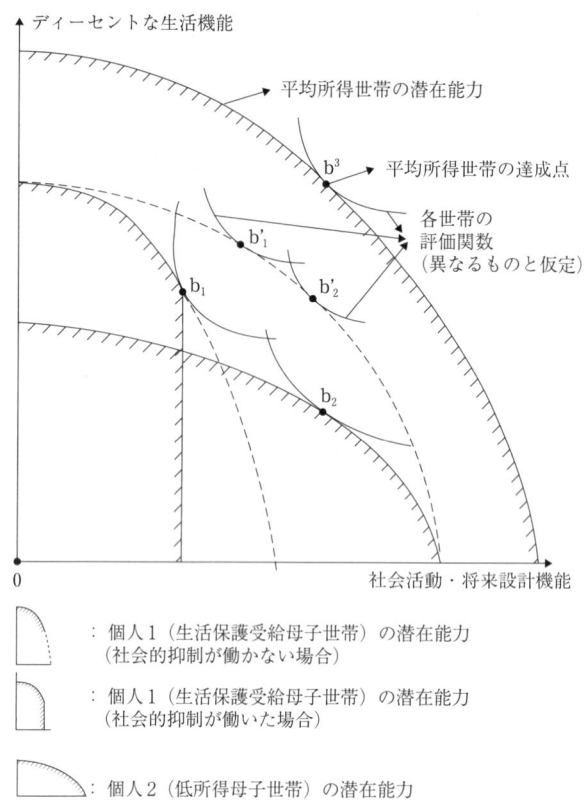

第Ⅲ部　潜在能力アプローチと福祉の社会的選択

図7-1　潜在能力の序数的比較

縦軸：ディーセントな生活機能
横軸：社会活動・将来設計機能

- 平均所得世帯の潜在能力
- b^3：平均所得世帯の達成点
- 各世帯の評価関数（異なるものと仮定）
- b_1、b'_1、b'_2、b_2

凡例：
- 個人1（生活保護受給母子世帯）の潜在能力（社会的抑制が働かない場合）
- 個人1（生活保護受給母子世帯）の潜在能力（社会的抑制が働いた場合）
- 個人2（低所得母子世帯）の潜在能力

b_1：生活保護受給母子世帯の達成点　　b_2：低所得母子世帯の達成点
b'_1：複層的公的扶助システムで達成するであろう機能
b'_2：複層的公的扶助システムで達成するであろう機能

出所：筆者作成。

る」という図は，彼女たちが直面せざるをえない現実であるとともに，低所得でありながら生活保護を受給しようとしない母子世帯が，生活保護について思い描いているイメージでもある。選ぼうと思えば実際に選ぶことのできる生の範囲への制約が，生活保護受給をためらわせる。必需品の消費以外の活動を抑制されがちな生活保護受給は，社会活動や将来設計を行うための資源と利用能力の不足――「補足性の原理」のもとで消費し尽くすことを要求された資産・労働能力・人間関係――を挽回するどころか，加速していく結果になりかねない，と。低所得でありながら生活保護を受給しない母子世帯は，就労できる環

境的・身体的・精神的条件を辛うじて保つことができている。親族や職場の同僚，近隣の人々との人的ネットワークなど，手元に残された個人的資源を大事にしながら社会活動や将来設計にいそしんだ経験が，決定的な困窮を回避させたケースもあるだろう。けれども，彼女たちがディーセントな生活を維持するための資源，例えば食事や衣服や住居の消費を極端に切り詰めていること，厳しい就労条件や職場環境，不安的な収入のもとで，物価や労働市場のわずかな変動に翻弄され，心身の緊張がぎりぎりまで高まっていることも確かである。

　繰り返そう。両者はいずれも，自立の意欲や能力を失っているわけではない。限られた資源を最大限に生かしつつ社会活動や将来設計にいそしむ低所得世帯も，家族のディーセントな生活の維持を図ろうとする生活保護世帯も，それぞれ「価値をおく理由のある」選択を行っている。だが，潜在能力を見るかぎり，両者はいずれも，自立のための社会的基盤を十分にもつとは言いがたい。例えば，低所得世帯の予算制約がもう一回り大きくなり，市場購買力が高まるとしたら，彼女らは社会活動や将来設計などの活動を続けながら，ディーセントな生活の維持に必要な消費水準を保つことができる（図7-1のb'_2）。人的ネットワークや心身の健康，経済的資産が完全に枯渇する手前で生活保護が受給できていれば，ディーセントな生活の再建ははるかに楽であったに違いない。そうであるにもかかわらず，生活保護を選択しない理由が，自立の社会的基盤を失うことへのおそれにあるとしたら，あるいは，生活保護から抜け出られない理由が，個人的資源の再形成の困難さにあるとしたら，生活保護制度の改革が取り組むべき問題は，まさにここにあるのではないだろうか。

5　自立支援政策の問題

　自立をてこに「活動的社会」への転換を図る傾向は，近年の福祉国家に共通する現象である。例えば，1990年より，OECDは就労活動を「社会的に有用な活動」という範疇の1つに位置づけ，教育・訓練の機会，労働市場への参加，保育ケアの提供を統合すること，そして，就労を通じた家族扶養責任の遂行と直接的な養育責任の遂行とを，多様なかたちで組み合わせられるような「活動的な雇用機会の平等政策」を主唱している[9]。

　2002年，居住支援と就業支援を2つの支柱とするホームレス自立支援法が成

立したことを皮切りに，日本でも，多くの福祉分野に自立支援政策が導入された。母子及び寡婦福祉法，児童扶養手当法等の改正とともに施行された「就業・自立に向けた総合的な支援」(2002年)，2003年，「母子家庭の母の就業の支援に関する特別措置法」，2005年，身体障害者，知的障害者，障害児に対する「支援費制度」(2003年実施) に代えて制定された「障害者自立支援法」(2006年より実施) など。例えば，ホームレス自立支援法に「民間団体の能力の活用」が明記されているように，営利企業との連携が推進される点にも特徴がある。

このような政策が矢継ぎ早に導入された背後には，女性や障害者，差別を受けてきた人々の自由への平等を希求する運動，さらには，市場的活動・私的契約に顕現される当事者間の対等性や選択の自由・判断の自由，行為主体的自由 (agency freedom) への再評価があったことは否めない。これまで働きたくとも働くことのできなかった人々の教育機会・雇用機会を増やし，労働条件の整備を促し，働く潜在能力を高めること，また，親元を離れて，個人として社会生活を送ることが期待された。他の人々のために一歩踏み出すことは，たとえ自己のためになす仕事を互いに交換するだけであるとしても，何らかの社会的価値を創出する。働こうにも働くことのできない人々，あるいは働くこと以外の方法で価値を創造しようとしている人々を含む社会において，働こうと思えば働くことのできる人，働くことの価値を顕現できる人が，職や業を通して貢献することは，社会的協同の網目に在る個人としての倫理的義務であるといえるだろう。

だが，実際には，自立支援政策はそれ自身の価値を目的とするのではなく，むしろ，既存の所得保障政策や福祉政策を代替するものとして位置づけられていく。例えば，2006年，生活保護見直し委員会で提案された「生活保護受給母子世帯に対する自立支援プログラム」は，当初母子加算の減額・廃止とともに施行されることが決まった。背後には，2002年から実施されていた「児童扶養手当中心の支援」から「就業・自立に向けた総合的な支援」への転換がある。例えば，自立支援教育訓練給付金が母子世帯主に支払われる仕組み，ならびに，母子世帯主をパートタイムで雇用し，OJT 実施後，常用雇用（一般）労働者に転換した事業主への奨励金支給する仕組みがとられる一方で，児童扶養手当の

---

(9) OECD (2015), 宮本 (2004 ; 2009) を参照。

受給要件が厳しく制約された(所得に応じた減額,受給期間が5年を越える場合の減額・支給停止)。

生活保護に限っていえば,自立の2つの構成要素(活動機会と所得保障)をトレードオフ関係に追いやる動因は,次に示す生活保護法第4条「補足性の原理」にもある。この規定は,複数の異なる基準の整合化という規範理論的問題の実践例としてもきわめて興味深いので,以下で検討しよう。

> 第4条　① 保護は,生活に困窮する者が,その利用しうる資産,能力その他あらゆるものを,その最低限度の生活の維持のために活用することを要件として行われる。
>
> ② 民法(明治二十九年法律第八十九号)に定める扶養義務者の扶養及び他の法律に定める扶助は,すべてこの法律による保護に優先して行われるものとする。
>
> ③ 前二項の規定は,急迫した事由がある場合に,必要な保護を行うことを妨げるものではない。

この規定は,個々人の最低生活水準の維持という生存権の実現を目的として,生活保護制度とそれ以外の制度との関係を規定するルールである。端的にいえば,本法は,生活保護制度以外で,個々人の最低生活水準の維持に関連するあらゆる制度は,生活保護制度に優先して適用されねばならないことを指示する。健康で文化的な最低限度の生活水準を下回り,かつ,先行する制度の適用可能性がない場合は,生活保護が適用される。先行する制度が適用されても,健康で文化的な最低限度の生活に満たない場合は,不足分が後者によって補われる。注記すれば,ここでいう「先行」とは,時間的な先行関係を意味するものではなく,論理的な先行関係を意味するものであるから,実践的には,先行する法と生活保護法に基づく調査が同時に開始され,時間的には後者の適用が先行し,前者が確定した段階で前者への切り替えがなされることもありうる。

競争市場を別とすれば,社会福祉法に定められた老人福祉法,身体障害者福祉法,知的障害者福祉法,母子及び父子並びに寡婦福祉法,児童福祉法が先行する制度として例示される。これらによる公的扶助(現金給付や現物給付)が充

---

(10) 2004年には,都道府県,市及び福祉事務所設置町村の10.4%で実施。また,継続して雇用する事業主に対し,賃金相当額の4分の1を雇い入れ後,6ヶ月ごとに2回支給する仕組みもある(2003年実績は約53億円)。

実するとしたら，生活保護制度の適用範囲は狭められ，制限されるとしたら，生活保護制度の適用範囲が拡げられることになる。また，民法の定める「生活扶助義務」の範囲が，現行の夫婦・子ども・親・兄弟から，夫婦だけへと狭められたとしたら，子，親，兄弟への経済的依存を望まない個人へと生活保護制度の適用範囲は拡げられる。逆に，扶助義務の範囲が，例えば，同性間の事実婚へと拡げられるとしたら，扶養能力のある同性と事実的婚姻関係にある個人は，生活保護制度の適用範囲から外れることになる。後者の例は，近年，話題になったフランスのPACSである。それらは同性婚を法的に同等に扱うという意味で画期的なものであり，公的扶助（RMI, RMAなど）の受給資格を同性婚の低所得者層にも拡げたが，資格の認定においては，同性であっても夫婦間の扶助義務が優先されることにもなる。

6　個人と公的扶助

上述の補足性の原理でいう先行する制度の筆頭は，自由な競争市場制度であるから，申請者の貯蓄や資産，時間や労働能力，「その他あらゆるもの」について，市場制度で生産財あるいは消費財に変換する可能性が優先的に探究される。だが，その可能性の判断は，最終的には本人の個別的状況に依存するので，多くの情報と注意深い精査が必要とされる。本人のサイドに立ち，支援に専念できる他者（その意味での「専門家」）が不可欠となるだろう。まさしく「自立支援」をなすことが要せられる。

本人が利用可能な「資産・能力」には，民法を基礎とする私的扶養義務に基づく援助，あるいは法を離れた自発的な援助も含まれる。だが，それらの存在を理由として生活保護給付を割り引く場合には，それらが受け手自身の中長期的な人生プラン，活動の展開を促すうえで十分な安定性と有効性をもつことが確かめられなくてはならない。さらに，そもそも，民法を基礎として現在，通例とされている私的扶養義務の種類と範囲，その根拠については，広く公共的討議にかけられる必要がある。個人の自立を社会的価値として認めるならば，少なくとも配偶者間と未成年の子に対する親の義務以外では，私的扶養義務関係から離れ，個人として公的扶助を受給する仕組みが，当然ながら望ましい。

生活保護法が掲げる2つの目的，「健康で文化的な生活水準の維持」と「自

立の助長」をどのようにバランスづけるかは，課題として，生活保護の制定当初から意識されていた[11]。新生活保護法の制定後50年経って着手され始めた生活保護制度の見直し論議においても，この点は問題とされた。そして，個人に対する「補足性の原理」の適用実践を弱め，生活保護制度をより「入りやすく出やすい制度」とするという提案がなされた。すなわち，生活保護の受給にあたって一定の資産の保持を認め，私的扶養義務の範囲を狭め，労働能力活用の要件を弱めようという提案である[12]。この提案の背後には，次のような個々人が想定されていた。生活保護を受けつつ，一定の資産を元手に小規模事業を起こす人，生活保護と養育サービス・技能訓練を受けながら，さまざまな地域社会活動を推進する人，リスクに備えて社会保険に参加する人，容易にはぬぐい難いさまざまな不利性を抱えながらも，公的経済給付と自立支援政策の力を借りて，社会的協同に参加する人などである[13]。

　利用しうる資産・能力など，それまで本人の自立を支えてきた社会的基盤が消費し尽くされる前に，生活保護の適用を図り，自立の終焉を阻止するというこの提案は，経済給付水準の減額と引き換えに自立支援サービスを用いる政策意図とは，明らかに異なるものであった点を確認しておこう[14]。

---

[11]　小山（1951）参照のこと。
[12]　今回の報告書では，資産の保有条件と扶養関係を緩めることが提案として記されている。また，第14回資料3では「所得調査（ないしは資力調査の緩和）」のみを要件として，生活扶助を除く各種扶助の併給あるいは単給を行う仕組みが提案されている。
[13]　Kathryn and Lein（1997）*Making Ends Meet*（『帳尻りを合わせる』）ではシングルマザーたちのそのような姿が生き生きと描かれている。
[14]　2013年「生活保護法の一部を改正する法律」の制定に伴い，生活保護受給者に関して「被保護者就労支援事業」，「就労自立給付金」が創設された。加えて，稼働能力をもつ低所得者を対象とする「特定求職者支援法」（2011），「生活困窮者自立支援法」（2013）が制定され，相談事業や「住居確保金」の支給などが実施されている。少なくとも理論的にはこれらの自立政策は最低生活保障政策と矛盾するものではない。

第8章
政治的リベラリズムを越える論理と制度

1　フェミニズムの視点と制度化の論理

　かつて，カール・マルクスは『ルイ・ボナパルトのブリュメール十八日』でこう書いた。

> 1848年様々な自由の御定まりの参謀本部，すなわち，個人の自由，出版の，言論の，結社の，集会の，学問の，宗教の自由等々は，憲法の制服を授けられ，それによって不可侵とされた。つまり，これらの自由はどれもフランス市民の無条件の権利だと宣言されるが，それらが無制限なのは，「他人の同じ権利と公共の安全」によって制限されないかぎり，あるいは，個々人の様々な自由の相互間の調和や公共の安全との調和を媒介するはずの「法律」によって制限されないかぎりのことである，という確固たる傍注が付いているのである。……だから，憲法は，例の傍注を実行し，これら無制限の諸自由が相互間でも公共の安全とも衝突しないようにそれらの享受を規制するはずの，未来の有機的に関連する法律への注意を，つねに喚起している。そして，後にこれらの有機的法律が秩序の友によって作られ，あの様々な自由のすべては規制されたので，ブルジョアがそれらを享受する際に他の諸階級の同じ権利と衝突することはない（マルクス，1996: 30-31）。

　フェミニズムによるリベラリズム批判の真髄もまたここにある。個人の自由に対する女性たちの権利は，男性たちが「同じ権利」を十全に享受するために，あるいは，女性たちを不可視化したうえでの「公共の安全」のために，憲法の

名のもとで合法的に制限されてきたのだ,と。ここから,特定グループ(男性)の利害と不可分な出生と生育歴をもつ憲法,ならびに,その論理に沿って作られ,整序化されていった法的秩序それ自体を否定したいという主張が湧き起こるのも無理はない。

だが,少なくとも現代において,フェミニズムが対抗すべき真の対象は,リベラリズムそのものではないはずである。リベラリズムを構成する「自由」と「寛容 (tolerance)」は,フェミニズムが足場とする女性や性的マイノリティの視点からも測り知れない価値をもつからである。身体も,表情も,はては感情までも他者に合わせて演じることを余儀なくされつつ,それでも自由を希求してきたのは,他ならぬ彼女らではなかったか。

たとえ自らは,愛や信頼,憐れみに第一の価値をおき,それらに付随する拘束性を進んで受け入れようとする個人であったとしても,身体と表情との,表情と感情との分裂に鋭い痛みを感じる人々の希求する,自由それ自体の価値を否定することはないだろう。それは,自由に第一の価値をおく個人であったとしても,愛や信頼,憐れみそれ自体の価値を否定することがないのと同様である。これはまさにリベラリズムのいう「寛容」に他ならない。

対抗すべき真の対象は,リベラリズムそのものではなく,リベラリズムを定式化する方法,換言すれば,リベラリズムを制度化する方法である。もっぱら形式的に定式化された「等しいものの等しい扱い」,もっぱら手続き的に定式化された公正性概念,もっぱら個人別に定義された衡平性概念,乏しい情報的基礎に基づく善の中立性・匿名性,個や集団の自律性に対する機械的尊重など。本章の目的は,フェミニズムの視角から,ロールズの政治的リベラリズムを含む従来のリベラリズムの定式化・制度化の何が,なぜ問題なのかを解明し,その再定式化の方法を探ることにある。

2 制度化批判に伴いがちな4つの論理的盲点

議論に先立って1点注記したい。リベラリズムを定式化すること,あるいは,制度化することそれ自体への懐疑についてである。上述したように,ある憲法,ある法的秩序が,意識的にであれ,無意識的にであれ,あるグループの特殊事情への配慮を欠くとしたら,そのグループの特殊事情は,これらの憲法や法的

秩序を根拠として合法的に無視されることになる。いかなる憲法、法的秩序であっても、あらゆるグループのあらゆる特殊事情に配慮することは不可能であるとしたら、特定のグループの特殊事情に対する合法的無視を防ぐ方法はただ一つ、いっさいの憲法や法的秩序を破棄することのみである、と。

　このような懐疑に対しては、次のような反論が考えられる。第1に、制度化されないことがらは、偶然に依拠して決定されるおそれがある。たまたまよき環境に恵まれ、異議申し立てする力をもてた場合には、本人に適したやり方で自由が守られ、主体を保てるかもしれないが、そうでない場合にはいかなる手立てもとられないまま、放置されるおそれがある。制度化することが特定のグループの合法的な無視（ネグレクト）をもたらすおそれがあるとしたら、制度化されないことは、特定のグループの非合法的な――違法的ではないとしても――無視（遺棄）をもたらすおそれがある。

　第2に、そもそも制度とは、法や政策のみならず、慣習や儀式、習慣やルーティンなどを広く含むものであるとしたら、制度化する以前に制度化の事実が存在し、何ら反省の契機をも与えられないまま存続させられていくおそれがある。法や政策を通じた規範的制度化の試みが、安易に政治や学問による「検証済み」のレッテルをまとい、人々の眼をごまかすおそれがあるとしたら、慣習や儀式、習慣といった事実的制度化の事実は、検証不可能、訂正不可能という居直りで人々の声をはねのけるおそれがある。

　第3に、定式化・制度化への懐疑は、次のような論理的問題を見逃している。たとえある憲法、ある法的秩序が、あるグループの利益への直接的な言及を欠くとしても、そのことは、少なくとも論理的には、そのグループを合法的に無視することを意味しない。例えば、「すべて男性は……の権利をもつ」という規定は、「男性」以外のグループについて、そのグループも同様に「……の権利をもつ」とは主張していないかわりに、そのグループは「……の権利をもたない」とも主張していない。したがって、「男性」以外のグループに関して、同様の権利を割り当てる新たな取り決めがなされることを、その規定自身は何ら阻むものではない。

　もちろん、ここで、「男性も男性以外のグループも、等しく……の権利をもつ」という取り決めが作られるとしたら、男性と男性以外のグループとの権利間の衝突が予測される。だが、権利間の衝突は男性間でも起こりえるのだから、

そのこと自体は，権利の適用範囲を制限する正当な理由とはならない。むしろ，特定の集団をあらかじめ排除することの恣意性が問題とされなければならないはずである。そのうえで，解決法としては，2つ考えられる。1つは，コンフリクトの調整は，問題が発生した時点でそれぞれの文脈に任せる方法であり，他の1つは，優先順位の取り決めなどの調整ルールを当該規定の中に盛り込んでおく，あるいは，後続する規定の中に組み込んでいく方法である。

　後者については，例えば，女性の権利を優先し，女性にとってどちらでもいい（女性にとって比較不可能あるいは無差別な）事象に対してのみ，女性以外のグループの権利の行使を認めるようなルールを組み込むことが考えられる——それが正当であるかどうかはまったく別にして——。ちなみに，上記の引用文で言及されているフランス1848年憲法には，ブルジョアジーの権利に優先性を与える明確な規定は存在しなかった。だが，そこには，ブルジョアジーの権利に優先性を与える法律の制定を禁止する明確な規定もなかった。後者は，一定の社会構造と歴史段階のもとでは，ブルジョアジーの権利に優先性を与えるような法律が，議会制民主主義の手続きのもとで合憲的に制定されることを食い止められないことを意味する。マルクスが問題にしたのはまさにこの点だった。リベラリズムの再定式化に際して本章が問題にしたいのもこの点である。ただし，同時に，そのような事態は，1848年憲法から論理必然的に導出されるわけではない点は強調しておきたい。

　定式化・制度化への懐疑に対する第4の反論は，個々人の選好判断の形成に関連するものである。ある社会的価値を定式化・制度化する際には，例えば，ジョン・ロールズが正義の理論で用いた「無知のヴェール」の想定のように，個別特殊な事情をもつ個々人が，自己の個別特殊性を社会的事実として伝える一方で，ひとたび自分の個別特殊性から離れて，互いの個別特殊性を反省的に吟味するプロセスがかならず要求される[1]。上述したように，制度にはさまざまな種類があり，法や政策ほどの一般化・形式化が要請されないものであるとしても，制度の運行は最終的には人々の意思や判断，行為に依存するのだとしたら，互いの個別特殊性を反省的に吟味するプロセスを踏むこと，それによって個々人の内にあり，ときに激しく相克する私的選好，集団的選好，公共的判断

---

[1] 例えば，Rawls（1971a: 136-137）参照のこと。

を，個々人が自覚的に組み変え，再形成することには，独自の意義があると思われる。

本章は，これらの反論を根拠として，定式化・制度化の試みそれ自体を否定することはしない。ただし，そのことは，定式化できない問題があることを否定するものではない。後述するように，暴力的な介入の不在という自由それ自体を定式化することは難しい。でも，たとえそうだとしても，社会的に食い止めなくてはならない暴力の個々の事例を集積することはできる。また，そのような自由を保証するための施策を定式化することはできる。以上の点を確認して本題に移ろう。

3　支配と依存，そして自由

自分に従うことを要求せざるをえない相手の深遠な孤独と依存性をとことん知りながら，それでも女性が，暴力的な介入をふりきることができないのは，なぜだろうか。

頭上にふりおろされる暴力と狂気，自活する経済的な資力の欠如，行使しうる法的な権原の不在，あるいは，同居する幼少者や老親をケアする義務，相手の深遠な孤独と依存性に対する憐れみやコミットメント，これらの要因が，そもそも自分自身の身体，表現，感情の実在と統合をめぐる不確かさと結びついて，女性を現在の境遇に押しとどめようとするであろうことは十分に考えられる。だが，留意すべきは，これらの要因はいずれも，女性自身が相手に依存しているという事実を示すわけではないという点である。

唯一の例外は，男性にコントロールされているはずの自分の身体や，表情や，感情が，逆に相手を支配しうることに気づいた女性が，いわばその独占的支配力を巧みに行使しながら，自分の権力を高めることに専念するときである。そのときには，女性自身もまた，相手への依存を深めるおそれがある。ジョン・スチュアート・ミルの著した『女性の解放』の興味深いところは，「自己のことを自己の思うままに処理することを許されない人」は，「自分勝手な目的で他人の事柄に余計な口出しをする」，あるいは，相手の供する金銭により「その身の美しさや衣装や虚飾に執着する」など，「他人を支配することにおいて自己を主張しようとするにちがいない」と分析する点にある。もっともこのよ

うな分析は，ミルが共作者と呼ぶテイラー夫人の観察に基づく可能性が大きいと推測されるが（以上，ミル，1869＝1957/2004：187，ただし引用は邦訳より）。

　女性のアイデンティティの統合を阻みつつ，女性の身体，表情，感情をコントロールする男性は，それによって彼自身の能力を拡大しているといえないこともない。コントロールに際して多額の金銭（費用）を支払わなければならない男性は，少額ですむ男性に比べて純能力拡大の程度がより小さいとさえ言えるかもしれない。その一方で，女性をコントロールすることに固執する男性の，まさにその固執を利用しながら，男性への支配力を高めている女性もまた，彼女自身の能力を拡大していると言えるだろう。男性にコントロールされることの痛手がさほど大きくなく，しかも，その男性により強い支配力を獲得できた女性は，その能力をより高めたと言えなくもない。

　だが，たとえそうだとしても，これらの能力は，ある特定の相手との関係性においてはじめて意味をもつ能力であり，その価値は，いわば市場の閉じられた独占的状況でつりあげられているにすぎない点に留意する必要がある。ミルが看破したように，これらの能力は，たとえ獲得できたとしても，女性たちが本来，希求していたはずの自由とは明らかに異質のものであり，そのような自由それ自体を代替するものとはなり得ない。

　もちろん，実際には，自由を希求していたはずの女性が，自由を断念することとの引き換えで，このような能力から一定の満足を得ることはあるだろう。それが，本人の利用可能な資産やスキルの蓄積につながるとしたら，得られる満足は一層高まる可能性がある。皮肉なもの言いをすれば，女性をコントロールしようとする男性と，彼の依存性を見抜き，受けとめ，巧みにあやつりながら，自らの支配力を高めていこうとする女性との華やかな駆け引きの中で，良妻賢母の神話も生まれたとも，また，そもそも恋愛や婚姻に際して，相手の所有物となるつもりであることを，女性たちがほのめかすとき，その隠れた心性は，自分に対する相手の需要独占を許す代わりに，相手に対する自分の供給独占の地位を確保することにあると言えるかもしれない。

　だが，再度確認するならば，自由を希求する女性たちの欲求は，よりストレートに，自分の身体と表情との，表情と感情との一致を妨げられないこと，我を我が手に奪取することにあった。それは，結果的にどれほど大きな支配力を得ようとも，その欠如が依然として問題になるような——事態の望ましさを総

合的に判断しようとする広義の帰結主義であれば見逃すことのできないような——類の自由であった。男性に対して，あるいは，男性を通じて，ひそかに自らの支配力を高めることは，そのような自由の欠如に対する批判と抵抗の視点を一時的にそらすことはあっても，完全に覆い隠すことはできないはずである。

はたして，女性たちの身体と表現と感情を暴力的な介入から守るためには，自由をいかに定式化・制度化すべきなのだろうか。

4　暴力的に介入されない自由と能力

考察に先立って，問題を再度確認しよう。ここでいう自由とは，私の身体，表現，感情に対する暴力的な介入がなされないことであって，私が身体，表現，感情を一致しうること，そのようにしてアイデンティティを統合できることではない。両者はきわめて密接に関連するものの，別物である。たとえ暴力的な介入がないとしても，身体と表現と感情がばらばらで，どれに一致させたらいいのかわからない，あるいは，それらがこぞってあらぬ方に疾走していく，そのような状態は十分，起こりうる。逆に，暴力的な介入，あるいは，それを防ぐためにとられた施策が，本人のアイデンティティをある方向に統合していくきっかけとなることもあるだろう（Cornell, 1998 参照）。だが，たとえそうだとしても，暴力的に介入されないという自由それ自体の重要性は変わらない。

その意味では，ここで問題とする自由は，アイザイア・バーリンの区分に従えば，「消極的自由」といえるだろう[2]。もちろん，彼自身が認識していたように，また，センが記しているように，消極的自由の保証のために積極的な介入が必要となる場面がある。介入されないという自由を行使するためには，介入を拒否するための能力が必要となるが，その能力を確保するためには積極的な介入が必要となってくる場面，あるいは，能力を確保することを超えて，介入そのものを直接阻止するために積極的な介入が要請される場面がある[3]。これらの場面を考慮することは，本章の主題にとってきわめて重要なのだが，その前

---

[2] Berlin (1969)。バーリンは自らを統治できるという意味での自由，カント的な自律の意味での自由を「積極的自由」と名づけ，外的に介入・束縛されない自由と区別しようとした。本書第4章4節参照のこと。
[3] 例えば，セン・後藤（2008：116-117）参照のこと。また，水野（2013）参照のこと。

に，バーリンのいう消極的な自由を定式化することの技術的な困難さをはじめに確認しておこう。

例えば，経済学において，「選択の自由」は，一定の空間（例えば財空間）上で定義された本人の効用関数にしたがって，所与の選択肢集合から最適点を選ぶことと定義されることがある。いま選択肢集合を，アマルティア・センのいう「潜在能力」，すなわち，本人が選ぼうと思えば実際に選ぶことのできる機能ベクトルの集合であると解釈しよう（Sen, 1980, 1985 など参照のこと）。定義より，潜在能力に属する点（機能ベクトル）は，「選択を妨げられない」という条件と「選択する手段をもつ」という条件の両方をみたすことになる。だが，潜在能力から外れた点（機能ベクトル），すなわち，本人が選ぼうと思っても実際には選ぶことができない点については，その理由が，暴力による介入などにより「選択を妨げられない」という条件が欠如したためなのか，資源不足など「選択する手段をもつ」という条件が欠如したためなのかを区別できない。

「選択の自由」は，また，ある集合（例えば，他の人の状態を変化することなく，ある個人の状態のみを変化させる選択肢の集合）に属する任意の2対の選択肢に関して，他の人々の選好がどうあろうとも，また，本人の選好がいかに変化しようとも，本人の選好がそれだけが社会的選択に反映されることとして表現されることがある。この定義は，──「ある集合」（本人の選好が常に社会的選択に反映されるような選択肢の集合）をどのように定義するか，に論点の多くを保留してしまっているという問題を別とすれば──，少なくとも個人の選好に対する外的介入の不在を捕捉しているかのように見える。だが，それもまた，社会的選択の情報的基礎とされる個人の選好それ自体の問題，例えば，それは本人が内面化を余儀なくされた暴力への「適応的選好」にすぎないのではないか，といった疑惑をはねのけることは難しい（Elster, 1979; 1982）。さらに，そもそも自分の選好のどの部分を社会的選択に反映させたいか，に関する個人のメタレベルでの選好判断が尊重されているのか，といった問題も浮上する（Gibbard, 1990）。

この点を踏まえて，本章では，「暴力的に介入されない自由」それ自体の定式化を経ずに，センの潜在能力概念に依拠しつつ，「暴力的に介入されないた

---

(4) 例えば，センのいわゆる「リベラル・パラドックス」における自由の定式化はこのようになされている。「2つの社会状態に関する差異が，特定の個人の私的関心事のみである場合には，その個人の選好が社会的にも尊重されること」（Sen, 1970a: 79, 87 参照）。

めの潜在能力」を定式化することに関心を集中させたい。論理的には，このことは「（暴力的介入などにより）選択を妨げられない」条件と，「選択するための手段をもつ」条件の積集合のみを扱うことを意味する。換言すれば，これは，少なくともある選択肢の集合に関しては——それを選ぶことのできない理由が，暴力的介入によって選択を妨げられているからなのか，あるいは，その状態を実現する手段がないせいなのかをひとまず不問にしたうえで——，本人が選ぼうとしたら実際に選ぶことができるように，（諸手段を利用する）本人の利用能力に配慮しつつ，選ぶための手段を社会的に保障することを意味する。ただし，この定式化にあたっては次の諸点に留意する必要がある。

　第1に，暴力的に介入されないための潜在能力は，（自己に暴力を振るいつつ，依存する）他者への支配力，あるいは，それから派生して得られる能力などによっては代替できないという点を再度，確認する必要がある。先述したように，他者への支配力もまた，個人が獲得する能力の一種には違いない。潜在能力の定式化にあたって，利用可能な資源（それが社会的に移転可能な資源であれ，より私的な関係性や個人的資質であれ）をもとに，ある個人の達成しうる行いや在りよう（それがどんな種類の行いや在りようであれ）の可能性を拡大した，という事実だけに注目するとしたら，「暴力的に介入されないための個人の潜在能力」を過大に見積もる一方で，能力を高めるために必要な施策（手段の社会的保障）を過少に見積もる結果にもつながりかねない。

　このような事態を防ぐためには，個人の潜在能力を構成する諸機能の内容を質的に区別したうえで，諸機能間の代替不可能性に留意しうる定式化を工夫する必要がある。裏返せば，このことは，単に，財空間あるいは効用空間を機能空間に置き換えるだけでは適切ではない点，むしろ，従来，新古典派経済学で標準的とされてきた個人間比較不可能性に基づく序数主義的選好概念，さらにはそれを機軸とする「中立性」規範を組み替える必要のあることを示唆する。(5)この点については後で再度，検討したい。

　第2に，たとえ，ある個人に関して，「暴力的に介入されないための潜在能力」を高めたとしても，最終的に暴力的に介入されずにすむ状態を実現するかどうかは，本人の評価にかかってくるという点である。先述した適応的選好と

---

(5) これは，センの潜在能力概念を，新古典派経済学の枠組みで定式化する際に，発生しがちな問題として注記しておきたい。

いった問題により，彼女が「介入されずにすむ状態」を「介入される状態」よりもよい，という選好を形成できない場合には，暴力的な介入の実現を拒否できないことになる。このような場合には，単に，「暴力的に介入されないための能力」を高めるだけではなく，それに加えて，暴力的に介入されない点を実際に実現するという外的介入が社会的に要請されるだろう。

　第3に，上述した定義より明らかであるように，「暴力的に介入されないための能力」を高めるための施策は，「（暴力的介入などにより）選択を妨げられない自由」そのものを保証するものではない。したがって，例えば，社会的に保障された潜在能力の範囲を超えた点（選択肢）を本人が実現しようとし，そのための手段を自ら獲得しえたとしても，なお，暴力的介入などにより，彼女の選択が妨げられる可能性は残されることになる。例えば，それが，彼女が家から全く離れて，地球以外の星に永住することを望んだ場合であれば，そのような選択を妨げられない自由までを，社会的に保障するものではない。だが，判断の難しいケースも予測される。ここでは，はたして，どのような選択肢の範囲を社会的に保障する「暴力的に介入されないための潜在能力」に組み込むかという問題は，「暴力的介入」という概念規定も含めて，公共的討議の課題として残される点を確認しておきたい。

5　暴力の介入の不在を保障する施策

　定式化の方法に関する以上の論点を踏まえたうえで，本節では，「暴力的に介入されないための能力」を保障する具体的な施策を例示的に考察しよう。まず，彼女たちを，現状につなぎとめている主要な要因が，——自分自身の身体，表現，感情の実在と統合をめぐる不確かさを媒介としつつも——頭上にふりおろされる暴力と狂気への怯えにあるとしたら，端的にそれらを食い止める措置が必要となる。だが，きわめて似通った行為や表情や言葉が，例えば，相手への強い関心や全くの無関心が，愛にもなれば暴力にもなるとしたら，恒常的に回避すべき暴力をリスト化することはきわめて困難となる。しかも，通常，これらは家庭内という私的な空間でなされることが多く，外的介入による暴力の阻止は，別の類の介入を付随するおそれがある。さらに暴力と狂気が，相手の深遠な孤独と依存性に対する憐れみやコミットメント，あるいは，養育してい

る幼少者への共同義務と不可分の関係にあるとしたら，そこには本人の自発性と規範的判断が嚙むだけに，問題は一層やっかいで，暴力的な介入を防ぐ施策が，本人に安堵をもたらす一方で，深い悔恨をもたらす結果にもなりかねない。

だが，後に修正・再修正が要請されることになるとしても，その手続きを確保しておきつつ，いまここで糾弾すべき暴力の内容を見定めておく必要性はある。また，切り分けがいかに困難であろうとも，他者に対する義務の遂行や憐れみの実行が，本人の自由の侵害につながる，まさにその1点を遮断する手立てを用意しておく必要がある。そのためには，さまざまな問題状況の中で，女性たちの苦悩，ならびにそれとの闘いを通して結果的に構成されていった数々の暴力の定義を参照すること，そのような作業を通じて，制度的に禁止すべき暴力の記述を豊かにしていくことが有効だろう。それらは社会の情報として蓄積され，法の制定や司法的裁定の際に参照されるだけでなく，私的空間で，腕を振り上げ，怒声を発し，ものを投げつけようとする男性の行為と感情に，あるいは，そうする相手を憐れみ，心を痛めつつもこれ以上はコミットできない，すべきではないという女性の個別で実存的な決断に働きかけることにもなるだろう。

法と人との間をつなぐさまざまな施策や実践は，これらの蓄積された情報を吸収しながら，具体化されることが望ましい。当事者たちの苦悩と抵抗を，互いに相殺することなく確実に蓄積しながら，糾弾すべき暴力の内容を同定し，それらの情報をもとに修正・再修正されていく人々の規範的判断や司法的判断を豊かに拾い上げながら，社会的・制度的に用意すべき施策や実践の内容を具体化していくことが望ましい。

暴力的な介入に直接，阻止する以外には，現在，日本でも少しずつ認知されはじめているように，例えば，暴力を逃れて生活していく経済的な資力を本人が獲得するための支援，また，本人が行使しうる法的な権原を拡大するための支援が有効であり，必要だろう。さらに，本人が抱いている幼少者や老親への義務感，暴力を振るう相手に対する憐れみやコミットメントを尊重するためには，本人が負おうとしている幼少者や老親，そして暴力を振るう男性（心身の健康その他男性本人が抱える困難）への義務や責任を社会的に分有する手立てもまた必要とされるだろう。[6]

これらはまさに個人の生に対する社会的なコミットメントに他ならない。こ

こでいう社会とは偶然的、自発的な集団でもありえるのだが、そして、その方がはるかに望ましい局面も多々あるのだが、先述したように、ここでの関心は、まずもって個人に対する非合法的な遺棄、事実的制度のもつ無反省性・無批判性の弊害をいかに克服するかにあるので、規範制度的な社会的コミットメントのあり方を探ることとしたい。それは、偶然的、自発的な集団によるコミットメントを（それらが存在するとしたら）背後から、法的にまた経済的に支えるものと位置づけられる。はたして、女性たちの我を我が手に奪取する試みを支えるうえで、有効で害の少ない社会的コミットメントはどのようなものだろうか。次節では、「暴力的に介入されないための潜在能力」の保障という視角から、リベラリズムの再定式化の可能性を検討したい。

6 J.S. ミルと M. ヌスバウムの議論から

配偶者による暴力の問題を正面から扱った古典に、先述した『女性の解放』（原題は「女性の隷従（Subjection of Women）」）がある。同書で、ミルは、「隷属以外何も許されていない人々に対しては、せめて誰に隷属するかについて、選択の自由をあたえておくことは、十分ではないにしても、唯一の緩和策だ」（ミル, 1869＝1952/2004：85）と主張する。ここでいう選択の自由とは「離婚の自由」を指す。そこで参照されているのは、主人が奴隷にあまりにも残酷な仕打ちをするときは、「法律上正当に主人にせまって自分を他に売らせることができる」という奴隷の法典である（ミル, 同上）。いかに残酷な暴力がなされたとしても社会的に問題視されることのない既婚女性の置かれた境遇は奴隷にも劣るというのが、「離婚の自由」を提唱するミルの基本的な認識であった。

ただし、上記の引用からもわかるように、ミルは、女性の解放にとって、「離婚の自由」は必要であるとしても十分ではないことに気づいていた。例え

---

(6) 「配偶者からの暴力の防止及び被害者の保護等に関する法律」（平成13年制定、16年、19年、25年、26年改正）。この法律を含む近年の日本の取り組み関する詳細について、例えば、小島（2007）参照のこと。小島は、そこで「公営住宅の優先入居等の措置を実施している都道府県は多いものの、生活保護や母子寡婦福祉資金貸付金等国の制度による支援以外に、自立に要する費用の補助や貸付又は就職時や賃貸住宅入居時の保証人への損失補塡を行っている都道府県は全体の1割にとどまって」いることを指摘している（小島, 2007：378）。

ば，長年の抑圧経験の中で，人並みはずれた忍耐力を身につけることと裏腹に，自ら選択する意思と可能性を封じ込めてしまった女性たち，もっぱら配偶者による評価と承認を通して，自らの意思の在りかと行為の正しさに関する確認作業を繰り返してきた女性たちに対して，「離婚の自由」は新たな隷従以外のいかなる展望ももたらし得ない。

　同様のことは，「職業選択の自由」についても言える。ミルが重ねて指摘するように，「女性は自分に関係する個々人にたいしてのみ義務を負えばいい」と教育され，「その実行を許されたほとんど一つの義務をあまりにも忠実に履行する」（ミル，同上：155）傾向を身につけてしまっているとしたら，また，「自分に関係する個々人」が履行を要求する「義務」には際限がない——例えば，ずっと自分 1 人に関心を集中させていて欲しいといった具合に——としたら，たとえそうすることが経済的な資力を補い，自由を保持するうえで有効であると認知されたとしても，女性が家庭外の仕事を自由に選択することは，容易ではないだろう。

　余談ではあるが，労働はそれ自体，苦であるのか，快であるのかという議論がある。労働は生活資を稼ぐための必要苦であるのか，それ自体が喜びであるのか。ミルの指摘が正しいとしたら，女性に関しては，このような議論はまったく的外れである。なぜなら，女性が家庭外で労働することが許されるのは，そうすることが，「自分に関係する個々人」に対する義務にほかならない場合（例えば家計を補う不可欠の手段として）に限られる。もし，家庭外で労働することが，そのような義務であると認められないとしたら，それでも家庭外で労働しようとする女性は，義務を放棄した，という非難を免れ得ないだろう。こと女性にとって，労働は喜びであると告白することは，そういった非難に油をそそぐ結果となりかねない。

　ミルの問題関心は，現代のリベラル・フェミニストの記述においてより十全に展開されている。例えば，マーサ・ヌスバウムは，「ジェンダー正義の挑戦」（ヌスバウム，2009 = 2011）で，「権能や機会」の賦与に関する男女の差異を無視した形式的に「等しい処遇」，ならびに，女性の本性に関する誤った理解に基づく「差別的処遇」はいずれも的外れであること，それらはリベラリズムが要請する「尊厳に応じた等しい扱い」の精神に違反することを確認したうえで，次のような問題が，現代リベラリズムにおいて十全に論じられてこなかった点

を鋭く追及する。

　すなわち，アメリカの現行法のもとでは，家庭内での女性に対する男性の振る舞いに関してほとんど何の歯止めもないこと，特に，家庭外での「ストレンジャー・レイプ」に比して家庭内での「結婚レイプ」の問題が著しく軽視されていること。また，ロールズに代表される現代リベラリズムは，公式的には公私の区別を否定しているにもかかわらず，家庭を正義原理が適用される社会の基礎構造の1つに位置づけることをせず，もっぱら自発的組織（association）の一種として扱ってきたこと，正義の理論は，家族構成員に対する個々の行為をいかに制約しうるかという問題を十分に論じてこなかったことなどである。はたして，現代リベラリズムはこれらの批判をどのように受け止めることができるのだろうか。次節では，この点を検討しよう。

7　「特権性」に関する等しい承認プロセス

　ロールズが家族を，社会を構成する集合体の1つとして位置づけ，正義の二原理の直接的な適用対象とはしなかったというヌスバウムの指摘は，そのとおりである。ロールズが原初状態において，性も含めたあらゆる個人的情報を無知のヴェールで覆い隠すよう，要請していたという指摘も，そのとおりである。ただし，留意すべきは，これらのことは，家族を正義の問題から外すことを意味するわけでは決してないという点である。

　家族を社会の中の1つの集合体として位置づけるということには，2つの意味がある。第1は，家族を，独自の善を独自の内的規準のもとで追求し，修正する主体とみなすという意味であり，第2は，社会的選好判断の形成にあたって，独自の情報（利益や意思）を提供しうるローカルな意思決定主体とみなすという意味である。

　ただし，社会の第一原理としての正義原理は，この両方の側面に対して，次のように干渉する。まず，第1の点に関して，ある家族と他の家族，家族と他の集合体との関係性を調整する役目を負う。例えば，互いの善の観念と内的規準を尊重せよ，というのがそれにあたるが，他の調整方法を定めることもできる。さらに，家族という集団の中にいる個人の利益や意思をダイレクトに保護する。この2点に関して，社会の正義原理は，家族の内的規準に優先的に適用

される。つづいて第2の点に関して，各家族に固有の情報を，社会の法や規則を定めるうえで重要な情報的基礎の1つとして提供することを要請する。さらに，自分たち家族の個別情報を相対化し，自分たち家族の個別情報をも含む社会の一般情報を手掛かりとして，意思決定に参加することを要請する。

　第2の点に関して注記すれば，意思決定に参加する主体は——個人であるとすると——，自分の属する家族に関する個別情報，ならびに，自分個人に関する個別情報を社会の一般情報として提供する，そのうえで，家族に関する個別情報も自分個人に関するそれをも相対化しながら，社会の一般情報を手掛かりとして，意思決定することを要請される。

　ここで留意すべきは，次の点である。あらゆる個人が等しく1票を投じうるという意味では，意思決定に際して，どの個人も特権性をもち得ないことを意味する。ただし，例えば，女性や障害者に関する個別情報（それは社会の一般情報として公示されている）をもとに，権能や機会の賦与に関する男女の歴史的・構造的差異を考慮しながら，予め，あるイシューに関しては，女性の利益を優先的に保護するという基準を意思決定手続きに課すこと，あるいは，女性という集団が形成する（であろう）ローカルな評価を優先的に社会的判断に反映させるという集計方法を採ることは，論理的には可能である。しかも，そのことは，後述するように，リベラリズムの尊重する「匿名性」，「中立性」条件に——それらが，人や選択肢に関する「特定の名前からの独立」という本来のスピリットを残しつつ，適切に再定式化されるかぎり——反しない。

　つづいて第一の点に関して注記すれば，例えば，正義原理が，自由の尊重を規定するとしたら，それは，家族の壁をつき抜けて，直接，家族の成員個人に適用されることになる。したがって，例えば，ある家族において，世帯主である男性は（例えば生計費の提供との引き換えに）随意に女性の身体に介入できるという暗黙の了解があったとしても，そのような了解は，女性を含むすべての個人が身体の自由をもつという，社会の正義原理に優先されることになる。さらに，形式的な自由の平等のもとで，（随意に腕を振り回すという）男性の身体の自由と（暴力的に介入されないという）女性の身体の自由との衝突が予想されるとしたら，社会の正義原理は，両者の調整にあたって，女性の地位の脆弱さを考慮して男性のある行為を絶対的に禁止すること，あるいは，衝突が起こった場合には女性の意思と利益が優先的に配慮されるといった「特権性」をあらかじめ

定めることは十分に可能である。

 ただし，留意すべきは，次のような点である。女性という集団が特権性をもつ法を制定するとしたら，女性という集団の中の差異については，鈍感になることは免れ得ない。そこから例えば，次のような問題が発生する。例えば，「女性が異議申し立てをしたら，男性のある行為を止めさせなくてはならない，女性がそうしないならば，止めさせなくてもよい」という条件つき禁止条項規定と，「（女性の異議申し立ての有無にかかわらず）いかなる場合も男性のある行為は止めさせなくてはならない」という無条件的禁止条項の2つがあると仮定しよう。いま，社会には，当該行為を男性になされることより，その行為を外的権力によって無条件に禁止されることの方がより不快だと感じる女性がいる一方で，男性から多大な不利益を被りながらも自ら異議申し立てすることができずにいる女性がいるとしよう。このような状況で，無条件的禁止条項が社会的に採用されるとしたら，前者の女性は妥協を強いられることになる。

 あるいはまた，「権能や機会」の獲得において不遇であったことを理由に，女性という集団に対してあるアファーマティブな措置がとられたとしよう。このとき，女性であっても男性と同様の権能や機会を得ることのできた個人がいるとしたら，この措置は，彼女に男性以上の優遇的な扱いをなす結果となる。このような状況で，たとえそうだとしても，最も不遇な人々に照準を定め，その人々の期待を最大限改善するというのが，ジョン・ロールズの提起した「格差原理」の趣旨だった。もちろん，ここでは他の解決方法，例えば，平均的な女性を参照するという方法が考えられる。一般的には，そちらの方が適切だと判断されるかもしれない。だが，そのような判断は社会的通念ではあるかもしれないが，リベラリズムが棄て去ることのできない教義では決してない。

 むしろ，これらの例において，リベラリズムの関心は，一部の女性たち，例えばもっとも不遇な女性たちに焦点を当てることを，あるいは，そもそも社会の中で女性集団に焦点を当てることを，他の人々もまた理性的な措置であると，あるいは，少なくとも理性的には拒否できない措置であると認めうるかどうかにおかれる。上記の例で，自己決定がもたらす正の効用が暴力のもたらす負の効用を上回る女性，あるいは自己決定の侵害を暴力的な介入よりも重大な不正義とみなす女性は，個人的には，暴力の無条件的禁止条項に反対であるとしよう。だが，社会的な意思決定のプロセスで，男性からの暴力で心身ともにぼろ

ほろになりながら，その男性を振り切ることのできない女性の窮状を知ったとき，彼女もまた，無条件的禁止条項に対して反対しようとはしない可能性がある。このような可能性を支える制度化の営みをリベラリズムは外すことができない。

8　個別・特殊間の整合性

　以上，暴力的な介入の不在という自由に注目しながら，リベラリズムの定式化について検討してきた。「はじめに」で書いたように，ここでの議論は，定式化・制度化することそれ自体の意義を一定認めたうえで，フェミニズムの批判に答える定式化・制度化が少なくとも論理的には可能であることを示し，その方法を例示的に挙げることにあった。

　ここで想定していた現代リベラリズムは，主にロールズであるが，その定式化にあたっては，かなりセンの理論を借りた。アローの社会的選択理論から形式的な関係性の論理を学びながら，その高度に抽象的・一般的な方法，ならびにその背後にある普遍主義的リベラリズムの解体を通じて，さまざまな不利性を抱えるグループの福祉と正義に関する問題分析にその適用を図ったセンの研究の中に，個別性と特殊性，具体性により感応的な理論へとリベラリズムを再定式化するヒントを見出すからだ。[7]

　以前，筆者は，ある本の書評の中で次のように記したことがある。本章の基本的立場もここにある。少し長いが要点を抜粋したい。

　　多くの批判が寄せられてきたように，ロールズ正義論は，その理論的射程を障害や重篤な病をもたない人々からなる社会に限定する。社会的選択論の言葉を用いれば，ロールズ正義論は想定されるあらゆる社会状態に完全な順序を与えるものではなく，障害者その他の人々にとって重要な性質が一定であるような，その意味ではローカルな範囲の社会状態に関して部分順序を指定するものでしかない（より厳密には，そう解釈するためには，ロールズ正義論が「無差別」とする社会状態間に他の基準を適用することが許容されなけれ

---

(7)　この点に関する詳細は，本書第12章参照のこと，また後藤（2002），セン・後藤（2008：序章）など参照のこと。

ばならない)。この限定は，ロールズ正義論の理論的権能を弱めるものであるかもしれない。なぜなら，障害や病などを明示的に扱う他の理論（1つ以上の）と接合される可能性を残すからだ。だが，留意すべきは，「障害者に言及しない」ことは「障害者を排除すること」を論理的に含意するわけではないという点である。ロールズ正義論が障害者を排除するものかどうかは，たとえば，ロールズ正義論が，「生まれてきた子どもは，何があっても生きられるように社会が守ること。障害があっても，望まれない妊娠であっても」という言明と接合可能であるかによって確認される。もしそれが可能だとしたら，ロールズ正義論は障害や病を包含する理論へと整合的に拡張できることになる（後藤，2007b：126）。

　ロールズ正義論の拡張可能性に関しては本書第12章で詳述することとし，本章では十分に展開することができなかった問題を注記して結びに代えたい。それは一定の集団に特権性を与える規定間の整合性の問題である。各規定は，各集団内の構成員に対して等しい扱い（同一条件同一処遇）を指示する一方で，他の集団とは異なる扱いを要求する。ここで問題は，集団間の重なりと「扱い」間の競合性である。例えば，女性が白人であり，配偶者が黒人であり，男性による暴力的な介入が「お前たち白人は俺たち黒人を長く迫害してきた，だから，俺はお前を殴るんだ」という論理を伴うとしよう。しかも，それは単なる言い訳ではなく，彼自身の生活史から醸成された思想――制度的に迫害されている黒人は白人に対する私的報復を通してかろうじて尊厳を保てる――ともいうべきものであるとしよう。
　この事例は，家庭内暴力のより深刻な側面を示す。女性への暴力的な介入を防ぐという目的からも，また，何よりそれ自身の問題性においても，歴史的な迫害に起因する黒人の社会的・経済的不利性を補償する規定が要請される。ただし，ここで配慮すべき問題は，女性と黒人という各々の集団に特権性を賦与する規定間の整合性である。ある個人が黒人であり，かつ女性である場合にはどのような措置をとるべきだろうか。あるいは，女性の自由を保護する施策と黒人の社会的・経済的不利性を補償する施策が，競合性をもつとしたら，予想される葛藤をいかに調整したらよいのだろうか。
　リベラリズムがその存在をかけて取り組むべき課題は，ここにある。

第9章
社会的排除・基本的福祉の保障

1 集合間の布置と社会的排除

　むかし花いちもんめ，という遊びがあった。ジャンケンして負けたとたんに，敵チームに組み込まれ，無理やり，「勝ってうれしい」という唱和とともに，勝利の味を共有させられたかと思うと，あっという間に，「あの子が欲しい」という唱和とともに，それまで味方であった人々を略奪する側に回される。自らの状態と行為の，あまりに見事な豹変振りにずいぶんと怖い思いをした。

　これほど極端ではないにしても，あるグループに——意図するとしないとにかかわらず——帰属することが，自己の状態と行為を即座に反転させるという経験を，私たちはときおりもつ。近年，注目されている「社会的排除」の概念は，このような集合間の布置関係，有利性をもつ集団とその補集合との関係を見据えながら，特定の人々の被る不利性に対する公共的な経済支援制度を支える正義の概念，とりわけ，意図するとしないとにかかわらず，有利性集団に帰属することになる個々人の責任を再考するうえで，有効性を発揮する。

　本章の目的は，この社会的排除の概念をもとに，特定の人々の被る不利性に対する公共的な経済支援政策を社会的に選択する手続きを定式化することにある。基礎的分析概念は，「基本的潜在能力 (basic capability)」である。既に何度か言及したように，潜在能力は，ある利用可能な (物的・人的) 資源のもとで，(多様な身体的・精神的特性をもつ) 個々人がその利用の仕方を変えることにより達成することのできる機能ベクトル (異なる種類の行い〔doings〕や在りよう〔beings〕の束) の集合として定義される。「基本的潜在能力」は，社会的に見過ごすことのできない「潜在能力貧困」の——換言すれば，社会的責任ですべての個人に保障すべき潜在能力の——参照水準として定義される。本章では，その具体

的な内容は，個々人の被っている不利性の理由とプロセス，ならびに対応する正義概念をもとに，不利性を被った人々自身の視点（利益や評価）から定められるものとする。

　この「基本的潜在能力」を参照しつつ，異なる代替的な政策に対する不利性グループごとの，いわば「ローカル評価」をいかに形成するか，相互に対立する可能性を内包した異なる不利性グループのローカル評価をどのように整合化して，公共的な経済支援政策を選択する基盤となる社会的評価を形成するかが，本章の主要な課題とされる。この文脈で「社会的排除」の概念は，異なる種類の不利性を被っている人々とそれ以外の人々の関係性をとらえる視角の1つとして，もっといえば，公共的な経済支援政策を社会的に選択する手続きの受容，ならびに選択された公共的な経済支援政策への参加——具体的には就労や租税を通じた経済的貢献——を支える論拠の1つとして使われる。

　公共的な経済支援制度への人々一般の参加が困難であることは想像に難くない。例えば，いま，ある個人が困窮状態にあるとしよう。最初に問われるのは，彼女と民法的な扶養関係にある人々の義務であろう。彼女を知る身近な人々からの援助も期待される。あるいは，ある個人が犯罪に遭い，休職を余儀なくされたとしよう。彼女の被る経済的不利益に関して，最初に責任が問われるのは加害者であろう。彼女の窮状を知る職場からの援助も期待される。だが，彼女らを公共的に援助する社会的責任——それを分有する人々一般の道義的責任——は，いったいどこから発生するのだろうか。本章が，「社会的排除」の概念を参照するのは，この局面においてである。次節では，社会的排除の観念と分析概念上の困難について簡単に記したい。

2　内外関係のもたらす不利性

　例えば，ある社会で貧困率が大きく低下したとしよう。このとき，多くの人は，その社会が改善された，と判断するだろう。だが，いくら貧困率が低下してもゼロにならない限り，貧困者は依然として社会に存在しつづける。貧困率の低下は，現に貧困にある人々の境遇の改善を少しも意味しない。同様に，ある社会で参政権をもつ人々の割合が高まるとしたら，通常，その社会は改善されたと判断されるだろう。だが，いくら参政権の普及率が上昇しても，いまだ

国政や地方政治に参加する権利をもたない人々の政治的発言力の高まりを意味するわけではない。

　通常，権利や福祉が質的にも量的にも高まって行く途上には，〈適用除外〉とされる人々がかならずや存在する。その人々が被る不利益は，それら権利や福祉から得られるはずの利益を逸すること（逸失利益）にとどまらない。権利や福祉を享受できる人々が得ているまさにその利益が，享受できない人々の不利益を倍増することがある。

　例えば，貧困ではない人々の数が多くなればなるほど，貧困者の困窮は見えづらくなっていく，普通選挙が普及すればするほど，参政権をもたない人々の声は聞こえづらくなっていく。そればかりではない。豊かさを享受できるようになった人々の購買能力が，特定の財やサービスの需要を高め，品質改良を促す一方で，それらの価格を引き上げることを通じて，他の人々がそれらにアクセスする敷居を高くするという現象（例えば，Atkinson, 1995b 参照のこと），あるいはまた，合法的な移住者と認知された人たちの利益が，「権利」として確立されていくプロセスで，認知されない移住者たちの困窮が「合法」的に放置されていくなどの現象がみられる。

　人々の被るさまざまな社会的不利性に着目しながらも，「差別」の概念とも，「貧困」や「剥奪」の概念とも別に，「社会的排除」という新たな概念を用いることの意義は，このような集合－補集合間関係がもたらすいわば副次的産物（追加的不利益）に注意を喚起する点にある。多くの人々が豊かさを享受し，権利を行使できる背後には，それらを促進する一定の法や制度が存在するため，この問題は，法・制度の内外関係がもたらす二次的不利性とも読み替えられる。

　法・制度はそれ自体がもたらす二次的不利性にどのような措置を講ずるべきか，一定の法・制度から利益を得ている「集合体」は，その法・制度の利益を逸しているのみならず，法・制度の内外関係がもたらす追加的不利益を被っている「補集合体」に対して，どのような責任をもつべきか。

　ただし，容易に推察されるように，この概念を実践的に適用することは困難である。法・制度の内外関係それ自体が生み出す追加的不利益を，権利や福祉をもたないことの逸失利益から区別して抽出することはほぼ不可能だという測定上の困難を別としても，次のような難問が予想されるからである。社会には，さまざまなレベルと内容の法・制度が混在している。はたして，それらの中か

ら，法・制度の内外関係それ自体のもたらす二次的不利性を，必要かつ十分に選り分けることができるのだろうか。また，選り分けることができたとして，それらの法・制度から具体的に，追加的不利益を被っている集団を特定化すること，あるいは，追加的不利益部分を適切に抽出することができるのだろうか。

　例えば，日本の生活保護制度を考えよう。これは国民すべてを対象とする制度である。だが，実際に生活保護の給付を受けているのは，困窮していると認められた一部の人々に限られる。はたしてこの制度において，利用者とは誰を指すのだろうか。現に，困窮して生活保護を受給している人々だろうか，受給はしていないものの，困窮が認められれば受給可能となる日本国民すべてだろうか。現行制度のもとでは，国籍も住所ももたない移住者は生活保護の適用除外とされる。困窮してはいるものの，生活保護を受けられない移住者たちの外にあり，彼らが被る追加的不利益に対して責任を負う利益享受者とは，いったいだれを指すのだろうか。

　自由な競争市場制度を考えよう。形式的には，それはすべての人に開かれている。人々はだれでも市場に参加し，各人の支払ったコスト（労働や貨幣）に応じて，所得を得，消費することができる。そうである限り，すべての人は自由な競争市場制度の利用者，あるいは受益者であるといえるのだろうか。それとも，すでに労働市場で職をもつ，一定以上の所得を獲得している，一定以上の消費を享受しているなどを指標として，自由な競争市場制度から実際に純利益を得ている人と，そうでない人とを分け，前者だけを市場制度から利益を得ている人と同定すべきだろうか。そうだとしたら，市場から純利益を得ている人の責任の範囲はどこまで広がるのだろうか。彼らの得た純利益は純損失を被った人に対してのみならず，そもそも市場に参加できない人々に追加的不利益を及ぼすおそれはないのだろうか。

　次のような問題もある。異なる複数の法・制度から利益を受けている人々の集合が互いに重なり合う場合，さらに，異なる複数の法・制度から利益を受けられない人々の集合も互いに重なり合う場合，それぞれの法・制度の内外関係のもたらす追加的不利益を，はたしてどのように特定したらよいのだろうか。異なる複数の制度の重なりそれ自体から利益を得ている人々がおり，反対に，異なる複数の制度の重なりそれ自体から不利益を被っている人々がいるとしたら，責任関係をどう特定化したらよいのだろうか。

3　潜在能力貧困と社会的排除

　「社会的排除」の概念に基づいて進められている内外の調査研究の多くは，まさに社会的排除概念を実証研究に用いることの難しさを示唆している。例えば，所得の欠乏とはかならずしも連動しないさまざまな要因，社会的資源やネットワークの欠如などを含む研究は，次のような理論仮説をもつ[1]。それぞれの単独の次元で利益を逸している人々の割合は母数に比して小さいものの，複数の利益を同時に逸失している人々の逸失のべ数をとるとしたら，その比率は上がるであろう。しかも，多次元的な不利益が複合的に顕れている人々の間に共通の属性が特定化されるとしたら，一定の属性グループに累積的不利益が集中しがちな，現代社会の構造的問題が推測されるだろう，など。

　これらの研究が所得に一元化されがちな従来の貧困研究の視野を拡大したことは間違いない。だが，これらの研究は，上述した「社会的排除」特有の問題，例えば，複数の次元で利益を享受できる人々との布置関係が，どの次元でも利益を享受できない人々の不利性を増幅するおそれがある点，さらには社会的に注目すべき法・制度の内外関係（集合 - 補集合関係）そのもののもたらす二次的不利性について語るものではない。それらの調査研究は，貧困の深度とプロセスの解明に焦点を当てる「潜在能力貧困」研究の流れにより近い。

　換言すれば，両者の枠組みの違いは次のようにまとめられる。「潜在能力貧困」研究の目的は，個々人が現に，いま，ここで被っている不利性を捕捉することにある。他者との関係性を広く包含する社会的資源の存在は，潜在能力貧困をもたらす原因の1つとしても，基本的潜在能力を保障する手段としても注目されるものの，その目的は，あくまで1人ひとりの個人に対する福祉的自由への権利（right to well-being freedom）の保障におかれる。それに対して，「社会的排除」研究の関心は，個々人の意思や目的，福祉には還元されない集団（グループ）の利益や関係性におかれる。しかも，ここでいうグループとは，統計上のカテゴリー概念ではなく，一定の利益概念（メニュー）を共有しうる実体である。

---

[1]　例えば，Hill, Le grand, Piachaud (2002), Oxford Poverty and Human Development 刊行のワーキング・ペーパーシリーズなど参照のこと。

近年，ヨーロッパを中心に進められている社会的排除研究の射程は，後者を含める形で拡張された貧困概念に近い。ただし，移民，先住民，障害者などの少数者グループに焦点を当てる研究においても，それぞれのグループの不利益を測定するにあたって，「現に多数の人々が享受している利益と対照する」統計手法がとられている。この手法には，グループの不利益の特殊性，とりわけ追加的不利益をとらえる観点からすると難点がある。彼らにとって切実に必要であるものが，現に多数の人々が享受している利益（メニュー）の欠如として定義される保証はないからである。センがさまざまな箇所で注記しているように，社会的責任で個人に保障すべき「基本的潜在能力」の具体的メニュー（機能ベクトル）は，社会の特性や人々の判断を越えた普遍的概念ではなく，また，人々の事実的傾向性を表す「スタンダード（標準）」でもなく，現にいま，不利性を被っている人々の声に基づき，それぞれの社会を構成する構成員たちの社会的選択を通じて確定されるべきものである。[2]

これらの点を考慮して，以下では，異なる理由とプロセスに特徴づけられた不利性グループごとに，社会的責任で保障すべき「基本的潜在能力」の内容を問い，すべての不利性グループの基本的潜在能力の保障を目的としながら，異なる代替的な政策に対する社会的評価を形成していく「公共的経済支援政策の社会的選択手続き」について簡単なモデルのもとで，その特徴を示したい。ただし，その前に，次の2つの節では，本章で扱う「公共的経済支援政策」の範囲と実行可能性と，社会的選択手続きの枠組みを明確にしよう。

4　公共的経済支援政策の範囲と実行可能性

以下では，人々がさまざまな理由とプロセスのもとで被った多様な不利性に着目する。例えば，子どもの身体・精神の自由など市民的・政治的自由が奪われていること，障害者の教育・就労等の実質的な機会——個人の資質や状況の違いに配慮した教育，さらには，適切な労働条件を伴った職を得る機会——が保障されていないこと，などが異なる不利性の次元を構成する。それらは経済的貧困の深度を示す一方で，個人の生きづらさを形づくっている社会的排除の

---

[2] 例えば Sen（1999b; 1992a など）。また，新たな指標づくりを紹介する文献として，Fleurbaey and Branchet（2012）参照のこと。

影響をも指し示す。さらに，所得や財・サービスの提供を主とした従来の福祉政策の射程を大きく越え出て，端的に，市民的・政治的自由の保障や教育・就労機会の実質的保障を推進する諸政策——例えば，アファーマティブ・アクション（積極的差別是正措置）や障害者への合理的配慮〔reasonable accomodation〕など——の必要性を示すのである。

　ここでの関心は，特に，それら多領域にわたる諸政策の経済的支出（貨幣的側面）——すなわち，諸政策を実行するために必要な公共的な経済的資源（所得や財・サービス）の移転——に向けられる。例えば，身体・精神障害者の政治的自由を実質的に保障するためには，情報の入手や意見の表明を容易にするための資源，インターネットへのアクセス，移動・コミュニケーション介助者などが必要となる。あるいはまた，DV被害を受けた女性と家族の被った不利性（例えば，本人に鬱症状が出ている，子どもに発達障害が見られるなど）を緩和するためには，物理的保護，精神的・心理的サポート，本人あるいは子どもの状況に合わせた就労・就学の機会とともに，DV被害に起因して発生する家計消費支出の増加を補填する扶助（現物または現金）——概念的には，これら個人に帰属する援助は，排除性・競合性をもつ私的財に分類される——が，有用となるだろう。また，誰もが低料金で利用することのできる公共サービス施設に，特定のグループの利用の便宜を図る場所や設備を併設する，当事者相互の支援活動を支えるための資金援助をする，などが含まれる。

　実際には，これら公共サービスや扶助の提供主体は公的機関に限られない。また，その財源は政府の財政支出に限らない。パーソナルな援助や寄付をはじめとして，ボランティア団体やNPO組織を通じた援助，企業の社会的責任を通じた支援など，ローカルな文脈でそれぞれ固有の意味を付与された援助が多様な主体から提供されうる。以下で構想する公共的経済支援政策の社会的選択手続きは，それら多様な提供主体の活動を束ねる規範を表象する。その概念的特質は，誰であろうと資源に余裕のある人々から集めた資金（租税その他の公的支出）をもとに，誰であろうと必要性のある人に，適切な援助を行き届かせる匿名性にあり，その目的は，さまざまな不利性グループに対して「基本的潜在能力」を保障することにある。実践的に，重要なことは，この概念的特質と目的が，人々に理解されていること，ロールズの言葉を借りれば，公示性（publicity）をもっていることにある。

だが，このように公共的な経済的資源の移転を伴う制度は，ただちに次のような疑念を招くだろう。①社会的に選択された「正しい」政策バンドルを実現するための財源が，常に，確保できるのだろうか。②不利性を被っている人々のグループ（構成員が1人の場合も含む）間で予想される分配上の葛藤をいかに解決するのだろうか。③不利性を被っている人々を経済的に支援する政策に対して，一般の人々を含む社会的な合意が得られるのだろうか。④各グループに対して社会的に保障すべき「基本的潜在能力」を客観的に定めることができるのだろうか。

以下では，これらの疑念に応答しつつ，公共的経済支援政策の社会的選択手続きの枠組みを記そう。①の問いに対しては，はじめに次の点を指摘したい。財源となる資源の総量は，利用可能な自然資源・資本，技術，労働，人々の選好や評価などに依存して変化しうる。したがって，これらの要因から独立に「基本的潜在能力」を外生的に定めても，それを実現する財源を確保できる保証のないことは確かである。「最も不遇な人々の期待の最大化」を要請するロールズ格差原理であれば，最終的に実現する「最大化された」最も不遇な人々の期待の水準は内生的に定められるため，最適解の存在を保証できる。ところが，そこで「最大化された」期待の水準が「基本的潜在能力」を実現する保証がない。最適解の存在保証と基本的潜在能力の実現との間には，きわめて深刻なトレードオフ関係が存在するのである(4)。

この難問に関する本章の提案は，「基本的潜在能力」を外生的に定める一方で，それを実現しえない政策バンドルをも含めて，複数の代替的な政策バンドルを序列づける社会的評価を形成することにある。すべての個人が「基本的潜在能力」を達成しうる政策を「正しい」政策として選択する一方で，それ以外をすべて「不正な」政策として退ける社会的選択では，「より正しい」政策を選択することができない。それに対して，諸政策間の相対的な比較を可能とする社会的評価を形成することの利点は，現時点での制約条件下で，何が正義か

---

(3) 財政的には，同一の種類の不利性に対しては，稼得所得その他から独立に，一律の手当を支払う仕組みが考えられる。ただし，一定金額以上の場合，手当を含めた総収入に課税されるので，例えば累進課税のもとでは，総収入に応じて，受給額が減額されることになる。

(4) 詳細については，セン・後藤（2008：終章）参照のこと。

を示す一方で，「不正義」ではあるものの実行可能な政策の中からより不正義ではない政策を選ぶ道を拓くことにある．

そのうえで，財源の確保に関しては，次の点を指摘したい．税の自然増の源泉となる個々人の経済行動は，公共政策に関する彼らの規範的判断と無縁ではない．公共政策を判断する際に人々が参照する情報，例えば，不利性を被った人々の境遇やその補償を要請する正義概念に関する情報は，労働市場に関する個人の選択，例えば，スキルの向上や労働時間の選択などにも影響を与えずにはいられないだろう．第6章でもふれたように，個人の労働時間の選択をもっぱら市場的な行動として，すなわち，課税制度その他の経済環境を所与として，所得と余暇のうえに定義された効用関数をもとに自己利益の最大化を図る，という新古典派経済学の図式では，この点を十分にとらえることは難しい．

本章は，公共的経済支援政策の社会的選択手続きの解明にあたって，市場とは異なる倫理が作動するプロセスを明らかにする．本章の末尾で注記するように，ここでいう社会的評価は，個人が内的に形成する規範的評価としても解釈される．不利性グループが形成するローカル評価，ならびに人々の潜在能力を情報的基礎として，社会的評価を導出する社会的選択手続きは，個人が多元的な自己のアイデンティティを整合化する手続きとも解釈される．このような視点は，公共政策を実現する財源の確保に関しても，新古典派経済学とは違った新たな視点を提供するであろう．

5　社会的選択手続きの枠組み

続いて②の問い，「不利性を被っている人々のグループ間で予想される分配上の葛藤をいかに解決するか」について検討する．不利性グループ間の葛藤が起こる可能性は確かに否定できない．考察にあたって，ここでは次の2種類の葛藤を区別したい．1つは，基本的潜在能力の保障を求める各グループの要求同士が葛藤をもたらす場合であり，他の1つは，基本的潜在能力を越えてより多くの援助を求める要求同士が葛藤をもたらす場合である．前者の葛藤は，「正当な分け前」を求める要求間の葛藤（いわば正義の葛藤）という意味ではより深刻であるものの，財源がすべての人々の基本的潜在能力を保障するに十分であれば避けられる．それに対して，後者の葛藤は，「正当な分け前」を越えた

要求間の葛藤(いわば最大化欲求間の葛藤)であり,財源がすべての人々の基本的潜在能力を保障するに十分であったとしても避けられない。本章で構想する社会的選択手続きは各グループに対して,前者に関しては要求を出すように,後者に関しては要求を控えるように要請する。

本章が「単調性(monotonicity)」基準の採用を制限的に用いる理由はここにある。新古典派経済学の消費者理論では,(厳密な)単調性基準は,「任意の2つの消費ベクトル x, y に関して x が y より,いずれの要素に関しても大きいならば x が y より強く選好される」と定義され,議論の余地なく妥当性をもつ基準の1つとして理解されている。例えば,財空間上で定義される効用関数は,通常,この性質を満たすと仮定されている(より厳密には,連続な効用関数が存在するために選好が満たすべき必要条件の1つとされている)[5]。異なる複数の個々人の効用空間上で定義されるバーグソン=サミュエルソン型社会厚生関数もまた,この性質を満たすと仮定され定義されることが多い。

だが,本章のように,社会的評価の形成に当たって特定の諸グループが形成するローカル評価に優先性が与えられる場合には,この基準の適用に慎重であってよい。本章では,単調性は「よりよい潜在能力をもたらす政策バンドルはより望ましい」と定義される。そして,各グループに,任意の2つの政策がともに,「基本的潜在能力」を下回る場合には,この基準を採用するように要請するものの,ともに,少なくとも「基本的潜在能力」と同じくらいである場合には要請しない。むしろ,背後にある基準にかかわらず,グループの評価を社会的に表明することそれ自体を控えるように要請する(「リフレイン条件」)。

それは本章で考察する公共的経済支援政策の目的が,「基本的潜在能力」を実現することにおかれ,その実現に限られるからである。各不利性グループもまた,この目的と,それに伴う要請を受容するように求められるのである。

さらに,③の問い,「不利性を被っている人々を経済的に支援する政策に関して,一般の人々を含む社会的な合意が得られるか」について検討する。本章は,人々は,社会的評価の形成において,不利性グループのローカルな視点(利益や意思)を優先的に反映させることに同意すると仮定する。より具体的には,人々は,不利性を被っているそれぞれのグループがローカル評価を形成す

---

[5] 選好が完備性,反射性,推移性,連続かつ強い単調性をもつとき,連続な効用関数が存在する(ヴァリアン,1978=1986:124-125)。

るプロセスを公共的・共感的・批判的に見ながら，それぞれのグループが形成したローカルな評価——より厳密には，グループのローカル評価間で整合的な部分——を尊重すると仮定する。

　実際には，人々は，特定のグループに対する支援活動を通じて，そのグループのローカル評価を自己の公共的評価として形成しているかもしれない。あるいは，自分の内面に異なる不利性グループの視点に基づく複数のローカル評価を並存させ，それらと自分自身の私的な利益との葛藤に悩みながら——それらを整合化する社会的選択手続きを自分の中で再現しながら——，自己の個人的な評価を形成するかもしれない。さらには，社会構成員のメンバーとして自分自身の私的情報は提供するものの，自己の個人的な評価の表明をいっさい控え，より情報化された他の構成員たちの評価に委ねることを宣言するかもしれない。[6] これらのケースはいずれも，不利性を被っているグループの形成するローカル評価に対する承認の表現として理解される。

　社会的な公共的評価は，個人的な公共的評価が相互に影響しあいながら形成される。ただし，個人的な公共的評価はかならずしも社会的な公共的評価に先立って形成されるものではなく，両者がほぼ同時進行的に形成される，あるいは社会的評価を踏まえてはじめて個人的評価が確定されることもある。ただし，単純化のために，以下では，それぞれのローカル評価が，一定の条件を満たしつつ，人々の間で整合的に形成されうることを仮定しながら，複数のローカル評価と他の社会的情報に基づく評価を社会的に整合化する手続きに焦点を当てて記述したい。本章が社会的選択手続きと呼ぶものは，まさに不正義に抗してすべての人に基本的潜在能力を保障するために，人々が受容すべき条件を明示的に表現するものに他ならない。

　最後に④の問い，「各グループに対して社会的に保障すべき『基本的潜在能力』の内容を客観的に定めることができるのか」について検討する。「基本的潜在能力」は，各グループが，ある政策が正義に適ったものであるかどうかを判断する際の参照点とされる。その内容は，すべてのグループ間で一致する可

---

[6] 個人の形成する社会的評価への着目は，センの次の言明とも関連する。「ある個人が現にもつさまざまな選好と，他者の選好および集合的選択手続きに関する彼自身の価値評価を所与とした場合に，公共政策の基盤として自分が受け入れるだろうと考える選好とを区別することが重要である」（Sen, 1970a: 66）。

能性を残しながらも，不利性グループごとに異なるものとしている。以下のモデルでは，それは外生的与件として扱われるので，その決め方についてはオープンである。実践的には，代替的な政策の1つひとつについて，最も不遇な個人の基本的福祉を保障するうえで十分といえるかどうかを判断しながら，すなわち，基本的潜在能力の概念的意味を再解釈しながら，具体的内容をいわば帰納的に確定することも可能である。ただし，次の点は予め理論的に仮定しておきたい。各グループの基本的潜在能力は，当該グループを越えてすべての人から了解可能な客観性を備える必要がある。ただし，ここで要請される客観性は，センのいう「位置客観性（positional objectivity）」，あるいはロールズの「思考の公共的枠組み」（本書第10章3節参照のこと）で承認しうるものであればよい。すなわち，グループ内のメンバーの実状をより正確に反映する一方で，グループ外の人々にその理由と根拠が説明できることが肝要となる。

6 公共的経済支援政策の社会的選択手続きモデル

はじめに，対応する正義概念の相違を考慮して，人々の被っている社会的・経済的不利性を大きく次の3つに分類する。歴史的不正義に由来する不利性，自然的・社会的属性に由来する不利性，現にいま困窮しているという不利性である。第1の不利性は，戦争や犯罪など過去に為された不正義が作為的あるいは不作為的に放置されたことに由来する不利性であり，第2の不利性は，性・年齢・国籍・身体的・精神的特性など個々人の自然的・社会的属性の差異に対する制度的な扱いがもたらす不利性である。最後の不利性は，先の2つに分類しきれないものの，個人が現にいま被っている不利性である。

以下では，この分類をもとに，これらの不利性を被った人々に対する公共的経済支援政策を選択する社会的選択手続きを構想する[7]。ただし，3つの分類はさらに細分化すること，分類し直すことが可能であり，その場合でも以下で展

---

[7] ここでいう社会的選択手続きは，後述するローカル評価プロファイルに対して，一定の方法で，社会的評価を対応させるという意味で，ケネス・アローの「社会厚生関数」に相当する。個人的情報プロファイルに関して，一定の個人間比較の可能性を許容する点では，センの「社会厚生汎関数」（Sen, 1970a）に近い。ただし，実数値表現されることを要請しない点で，もともとの社会厚生汎関数の概念を越える。

開するモデルの基本的構造は維持されることを注記しておく。

基本モデル

　はじめに，n 人（ただし2人以上の有限数）からなる社会（$N=\{1,2,\ldots,n\}$）を想定する。社会には互いに通約不可能な不利性を抱えた3つのグループ，歴史的不正義に起因する不利性グループ（H），社会的・自然的属性に起因する不利性グループ（S），現にいま困窮している不利性グループ（G）と，いずれのグループにも属さない人々が存在すると仮定する。[8] ある政策（バンドル）を x，考えうるあらゆる政策の集合を X（ただし3以上の有限数），政策 x のもとで実現される個人 $i \in N$ の「潜在能力」を $C_i(x)$ とする。ただし，C_i は，代替的な政策バンドル（実際には，そのもとで利用可能となる資源）を，個人 i の潜在能力に変換する個人 $i \in N$ の「潜在能力関数」と解釈される。n 人の個人のある潜在能力関数プロファイルを $(C_i)_{i \in N}$，想定しうる潜在能力関数プロファイルの普遍集合を K で表す。

　個々人の潜在能力は，整合的ではある（反射性と推移性を満たすという意味で）もののかならずしも完備性を満たさない，序数的な二項関係（≳）の形式で査定されるとする。[9] すなわち，任意の $C \in K$ に対して，「$C_i(x)$ は $C_i(y)$ と少なくとも同じくらいよい」（$C_i(x) \gtrsim C_i(y)$），「$C_i(x)$ は $C_i(y)$ よりよい」（$C_i(x) > C_i(y)$：$C_i(x) \gtrsim C_i(y)$ でありかつ $C_i(y) \gtrsim C_i(x)$ でない），あるいは「$C_i(x)$ は $C_i(y)$ と同じくらいよい」（$C_i(x) \sim C_i(y)$：$C_i(x) \gtrsim C_i(y)$ かつ $C_i(y) \gtrsim C_i(x)$）と表現される。

---

[8] ここでは，単純化のために，それぞれの不利性グループが独立であることを仮定するが，例えば次のような方法で，異なる複数の不利性グループに属する個人がいるケースへと拡張可能である。異なる複数の不利性グループに属する個人は，それぞれのグループのローカル評価形成に参加する。それぞれの不利性グループを目的とした政策から利益を得ることができる。ただし，異なる不利性を対象とする政策が互いに結合生産的効果をもつ場合には，実際の支給にあたって減額されることがある。

[9] ここではかならずしも添え字の i がつくことを仮定しない。反射性とは，任意の選択肢 $x \in X$ に対して，「$C_i(x)$ は $C_i(x)$ と少なくとも同じくらいよい」という言明が必ず成立すること。推移性とは，任意の選択肢 $x,y,z \in X$ に対して，「$C_i(x)$ は $C_i(y)$ と少なくとも同じくらいよく，かつ，$C_i(y)$ は $C_i(z)$ と少なくとも同じくらいよいならば，$C_i(x)$ は $C_i(z)$ と少なくとも同じくらいよい」という言明がかならず成立すること。完備性とは，任意の選択肢 $x,y \in X$ に対して，「$C_i(x)$ は $C_i(y)$ と少なくとも同じくらいよい」，または，「$C_i(y)$ は $C_i(x)$ と少なくとも同じくらいよい」のいずれかがかならず成立すること。

この「潜在能力査定」に関して本モデルは次のような前提をおく。
① 各不利性グループに対して社会が最低限保障すべき「基本的潜在能力」の内容と水準は，社会的評価の形成プロセスを通じて外生的与件として扱われる。
② 各不利性グループ内では，各政策バンドルのもとで最も不遇となる人々の集合を特定できると仮定する。先の記号を使えば，各グループは $≥_H$, $≥_S$, $≥_G$ を形成しうることを意味する。それは次のように定義される。

【定義】
　ある政策バンドルのもとで，同一不利性グループ内に属する他のいかなる個人の潜在能力をも包含することのない潜在能力をもつ個々人を（そのグループにおける，その政策のもとでの）「最も不遇な人々」と呼ぶ。
③ 異なる不利性グループ間，あるいはどの不利性にも属さない人々と各不利性グループとの間では，潜在能力は基数的にも序数的にも比較不可能とする。[10]

これらの仮定について簡単に注記しよう。周知のように，ロールズ格差原理は，社会の中で最も不遇な人々に焦点を当てることを要請する。その背後には，最も不遇な人々を特定できるという理論的な前提があった。上記の仮定はこの前提を部分的に肯定し，部分的に否定する。すなわち，同一の不利性グループ内では，最も不遇な人々を特定化できることを仮定する一方で，異なる不利性グループ間では潜在能力の比較はできないことを仮定する。その意図は，最も不遇な人々に基本的潜在能力を保障することの規範的意義（定義より，それは「最も不遇」以外の人々を含めてすべての人々の基本的潜在能力を保障することを意味する）を認める一方で，異なる正義概念を背後にもち，異なる理由とプロセスに起因する不利性を抱えるグループ間での善概念（基本的潜在能力の意味内容を確定する）

---

[10] 本章注(8)の論点とも関連するが，どの不利性グループにも属さない個人に関しては，「現にいま困窮している不利性グループG」と共通する基本的潜在能力の内容を想定し，グループGのメンバーとの間で個人間比較の可能性を考えることができる。ただし，本章では，どの不利性グループにも属さない個人が考慮されるのは，潜在能力基底的パレート条件のみであるため，彼らの個人間比較可能性を仮定するか否かは議論に影響を与えない。

の通約不可能を考慮することにある。

ベクトル値の集合としての「潜在能力」

　追記すれば，ロールズは，最も不遇な人々の特定化にあたって，社会的基本財を指標とすること，より限定的には，所得を近似的な指標とすることを示唆している。それに対して，ここでは「潜在能力」を指標とし，それがスカラー値でなく，ベクトル値の集合であることを想定しているので，「最も不遇」であることも集合間の包含関係で定義される。

　さて，以上のように定義された潜在能力概念をもとに，以下では，代替的な政策バンドルに関して整合的な（反射性と推移性を満たす）社会的評価を形成する手続きを定式化しよう。

　まず，社会的評価は，考えうる代替的な政策バンドルの集合上 $(X \times X)$ に定義され，反射性と推移性は満たすが，完備性はかならずしも満たさない二項関係 (R) で表されるとする。具体的には，「x は y と少なくとも同じくらい正義に適っている」(xRy)，「x は y より正義に適っている」$(xPy : xRy$ であり，かつ，yRx でない)，「x と y は同じくらい正義に適っている」$(xIy : xRy$ かつ $yRx)$ といった判断を形成する。

　つづいて，この社会的評価を形成する手続きに関して，大きく2種類の情報的基礎を想定する。第1は，社会を構成するすべての人々の「潜在能力プロファイル」とその査定である。単純化のために，ここでは，先に定義した潜在能力査定 $\gtrsim$ は所与とする。第2は，候補となる政策バンドルに対して，各不利性グループが形成する「ローカル評価プロファイル」である。ただし，各不利性グループのローカル評価は，それぞれのグループ内の「最も不遇な人々」の潜在能力を情報的基礎として形成されるとする。グループ $l\ (\in (H, S, G))$ のローカル評価を R^l_C，グループ H, S, G のローカル評価のあるプロファイルを $(R^l_C)_{l \in \{H, S, G\}}$ と表記する。さらに，ありうるローカル評価プロファイルの普遍集合を D と表記する。このとき，社会的評価を形成する手続き（「社会的関係関数」）F^c は，次のように定義される。

---

(11) 反射性，推移性，完備性が意味する論理的性質については本章注(9)を参照のこと。

【定義：社会的関係関数】

所与の潜在能力査定 $\gtrsim$ のもとで，ある潜在能力プロファイル $(C_i)_{i\in N} \in K$，ならびに，あるローカル評価プロファイル $(R_C^l)_{l\in \{H,S,G\}} \in D$ に対して，ある社会的評価 R_C をもたらす関数 F, すなわち，$R_C = F((C_i)_{i\in N}, (R_C^l)_{l\in \{H,S,G\}})$ を社会的関係関数と呼ぶ。

7 社会的選択手続きに課す規範的諸条件

アロー型社会的厚生関数にせよ，セン型社会厚生汎関数にせよ，社会的評価の形成手続きには，通常，整合性や完備性，解の存在や反射性・推移性・完備性を備えた，一意性などの論理形式的条件の他，個人的自由の保障や個々人に対する公正な扱い（equal treatment）などの規範的条件が含意される。これらをもっとも基礎的な要請に分節化したものが，諸条件（諸公理）と呼ばれるものである。例えば，不可能性を導出したことで知られるアロー型社会厚生関数は，個人間比較不可能な序数的選好を情報的基礎とし，形式的な民主主義の規範的要請を含意する4つの条件（定義域の無限定性，弱パレート条件，無関連対象からの独立性，非独裁制）を構成要素とする社会的選択手続きと解釈される。

先に定義した社会的関係関数は，アロー型社会厚生関数とは異なり，反射性と推移性を満たすものの完備性はかならずしも満たさないような，社会的評価をもたらす一般的な手続きである。以下ではここに，「複数の異なるタイプの不利性グループを含む社会において，すべての社会構成員に『基本的潜在能力』を保障する」という社会的目標を体現するより基礎的な要請を課す。はじめに，各グループが形成するローカル評価に課す要請を定義する。

ローカル評価形成プロセスに課す諸条件

各ローカル評価の情報的基礎は，候補となる各政策バンドルのもとで，各グループ内の最も不遇な人々が享受する潜在能力である。この前提のもとに次の3つの条件を課す。

① 【基本的潜在能力条件】次の場合は，社会政策 x は y よりも正義に適っていると判断すべし。(1)ある社会政策 x のもとで実現する最も不遇な人々の

潜在能力が基本的潜在能力と少なくとも同じくらいよく，他の社会政策 y のもとで実現するそれが基本的潜在能力よりわるい，あるいは，基本的潜在能力と比較不可能である場合[12]，または，(2)ある社会政策 x のもとで実現する最も不遇な人々の潜在能力が基本的潜在能力と比較不可能であり，社会政策 y のもとで実現するそれが基本的潜在能力よりわるい場合。

② 【リフレイン条件】2つの社会政策のもとで実現する最も不遇な人々の潜在能力が共に基本的潜在能力よりも少なくとも同じくらいよい場合には，どちらがより正義に適っているかという判断の形成を控えるべし。

③ 【限定された単調性条件】2つの社会政策のもとで実現する最も不遇な人々の潜在能力が共に基本的潜在能力よりわるい場合は，彼らに，少なくとも同じくらいの潜在能力をもたらす社会政策を，少なくとも同じくらい正義に適っていると判断すべし。

これら3つの条件は整合的な（完備的ではないものの，推移的な）ローカル評価を形成することが確かめられる[13]。次に，各グループのローカル評価を集計してグローバルな社会的評価を形成する手続きに，次の2つの条件を課す。

① 【グループ間無矛盾性条件】ある不利性グループのローカル評価が「社会政策 x は社会政策 y と比べて，少なくとも同じくらい正しい」と評価し，どの不利性グループのローカル評価も「社会政策 y は社会政策 x と比べて，より正しい」とは評価しないとしたら，x は y と比べて少なくとも同じくらい正しいと判断すべし[14]。

---

[12] ここでいう比較不可能なケースには，ある不利性グループにおいて最も不遇な人々が複数おり，ある個人に関しては基本的潜在能力と同等か，それを超えるものの，他の個人に関してはそれを下回るために，全体として比較不可能というケースも含まれる。

[13] Gotoh-Yoshihara (2013) は，より一般化されたモデルで証明している。

[14] 「グループ間矛盾性条件」はセンが例えば反事実的選好を含む複数の選好を考慮しつつ意思決定を行うメタ選好の文脈で提唱する「共通部分準順序」の条件部分を弱めたものであり，命題としてはより強いものとなっている。本章の文脈では「共通部分準順序」は次のように定式化される。「すべてのグループのローカル評価が政策 x は政策 y と比べて，少なくとも同じくらい正しい」と評価するならばそのときに限って，x は y と比べて，少なくとも同じくらい正しいと判断すべし（Sen, 2002a: 672）。グループ間矛盾性条件が成立すれば，共通部分準順序は成立するが，逆は成立しない。

② 【潜在能力基底的弱パレート条件】すべての社会構成員に関して，ある社会政策 x のもとで実現する潜在能力が，別の社会政策 y のもとで実現する潜在能力よりわるい場合には，x は y よりも正しいと判断すべし。

グループ間無矛盾性条件は，不利性を被った諸グループのローカル評価を等しく扱う一方で，彼らの間で矛盾なく形成された評価を即，社会的評価に反映させることを要請する。たとえ不利性を被っていない人々すべての潜在能力がわるくなるとしても，諸グループが矛盾なく下した評価は覆すことはできないという意味で，これは紛れもなく，不利性グループに優先性を与える条件である。

それに対して，通常，弱パレート条件は，社会構成員すべての個人の「よりよい」という選好を対称的に扱うことを要請する。上記の潜在能力基底的弱パレート条件は，選好指標の替わりに潜在能力指標を用いたうえで，すべての社会構成員の個人的情報を等しく眺め，どの個人の潜在能力をも改善する政策を，もとの政策よりも正しいと評価するように要請する。

はたして，グループ間無矛盾性条件と潜在能力基底的弱パレート条件をともに満たす社会的手続きは存在するのだろうか。Gotoh-Yoshihara (2013) は，前提とする2つの条件を加えることによって，存在可能となることを示している。いま，「グループ間無矛盾性条件」と「潜在能力基底的弱パレート条件」をともに満たす手続きを「基本的福祉保障関数」と呼ぼう。この関数は，それによって特定される社会的評価が完備性を満たさないので，「最適な」――他の実行可能な選択肢と少なくとも同じくらい正しい――政策の存在は保証できない。実現可能な選択肢集合によっては最適な政策を特定できない場合がある。けれどもそれは，考えうる政策バンドルの集合 X（有限数）の任意の非空部分集合 S に対して，次のように定義され，センによって証明された「最大の」政策の存在を保証する。

---

(15) なお，モデルの一般化・精緻化においては共著者の吉原直毅氏の貢献が大きい。この場を借りて感謝したい。
(16) 社会的評価が反射性と非循環性（推移性より弱い条件）を満たすならば，かならず最大集合が非空となることについては，Sen (2002a: 183)（ページ数は2002による）参照のこと。

【定義：最大集合】
　ある社会的評価 R_C に照らして，「より正しい」と評価される政策候補が他に存在しないような政策の集合，すなわち，$M(S,R_C) = \{y|y \in S$ であり，かつ，$xP(R_C)y$ であるような $x \in S$ は存在しない$\}$ を社会的評価 R_C に基づく最大集合（maximal set）と定義する。

　「基本的福祉保障関数」は，ある不利性グループの最も不遇な人々の潜在能力を「基本的潜在能力」未満にとどめる政策はいずれも「明白な不正義」だといった判断の形成を可能とする一方で，それらの政策間で，当該グループによりよい潜在能力をもたらす政策を，「よりましな不正義（less unjust）」と評価することをも可能とする。このような評価は，他に実行可能な政策がある場合には，もちろん「明白な不正義」をすべて退けるけれども，そうでない場合には，「明白な不正義」ではあるものの，「よりましな不正義」，例えば，ある不利性グループの最も不遇な人々により大きな潜在能力をもたらす政策を，いま実現することのできる「最大の」政策として選択することをも可能とする。[17]

8　社会的排除と責任

　残された興味深い論点は，上で定義した「基本的福祉保障関数」が，個々人の行動——私的でありながら，社会的波及性をもつ行動——に，及ぼす影響である。上記の「基本的福祉保障関数」の特徴は，「明白な不正義」を回避することのできる点（「基本的潜在能力」）が，規範的・外生的に示される点にある。それは，さまざまな不利性を被っている各グループに対して社会が保障すべき，いわば正義の臨界点を公示するものである。正義の臨界点を含む「基本的福祉保障関数」は，人々が自己の労働時間を選択する際に，また，課税システムを評価する際に，「すべての人に基本的潜在能力を保障する」目的をより適切に実現する行動を促す可能性がある。
　法制度の内外関係に着目する「社会的排除」の観念，すなわち，既存の法・制度から利益を得ている「集合体」が，その補集合に対して負う責任の観念が

---

[17]　「明白な不正義（patent injustice）」という語については，Sen（1999b: 287）参照のこと。また，近年のセンの正義論の展開については後藤（2007c）参照のこと。

このような人々の認識を支えることを指摘して結びとしたい。

「基本的福祉保障関数」は，不利性を被っている人々をダイレクトに特定化し，（複数の法制度からの追加的不利益も含め）それぞれのグループが被っている不利性を情報的基礎とする。[18] 不利性をとらえるキイ概念は「潜在能力」概念であり，背後には，それぞれ，不利性への補償を要求する正義の概念がある。ここで「社会的排除」の観念は，個々の法制度ごとに，一定の法制度のもたらす利益を享受できるグループと享受できないグループを特定化したうえで，前者が——意図するとしないとにかかわらず——後者に及ぼす負の影響（追加的不利益）を，集団間の責任・補償関係の根拠とする論理を与える。すなわち，当該不利性グループに属する人々（当事者）と属さない人々（非当事者）を集合関係でとらえた場合，非当事者は，まさに自分たちが当該不利性を被っていないという事実が，当事者の不利性を高めている可能性があることに気づく。社会的排除の論理は，法・制度が孕む問題性を公示化するという意義をもつ。

実際，「社会的排除」の観念をもとに福祉国家の再編を図るヨーロッパや不平等概念をキイとして公民権運動を進めたアメリカ合衆国では，標準的な人々の権利保障の法・制度が，実のところ，——運用上，さらには論理的にも——多くの〈適用除外〉を含むものであること，そのために，特定の個人やグループが，いくつかの権利や福祉の「利益」から排除されるだけではなく，それらの利益を享受している人々から，まさしく「社会的」に排除されていることに人々は気づき始めている。権利保障されているわれわれの，権利保障されていない彼らに対する「われわれの責任」を直接的に自覚させる契機が，「社会的排除」の観念に含まれていたのである。

だが，先述したように，現実には複数の法制度が複雑に絡まりあっている。この場合には，集合‐補集合関係をとらえることは，技術的にも概念的にも困難である。異なる法・制度において個々人は非当事者でありながら，当事者でもある可能性がある。「社会的排除」の概念も，広義には第1章で論じた「相互性」概念と関連する。ただし，その根拠は，直接的関係性でも法・制度の積

---

[18] その関係は，不利性ごとに特定化されるので，ある種類の不利性グループに属する個人が，別の種類の不利性に関しては，その補集合に属することもありえる。個人の潜在能力の測定に関する技術的方法については後藤（2011），喜多・四辻（2012）参照のこと。経済学的定式化とその問題点については後藤（2014b）参照のこと。

極的関与でもなく，位置（ポジション）の非対称性と責任の倫理におかれる点に留意が必要である。

第Ⅱ部で提出した「公共的相互性」の概念は，リスクの前での平等，存在としての平等，非対称性と責任の倫理などを包含するきわめて広義な「相互性」であった。福祉国家の制度として具体化するために，本書はそれを次のような単純なルールで定義した。すなわち「働いて提供することができるなら，そうしなさい。困窮しているなら受給しなさい」である。単純ながら，このルールは目的と実現可能性，権利と倫理的義務関係を論理的に内包している。それは，歴史的不正義にも社会的・自然的属性のもたらす不正義にも理由を求めることのできない3つ目の不利性，きわめて個別的理由で，現にいま困窮しているという不利性への補償を支える論理としても機能する。上述の「基本的福祉保障関数」もこのルールと整合的に定義することができる。

ただし，次の論点は残される。現代福祉国家を先導する規範理論がロールズの政治的民主主義，そして「財産所有民主主義」であるとすると，はたして，その枠組みのもとで，「公共的相互性」を構想することができるのだろうか。この検証は，本書第Ⅳ部の課題としたい。

補論 3
リベラリズムの数理的定式化

個人的価値の 2 つの側面

　現代の社会的選択理論の創始者であるアローによれば，社会的厚生関数，端的には「憲法」は n 個（ただし，n は 2 以上の有限数）の名前のついた「個人的価値 (individual value)」を 1 つの名前のつかない「社会的価値 (social value)」に対応させる関数であり，一定の論理的・規範的条件の束を表象する。いま，社会的選択の対象となるものを広く「社会状態 (social state)」（それは候補となる社会政策であっても，分配結果であってもよい）と呼ぶならば，それぞれの個人的価値あるいは社会的価値は，次の意味で，推移的かつ完備的な，任意の異なる社会状態上の二項関係（序数）の形式で表される。すなわち，任意の社会状態のペア x, y に関して，x は y と少なくとも同じくらいよい，かつ，y は z と少なくとも同じくらいよいとしたら，x は z と少なくとも同じくらいよい（推移性の条件）。また，選択対象として考えられるすべての社会状態が互いに比較可能である，すなわち，任意の社会状態のペア x, y に関して，x は y と少なくとも同じくらいよい，あるいは，y は x と少なくとも同じくらいよいという判断をつけられる（完備性の条件）。

　ところで，「個人的価値」には大きく次の 2 つの側面があり，この区別をなすことは，客観的な個々人の利益を保護するとともに，主体的な個々人の意思を尊重する社会制度を設計するという，本章の関心からはきわめて重要となる。すなわち，

① 社会政策の実施対象としての個人に関する私的情報（異なる社会政策によって変化する個々人の状態・利益など）。

② 社会政策の制定主体として個人が形成する規範的評価（自分や他者の私的情報を基礎として個人が形成する，いわば〈個人の公共的評価〉）。

いずれも社会厚生関数によって〈社会の社会的評価〉へと集約されていく。ただし，個人的価値が前者であるとき，集約された社会的評価は，異なる利益主体に対する直接的な権利・義務の割り当てを表し，個人的価値が後者であるとき，異なる評価主体の間で合意された評価を表すことになる。センは，アロー型社会厚生関数においては通常，問題とされることのないこれらの2つの側面を明確に区別したうえで，再度関係づける道を開いた。

ただし，2点，注記しておきたい。第1に，個人と社会政策の評価主体となる個人は，同一でありうる点である。個人は，社会政策の情報的基礎となる自己の私的情報を提供する一方で，人々（自分を含めた）が提供した n 個の私的情報をもとに，社会状態に関する主体的な規範的判断を形成することもできる。例えば，プレゼンタ・パタナイクは，個人的評価に関する上述の区分をふまえたうえで，次のような説明を加えている。「個々人の厚生判断（上述の規範的判断：筆者注）にはすでに，権利，自由や手続き的構成などを反映した社会状態の制度的特徴に関連する個人的価値が組み込まれているので，社会的評価の形成にあたっては，これらの厚生判断以外のことがらを情報的基礎として考慮する必要はなくなるのである」(Pattanaik, 2005: 377)。

第2に，実践的には，これら2種類の個人的評価は，相互に影響しあって形成される。個々人の状態に関する私的情報は，自分や他者の状態をいかに理解し，いかなる社会政策をより望ましいと評価するかという，個々人の公共的評価の形成によって影響される。さらに，個々人の公共的評価の形成は，社会厚生関数，すなわち個々人の公共的評価を集約して〈社会の公共的評価〉を形成する手続きによって影響される可能性がある。

これらの点を確認したうえで，次には，センの考案した「社会的厚生汎関数 (social welfare functional)」を手掛かりとしながら，潜在能力アプローチと社会的選択理論との接続を検討しよう。

社会的厚生汎関数

「社会的厚生汎関数」は，アロー型社会的選択理論の枠組みを基本的に踏襲しつつも，アローが採用した序数的個人間比較不可能な個人的評価以外の多様な性質をもった個人的評価，例えば，基数的（共通の原点と共通の間隔をもつ），あるいは，個人間比較可能な——水準・単位・比率の比較可能性——評価を広

く俯瞰する枠組みを提示する[1]。アローの枠組みとの相違点を中心に以下で定義する[2]。

　一定の社会状態に対して，一定の個人的評価を対応させる仕方を「個人的評価関数」と呼ぶ。ただし，それは序数性，基数性，個人間比較可能性・比較不可能性に関して，さまざまな性質をとりうる。n 人の個人の個人的評価関数の束を「個人的評価関数プロファイル」と呼ぶ。異なる個人的評価関数プロファイルに対して，一定の手続きで，社会的評価を対応させる関数を「社会的厚生汎関数」と定義する。数学的には，個人的評価関数は，$X \times N$ 上で定義される実数値関数 U を集合 $\{i\}$ に制約した関数 $U(\cdot, i)$ として定式化される（$U_i(\cdot)$, U_i と簡略される）。それは個人 i 自身が形成している評価ではなく，実数値関数 U をもつ主体（例えば政策立案者）がもつ個人 i に関する評価と解釈できる。ここで，同一個人内で正の単調変換がなされた評価関数はすべて等しいものと扱われるが，個人間の評価関数にはいっさいの変換関係は特定されない，とすれば，$U(\cdot, i)$ は，個人間比較不可能な序数性をもつことになる。すなわち，ある社会状態 x のもとでの個人 i の評価と個人 j の評価のどちらがより高い水準にあるかは比較できないとされる。

　定式化の要点は次の点にある。例えば，「一律10％の比例所得税制」と「5％から50％まで段階的な超過累進所得税制」という2つの選択可能な社会状態があるとする。当初，社会の人々の賃金は平準化されており，前者のもとではほぼ十分な可処分所得を享受していたが，次第に賃金格差が拡大し，前者では十分な可処分所得を享受できない個人が出現するおそれが出てきたとしよう。しかし，もし，ここで個人的評価が，社会状態に対する個々人の主観的で個人間比較不可能な序列づけのみを表し，どの個人の個人的評価関数も以前と変わらず，前者をより高く評価するものだとしたら（10％比例税のもとでは十分な可処分所得を得られない人々もまた周囲の声に押されて，自らの序列づけを変えられない），対応する社会的評価は変化しようがない。だが，もし，個人的評価が，個々人の境

---

[1] ただし，社会的厚生汎関数の文脈では，「評価」は，通常，実数値表現をとると理解されている（例えば，d'Aspremont and Gevers〔2002〕参照のこと）。この理解は，もともと Sen（1970a）においてそれは，「効用」と表記されていることと整合的である。だが，センがとらえようとしている問題との関係では，社会的厚生汎関数の基礎となる「評価」あるいは「効用」は，かならずしも実数値表現をとる必要はない。
[2] Sen（1970a），d'Aspremont and Gevers（2002）参照のこと。

遇に関する客観的で個人間比較可能な情報を表すとしたら（例えば，上記の賃金所得の低い人々の客観的な境遇が悪化することが明らかであるとしたら），人々の個人的評価関数プロファイルは確実に変化し，対応する社会的評価も変化しうることになる。

第9章で提示したモデルは，個人の潜在能力関数（C_i），潜在能力査定（$\succeq$），グループのローカル評価（R_C^l）という3つの評価から構成される。ここで，C_iは上述の個人的評価関数，$\succeq$は社会的厚生汎関数，R_C^lはグループの「公共的評価」を表す。

不変性要請

通常，本人の主観的反応も含めて，ある社会状態（政策など）が個人にもたらす影響は，多面的でありうる。いずれの側面に焦点があてられるかに依存して，個人的評価関数は，複数存在しうることになる。そのうちのいくつかは，相互に矛盾する可能性がある。また，いくつかは，社会的評価への反映のされ方において異なる可能性がある。はたして，どの側面に焦点を当てた個人的評価の変化を，社会的評価の変化に反映させるべきなのか，どの側面における個人的評価の変化であれば，社会的には「不変」として扱ってよいのか。このような問いの所在を端的に示すものが，センの「不変性要請（invariant requirement）」（Sen, 1977b）である。ここでは形式的定義を与える。

【定義：不変性要請】

2つの対象xとyが同一情報集合Iに属するならば，それらは同一の方法（J）で取り扱われなければならない。

不変性要請のもとでは，任意の2つの対象xとyは，情報集合Iに関して"同様"であると判断されるかぎり，たとえ他の点に関してどれほど差異があろうとも，同一の方法Jで扱われなければならない。他方，他の諸点に関してどれほど類似点があろうとも，情報集合Iに関して"同様"であると判断されないかぎり，同一の方法Jで扱われる保証はない。例えば，いまxとyを任意の2人の個人としよう。この2人の個人が等しく扱われるとしたら，その背後には，特定の情報にことさら注目する特定の観点が存在するはずである。はた

して，個々人のどんな変化や相違に注目し，どんな変化や相違に目をつぶるべきか。いかなる社会政策も，多様な人々の多様な側面を特定の観点から切り取ることを免れられない。多元的評価軸の選択をはじめから想定している「潜在能力」概念は，われわれが無意識になしているこのような情報の選択，観点の選択を可視化するものといえるだろう[3]。

匿名性・中立性

例えば，個人的評価が，ケネス・アローの社会的選択理論で想定されているように，序数的で個人間比較不可能な性質をもつとすると，「匿名性」，「中立性」条件における「同様」とは，選択肢集合上に形成される個人的評価プロファイルにおける任意の選択肢ペアに関するランキングの等しさを，それのみを意味することになる。すなわち，いま，x は y より少なくとも悪くはないという個人 i の評価を xR_iy で表し，同様のランキングを示す社会の評価を（添え字のない）xRy と表すとすれば，それらは次のように定式化される[4]。

【定義：匿名性（Anonymity）】
個人的選好順序の1つのプロファイル $(R_1, R_2, \cdots, R_n)$ が別のプロファイル $(R'_1, R'_2, \cdots, R'_n)$ に含まれる個人的選好順序を並べ替えて得られる場合には，任意の一対の選択肢 x, y に対して，$xRy \leftrightarrow xR'y$ が成立する。ただし，$\leftrightarrow$ は等値関係を表す。

【定義：中立性（Neutrality）】
個人的選好順序の2つのプロファイル $(R_1, R_2, \cdots, R_n)$，$(R'_1, R'_2, \cdots, R'_n)$ と任意の社会状態 $x, y, z, w \in X$ に対して，
$xR_iy \leftrightarrow zR_i'w$ & $yR_ix \leftrightarrow wR_i'z$ がすべての $i \in N$ について成立すれば，$xRy \leftrightarrow zR'w$ & $yRx \leftrightarrow wR'z$ が成立する。ただし，$R=f(R)$ であり，$R'=f(R')$ で

---

[3] Sen (1985a, 1992a) ほか参照。
[4] Arrow (1951/1963), Sen (1970a)。潜在能力のランキングをめぐる研究としては，例えば，Bossert, Pattanaik and Xu (1994), Iturbe-O and Nieto (1996), Herrero (1996), Gotoh and Yoshihara (2003) などを，コンセプトをめぐる研究としては，Basu (1987), Basu and Lopez-Calva (2011) などを，「中立性」と「厚生主義（welfarism）」をより包括的に扱っている文献としては，Fleurbaey and Hammond (2004) などを参照のこと。

ある。

　つまり,「匿名性」は, 皆から集められた評価の束 (プロファイル) が, どの評価がだれによってなされた評価であるかについて異なる点を除いて, 同じであるとしたら, 皆の評価をもとに形成される社会的評価も同じものとなることを要請する。「中立性」は, どの個人の評価においても, 同様にランキングされている2組の選択肢ペアは, 社会的評価においても同様にランキングされることを要請する。[5]

　定義より明らかであるように, たとえ各々の選択肢に対する各個人の個人的評価の性質や意味が大きく異なるとしても, 個人的評価プロファイルにおいてランキングに関するあるパターンが保持されている限り, ある2対の選択肢は社会的には「同様」に扱われることになる。だが, このような定式化は, パターン以外の相違に関してのあまりにピンぼけで, 鈍感な定式化だというそしりを免れ得ないだろう。

　それに対して, ロールズの格差原理がそうであるように, 個人的評価が, 序数的な個人間 (水準) 比較可能性をもつ場合には, 序数的関係の等しさに加えて,〈社会的ポジション〉の等しさが (それのみが) 着目されることになる。すなわち, それが誰であれ, 各社会状態における最も不遇な社会的ポジションにある個人の評価を比較した場合に, 一方の社会状態の評価が他方の社会状態の評価よりも高い場合, そのときにのみ, 社会的にも一方の社会状態は他方よりもよりよいと判断される。ここでは, 個人がもつ〈名前〉の相違は社会的評価に違いをもたらさないという意味での「匿名性」は成り立つ一方で, アロー的社会的選択理論で定義どおりの「中立性」は成立しない。

　いま,「中立性」の条件を次のように書き換えよう。任意の2つの個人的評価関数プロファイルに関して, 各社会状態で最も不遇な社会的ポジションにある「個人」が示す, 任意の2つの社会状態に対する序数的関係が同一である場

---

[5] 詳しくは, Sen (1970a: 68, 72), 鈴村・後藤 (2001/2002：34-35) 参照のこと。センの言葉を借りれば, 中立性は次のように表現される。「中立性とは, 選択肢を識別しないことを意味する。ある基準のもとで, x は社会的に y と同じくらいよいと判断されるとしたら, それがどんな基準であろうとも, その基準は, x と y を w と z に置き換えたうえで, w は z と同じくらいよいと宣言できることになる」(Sen, 1970a: 68)。

合，それらは「同様」に扱われるが，そうでないとしたら，たとえ序数的関係が同一であっても「同様」に扱われることはない。このとき，一定の条件を満たすかぎり，選択肢のもつ〈名前〉の相違は社会的評価に違いをもたらさないという意味での「中立性」は成立することになる。

 すなわち，事前に定められた明示的理由なしに，特定の名前をもった個人，特定の名前をもった選択肢に特権性を与える恣意性を排除するという「匿名性」，「中立性」のスピリット，換言すれば，手続き的正義のエッセンスは，序数的個人間比較可能性を入れても残される[6]。付言すれば，ロールズ格差原理の場合，最小ポジションの評価がそのまま社会的評価に反映されるという意味では，最小ポジションがアローのいう独裁者になるものの，各社会状態で実現する最小ポジションの担い手は同一人物とは限らないので，1人の個人の個人的評価がそのまま社会的評価になるという独裁性はまぬがれる。以上は，「法のルール」や民主主義と関わる重要な問題なので，本書第11章で論じ直したい。ここでは，「法のルール」，非人称性，不偏性の原則がアローモデルの背後にある点を指摘するにとどめよう[7]。

---

(6) Arrow（1967; 1973; 1974）など参照のこと。
(7) 社会的選択理論のコア概念に関しては，須賀（2013），蓼沼（2014）などを，またその理論体系については，鈴村（1982；2009；2012）参照のこと。

第Ⅳ部
福祉の政治経済学

第IV部　福祉の政治経済学

導　論　アロー，ロールズ，そしてセン

これまでの議論の中で，すでに明らかであるように，厚生経済学と政治哲学の協同は，現代のリベラリズムの進展と福祉国家思想を大きく牽引してきた。第IV部の課題は，その到達点を確認するとともに，両者のさらなる協同を展望することにある。

序数主義と反差別思想

かつてケネス・アローはいった。「価値判断は経験的に区別可能な現象を等しく扱うことはできるが，経験的に区別不可能な状態を差別することはできない」（Arrow, 1951/1963: 112）と。センは，論文「規範的選択における情報と不変性」でこの命題を引用し，アローの洞察を高く評価しながらも，「差別することはできない」ものの中には，「当然，経験的に等しいものも含まれるであろうが」と注記して，事実と規範のねじれに注意を促した（Sen, 2002a: 369）。

現代に社会的選択理論を再生させるにあたって，アローは個人間比較不可能な序数主義的効用理論を妥当な理論前提として受け入れた。通常，それは論理実証主義の名残り，あるいはライオネル・ロビンズに象徴される経済学の科学化の試みとして理解されている。第III部の冒頭では，アローの社会的選択理論には全体主義への抵抗思想が貫かれていることを指摘した。ここではさらに次の点を指摘したい。アローの社会的選択理論には，論理実証主義の抜け殻を越えて，反差別思想（区別できないはずの状態を，差別するのは不当だ）が流れていると（Arrow, 1967: 185 など）[1]。

例えば，2つの財からなる空間上に，3人の個人 A, B, C の無差別曲線が描かれているとしよう。各人の無差別曲線は単調性（より多い消費点はより望ましい）を共通の性質として，2財の代替性（相対的価値）に関する各人の私的傾向性を表す。いま，A と B は原点から右上に遠く離れた同一の消費点 x にあるとしよう。それに対して，C の消費点はほとんど原点に近い y にあるとしよう。

---

[1] アローは，誰であろうと人は「自分の利益と意思決定の主体である」（Arrow, 1979: 192）と同時に，他者との間に「生来の補完性（natural complementarity）」をもつことを指摘して（Arrow, 1973: 113），ロールズの「社会的連合（social union）」の語を高く評価する。ロバート・ノージックへのコメント（特に Arrow, 1967: 185）も参照のこと。

258

このとき，AもBもCも等しく，xはyよりよいという選好をもつことは観察される。だが，それ以上のこと，例えば，AとBの厚生（状態）は同等であるが，Cの厚生（状態）はAやBより低いといった判断はできない。なぜなら，個人間比較不可能な序数主義的効用理論，各人の厚生を測る各人の効用関数において，例えば，AはBより効用が高く，Cはそれよりもさらに高い効用を得ている可能性を否定できないからである。

　3人の厚生（状態）を経験的に区別することが不可能であるとしたら，例えば個人Cを差別することも不可能となる。個人間比較不可能な序数主義的効用理論は，差別を規範的に批判することはないとしても，差別を行う根拠を論理的事実として排除したのである。

　反平等主義的といわれることの多いリバタリアンたちにも，アローの反差別思想は受容されやすい。なぜなら，リバタリアンの目的は自由を守ることにあるので，憶測やら慣習やらに束縛されて，区別できないはずのものが差別されているとしたら，それと闘うことは辞さないであろうから。アローの命題は，現にある歴史的・経験的な，また，社会的・経済的差別に反対するうえでは十分，力強い論拠となる。だが，その一方で，アローの命題は，差異のもたらす不利益の制度的補塡を積極的に要求することができないという難点をもつ。

　この文脈で，ロールズ正義理論の革新性は，差異のもたらす不利益の制度的補塡を積極的に要求した点にみられる。差異が比較可能なものとして認識されるとしたら，アロー命題の後半の前件部分が成立しないので，その差異を根拠に差別はなしうることになる。だが，同時に，差異を根拠に差異のもたらす社会的・経済的不利益の制度的補塡を積極的に要求することができるようにもなる。

　とはいえ，ロールズ正義理論も，歴史的・経験的な差別の多くは議論の蚊帳の外に出した。正義原理が是正しようと取り組む格差は，社会的基本財の賦与に反映される限りでの相違である。社会的基本財の最小分配分の最大化を求める格差原理は，人々の共通部分の最大化を求める原理であって，そこからはみ出る部分は，たとえあったとしても問題とはされない。この議論は，経験的区別に基づいて差別を温存しようというグループからの批判と，経験的区別に基づいて積極的に社会的配慮を要請するグループの双方からの批判に挟撃されることになる。

存在としての平等

　センのロールズ正義理論批判もまた，この流れで理解される。不平等に関するセンの視線は透徹している。観察される差異はある。それが客観的に真であろうとなかろうと，われわれは差異を認知してしまうときがある。だが，だからこそ，「存在における平等」という規範が意味をもつ。もし，われわれが十分似通っているとしたら，「平等」をことさら意識する必要はない。本来，同じあるはずの自分たちの間の不公平をどう調整するかについて，延々と議論を続けるか，妥協点を探って，複数の対立的な公平性基準に付する重みづけを変えていけばよい。だが，現実はそうではなくて，われわれは，ときにびっくりするような差異を見分けてしまうことがあるからこそ，「平等」が意識されるのである。

　例えば，「読み書きできる」生の次元と「他者と交流できる」生の次元と「安心して自分自身といられる」生の次元を考えよう。同一の所得や富のもとで，3つの次元とも似通っている個々人もあれば，異なっている個々人もある。しかも，相手との違いに，一方は気づいているのに，他方は気づいていない場合もある。差異に気づき，不意打ちをくらうまさにその実存的体験において，平等規範（ポスト・モダンの思想的潮流においては，「モダン」と揶揄されがちな）が重要な意義を帯びてくるのである。

　なぜ，「存在における平等」規範をわれわれは尊重しなくてはならないのか。そう畳みかけて聞かれたら，そうすべきだからと答えて，黙するしかない。存在における平等は，他の価値によって根拠づけることのできない，そして，根拠づける必要のない，けれども，われわれが価値あるものとして認める規範的価値の1つだからである。ただ，1つ補足するとしたら，次の説明が可能である。区別された差異を根拠に差別をなし，困難事例として排除することは，一時的には，「標準」として残された人々の結束を強める効果をもつかもしれない。だが，差異を根拠に差別をなし，困難事例として排除するその論理は，それまで「標準」であった人々の中に新たな差異を見出し，それを根拠にある人々に差別をなし，困難事例として排除する，そうして，次々と差異あるものを「標準」から切断していく論点へと展開しかねない。

　困難事例を排除する論理は合理化至上主義（合理性を至上的な目的とすること）と親和性をもつ。「標準」の範囲を合理的に処理可能な（適正）範囲に切り詰め

るとしたら，推移的で完備的な順序へと拡張することが可能となるからである。

ロールズとセン再読

　以上の関心をもとに，第Ⅳ部では，ロールズとセンを再度読み解く。中心的概念は，「公共性」，「デモクラシー」，「平等」という3つの概念である。前2つは，2人の共通点を前面に出すのに対し，「平等」は2人の相違を浮き立たせる。「自由」に関する両者の詳細な比較は他書（後藤，2002）にゆずるが，結論的にいえば，自由に関する両者の相違も，「平等」に負うところが大きい。だれの何を「自由」の視野に入れるのか，が問題になってくるからである。「平等」の検討は，リベラリズム思想を改変するキイとなるとともに，正義理論ならびに福祉国家思想をも育て直すことになるだろう。

　では，なぜ，ロールズとセンなのか。ロールズとセンの前にも後にも，現代に至るまで，多くの知性の間で，厚生経済学と政治哲学の協同事業が遂行されている。それぞれの分野における興味深い研究は枚挙にいとまがない。ただし，多くの議論がロールズの政治哲学に批判的につらなることは確かであり，センの厚生経済学が，新しい経済学理論の背景思想を明晰に表現するものであることは否定しがたい。厚生経済学と政治哲学の協同事業をなすための地盤づくりとして，2つの知性を対抗的に解読する作業をしばらく続けたい。

第10章
多元的民主主義と公共性

1 ロールズとセンのパースペクティブ

　本章の目的は，公共的ルールの合意形成をめぐるロールズとセンの議論の流れを跡づけながら，現代民主主義社会を先導する「公共性」の観念を展望することにある。

　例えば，「NGO や NPO などの第三セクターは，非営利でフォーマルかつ民間であることを特徴とする」[1]と定義されるとき，「公共」は，民間に対置される概念として，すなわち民間とは異なる規模の統治性を備えた政府あるいは公共機関として理解されている。それに対して，ロールズが「公共的理性」というとき，また，センが「公共的討議」というとき，「公共」は，かならずしも強制力ある統治性を含意しない。また，その実体は「政府あるいは公共機関」には還元されない。後述するロールズの「正の形式的条件」の議論を援用するならば，それは次のような諸性質を満たす「公共性」として捕捉される。

　すなわち，情報が広く開示され，多くの人々がアクセス可能であること（公示性），特殊な諸条件を一定の論理のもとで整合的に扱いえること（一般性），多様なポジションに位置する人々の理性的判断によって受容可能であること（普遍性），自己の私的利益や関心から離れ，異なる多様なポジションの個別性・特殊性を広く見渡すこと（不偏性），自己の視点を批判的・熟慮的にとらえ返すこと（批判性）など[2]。実際に，「公共性」がどのような統治力を備え，どのような機関によって担われるべきであるか，はこのような「公共性」を備えたルールの具体的な適用場面において，不偏的に配慮されるべき個別性・特殊性の広

---
(1) 川口（1999），ペストフ（1998 = 2000）参照のこと。
(2) 後藤（2002：第10章）参照のこと。

がりに依存して決定される。

　公共性は集団性あるいは社会性とは異なる概念である。いま，私的利益を追求する個人が，慎慮に基づき特定の組織の掲げる目的や関心を共有したとしよう。例えば，自己の長期的な安心を高めるために組織の持続的な発展を願う，あるいは，雇用保険料の値上げに同意するなど。だが，自分（たち）の活動が組織外の人々に広く及ぼす影響を配慮する視点，自分（たち）のおかれた状況を組織の外から観察する視点，自己の属する組織と他の諸組織との関係性を不偏的に考慮する視点などが伴われないとしたら，そこに集団性あるいは社会性は認められるとしても，公共性は認めがたい。公共性は人々の間で私的な利益や関心が共有されていること，あるいは私的な目的や価値が一致していることを要件とはしない。むしろ，互いの追求する利益や関心の相違，目的や価値の通約不可能性に関する透徹した認識を前に，そうであっても，各々の自律性を尊重し，互いの関係性を調整しようという地道な取り組みに，公共性の特質が顕れる。

　公共性は大衆性（popularity）とも同義ではない。さまざまな組織やポジションにある諸個人の多様な利益や関心が寄り集まることで，即，公共性が立ち現れるわけではない。民主主義はときに，人々の意思（popular will）を，その内容には立ち入らず，形式において等しく取り扱うことと解釈されることがある（populist democracy）。だが，個々人が私的な利益や関心をぶつけ合うだけであるとしたら，アローの定理を待つまでもなく，合意形成は不可能となる。あるいは，偶々，合意が形成されたとしても，私的な利益や関心の偶然的・一過的な（そしてしばしば熱狂的な）一致に終わるおそれがある。それは，ロールズの重複的合意の観念，すなわち，個々人が，私的利益や関心，目的や価値を保持しつつ，協同的なシステムを支える基本的ルールの形成という観点から，互いの状況を不偏的に見渡す中で模索される合意とは，本質的に違ったものであるだ

---

(3) 例えば，ジョン・ロールズは，公共的（public）という語を，各個別的集合体のしきりを越えて成立する社会世界（social world）と個人との間の関係においてのみ用いた。彼は，私的理性（private reason）のようなものは存在しないと注記したうえで，各々の個別的集合体と個人との関係については，社会的理性（social reason）と家庭内理性（domestic reason）の役割を指摘するものの，それらはあくまで非公共的（non-public）であると主張する。Rawls（1993: 220n）参照のこと。
(4) 例えば，ロバート・ダールの見解（Dahl, 1989）を参照のこと。

ろう。付記すれば，ルソーが社会契約の基礎とした「一般意志」は，少なくとも理論的には，個々人の相違を跡かたもなく打ち消してしまう，超越的意思とは異なるはずのものである。合意のまさにただ中で，個々人の意見の相違は保持され，ただちに合意事項の改定に向けて準備すべきものと解釈される。

　第2章では，「公共性」を備えたシステムを規定する諸ルール（「公共的ルール」）と，それを制定し，改訂する個々人の判断（「公共的判断」）について，正義とケアの観点から考察した。本章では，「民主主義」と「公共性」に関するロールズとセンの重なりを探りつつ，この問題を再考したい。はたして，人々の行動を等しく規制し，等しく保証する役目をもった公共的ルールが，人々自身によって要請されるとしたら，それらはどのような性質を備えていると考えられるだろうか，また，そのようなルールを制定し，受容し，改訂していく個々人の判断それ自体はどのような性質を満たしていると考えられるだろうか。第12章では，主としてロールズとセンの決定的な相違に焦点が当てられる。本書はその準備作業として，両者の重なりを可能な限り広くとらえることを試みる。ロールズとセン，それぞれの議論に関しては，これまで主題別・論点別に紹介してきた内容をより包括的に詳述する。

　ロールズは，社会の基礎構造を規定する最も基本的なルール（「正義の二原理」）を考案し，それを合意制定する人々の主体的・認識的条件を明らかにしようとした。また，自他の自律的決定を相互に尊重する寛容（tolerance）の概念をもとに，異なる政治的観念をもつ複数の異なる社会間を規定する公共的ルール（「万民の法」）に関する合意の方法を探る。他方，センは，多様な身体的・精神的特徴をもつ個々人の諸機能（functionings）の達成可能性（「潜在能力」〔capability〕）を保障する道を開いた。個人の諸権利の保証を含む多様な社会的目標をバランスづける「整序的な権利＝社会的目標システム」（a coherent right-goals system）の観念，さらには，ポジション依存的客観性（position depending objectivity）の視角から，公共的ルールの合意形成プロセスに関するロールズの

---

(5) ロールズはこのような合意を〈重複的合意〉（overlapping consensus）と呼んだ。
(6) 「すべての人の利害は，各人の利害と対立することによってはじめて合致する。……もし利害が異なっていないなら，共通の利害などというものはほとんど感じられないであろう。共通の利害は決して障害にぶつからず，すべてはおのずから進行し，政治は技術であることをやめるであろう」（ルソー，1762＝1954：47）。

議論を批判的に展開するヒントを提示する。

　本節につづく本章の構成は次の通りである。はじめに，第２節で，望ましい正義原理を提案するとともに，正義原理の正当化を一般的に合意形成プロセスに求めたロールズの民主主義論の要諦を再掲する。第３節からは，センによるロールズの民主主義論の拡張をとらえる。まず，第３節では，センの「正義の開かれた観察可能性（the open visibility of justice）」の議論を紹介する。第４節では，一定の政治的同質性をもつ〈社会〉概念に依拠したロールズの社会契約論に代えて，「交渉集団（the negotiating group）」，「被影響者集団（the affected group）」，「評価集団（the evaluating group）」という３つの異なる集団概念を軸とするセンの〈社会契約論〉のアイディアを検討する。第５節では，複数の集団やカテゴリーに所属する諸個人の自己統合化に合意形成の可能性を見るセンの議論が検討され，従来の社会的選択理論の枠組みを拡張する方向性が検討される。

　さらに第６節では，個人の公共的判断の形成に関するセンのアイディアの解読を通じて，ロールズの相互性（reciprocity）と反照的均衡（reflective equilibrium）の概念が再解釈され，ロールズの提唱する〈重複的合意〉（overlapping consensus）のありようが描写される。結論部分にあたる第７節では，ロールズとセンによって展開された〈公共性〉の視点をもとに，近年，社会政策の文脈で主要な論点とされている「社会的参加」（social participation）と「社会的包摂」（social inclusion）の問題が民主主義の観点から検討される。また，公共性を備えたルールを立てることの意味が簡単に確認される。

2　ロールズ正義理論の要諦

　ロールズの正義理論には２つの主要な観念がある。１つは1971年の『正義論』で展開された「公正としての正義」（justice as fairness）であり，他の１つは，1993年の『政治的リベラリズム』で展開された「政治的リベラリズム」（political liberalism）である。「公正としての正義」は，１つの〈社会〉の構成員である個人間の権利・義務（便益・負担）関係を体系的に定める正義の基本原理に関するロールズ自身の構想（「正義の二原理」）と，それが人々によって合意形成されるプロセスを考察するための中心的観念である。「正義の二原理」の目標は，

市民的・政治的諸自由の平等な保証のもとで，社会的・経済的機会を実質的に保障し，所得や富を公正に分配すること，そして個々人の自尊の社会的基盤を確立することにおかれた。(7) それは諸個人の目的や価値，資質や境遇の多様性を尊重したうえで，すべての人の基本的福祉の保障を目的として社会構成員の間で資源を再分配することを要請するものである。このような原理が人々によって合意形成されるためには，原理の制定に従事する人々自身が各人の私的な関心と個別的情報から離れ，公共的な関心と普遍的な人格概念（「道徳的人格」）に基づいて判断を形成する必要がある。「無知のヴェール」の掛けられた原初状態とは，そのような判断が形成されるための認識的・環境的条件を表象する観念であり，「反照的均衡」とはそのような判断を形成する制定者たちの主体的・公共的な営為を表象する観念に他ならない。

　ここで確認すべきことは，理論家は形式的な議論を越えて実質的な正義理論を提供する責務があるものの，その最終的な選択は社会を構成する人々自身の手に委ねられなければならないという，彼の基本的なスタンスである。(8) 真理（truth），あるいは正しさ（correctness）は人々の経験的・直観的な理解に依拠するものではないとしても，人々自身の判断から全く離れたところに求められるべきものでもない。そうだとしたら，よりよい判断の形成を可能とする主体的・制度的諸条件の解明が急務の課題とされなければならない。とりわけ，道徳・宗教・哲学などの包括的信条が鋭く対立する現代の多元的民主主義社会においては，〈合意〉のあり方——合意の対象，合意の条件，合意の形態——と承認それ自体を問い返す必要があるだろう。この問題に真正面から取り組むためにロールズが依拠した観念が「政治的リベラリズム」であった。

　「政治的リベラリズム」では，「正義の二原理」に代わって，それを1つの要素としつつも，より多くの正義原理を含む「適理性のあるリベラルな政治的正義の諸構想の仲間」（a family of reasonable liberal political conceptions of justice）が提出される。それは次の3つの原理から構成される。①すべての個人に対して平

---

(7) より正確には，「自由」，「権利」，「機会」（就労の機会や教育の機会），「所得」や「富」，そして自尊（self respect）などの社会的基本財を人々の間で公正に分配すること。

(8) このようなスタンスはロールズの初期の文献にも見られた。「公正の概念が正義の基礎となるのは，互いに他人に対していかなる権威ももたない自由な人々によって諸原理が承認される可能性に存する。このような承認が可能である場合にのみ，彼らの共同の実践のなかに真の共同性が存在しうるのである」（Rawls, 1958: 48）。

等に(憲法的レジームでなじみの深い)基本的権利と自由,機会が保障されること。②基本的権利と自由,機会は特別の優先性を与えられること。とりわけ,一般的善 (general good) と卓越的価値 (perfection value) の主張に対する優先性が明記される。③すべての市民に対して,自由を有効に用いるために必要な社会的・経済的な基本財が保障されること。

　留意すべきは,たとえこれらの条件が共通に満たされるとしても,それらをいかに定式化するかによって,異なる正義の基本原理が導出されうる点,したがって,正義の基本原理に関する評価が依然として分かれる可能性のある点である。その場合には,例えば多数決という集計手続きによって選択される必要があるだろう。ここで重要なことは,最終的にどれが選択されようとも,上記の諸条件が満たされる限り,適理性が保障されたとみなされる点である。そして,同時に,より適理的な原理をめざしてさらなる改訂を続ける個々人の活動が保障される点である。少数者もまた決定された事項に従うことを要請される。ただし彼らは,依然として決定された事項とは異なるものを正しいと評価しつづけることも,あるいは,集計手続きそれ自体を批判しつづけることも可能である。彼らの意見は広く公示されるので,いつの日か人々の間に浸透し,現在の決定を覆す可能性も開かれている。

　　見解の全員一致は期待できない。適理性をもった複数の正義の政治的構想は常に同じ結論に至るわけではない。また,同じ構想を抱く市民たちであったとしても特定のイシューに関して常に合意できるものでもない。だが,ある理性的な正義に適った立憲体制にあるすべての市民たちが公共的理性の観念に沿って誠実に投票するならば,投票の結果は適理性をもつとみなされるべきである。このことは結果が真実 (true) であるとか,正しい (correct) ということを意味するものではない。けれども,当面,それは適理性をもち (reasonable),多数決原理によって市民を結束させることができるものである。……市民たちは,互いの相克と議論から学び収穫する。そして,彼らの諸議論が公共的理性に従うものである限り,彼らは社会の公共的文化を教示し,深化させていくであろう (Rawls, 1996: lvi-lvii)。

　「政治的リベラリズム」の観念は,議論の射程を社会構成員間の関係から,

集団間の関係，さらには〈社会〉間の関係へと広げることが可能である。その要諦は次の点にある。異なる目的，異なる包括的（哲学的・道徳的・宗教的）理論，そして異なる内的原理をもった集合体（家族，組織・団体，共同体，社会，諸社会の社会）の自律的決定は，基本的に，それ自体価値あるものとして保障されなければならない。ただし，自律的決定が実効性をもつ（実際に社会状態を拘束する）範囲は，個々の集合体の内的な個別的条件や互いの現実的関係によって規定されるほか，次の「意思決定手続きに関する共通の基本ルール」によっても規定されなければならない。すなわち，①各個人や集合体間の関係を整合的なものにするためのルール。②各集合体に属する諸個人の基本的人権を各集合体のしきりを越えて守るためのルール。共通の基本ルールの特徴は，各集合体が，各々の目的や課題・特質に即した内的原理・ルールを自律的に形成し改訂することを尊重しつつも，その形成・改訂手続きを規範的に制約する最小限の諸条件，すなわち適切な初期状態と〈公正な手続き〉を定める点にある。

　例えば，近著『万民の法』においてロールズは，異なる基本原理を自律的に制定しうる〈社会〉の集合体として〈諸社会の社会（society of societies）〉を想定し，その制定手続きを制約する高次原理として〈万民の法〉を構想した。万民の社会が安定性（stability）を獲得するのは，単に幸運な勢力均衡のゆえではなくて，すべての人民が彼らにとって正しく有効なものとして共通の法を受容し，それを遵守する意思をもつからである。〈万民の法〉の制定者たちの判断は，各社会の個別的利益に関連する情報（領土の大きさや人口，自己の代表する社会構成員の相対的長所，自然資源の規模や経済発展のレベルなどに関連する情報）から離れて形成される必要がある。ただし，それらは各々，自分たちの〈社会〉が自律的に制定しようとする基本原理の内容と無関係であるわけにはいかない。なぜなら，ひとたび制定された基本原理は各社会の基礎構造を規定し，広く深く浸透していくものである。そうだとしたら，各々の〈社会〉が制定する基本原理への配慮を失うわけにはいかないというのが，この問題に関してロールズの到達した結論だった。

---

(9) 詳しくは本書序章5節「基礎概念」参照のこと。

3 ロールズ正義理論に対するセンの批判

　センはロールズの正義理論の再構築に大きく貢献した。彼の貢献は大きく2つの柱から構成される[10]。1つは，ロールズ的な仮想的・社会契約的理論装置と現実の民主主義システムとの関係性を明確にし，後者を具体的に論ずる実践的な議論を構成することであり，他の1つは，仮想的・社会契約的な理論装置それ自身の理論的展開を図ることである。

　センは，ロールズは正義の基本原理のすべての候補に関して完全な順序づけができるとは想定していないことを的確に理解している。「ロールズは，彼の提案する〈公正としての正義〉はリベラルな政治的観念の1つの例にすぎないといっている。そして，たとえ正義の基本原理に関する意見の相違が残るとしても，リベラルな政治的観念に関するより一般的な特徴を受容することには合意するかもしれないといっている」(Sen, 2001)。

　そのうえでセンは，次の2つの角度からロールズ正義理論の展開を試みる。第1は，ルール制定者の認識的条件に関する議論である。ロールズは無知のヴェールのもとであらゆる個別的な情報を抽象化することを主張するのに対し，センは遠く離れた人々も含めて，あらゆる個別的な情報を可能な限り観察することを重視する。第2は，ルール制定者の特定化の方法に関する議論である。ロールズは正義原理の主題と内容を明確にし，合意の基盤を用意するために，〈社会〉概念を設定するのに対し，センは開かれた多様なグループに属する諸個人の現実的かつグローバルな関係から議論を始める。

　第1の点から検討しよう。センは，まず，〈客観性 (objectivity)〉と〈受容性 (acceptability)〉のいずれか一方によって正義を正当化しようとするいずれの立場をも批判する。確かに，正義は人々の観察や認識から切り離して定義することはできない。「正義は，単になされるべき (should be done) であるのみならず，〈なされたことが見られるべき (seen to be done)〉である」。また，「正義は明瞭に (manifestly) かつ疑いようもなく (undoubtedly) 見られるべきである[11]」。だが，正義を完全に「大衆的な受容に基づく構成主義的構築物 (constitutive construc-

---

[10] 以下の議論は，その多くを Sen (2001) に負っている。
[11] Sen (2001: 10)。

tion from popular acceptance)」の一種とみなすことは誤りであろう。多くの人々が「正義だ」と考えたからといって，直ちにその判断を「正しい」と言明することはできない。正義は，客観性を必要とする。ただし，ここでいう客観性とは，「正義の開かれた観察可能性（the open visibility of justice）」を意味するのであって，自然的事実と同一のものではない。むしろそれは，ロールズのいう「理性的主体者（reasonable agents）の間の判断上の合意」を説明する「思考の公共的枠組み（a public framework of thought）」に相当する概念であるという。そのような意味での客観性は，問題となっている判断が唯一正しいものであると主張するものではない。蓋然的に正しい（plausibly just），あるいは明白に正しくないわけではない（not manifestly unjust）といえれば十分である。またそれは，社会状態に関する完全な順序づけを要請するものではない。

この点を確認したうえで，センは，個々人の判断が備えるべき認識的条件に考察を進める。はじめに彼は，「理性的であること（reasonableness）」という観念を，いくつかの要件に分節化することを提起する。それらの要件は互いに独立に充足されるとともに，全体として，ある理想的なケースを構成するように期待される。センが例示しているのは，「利害から無関心であること」，「よく

---

(12) 客観性の説明としてロールズは次の2点をはじめとする5つのポイントを挙げている。
  ① 客観性の観念は，判断の概念が適用されるために十分な，そして，公共的な討議と主体的な反省の後に，理由と証拠を伴って一定の結論に到達するために十分な，「思考の公共的枠組み」を確立する。そして，推論と判断の概念がわれわれの道徳的・政治的言明に対して適用されるならば，われわれは相互に認識し合った基準や証拠を手掛かりとして自己の判断を形成することが可能となるだろう。単なるレトリックや信仰などによってではなく，そのような方法によってこそ，われわれは自己の判断の諸能力を自由に行使し，それを通じて，合意に到達することが可能となるはずである。
  ② 個別的な事情に広く配慮しながら，かつ理性的であり真実であろうとすることは判断（道徳的であれ政策的であれ）の本質的な観点であり規範である。客観性の観念は，そのような観点と規範から形成される正しい判断の概念を規定することから始めなくてはならない。政治的構成主義における客観性の観念は，正しい判断は正と正義の原理によって特定化される諸理由のまともさによって支えられると考える。ここで，正と正義の原理とは，実践的理性の諸原理を，社会と人格に関する適切な諸観念と結合させながら正しく定式化する，という手続きのもとで導出されるものである。
  客観性に関するこのようなロールズとセンの考えは，特定の時空を超えて立てられる客観性の観点を強調するネーゲルの「非人称的な観点」に基づく「信念と知識に関する原初的な客観性」のアイディアとは異なるものである。Rawls (1993: 110-112), Nagel (1986: 77) 参照のこと。

情報化されていること」,「さまざまな観点に耳を傾ける機会をもつこと」,「開かれた公共的討議や論議に一般的に曝されること」,「不偏的な観点をもつこと」などである。これらの要件を個々人が備え,それをより善く用いることを支える制度が市民的・政治的権利を伴う民主主義に他ならないという。

　よき判断の構成要件として,センがとりわけ注目するのは,不偏性（impartiality）の観点である。第12章でより詳細に検討するように,それは,アダム・スミスの思想に代表されるが,カントやロールズの社会契約論においても中心的な役割を果たしているとセンは考える。ただし,カントやロールズにおける仮想的人間像——特定の能力をもった行為主体者あるいは道徳的人格——とは異なり,スミスのいう「理想的観察者（ideal spectator）[13]」は,現実に存在する人間が,現実に存在する他者からいかに見られているかという,正義の観察可能性と緊密な観念である点をセンは強調する。不偏性（impartiality）は,もともと自己と他者,他者間の関係性に依存する規範であるために,対象とする〈他者〉の範囲を漸次,広げていくことによって,グローバルな正義を実現する可能性が開けてくると考えるのである。

　だがその一方で,個々人がこのように理性的かつ不偏的な判断を形成すること,よき観察や評価をなすことは,かならずしも単一の正義の観念をもたらすものではない点にセンは,注意を促す。「民主主義は,起こりうる原理間の葛藤に対処するために,様々な代替的方法を許容する」ものである。たとえ個々人が公正と正義への関心によって動機づけられ,理性的に不偏的な判断を共通に形成しえたとしても,推論の方法に関して,あるいは,支持する原理のタイプに関して多様性が残ることは免れ得ない。そうだとしたら,考察すべき真の問題は,民主主義制度の存否ではなく,民主主義的な権能が人々によってどのように行使されるべきであるか,正義に基づく視点を政治的決定プロセスにいかに組み込むべきか,である。民主主義の論理に関する詳細な検討は,次章にゆずるとして,以下では,関連するセンの思想の要点を簡単にまとめる。

---

[13]　スミス（1759＝1973）。

4 〈社会〉か多元的集合体かというセンの批判

　ロールズの政治的リベラリズムにおいては，共通の基本ルールのもとで自律的活動を行う組織や集団を包含する〈社会〉が構想された。それはある政治的観念を共通の基本ルールに具現化することによって，実体としての形態を獲得した上位の集合体に他ならない。ロールズはそこに3つの想定をおいた。第1に，特定の目的を共有する組織，あるいは特定の信条を共有する共同体とは異なって，〈社会〉の構成員は多元的な目的や信条ならびに多様な自我によって特徴づけられる。第2に，自発的な参入・退出が比較的容易な組織とは異なって，生を受けることによって参入し，死を迎えることによって退出するという，非自発的な参加と閉鎖性に特徴づけられる。第3に，逐次的な世代交代を通じた一定の継続性に特徴づけられる。

　さらに，ロールズは，社会の基本原理の制定プロセスに関してある種の政治的同質性を想定した。すなわち，ルール制定者たちは各々が代表する集団を相似的に縮約した存在であり，制定者と母集団の構成員との間には調整すべき格別な問題は残されていないと仮定されている。しかしながら，正義の基本原理は集団の敷居を越えてすべての社会構成員を等しく尊重することを目的とするものであるから，制定者たちは母集団の利益や関心からは独立に判断を形成することが要請される。[14] 彼らが依拠するのは諸個人の集団依存的な特徴ではなく，2つの道徳的能力を備えた人格（ロールズはそれを「市民」と呼ぶ）という共通の特性である。彼らがそのような観点から受容した基本原理を，母集団の構成員たちもまた，個々の利益や関心を越えて受容するのである。

　このような同質性の仮定は，ロールズの次のような関心に基づくものだった。彼が描く制定者と母集団の構成員との関係は，1人の個人の内面において，自己の個別的情報や私的関心を反省しながら公共的判断を形成していくプロセスの表象に他ならないが，彼の分析の焦点は，そのプロセスそれ自体ではなく，

---

[14] 先に述べたように，万民の法の制定ステージにおいては，このような情報的制約が緩められる。各々の社会の個別的利益に関する情報は依然として覆い隠されるものの，内的原理に関する情報は開示されるので，内的原理に関する社会間の異質性の調整という問題が浮上する。

適理的な正義の諸構想を受容する制定者の認識的条件の解明におかれた。制定者と母集団の構成員との間の異質性については，明示的な議論の対象とされなかったのである。原初状態の装置は，より適理的な正義の諸構想を特定化するための最もプリミティブな諸条件（すなわち諸公理）の象徴に他ならない。そこでは，ある一定の諸条件を受容するならば，ある一定の適理的な正義の構想を受容しうることが分析的に示される。また，〈社会〉の閉鎖性や継続性は，個々人が〈社会〉から退出することなく，ルール制定・改訂の意思を主体的にもつことを正当化する仮定であるとともに，基本原理の源泉となる諸規範がすでに基本原理制定のプロセスを制約していること，すなわち合意の基盤となる政治的理念の共有を象徴するものだった。ロールズのこのような想定は，資質においても目的においても多様な個々人の中の本質的な平等性を保障する基本原理の制定という文脈で，重要な意味をもつ。

　その重要性を認めつつ，センがさらにとらえようとする問題は，地球上に散在している個々の具体的な不正義であり，相互の境界を明確に線引きすることのできない，また，各々に関して共有された政治的理念の存在を仮定することのできない社会や集団間の葛藤を調整するルールのあり方である。なぜ，異なる利害関心をもった個々人が，自分たちの行為を共通に制約するルールに賛同するのか，なぜ，そのようなルールの制定・改訂に参加する意思をもつのか。この問題の考察にあたって彼が着目するのは，多元的な目的をもつ諸集団とそれらの間の連携化である。これに関するセンの議論は大きく2つの柱から構成される。はじめに，次の3つのタイプの集団が区別される。第1は，直接的な交渉に基づく意思決定が可能な諸個人のグループ，すなわち「交渉集団（the negotiating group）」である。第2は，意思決定に直接参加しないもののそこで決定された事項によって大きな影響を被る諸個人のグループ，「被影響者集団（the affected group）」である。第3は，直接的な交渉を行う当事者ではないものの，意思決定の際に参照される公正かつ不偏的な評価を形成する諸個人，「評価集団（the evaluating group）」である。従来の社会契約論は，ルールが適用される当事者たちの集まりが即，制定者の集まりとされ，当事者として互いの利

---

(15) 完全競争の仮定のもとでは，個々人の自律的な参入・退出が同時に仮定される。だが，実際には参入・退出のコストは高く，自発的な移動は困難である。その場合，合理的個人は自己の属する集団の目的や方針，規則などを少しずつ変容する行動に出ると考えられる。

益を交渉し合う交渉集団に，もっぱら焦点が当てられていた。それに対して，これら3つのタイプの集団を区別しながら，それらすべてを含む制定者の集まりによって社会契約論の枠組みを拡張することが，センの理論的関心だった。

つづいて彼は，実践的な関心として，現実の社会で複数の集団やカテゴリーに所属する諸個人が正義の感覚の到達範囲を拡張する営み (expanding the reach of our sense of justice) に注目して，グローバルな正義の可能性を考察しようとする。例えば，ある個人は，国境を越えて，女性という集団が共通に直面する問題状況（例えば堕胎について）を把握することができるかもしれない。また性差を越えて，医師という職業的観点に立って同一の問題を評価し直すことができるかもしれない。あるいは職業を越えて，生まれ出づるいのちへの想像力で問題をとらえ返すことができるかもしれない。特定の地域共同体や特定の組織に深く埋め込まれた自我を引き剥がし，異なる位置（ポジション）やカテゴリーから問題をとらえ返すとき，それは異なる集団間の根深い葛藤がまさに個人の自己同一性の問題として，真剣に取り組まれることになるだろう[16]。

これらの理論的・実践的関心は，各々独自の正義の基本原理を有する〈社会〉の集まりとして〈万民の社会〉を想定し，万民の社会に適用される最高次原理として〈万民の法〉を構想したロールズの構想とは，明らかに異なる方向性をもっている。異なるルールが個々人にもたらす帰結や影響を考慮するためには，できるだけ多くの個別的情報を不偏的に視野に納める必要がある。また，それらの人間的意味を十分に理解するためには，各個別的情報に対する本人たちの，さらには影響を被るありとあらゆる個人の解釈や判断，それに基づく請求に十分耳を傾ける必要がある。そのうえで，それらを不偏的に評価する作業がつづかなくてはならない。次節ではセンの議論の方向性を確認したい。

5 複数の集団にまたがる個人の自己統合化

センは，正義の原理が成立しえるとしたら，それは単一の観点をもった社会構成員間の契約ではなく，複数のカテゴリーや位置に属し，複数の観点をもった諸個人間の契約に基づくものとなるという。彼らは複数の集合体の当事者と

---

[16] Sen（1993c/2002; 1999a; 2006）参照のこと。

して複数の観点をもつにとどまらない。各々の集合体の外にあって，各々の集合体からの影響を免れられない者としての観点（ときに複数）をももつだろう。さらに，各々の集合体の内部にも外部にも位置しない不偏的観察者としての観点を獲得することも可能である。センは，このような多重的な個人像をもとに，複数の集団が少しずつ重なり合いながら上位原理を共有し，上位原理を共有した集団がまた少しずつ重なり合いながら，高次原理を共有していくプロセスを展望する。キイとなるのは，異なる複数の集団に属する個人の存在である。彼は異なる上位集団間の橋渡しとなる個人に他ならず，彼がもし，何らかの方法で自己統合化に成功しているとしたら，彼を通じて，異なる原理同士が整合的な関係を獲得することになる。おそらく整合化のポイントは，1つの集団が掲げる内的原理を拡張して完全な順序とするのではなく，複数の集団の掲げる正義原理を組み合わせようとする点にあるだろう。

　第12章で言及するように，このような着想は，センが以前に提出していた〈位置依存的客観性（positional objectivity）〉の観念[17]をより現実的に，また立体的に構想するものである。センは，各々の位置に対応して形成される条件付き判断がある種の客観性をもちうることを指摘し，そのような種類の客観性を〈位置依存的客観性〉と呼んだ。その特徴は2つある。第1に，どのような名前の個人であっても，同一の位置にある限り，同一の判断が適用されること。第2に，どのような名前の個人であっても，同一の位置に関しては，同一の判断を形成しうること，すなわち，異なる評価者 $i, j \in G$ であっても，共通の位置 $b \in P$ の観点から政策 x を眺めるならば，それに対して，同一の判断 $f(x,i,b) = f(x,j,b)$ を下せること。ここではこの議論が次のように拡張される。評価者は，異なるカテゴリーに属する複数の位置 $b \in P^1$，$a \in P^2$ に所属する自己の体験をもとに，各々に対応して形成される複数の位置依存的判断を比較秤量したうえで，異なる諸政策に対する一定の評価 $F_i(f(x,i,b), g(x,i,a))$ を形成する。事実として複数の観点を自己の内にもつ個人は，まさに自我の統合化の問題として，このような作業に真剣に着手せざるを得なくなるとセンは考える。

　このようなセンの議論は，社会契約論の射程を拡張するうえで示唆に富んでいる。以下ではセンの〈社会契約論〉の要点を簡単に示したい。いま，集合

---

[17] Sen（1993c/2002a）参照のこと。ただし，以下の定式化は著者による。

$N=\{1,\cdots,n\}$ $(2 \leq n < +\infty)$ からなる社会を想定する。彼らはすべてルール制定者としての資格をもつとする。1人の個人は，1つの社会において，いくつかの個別的問題の当事者として意思決定に参加する可能性，他の人々の意思決定によって影響を被る可能性，自己の利益とは無関係な問題を公正な観点から評価する可能性をもつが，それらのウエイトは問題に応じて変化する可能性をもっている。諸個人は，問題に応じて「当事者」とも「被影響者」とも「公正な評価者」ともなりうるのであって，いずれの問題とも潜在的には無関係ではありえない。また，いずれの問題に関しても，当事者として問題を提起すること，影響者の視点から問題を眺めること，公正な評価者として公共的判断を形成することという3つのタスクを為す可能性がある。ただし，諸個人はすべての問題に関して，当事者・被影響者・公正な評価者の役割全部を十分に果たせるわけではない。自分が直接の当事者でも被影響者でもない問題に関しては，その意味を十分に理解することすら困難であるかもしれない。あるいは逆に当事者あるいは被影響者であるがゆえに公正な評価者となることは困難であるかもしれない。

　通常の社会的選択理論では，社会構成員の集合は即，制定者の集合であるから，集計にあたって彼らの選好は等しい重みでカウントされる。それに対してここでは，社会構成員すべてを制定者とし，彼らの意見を（名前からは独立に）等しくカウントしながらも，提出された（匿名の）意見に対して質的には異なる重みづけをなすような手続きが仮定される。例えば，広く影響を受ける人々への想像力と不偏的な評価者の観点をもとに形成された意見により大きな重みを与えて集計する，あるいは，当事者にしか知りえない苦悩や困窮に基づく意見により大きな重みを与えて集計するなど。だが，そのような格差的な重みづけをなすためは，根拠となる基準が公示的・開示的でなければならない。実践的には，そのような重みづけは当事者と被影響者と公正な評価者とが集まるステージにおいて，公共的討議においてなされるものとする。

6　公共的熟議と必要の発見

　センの提起する実践的なアイディアは，個人の公共的判断の形成に関するロールズ正義理論の射程を大きく拡大することになった。各個人が異なる種類の

集団に属し，対立する複数の個別的請求にコミットするとしたら，集団間のコンフリクトがそのまま各個人の内面的な葛藤，自我同一性の危機として表出することになるだろう。そのとき，個人ははたしていかなる方法で統合化を図ろうとするだろうか。考えられる1つの方法は，あくまで本人自身の私的利益や包括的信条をもとに統合化を図ることである。この場合，各集団の個別的請求は各人の既存の私的利益あるいは包括的信条を定点として重みづけられることになるから，再度，不可能性定理に帰着する。だが，複数の集団にコミットする個人が既存の私的利益や包括的信条を保持しつづけるという想定は，あまり現実的ではないだろう。理由は以下の通りである。

　複数の集団に属する個人は，各集団の異なる個別的請求に対して内的にコミットしながら，同時に，外的に観察する機会を得る。そして，ある集団の個別的請求を別の集団の関心から反省し評価するという作業を，彼は自己の属する諸集団に関して自発的に行うことになる。この作業が，第2章で論じた公共的観点を獲得する契機となる。センの直観的なアイディアはこのプロセスをとらえたものだった。そのようにして，公共的観点を獲得した個人の間では，各善を重み付ける方法——公正に実現するための資源配分方法——に関して共通の判断を，ある範囲で形成する可能性が開かれるであろう。あるいは，なおそこで，異なる複数の判断が残されるとしても，それらはいずれもロールズのいう適理性をもった判断とみなしうるであろう。

　特定の位置に在る個人は，かならずしも自分自身の必要の意味を正しく認識しうるわけではない。むしろ自分の必要が特殊なものにすぎないのではという懸念から，請求することを自ら控える場合がある。逆に，帰属する集団の利益を代弁して，必要を越えることがあるかもしれない。とはいえ，第2章で言及したように，当事者には各人のとらえた必要を他者に伝達する義務があるといえる。なぜなら，彼こそが彼自身の置かれた位置の最初の目撃者だからである。当事者が声を上げないとしたら，その人間的意味を理解しようという共同作業それ自体が始まらないおそれがある。確かに，互いの必要とその意味を了解していくことは決して容易な営為ではない。自我の境界が明確であればあるほど，感情的な反発や偏見がその営為を妨げるおそれがある。だからこそ，センがいうように，ときには当事者とも被影響者とも公正な評価者ともなりうる，緩やかで多層的な自我をもつ個々人が集まって，さまざまな個別的請求の普遍的・

人間的意味を互いに解釈し発見していくプロセスこそが重要になってくると考えられる。

このような文脈で再度着目されるのが，ロールズの提出した「相互性」(reciprocity) の概念，及び「反照的均衡」の概念である。ロールズは，公正としての正義を支える重要な観念の1つとして「相互性」を指摘するがその概念は今ひとつ明確ではなかった。それは交渉あるいは契約する当事者双方の利益の増進を意味する相互便益（mutual advantage）の観念とは異なる一方で，不偏性（impartiality）の観念——すべての構成員の境遇を偏りなく評価する観点——とも同義ではない。例えば，「ある政治的権力が適切であるのは，相互性（reciprocity）の基準が満たされるとき，すなわち，政治的行動を正当化するために提供する諸理由が，人々によって理性的に受容されると真摯に信ずることができるときのみである」と語られるとき，むしろそれは，他の諸個人とともに構成する共通の〈場〉——社会的協同のための公共的ルールを制定あるいは遵守する場——，あるいは他の諸個人との関係性そのものを指す概念であると解釈される。

先述したように公共的ルールの制定にあたって諸個人は私的関心から離れた公共的観点を獲得することが期待される。とはいえ，他者が公共的判断を形成するとは到底考えられない状況においても，なお，個人が公共的判断を形成しうることまでは期待されていない。個々人による公共的判断の形成は，公共的ルールを制定するという目的が公示的に示され，他者もまた公共的判断の形成に従事することが確信されるような〈場〉の存在を不可欠とする。そのような〈場〉から完全に超越したところで，公共的判断を持続させることは不可能だろう。また，そのような〈場〉の中に自己の姿を見出すことのできない個人に，公共的判断の形成を期待することは困難だろう。

ロールズの正義理論においては，主体における統合化（integration）の問題は反照的均衡（reflective equilibrium）の概念によって捕捉される。だが，これまでの議論はその概念に対しても，次のような新しい解釈を与える。すなわち，公共的討議の場では，通常，均衡へ向かう個々人の反省作業は，個人の内面のみ

---

(18) この点についてはブライアン・バーリーとの議論で明らかにされたという。
(19) Rawls (1996: xlvi)。
(20) Rawls (1971b: 19)，また，Daniels (1996: 51)，川本 (1997 : 182f) 参照のこと。

ならず,他者との関係を通じて進められていくと考えられる。だが,そのことは,かならずしも個人内での均衡の達成と個人間での均衡の達成が,同時並行的に進行することを意味するものではない。すべての個人において個人内均衡が達成されているにもかかわらず,個人間では依然として不均衡であるかもしれないし,あるいは個人間では均衡が達成されたにもかかわらず,ある個人においてはいまだ個人内均衡が達成されていないかもしれない。ロールズ正義理論における「合意」とは,各人が合意された事柄とは違った種類の判断をもちつづける一方で,合意形成の手続きが適理的なものであると認容される限り,合意された事項を受容することを意味するものだった。それは,まさに公共的な均衡は達成されたものの,個人内での不均衡が残された状況であるといえるかもしれない。

だが,たとえ個人内での不均衡が残されるとしても,その事実を受け留めながら自己を統合化しうる——例えば,制定されたルールを遵守する一方で自己の信ずる少数意見を多数意見とするための努力をつづけるという方法で——ならば,そのような不均衡は,むしろルールやシステムのさらなる改訂に向かうダイナミズムの源泉にもなるだろう。他者との〈相互性〉を基盤として形成される個々人の〈公共性〉,個人内不均衡を抱えながらも自己統合を図ろうとする個人のダイナミズム,そのような個々人の間の均衡は,まさに公共的均衡ともいうべきものであり,それこそが〈重複的合意〉(overlapping consensus) の基本構想であったのではないか。社会的選択理論の枠組みの拡張を図りながら,さまざまな集合体を含む社会システムとの関係でそれを具体的に描くことこそ,センの意図する正義理論の再構築に他ならない。第12章の課題としたい。

7 社会的参加と社会的排除あるいは包含

近年,話題となっている2つのイシューとの関係で,〈公共性〉の視点を明らかにして結びに代えよう。1つは「社会的参加」(social participation)[21]の問題であり,他の1つは「社会的包摂」(social inclusion)[22]の問題である。「社会的参加」を主張する背後には,個々人が真にシステムの活動主体となるためには,

---

[21] 例えば,ウォルツアー (1983=1999:150), Saraceno (2002) 参照のこと。

システムの統治に対しても積極的に関与する必要があるという考え方がある。だが，このような主張をするためには，〈参加〉の概念それ自体を明らかにする必要があるだろう。参加には2つの局面があると考えられる。1つは，（システムを規定する基本ルールを所与として）システムの活動に参加する局面であり，他の1つは，システムを規定する基本ルールの制定・改訂プロセスに参加する局面である。前者の活動への参加においては，個々人は所与のルールのもとで本人自身の目的を最大限に追求することが期待される。そのような個々人の自律的・相互依存的活動の均衡として，ある社会状態（例えば一定の資源配分）が実現されるのである。

　それに対して，基本ルールそれ自体の制定・改訂への参加においては，個人は自分の私的利益や関心を離れて評価・判断を形成することが期待される。本書ではこれを公共的評価・判断と呼んだ。それは，はたしてどのルールがどのような帰結を自分にもたらすかではなく，どのルールであればどのような帰結を人々にもたらしうるかという，より一般的な観点，さらには帰結のもたらされ方やルールそれ自体の性能に注目する手続的な観点に特徴づけられるものである。2つの局面に参加するメンバーは，かならずしも同一である必要はない。確かに，活動に直接参加する人々は，基本ルールの制定・改訂にも参加することが望ましいだろう。また，活動に直接参加しなくとも，広く影響を被る人々は参加することが望ましいだろう。それら広義の利害関係者はすべて意思決定に参加することが望まれる。だが，ロールズやセンが強調したことは，むしろ，基本ルールの制定・改訂に参加する個々人が形成する判断の質だった。広義の利害関係者に期待されることは，各人の利害関心をそのまま拡張したものを自己の判断とするのではなく，不偏的観点から相互の利害をとらえ返したうえで判断を形成することだった。裏返せば，そのような方法で判断を形成しうる人であるならば，たとえ広義の利害関係者でなくとも，基本ルールの制定・改訂プロセスに参加する資格が十分に与えられるのである。

　続いて，公共性の視点からは「社会的包摂」の問題は次のようにとらえられる。ロールズによれば，「確かに，社会は事実として，非理性的で，狂信的な

---

(22) この概念については，内外に数多くの先行研究がある。ここでは最新の邦語文献として，例えば，宮本（2013）を挙げておく。また，インドの都市調査に基づく興味深い文献として，Bhowmik and Saha（2013）参照のこと。

包括的信条などを含んでいる。だが，問題は，社会の統合と正義を損ねることのないかたちで，それらを包含する方法を考察することにある」(Rawls, 1993: xviii)。実体としての個々の組織はかならずしも特定の国家に包含されるものではない。実体としての個々人はかならずしも特定の組織や国家に包含されるものではない。組織や個人はそれぞれ，多様な道徳的・宗教的・哲学的な信条のもとで多様な目的や利益を追求し，各々は他の何ものとも比較できない固有の意味をもち，他の何ものにも包含し尽くされることはない。

とはいえ，国家の備える〈公共性〉は，国家の壁を越えて個々の組織を緩やかに包含しうるだろう。個々の組織の備える〈公共性〉は，組織の壁を越えて個々人を緩やかに包含しうるだろう。そして個々人の備える〈公共性〉は，個々人の自我を越えて他者や組織や国家を緩やかに包含しうるだろう。ここで「緩やかに」とは，包含の対象があくまで互いの関係性を調整するために必要な，最も基本的部分——すなわち政治的領域——に限定されることを意味する。政治的領域を越える道徳的・宗教的・哲学的領域に関しては，個々人の多様性・多元性に対する尊重が貫徹されなければならない。そして「包含される」とは，人々が共通のルールのもとに統治されること，ただし，そのようなルールは人々自身の自律的な参加，すなわちルールを解釈し，受容し，批判する公共的活動を通じて制定したものであることを意味する。実体としての国家の境界を越えた〈万民の社会〉の理想がいささかなりとも現実性をもちうるとしたら，おそらくこのような意味での〈公共性〉がグローバルなレベルで形成され，実体的な制度として現前したときであろう。

最後に，公共的ルールを制定し，改定・再改定することの意義は，自分自身が立てたルールによって自己の幸福や傾向性を適正に制約し，ルールの改定を通じてその制約を解除するという，個人の自由の実質的な保障にある点を確認しておこう。公共的ルールの制定・改定への参加を通じて個人は，異なる多様な境遇にある人々が受けるべき公正な扱いを，自分自身の幸福や傾向性とは相対的に切り離して，判断する機会をもつ。そして，ひとたび公共的ルールが決定されるならば個人は，自分たちが承認し受容した公共的ルールに従う限り，私的選好に基づく合理的行動が同時に一定の公正性を満たすことを，互いに了解し合う機会をもつ。このような場合には，たとえ個々人の自律的かつ相互依存的活動が，結果的に互いの境遇に相違をもたらすとしても，その理由を互い

に承認し合ったルールと人々の活動の到達点と限界として説明する機会をもつ。このことは，個々人が自分自身や他者を尊重し合うための，確かな社会的基盤 (the social basis of self-respect and mutual respect, Rawls, 1971) を提供する。これが政治的リベラリズムの描く「公共性」の到達点であるとしたら，考察すべき課題もここに顕われているはずである。次章からはその検討に移ろう。

---

(23) このようなルールと自律に関する考え方は基本的にはカント的である。ただし，ここでは「ルールによる制約」に，「ルールの解除」を加えた。これは主体が自らの立てたルールに自縄自縛される状況を想定してのことである。例えば，発達障害の子どもに観察される「常同行動」は「ルールの解除」がきわめて困難になった状態を示す。また第8章で扱った「暴力的介入」からの解放を困難とする1つの理由は，被害者が自ら立てたルールを解除することの困難さに求められる。

(24) 本書第7章でも扱った自尊（self-respect）は，他者との相対的地位を根拠とする自己評価（self-esteem）とは区別される。次のカントの言葉を参照のこと。「尊敬は，一つの感情ではあるにせよ，外からの影響によって受動的に受け取られた感情ではなく，理性概念によって自主的に生み出された感情であり，したがって結局傾向（好み）や恐れに帰するところの受動的感情とは，質的に異なるものである」（カント，1785＝1972：243n）。

第11章
民主主義の沈黙

民主主義は,その放任性のゆえにあらゆる国制を内にもっている。

(プラトン『国家』557d)

1　非決定性の論理と構造

　民主主義はうそをつくわけではない。けれども,いうべきことに関して,沈黙を保つことはある。たとえ取り返しのつかないことが,民主主義の名のもとになされることがあったとしても,あるいは,それが,民主主義と一体であるかのごとく語られることがあったとしても,民主主義は素知らぬ顔をしている。そのことは,もちろん,民主主義の咎ではない。咎ではないからこそ,これまであまり問題とされることもなかった。けれども,民主主義の欺瞞を声高に叫ぶ人はもとより,民主主義を擁護して論陣を張る人も,民主主義の沈黙の深さにはうすうす気づいている。決定することではなく,むしろ,沈黙すること(非決定性)にこそ民主主義の本質があるのではないか,と。

　民主主義のもとで何らかの決定がなされるとしたら,そこには民主主義とは違った何か別の要因が働いている可能性がある。たまたま全員の選好が一致したとか,だれかが妥協を強いられているとか,実のところ,だれか特定の人が決めているとかいった具合である。

　それでは合意(あるいは均衡)は民主主義の本質であるか。そうとはいえない。確かに,民主主義の存在がもたらされた合意(均衡)に正統性を与えることはある。もたらされた合意をもって民主主義の正統性が語られることもある。だが,例えば,市場的均衡や多数決による決定が合意(均衡)の代表とみなされるのだとしたら,合意の存在を即,民主主義の存在証明とみなすことは危険である。人々の選好の成り立ちや理由を含めた集計手続きそのものを不問にする

おそれがあるからである。

　本章の主題は，沈黙する民主主義の論理的構造とその意味を，同じく沈黙する市場メカニズムとの比較を通じて考察すること，そのうえで，両者を一定の節度と目的をもって用いる方途を探ること，つまりは，民主主義の沈黙を逆手に取るための方法を探ることにある。以下に本章の分析視角を簡単に述べよう。

　歴史的に，市場経済の神話は，民主主義の神話とタイアップしながら発展してきた。われわれは，それらが他の諸制度と比較して，いくつかの相対的利点をもつことを知っている（本書第5章参照のこと）。とりわけ，われわれが両者に親しみを感じる理由は，一言でいえば，参加の自発性と「足場の等しさ（equal footing）」にある。そこには自由と平等の両方が息づいている。だが，その一方で，われわれは，それらは個々人が直面している具体的な問題に対処する力をほとんどもたないのではないかという疑問を禁じ得ない。市場メカニズムが個々人の福祉に資するためには，それを補完する装置が必要とされる（本書第Ⅲ部）。同様に，民主主義が個々人の意思を尊重するためには，それを制御する工夫が必要となってくる。その積極的な手立てについては次章で論ずることとし，本章では消極的な手立て（沈黙の公示）に関心を絞りたい。

　両者を論ずる結節点として，ケネス・アローの仕事に言及することは有益だろう。アローが中核となって推進された一般均衡理論の確立と社会的選択理論の創設は，自由な競争市場メカニズムと投票民主主義のメカニズムを並列して語ることの意義と可能性を象徴する。彼がもたらした理論的命題は，グローバルで自由な競争市場の可能性（「一般均衡存在定理」と呼ばれる）と，グローバルで民主主義的な投票メカニズムの不可能性（「一般可能性定理」と呼ばれる）を対照させる。ただし，前者はサミュエルソンの顕示選好理論や後述するパレート効率性概念などをてこにして，規範的にも擁護され，自由な競争市場経済のグローバル化に対する説明力を失わないのに対し，後者は，規範的問題の事実（解明）的分析としての手法が高く評価されつつも，アマルティア・センのノーベ

---

(1) 以上の問題関心はシャンタル・ムフの次のような問題関心と呼応する。「複数民主主義政治にとっては，合理性や共同体に訴えることで逆説を隠蔽したり乗り越えようとするのではなく，この逆説を目に見えるものにし，承認することが決定的に重要だと考えている」（ムフ，2006：15）。ここでムフがいう逆説とは自由主義と民主主義のコンフリクトを指す。合意を道徳の根拠とみなす見解については，例えばデーヴィド・ゴーティエのGauthier（1986）など参照のこと。

ル経済学賞受賞（1998年）まで，その含意が民主主義の規範理論として，十分に検討されてはこなかった。本章では，この社会的選択理論をもとに，市場と民主主義の関係を分析する。

2 集合的決定と手続き的正義

　自由な競争市場メカニズムの特質は，しばしばそれが価格メカニズムと言われるように，市場価格体系が集合的に決定されること，個々の経済主体は集合的に決定された価格体系を受容すると想定されていることにある。労働を売る，生産物を売る，労働を買う，生産物を買う，個々人がまったくばらばらに行動するとしても，貨幣を共通の単位とし，市場価格に従う限り，人々の活動には秩序（order）が認められることになる。だれ1人として単独には市場価格を変化させることはできない。市場価格体系はただ，さまざまな労働や商品を入手しようと欲する大勢の人々の，また，提供しようと欲する大勢の人々の趨勢によって，いわば欲求の合成力として定まり，欲求の変容に応じて変化するのである。

　自由な競争市場（価格）システムのこのような特性は民主主義においても観察される。民主主義のもとでは，匿名の大勢の人々の意思の合成力としてある事柄が集合的に決定されるのであって，ある事柄が真理や正義あるいは至上的な善として君臨することはない。集合的決定プロセスには誰もが匿名で参加することができ，参加した個々人の自由な意思は尊重され，意思を伝える個々人の間の対称性は保証され，個々人の意思が集合的決定に及ぼす1人ひとりの影響力は十分に小さく抑えられている。そこでは誰も特権的地位をもちえず，たとえ特異な傾向を示す個人が存在したとしても，それとは逆向きの傾向をもつ他の個人との間で相殺されて平均・標準に収斂される（いわゆる「中心極限定理」）と考えられている。これらの性質が，民主主義と市場が本来，共通に備える優

---

(2) 一定の条件のもとでは，すべての競争市場均衡はパレート効率性条件を満たすという「厚生経済学の第一定理」，さらにある限定された環境のもとでは，すべてのパレート効率配分は競争市場均衡によって達成可能であるという「厚生経済学の第二定理」は競争市場均衡を規範的に擁護する役割を果たしてきた。
(3) とはいえ，社会的選択理論に関しては優れた多くの研究成果が刊行され続けている。近年の集大成として例えば，Arrow, Sen and Suzumura（2002＝2011）など参照のこと。

れた特性として認識され，リベラリズムを大きく推進させてきた。

　これらのメカニズムが人類にとって，王の庇護あるいは暴政への依存から脱する大きな一歩であったこと，それは，それ自体，啓蒙（enlightenment）の産物であるとともに，啓蒙のさらなる普及を進めたことは間違いない。真理，正義，至上善，本質，法則など，人々の思考を麻痺するおそれのある一切の外的視点が排除され，もっぱら個人の内的な自律的活動（autonomy）とそれらの集合的な力，システムの自動性に期待が寄せられていく。ただし，われわれは次の点に留意する必要があるだろう。市場も民主主義も，そのメカニズムのもとで結果的にもたらされた集合的決定は――たとえもたらされたとしても――真理であること，正義であること，至上的な善であることを保証しない。決定に参加した人々の間に共同性（commonality）が醸成されることも意味しない。それどころか，多くの事柄が，実のところ未決定のまま進行していく可能性がある，という点である。

　後述するように，これらのメカニズムは――たとえ現実のさまざまな妨害的な要因から逃れ，理想的に機能できたとしても――，せいぜい手続き的な正義，例えば，後述する匿名性・中立性，そして，普遍性，一般性，平等性（等しいものの等しい扱い）などの性質を一定程度，保証するだけであるから，あとには手続き的な正義の関門を同様にくぐりぬけた未決定の事象が無数に残されることになる。それら未決定の事象の決定に関しては，市場も民主主義も沈黙を決め込む。したがって，市場や民主主義が沈黙した事柄を決定するためには，手続き以外の事情を考慮し，手続き的正義以外の基準を導入するための新たな論理が要請されるのである。

　だが，従来，この市場や民主主義の沈黙，すなわち非決定性（indeterminacy）という特性はさほど問題とはされてこなかった。市場的取り引きは，実際的には私的所有権制度と結びつくことによってはじめて決定性を獲得する。私的所

---

(4) アローのこれら4つの条件に特徴づけられる民主主義は，「リベラル民主主義」の概念に相当するだろう。例えば，シャンタル・ムフはリベラル民主主義の構成要素を「個人の諸権利と民主主義的な自己統治」に求めたうえで，個人の諸権利と民主主義的自己統治との間の「根底的な緊張関係」を指摘する（ムフ，2006：144）。この指摘は，アイザイア・バーリンが指摘した「消極的自由」と「自律（統治）」との緊張関係と似通っている。アローの「不可能性定理」はこのような緊張関係を論理的に明らかにしたものといえる。Holmes（1987），Cohen, J.（1997），Garapon（1996）も参照のこと。

有権制度と諸個人の選好を所与として諸財の市場価格が決定され，市場価格を所与として諸個人の選好のもとで諸財の交換がなされる。そこでなされた交換の内実がいかなるものであれ，それらは等しく「市場」的交換として正統化される一方で，それら以外の交換は正統性を喪失する。

　民主主義も同様の構造をもつ。民主主義による決定は，実際的には，「民主主義的」手続きに，何らかの実質的な基準が結びつくことによってはじめて決定性を獲得する。しばしば，それらの実質的な基準は，暗黙のうちに手続き的正義と結合される。そして，何にせよ，手続き的正義との結合のもとで導出された結論は，「民主主義的」決定として正当化されることになる。その一方で，手続き的正義と結合された実質的基準以外の考慮のもとで決定されうる解は，たとえどれほど熟慮に基づくものであったとしても，民主主義の名のもとに退けられることにもなりかねない。民主主義の非決定性が，何らかの実質的な基準で拡張され決定性を獲得するプロセスを，ここでは社会的選択理論の用語にならい，民主主義の「完備化プロセス（complementation process）」と呼ぼう。[5]その特徴は，反射性と整合性（推移性など）を満たすルールが，さらに完備性（completeness）をも満たすように，拡張さることにある。ただし，ここでいう反射性とは，任意の社会状態 x に関して，x は自分自身との比較において少なくとも同じくらい望ましいことを，推移性とは，任意の社会状態 x と y と z に関して，x が y と，また y が z と少なくとも同じくらい望ましいなら，x は z と少なくとも同じくらい望ましいことを，完備性とは，異なる任意の２つの社会状態に関して，どちらか一方が他方より少なくとも同じくらい望ましいと判断できることを意味する。

　本章の関心は，この完備化プロセスの規範性にある。それを次の手続きで検討したい。第１に，パレート条件を一例として，手続き的正義と不可分である民主主義の非決定性を論理的に示す。そのうえで，第２に，整合性と完備性を獲得した民主主義の一例として，「多数決ルール」を取り上げその性質を批判的に検討する。第３に，民主主義の非決定性を前提としたうえで，つまりは完備性を外した状態から，再度，その規範的な拡張可能性を探る。本章は，「ポ

---

[5] 次を参照のこと。「不完備な二項関係 R が含む情報を正確に活用しつつ，R に欠けている情報を整合的に補充して，非完備な関係 R を完備な順序関係に拡張」すること（鈴村，2009：19）。

ジショナル評価を尊重する選択手続き」を例示してその可能性を示す。

3 パレート条件の十分性の検討

2つの異なる政策があったとしよう。一方の政策のもとで全員の効用が上がるなら，そちらがいい，全員が一方の政策をよしとするなら，そちらがいい。これは，通常，経済的効率性の原理，あるいは全員一致の原理と理解される「パレート条件」に他ならない。新古典派経済学では，パレート条件は「望ましさ」のほぼ代名詞として（すなわち，実証科学である経済学が唯一，受入れる余地のある規範的基準として）広く受容される一方で，大富豪が本人の効用をほんの少し下げる政策に反対した場合にも機能不全となるので，分配問題に不得手な点を批判されがちであった。はじめに，その形式的な定義を確認しよう。

【定義】
　パレート改善：社会状態 x に比べて y において，すべての個人の効用が下がることなく，ある個人の効用が上がるとしたら，y は x に比べてパレート改善されたとみなされる。

　パレート効率性：誰か他の個人の効用を下げることなく，どの個人の効用をも高めることができない社会状態をパレート効率的と呼ぶ。

　パレート（強）条件：社会状態 x と y を比べて，すべての個人が y は x と少なくとも同じくらい善いと評価し，ある個人が y は x より善いと評価するとしたら，社会的にも y は x より善いと評価するべし。

　パレート（弱）条件：社会状態 x と y を比べて，すべての個人が y は x より善いと評価するとしたら，社会的にも y は x より善いと評価するべし。

通常，パレート改善とパレート効率性は，個人の「効用」を基礎概念として定義される。それに対して，パレート条件は，効用も含めたより広い概念としての「選好」，あるいは，「評価」を基礎概念として定義される。新古典派経済

学では，パレート効率性は，より厳密には，財の生産に利用可能な諸資源（財）が未使用なまま社会に残されていないことに加えて，諸資源（財）に対する諸個人の効用関数を所与としたときに，個人間の分配方法の工夫によって，それ以上パレート改善の余地がない状態として定式化される。前者はまさに資源が無駄なく使われていることを意味するのに対し，後者は，所与の経済環境のもとで，どの個人の効用も，同様に最大化を求める他者の存在を制約条件として，最大化されていることを意味する。

特筆すべきは，これらパレート基準には，個人間の対称性の仮定という基準が内包されている点である。パレート（弱）条件においてその性質は明らかであり，パレート（強）条件においても，社会状態の変化に関して，どの個人も拒否権をもつという意味で対称的である。ただし，注記すれば，他の個人の状態が悪化しない限り，厳密に改善する個人は，非対称的な決定力をもつことになる。

だが，パレート基準だけでは決めかねるケースが存在する。実のところ，「効率性」の基準は，一般常識に反して，基準としては決定力が弱すぎるのである。

【例1：パレート条件が十分条件とはいえないケース】
ある変化がパレート改善と見なされるのは，その変化がパレート条件の前提要件，すなわち，「すべての個人がyはxと少なくとも同じくらい善いと評価し，ある個人がyはxより善いと評価するとしたら」，あるいは，「すべての個人がyはxより善いと評価するとしたら」を満たす場合に限定される。その前提要件を満たさない場合には，パレート条件はいかなる要請をなすこともなく沈黙を保つ。

例えば，あるパレート効率性状態から別のパレート効率性状態への変化を評価する場面を考えよう。この場合，個々人が自分の効用関数にしたがって評価するとしたら，パレート条件の前提要件は満たされないので，パレート条件は沈黙を保つ。つまり，なされた変化に関してことさら賛成もしなければ，反対もしない。

いま，このような状況で，あるパレート効率性状態から別のパレート効率性状態への変化が反対されたとしたとしよう。パレート条件それ自体は沈黙を保

つのだから，このことはパレート条件とは別の基準が追加されたことを意味する。例えば，「現状維持」といった基準が暗黙に追加され，現状にとどまるケースは多いだろう。より意図的に，別の基準が組み合わされる場合もある。例えば，当初の効率性状態においては個々人の分配上の格差が大きい場合に，たとえ富裕者の効用が下がるとしても，別の効率性状態に移行するような再分配が要請される場合がある。これは，パレート条件に，平等化を要請する実質的基準，例えば，「ハモンド衡平性条件」（Hammond, 1974）が組み合わされた結果を示す。このことは，あるパレート効率性状態から別のパレート効率性状態への移行を，パレート条件と矛盾することなく，遂行する途があることを示唆する。後述する「ポジショナル評価を尊重する社会的選択手続き」はその1つの実例である。その議論に移る前に，パレート条件が望ましい決定の必要条件とはかならずしもいえないというセンの主張を検討しよう。

4　パレート条件の必要性

【例2：パレート効率性が必要条件ともいえないケース〔Sen, 1970a, b〕より】
　2人の個人P氏とN氏と1冊の本があり，どちらかの個人がその本を読むか，あるいは，誰も読まないかを2人の選好に基づいて決定するとする。これら3つの社会状態に関して次のように記号を定める。P：P氏だけが本を読む。L：L氏だけが本を読む。N：誰も読まない。そのうえで，P氏とL氏，それぞれのランキングを次のように仮定しよう。ただし，「＞」の記号は左側を右側よりも好んでいるという二項関係を表すとする。

$$P\text{のランキング}：N > P > L$$
$$L\text{のランキング}：P > L > N$$

---

(6) いま，社会の構成員の集合をN（2人以上の有限数）とする。ある社会状態$x, y \in X$とある2人の個人$i, j \in N$に関して，「個人jの状態xは個人iの状態yよりも望ましい」という選好順序を$(x, j) P(y, i)$，「同じくらい望ましい」を$(x, j) I(y, i)$で表す。このとき，「ハモンド衡平性」条件は次のように定義される。あらゆる社会状態のペア$x, y \in X$に対して，2人の個人$i, j \in N$の状態が$(x, j) P(x, i), (y, j) P(y, i), (y, j) P(y, i), (x, i) P(y, i)$であり，あらゆる$k \in N - \{i, j\}$に関して，$(x, k) I(y, k)$であるとき，社会的選好関係は$xRy$とされる。

2人のランキングをもとに意思決定をなすにあたって、上述の「パレート条件」を採用する。加えて、次のようなもう1つの基準を導入しよう。

【定義：個人の権利の尊重】
　ある個人の状態のみにおいて異なる2つの社会状態の評価に関しては、社会は本人のつけたランキングを尊重すべきである。

　これら2つの基準に基づくと、どのような意思決定が帰結するか。まず、パレート条件から$P>L$というランキングが、P氏の個人的権利の尊重から$N>P$というランキングが、L氏の個人的権利の尊重から$L>N$というランキングが導出される。ところが、これら3つのランキングを合わせると、$P>L>N>P$となってサイクルが引き起こされる。これは通常の合理性の仮定（より正確には「推移性」の仮定）に反する。サイクルを回避するためには、はたしてどちらの基準を放棄すべきだろうか。
　考察にあたって、ここでは、パレート基準によって構成された$P>L$というランキングの意味に注目する。確かに、両者はともにPをLよりも選好しているので、2人の間で合意された意思決定として$P>L$とすることはごく自然のことのように映る。だが、PをLよりも選好するそれぞれの理由が次のようであった場合はどうだろうか。まず、P氏がPをLよりも選好するのは、（自分がその本を読みたいからでは少しもなく）、L氏がその本を読む自由への権利を侵害するためであったとしよう。また、L氏がPをLよりも選好するのは、P氏がその本を読まない自由への権利を侵害するためであるとしよう。その結果、たまたま$P>L$というランキングで2人は一致した。だが、P氏が本を読むことは、どちらの利益に適っているともいいがたい。
　それに対して、本を読むか読まないかに関してP氏の自由への権利を尊重する（$N>P$）とともにL氏の自由への権利をも尊重する（$L>N$）としたら、$L>N>P$が成立する。これはこの本を読みたいL氏がこの本を読み、この本を読みたくないL氏がこの本を読まない、という両方の利益に適った決定をもたらす。これは、センの「パレート派リベラルのパラドックス」と呼ばれる定理で用いられた例である。アローの定理とともに社会的選択理論の飛躍的発展を促したこの定理に対しては、さまざまな解消法が提唱されている。ここでは、次

の引用に見られるように,セン自身の意図は,パレート条件の必要性を疑う点にあったことを確認するにとどめたい。

> パレート条件が受容される背後には,もしも全員がある価値判断に置いて一致するのであれば,それはもはや価値判断などではなく完全に「客観的」である,という暗黙の仮説があるように思われる。……もし全員がある価値判断に置いて一致するのであれば,それが実証できないかもしれないという事実があっても何の動揺も生まれないであろう (Sen, 1970a: 72-73)。

「全員一致」に関するセンの警告については,本章7節でカール・シュミットの議論と併せて検討することとし,次節からは,パレート条件の必要性を認めたうえで,その非決定性に注目する。

5 多数決ルールの合理性

社会を構成するすべての個人の選好を,それが何であっても,それだけを基礎にして,常に,(推移性と完備性を満たす)合理的な社会的選好を形成することのできる手続きがはたして存在するだろうか。

この問いをもとに,アローが定式化した民主主義の最小限の条件とは,「パレート条件」に,「定義域の非限定性(普遍性)」,すなわち人々の表明するいかなる選好プロファイルに対しても同一のルールが適用されなくてはならない,裏返せば,諸個人が表明する選好順序の種類をルールの適用に先だって制限してはならないという条件,そして,「無関連対象からの独立性条件(後述する「中立性」の弱いヴァージョン)」,さらに,「非独裁制条件(後述する「匿名性」の弱いヴァージョン)」という3つの条件を加えたものだった。

ただし,ここでいう独裁者の特性は次のように説明される。いま,ある選択肢ペアに関して,ある個人のランキングと他のすべての個人のランキングが正反対であるという選好順序のパターンが示されたとしよう。このとき,ひとたび何らかの基準で,他のすべての個人のランキングを退け,ある個人のランキ

---

(7) 鈴村 (2009;2012),鈴村・後藤 (2001/2002:第4章) 参照のこと。

ングを社会的ランキングに反映させたとすれば，たとえ諸個人の選好順序のパターンが変わったとしても，いかなる選択肢ペアに関しても，その人のランキングが常に社会的選択に反映される，そういう個人を指す。

「一般不可能性定理」と呼ばれているアロー定理のメッセージは，次のとおりである。定義域の非限定性条件により，諸個人が，いかなる選好順序をもてるとしよう。その結果，諸個人の選好順序の束がどんなパターンを示そうとも，一定のルールにしたがって，パレート条件と「無関連対象からの独立性条件」を満たすかたちで集計されなければならないとしたら，独裁者の出現を免れ得ないということである。パレート条件と「無関連対象からの独立性条件」は，そのような個人の出現をくい止められないどころか，そのような個人をもたらす要因となってしまうという論理的事実である。

アローの一般不可能性定理に関しては，批判も含めてすでに多くの紹介がなされている[8]。ここでは，アローが提唱したパレート条件以外の条件もまた，手続き的正義の一定のスピリット，リベラルな民主主義の一定の理念を体現するものである一方で，パレート条件と同様に，望ましい決定の十分条件とも必要条件とも言い切れない側面をもつこと，したがって，それらの条件を弱めながら再定義することは，不可能性を回避するという論理的な観点のみならず，規範的観点からも妥当性をもつ可能性のあることに焦点を当てたい。

先述したように，個々人のランキングが対立する状況ではパレート条件は，その前提条件が成り立たないので沈黙を保つ。定義域の非限定性条件より，そういう状況をもたらす諸個人の選好順序を社会はあらかじめ排除することはできない。無関連対象からの独立性条件も対立自体を緩和する方法は提示しえない。この状況で社会的な決定をもたらすためには，アロー条件に加えて，対立し合うランキングのどちらを優先的に社会的に反映させるかを判断する基準が追加的に必要となる。

この非決定性を解消して必ず決定をもたらす1つの代表的な手続きが，「多数決ルール」である。ここで「多数決ルール」とは，任意の2つの選択対象のランキングに関して，より多くの人が支持するランキングの方を社会的ランキングとして採用するルール（厳密には pairwise majority rule）である。

---

[8] 鈴村（2009；2012），鈴村・後藤（2001/2002：第2章）参照のこと。

多数決ルールは，定義域の非限定性，匿名性，中立性をすべて満たしながら，パレート条件を「完備性」を満たすかたちで拡張するルールとして定式化される[9]。ただし，多数決ルールは人々が表明する選好プロファイル（選好の束）によっては，「推移性」を満たすことができない。先行研究の多くは，他の性能においては申し分がない「多数決ルール」の「推移性」に関する改善策を検討するものだった。それに対して，ここでは，多数決ルールのよき性能と考えられている匿名性条件と中立性条件それ自体を批判的に検討する[10]。これらの条件が体現する手続き的正義としての望ましさを保持しながらも，条件の要請を弱めることによって，論理的にも，規範的にも改善することはできないものだろうか。この問題を，以下では，論理式を用いて確かめる。定義の一部は，すでに第Ⅲ部の補論などで紹介したものと同型であるが，議論の見通しをよくするために，再掲したい。

　いま，x は y より少なくとも同じくらい好ましいという個人 i の評価を $xR_i y$ で，また，同様の社会の評価を xRy で表す。これらは反射性，推移性，完備性を満たすとする。いま，任意の2つの選好プロファイル $(R_1, \cdots, R_n)$，$(R'_1, \cdots, R'_n)$ と任意の社会状態 x, y, w, z をとってこよう。また，等値関係を $\leftrightarrow$ の記号で表すものとする。このとき，匿名性，無関連対象からの独立性，中立性はそれぞれ次のように定義される。

【匿名性条件】
　個々人のある選好順序プロファイルを考える。いま，個々人の名前を1対1対応で別の個人の名前に変えたとしよう。このとき，もとの選好順序プロファイルに基づいて形成される任意の社会的ランキングは，変化後のプロファイルにおいても保たれなければならない。

---

[9] 多数決ルールの分析として代表的な May (1952) においては，「多数決決定法」は，「定義域の非限定性」，「匿名性」，「中立性」のほか，パレート原理の弱いヴァージョンである「正の反応性」によって特徴づけられている。「中立性」と「正の反応性」を合わせると，「パレート条件」が導出されることより，ここでは「パレート条件」を用いる。

[10] 例えば，定義域の非限定性条件の緩和などである (Sen and Pattanaik, 1969) など。

第11章　民主主義の沈黙

【無関連対象からの独立性（IIA）】
どの個人 $i \in N$ についても，$xR_iy \leftrightarrow xR'_iy$ かつ $yR_ix \leftrightarrow yR'_ix$ であるとしたら，$xRy \leftrightarrow xR'y$ かつ $yRx \leftrightarrow yR'x$ でなければならない。

すなわち，諸個人の2つの選好プロファイルが，（他の部分に関してはどれほど異なっていたとしても）任意の2つの選択肢のランキングに関して同様のパターンを示すとしたら，諸個人の選好順序を集計して得られる社会的な選好順序においても，それら2つの選択肢のランキングに関して同様でなければならない。

この「無関連対象からの独立性」と「パレート条件」が合わさると，次の「中立性条件」が導出される。

【中立性】
どの個人 $i \in N$ についても，$xR_iy \leftrightarrow wR'_iz$ かつ $yR_ix \leftrightarrow zR'_iw$ であるとしたら，$xRy \leftrightarrow wR'z$ かつ $yRx \leftrightarrow zR'w$ でなければならない。

言葉では次のように説明される。いま，個人的選好順序の2つの束（諸個人の選好順序を連ねたもの）が，（他の部分に関してはどんなに異なっていたとしても）任意の2つの選択肢ペアのランキングに関して，同様のパターンを示すとしよう。例えば，x と y のペアに関して y より x が好ましいという人々はみな，w と z のペアに関しても z より w が好ましいといい，y は x と少なくとも同じくらい好ましいという別の人々がみな，z は w と少なくとも同じくらい好ましいというケースである。このとき，諸個人の選好順序を集計して得られる社会的な選好順序も，（他の点に関してはどれほど異なっていたとしても）それら2つの選択肢ペアのランキングに関しては同様でなければならない。すなわち，y より x を社会的に好ましいとするなら，z より w をも社会的に好ましいとし，x を y と少なくとも同じくらい社会的に好ましいとするならば，w をも z と少なくとも同じくらい社会的に好ましいとしなくてはならない。

中立性のスピリットは，社会的評価にあたって，諸個人の2つの選好順序の束が同型である限り，選択肢の名前を識別しないことにある。他方，匿名性条

---

(11) 投票ルールの探究書として佐伯（1980），坂井（2013；2015）などを参照のこと。

件のスピリットは，諸個人の2つの選好順序の束が同型である限り，個人の名前を識別しないことにある．両者を合わせると，諸個人の2つの選好順序の束が同型である限り，どの選択肢もどの個人も，それぞれの名前からは独立に，等しく扱われることが意味される．

　選択肢の名前や個人の名前を等しく扱うべし，という規範は，上述した，大勢の人々が参加する市場あるいは投票の場面において感じているわれわれの平等性の感覚をうまくとらえている．1人の個人が全体に及ぼす影響力は十分に小さく，誰も1人では諸財の相対価格や投票結果を変えることはできないであろう．だからこそ，個々人に関しては，関連する対象のみとまっすぐに向き合い，ただ自らの内なる善の観念と照らしながら——ときには自らの存在制約条件を度外視して——対象の価値を評価しようとする，そういう自律的で主体的な個人が想定されるのである．合理的経済人の特性は，この平等性と不可分な関係にあることは明記されてよい．匿名性ならびに中立性条件が，市場経済の進展を追い風として展開されたリベラルな民主主義の善きスピリットである手続き的正義をとらえていることは間違いないだろう．

　だが，同時に，急いで，その致命的な欠陥を指摘しておかなくてはならない．匿名性ならびに中立性条件の最大の欠陥は諸個人が最終的に顕示した選好順序以外の情報，そこには直接表出されない情報を排除する点にある．例えば，ある政策 x は，ある疾病をもつ個人の最小限の必要をぎりぎり充足するが，y は充足しない，その一方で，政策 w も z も，その個人に対して必要をはるかに超えた莫大な利益をもたらすとしよう．このような場合に，中立性条件は，諸個人の選好順序が x，y のペアと w，z のペアに関して同様のランキングパターンをとり，そのもとで x は y より社会的に好ましいとする限り，w をも z より社会的に好ましいとしなくてはならないことになる．だが，はたしてそれが望ましいといえるだろうか．

　次節からは，匿名性と中立性条件のよき特性を残しつつ，制約条項を付加することによって，条件の要請，その適用範囲を弱める方法を考える．具体的には，特定のポジションにある人々，あるいは，特定の性質をもつ選択肢に関するランキングが同一である場合には，同様の扱いを要請するものの，そうでない場合には，異なる扱い方がなされることを許容する（例えば，「最も不遇」というポジションにいる人々のランキングを優先的に反映させる）という制約条項を考える．

6 ポジション配慮的選択手続きの可能性

【ポジション配慮的匿名性条件】
　任意の2つの選好プロファイルにおいて，一定のポジションに在る個々人の名前を1対1対応で別の個人の名前に変えたとしよう．このとき，もとの選好プロファイルに基づいて形成される任意の社会的なランキング（二項関係）は，変化後のプロファイルにおいても保たれなければならない．

【ポジション配慮的中立性条件】
　任意の2つの選好プロファイルが，一定のポジションに在る任意の2つの選択肢ペアのランキングに関して，同様のパターンを示すとしよう．このとき，それぞれの選好プロファイルにおいて，諸個人の選好順序を集計して得られる社会的な選好順序も，（他の点に関してはどれほど異なっていたとしても）それら2つの選択肢ペアのランキングに関しては同様でなければならない．

これらの意味は次の例で示される．

【例】
　いま，N（2人以上の有限数）人から構成される社会を想定する．また，検閲政策（censorship：C）と反検閲政策（anti-censorship：AC），DV放任政策（DV-free：D）と反DV政策（anti-DV：AD）という4つの選択肢があるとする．ここで，3分の1の人はみな検閲政策（C）を反検閲政策（AC）よりも好み，他の3分の2の人はみな反検閲政策（AC）を検閲政策（C）より好むとする．また，同じ3分の1の人はみな反DV政策（AD）をDV放任政策（D）よりも好み，同じ3分の2の人はみなDV放任政策（D）を反DV政策（AD）より好むとする．いま，（第3節でとった表記を用いて）xはyより少なくとも同じくらい好ましいという個人iの評価を$x\,R_i\,y$（あるいは$x\,R'_i\,y$）で，同様の社会の評価をxRy（あるいは$x\,R'\,y$）で表すとすると，それは次のように表現される．

　　あらゆる個人$i \in I$において，$AC\,R_i\,C$，$D\,R'_i\,AD$．ただし，Iの構成員数

は、N の 3 分の 2 である。

あらゆる個人 $j \in N-I$ において、$C\ R_i\ AC,\ AD\ R'_j\ D$。ただし、$N-I$ は社会 N のうち、グループ I に属さない個人の集合を意味し、その構成員数は、N の 3 分の 1 である。

ここに、前節で定義した、オリジナルな「匿名性条件」と「中立性条件」を課すと、個人的選択順序 $(R_1, \cdots, R_n)$ のもとで、反検閲政策（AC）を検閲政策（C）より社会的に望ましいとする限り、個人的選択順序 $(R'_1, \cdots, R'_n)$ のもとで、DV 放任政策（D）を反 DV 政策（AD）より社会的に望ましいとせよ（厳密には、$AC\ R\ C \leftrightarrow D\ R'\ AD$）、選択プロファイル $(R'_1, \cdots, R'_n)$ のもとで、反 DV 政策（AD）を DV 政策（D）より社会的に望ましいとする限り、選好プロファイル $(R_1, \cdots, R_n)$ のもとでも、検閲政策（C）を反検閲政策（AC）より社会的に望ましいとせよ（つまり、$C\ R\ AC \leftrightarrow AD\ R'\ D$）という結果がもたらされてしまう。

だが、実のところ、この社会には、過去に政府がとった検閲政策によって深い痛手を負った被害者、ならびに DV 放任政策のもとでいまも苦しむ被害者が含まれているとしよう。その人々の置かれたポジションに配慮するとしたら、上記の結果は、いずれも受け入れ難い。この点を明確にするために、いま、検閲政策の被害者たちをグループ G^1 と、DV 被害者たちをグループ G^2 と記そう。単純化のために、いずれのグループにも属さない人々（$N-G^1-G^2$）は、現在のところいかなる被害も免れているとする（つまりは、「被害者」グループの範疇から外れるとする）。また、各グループに属する個人は同一の選好順序をとり、それは以下の通りであるとしよう。

$$G^1: AC\ R_i\ D\ R_i\ AD\ R_i\ C$$
$$G^2: AD\ R_j\ C\ R_j\ D\ R_j\ AC$$

$$G^1: AC\ R'_i\ D\ R'_i\ C\ R'_i\ AD$$
$$G^2: AD\ R'_j\ C\ R'_j\ D\ R'_j\ AC$$

ここで、社会が配慮する個人のポジションは「特定の問題の被害」としてのポジションであり、社会が配慮する選択肢のポジションは「当該被害と関連の

深い政策」としてのポジションとする。このとき，ポジション配慮的匿名性条件とポジション配慮的中立性条件の適用可能性は次のように検討される。

まず，ポジション配慮的匿名性条件については，2つの選好プロファイルにおいて「一定のポジションに在る個人」(つまりは，それぞれの被害者グループ内の個人)同士の評価は同一なので，命題は自明に真となる。つづいて，ポジション配慮的中立性条件を検討する。この条件によれば，検閲政策と反検閲政策のランキングに関しては検閲被害者グループの評価が，DV放任政策と反DV政策のランキングに関してはDV被害者グループの評価が優先的に社会的評価に反映されなくてはならない。ところで，上記の2つの選好プロファイルにおいて，関連する政策に関する被害者グループのランキングは，$AC\ R_i\ C$，$AD\ R_j\ D$，$AC\ R'_i\ C$，$AD\ R'_j\ D$に限られる。例えば，検閲被害者グループG^1の表明する$AD\ R_i\ C$(反DV政策は，検閲政策より望ましい)，あるいは，$D\ R'_i\ AD$(DV政策は反DV政策よりも望ましい)などは，この定義の適用範囲から外される。

ところで，上記の2つの選好プロファイルにおいては，それぞれの被害者グループに深く関連する政策のランキングが同様(いずれにおいてもDV被害者グループは反DV法の方を好み，検閲被害者グループは反検閲法の方を好んでいる)であるので，ポジション配慮的中立性条件の前提条件が成立する。したがって，それぞれの選好プロファイルに対応する社会的評価が次の通りであれば，すなわち，「$AC\ R\ C \leftrightarrow AD\ R'\ C$」($AC\ R\ C$であるならば，その時に限って$AD\ R'\ D$である)が成立するとすれば，ポジション配慮的中立性条件は満たされることになる。

ここで，「多数決ルール」に替えて「ポジション配慮的選択手続き」を定義しよう。

【ポジション配慮的選択手続き】
以下の3つの条件を満たす社会的選択手続きをポジション配慮的手続きと定義する。
① 政策に関する社会的評価の形成にあたっては，(非被害者グループの評価よりも)被害者グループ評価に優先性を与える(優先性条件)。
② 被害者グループ間で一致したランキングは社会的ランキングとされる(グループ間パレート条件)。
③ 各被害者グループは，他の被害者グループに関連する政策同士のランキ

ングに関しては，評価の社会的な表明を控える（リフレイン条件）。

上記の例において，「優先性条件」より，いずれのグループにも属さない人々（$N\text{-}G^1\text{-}G^2$）に対して，G^1 あるいは G^2 の評価が優先される。そして，「グループ間パレート条件」より，選好プロファイルRにおいては，$AD\ R\ C$ が成立する。さらに，「優先性条件」と「リフレイン条件」より，$AC\ R\ C$ が成立する（$AC\ R_i\ C,\ C\ R_j\ AC$ であるが，検閲政策に関してはその被害者ではないG^2グループは意見の表明を控えるため）とともに，$AD\ R\ D$ が成立する（$AD\ R_j\ D,\ D\ R_i\ AD$ であるが，DV政策に関しては，G^1グループは意見の表明を控えるため）。同様にして，選好順序の束 R' においては，$AD\ R'\ D$ とともに，$AC\ R'C$ が成立する。したがって，ポジション配慮的中立性条件は満たされることになる。

実際には，同一の被害者グループ内で，評価が一致するとは限らないだろう。その場合に論理的・規範的に望ましいグループ内評価を形成するためには，その手続きに，条件を付記する必要がでてくる。以上のインプリケーションは次のようにまとめられる。

ポジション配慮的匿名性は，同一ポジションにある個人の範囲に限って，個人間の名前に関して等しい扱いを要請するものである。また，ポジション配慮的中立性は，同一ポジションにある選択肢の範囲に限って，選択肢間の名前に関して等しい扱いを要請するものである。もちろん，あるポジションにあてはまる個人がたった1人である場合には，あるポジションに在ることとある名前をもつことが一致する。だが，そのケースであっても，いつかどこかで，同様にそのポジションに該当する個人が現れた場合には，同様の扱いを受けることが当然とされている。ある個人がその名前において，その名前に限って，特別な扱いをされるわけではない。手続き的正義の基本的要件は，個人の名前に依存したルール（rule of man）ではなく，法に依存したルール（rule of law）である点にある。本節で定義した制限つき匿名性条件も中立性条件も，手続き的正義から外れるものではない。この点をまず確認しておきたい。

ただし，そのうえで，次の点が注記される。現実の不正義の出現とルール生

⑿ 「人のルール（rule of man）」と「法のルール（rule of law）」という概念については，法学，哲学における膨大な研究の蓄積がある。ここでは，コンパクトな文献としてTamanaha（2004）を挙げておく。

成との間には不可避的にタイムラグが存在する。現実のルールは，さまざまな実践を要約しながら形成されていくのだとしたら，想定外のケースが出現することは防ぎ得ない。実際には，起こってしまった特定の名前（種類）の被害を，あるいは，特定の名前の被害者個人をこれまでとは違ったやり方で扱わなければならないケースを避けられないだろう。だが，この場合でも，法のルールが要請することは，その個人と同様のポジションに置かれた個人が出現した場合には，その個人もまた同様の例外的扱いを受けるということである。そして，さらに重要なことは，そのようなケースを少なくとも論理的には排除しないですむような，抽象度の高いルールを人類の知恵を集めて予め用意しておくことである。現存する人権規定などはこの文脈でその意義が評価されなくてはならない。

7　民主主義の限界と可能性

以上，本章は，社会的選択理論の枠組みを借りて，パレート条件の非決定性を明らかにし，つづいて，中立性条件の効力を弱める方法を探った。本節では，本章の分析の規範的意味を確認したい。本書「はしがき」で紹介したカール・シュミットは，次のように，リベラリズムと民主主義を根本的な対立の相でとらえる。

> 個々の市民が完全な秘密と完全な孤立の状態において，つまり私的生活と無責任の範囲から抜け出ることなしに，「保護規定」によって他人から「監視されることなく」──投票を行い，そして個々の投票が記録され，算術的多数が計算されるというような方法に置いてのみ，人民がその意志を発表することができるという考えは，非民主主義的な，19世紀において自由主義的諸原則との混合の結果発生したところの観念である（シュミッ

---

(13) 本書序章の「ルールと名前」の項目を参照のこと。
(14) ルソーの次の言葉を参照のこと。「法は臣民たちを一体として，また行為を抽象的なものとして考えるのであって，決して人間を個人として，また行為を個別的なものとして考えるのではない，ということである」（ルソー，1987：58）。また，例えば，スティーブン・ルークスは，「人権規定は短めであり，かつ一定の抽象性を備えるべきだ」と主張する。ルークス（1993＝1998：38）。

ト，1972：25）。

　すなわち，シュミットは「自由主義的諸原則」は，民主主義とは異なるものだという。「はじめに」で述べたように，彼は民主主義の本質を「同質性」に見る。彼のこの民主主義観は，ヒトラーが議会制民主主義のただ中で独裁制を確立していく現実と不可分の関係にあったことは，先に述べた通りである。だが，次のように，シュミットは，少なくとも論理的には，民主主義の本質は手続きにあることを熟知していた点に留意する必要がある。

　　民主主義の助けを借りて人々が実現しようとする何らかの他の政治的内容を除いて考えるならば，民主主義それ自身は単なる形式としていかなる価値をもつかが問題にされなければならなかったのである（同前：54）。

　シュミット自身は，この民主主義の「単なる形式」に，ルソーの「一般意志」概念を結合させた。

　　ルソーの考えた一般意志は，本当のところは，同質性である。これこそ真に徹底した民主主義である。……この同質性からして，統治者と被統治者の民主主義的同一性が生ずるのである（同前：25）。

　シュミットによれば，民主主義は，リベラリズムのいう抽象的・普遍的平等概念にもとづく必要はない。むしろ，異質なものと同質なものの区別にもとづく実質的な平等概念にもとづく必要がある。この「実質的平等」概念と結びつくとき，「同質性」の条件は，異質なものの排除を（消極的に，あるいは，積極的に）容認しつつ，残された「同質性」の範囲で合意を形成すること，それのみを要請することになる。これがシュミットの考えた非自由主義的民主主義論の骨子である。4節末尾で紹介した「全員一致」に対するセンの警告は，この文脈で切実さを帯びてくる。

　本章が問題にしたい論点は，シュミットの立論方法である。彼は，ルソーの「一般意志」概念をてこにして，——その解釈についての問題性は別として——民主主義の形式的手続きに，同質性の条件を結合させ，結果的に，社会的

第 11 章　民主主義の沈黙

意思決定に参加できる人々の範囲を限定した。範囲の限定とは，個々人の実質的な政治的自由の観点から眺めれば，制約を意味する。シュミットは，この制約が，あたかも民主主義の本質的要請であるかのように説いたのである。

本章の分析が明らかにしたことは，シュミットが課した同質性の条件は，民主主義の手続き的正義を拡張する1つの方法にすぎないこと，それが，個々人の意思を尊重するという民主主義の要請に適した方法であるかどうかは，検討すべき規範的論点であること，そのような検討の余地を認めない彼の立論方法は，民主主義の沈黙を巧みに利用した詭弁といわざるを得ないことである。だが，とはいえ，シュミットのいう「自由主義的諸原則」，すなわち，孤立した市民の投票の算術的多数というプロセスが，個々人の意思を尊重するという民主主義の理念から外れるおそれのあることも確かであろう。最後に，考察すべき課題を確認して結びとしたい。

センが明確に述べているように，社会的選択理論の関心は，投票メカニズムに限らない。より広く，個別的な情報を集約して集合的な値（価値）を構成するプロセスの分析が社会的選択理論の対象に含まれる。[15]

> アローの意味での社会的厚生関数が存在するかどうかという問題の関心は，個々人の選好に基礎をおいて，全体としての社会の一連の価値判断を得る（それは社会的順序に反映されている）ことにある。作業はおもに論理的形式をとっているが，問題の核心は，個々人の選好から，公共的選択の基礎となる社会的価値へとどう移行するか，という問いによって定義される（Sen, 1970: 59）。

センが，公共的理性の形成プロセスとしての民主主義に言及するとき，彼の念頭にあるのは，複数の異なる目的，異なる成り立ちをもつ集団に属する個々人が，複数の集団にまたがる多様な利益や意思を，個人内で，集団間で，そして個人間でまとめあげていくプロセスである。そこには，現場で働く専門家のルールに関する知識と理解を高めつつ，周囲の，たまたまその場に居合わせた人々の知恵と力を結集しながら，専門家を支援する仕組みをどう構想するかと

---

[15]　Sen（2002a, 66-67）。

いう論点も含まれる。

　市場的交換の経済についても同じである。市場的交換の経済は，自由な競争市場システム，統一的な価格メカニズムに還元することができない。自らの職業・役割への忠誠を通して他者のニーズに応えながら，他者による職業・役割への忠誠を通して自らのニーズを満たす，そうやって互いの状態を向上させてきた市場的交換の経済をわれわれは知っている。そこでは，単一の交換価格が形成される保証はない。その代わりに，ポジションに配慮した価格が形成される可能性がある。市場的には同一である労働が，文脈において異なる意味をもつことを，顔の見知った人々の間で認知し合うことができるからである。

　はたして，このような個別で特殊を含んだ民主主義と，個別と特殊を含んだ市場的交換の経済が，互いに影響し合いながら成育されうるのだろうか。はたして，これらを，手続き的正義を越えた，より実質的な正義として位置づけ直すことができるだろうか。リベラリズムを内側から改変するとしても，リベラリズムに代わる仕組みを求めるとしても，これらが中心的な問いになることは間違いない。

第12章
差異の平等

1 センによるロールズ正義「理論」批判

　近年の主著『正義のアイディア』の冒頭で，アマルティア・センは次のように述べている。「修復できるはずの不正義を特定することは，正義と不正義に関するわれわれの感覚を先鋭化するばかりでない。それは正義理論の主題でもある，ということを本書で私は述べようと思う」(Sen, 2009a: vii)。これまでにもセンは，理想的な正義の制度構築よりも明白な不正義にこそ関心を向けるべきことを主張し，ジョン・ロールズに代表される現代正義理論を批判してきた。だが，引用箇所の興味深い点は，不正義の特定化に基づく新たな正義「理論」の構築可能性を積極的に示唆している点である。もっとも，そう解釈することには慎重でなければならないだろう。この本の第1の主題は，正義のアイディアの理論化に際して陥り易い難点を指摘することであり，代替的な理論の構築へと急ぐことではないのだから。とはいえ，不正義に焦点を当てた新たな正義理論の方法的枠組みを探すことには意味があるはずである。なぜなら，それは，差異の平等の観点を，普遍的で一般的な平等思想に組み込み，福祉国家制度を再構築する道すじを示すものでもあるからである。本章の目的は，ロールズに代表される現代正義理論に対するアマルティア・センの批判的論拠を厚生経済学の文脈で再解釈し，歴史的・経験的な不正義に対処しうる正義「理論」の構築可能性を探ることにある。

　正義理論の構築にあたって，ロールズが依拠した方法は，I. カントやJ. J. ルソーの方法を批判的に継承した「政治的構成主義」である (Rawls, 1980)。その特徴は，理想的な制度と対応する理想的人格を定義し，各々の妥当性を両者の関係性と背景的な実践的理性の諸原理に求めた点にある。両者はいずれも他を

演繹することはできないものの,互いを整合的に関係づけることによって各々の妥当性が確認される[1]。ロールズはその含意について次のように述べている。

> ルソーの『社会契約論』の書き出しを私はこう解釈する。ここで「あるがままの人」という語は人の道徳的・心理的性質とある政治的社会的制度の枠組みにおけるその働きを意味している。「ありえる法」という言葉は,ありうべき法を意味している。理にかなった正しい政治的・社会的制度の枠組みのもとで育つとしたら,人は成人する頃にはこの制度に好感をもつようになるだろう,かくして,制度は時代を越えて続くであろうことを私は想定する(Rawls, 1999a: 7)。

センが正しく指摘するように,ロールズのいう「社会契約」とは,その形式において普遍的・一般的で完備に順序づけられた理想的制度を体現するものであって,個人間の実際の契約的関係を指すものではない。そして,ロールズの考える理想的制度は,公正な正義原理のもとで「社会的基本財」を分配する制度,ならびに,公正な手続きのもとで「正義原理」を選択する制度からなる。一方,理想的人格は,合理性と公正性という2つの権能を備えた自由で平等な道徳的人格とされる。ここで公正性とは「正と正義の感覚能力」を,合理性は「善の観念を決定し,改定し,合理的に追求すること」を意味する。さらに,制度と人格は「社会的基本財」によって媒介される。社会的基本財とは,基本的権利と自由,機会,所得と富,自尊の社会的基盤などの「市民的必要」,換言すれば,「それなくしては,個人を非協力的だと道徳的に非難することができない」ものを意味する(Rawls, 1982a: 164-165)。

ロールズの道徳的人格の仮定は,それが真であるか否かを論議することは困難であるとしても,少なくともある特定の人々に関してのみ否定することは,簡単にはできかねる仮定である。ただし,この仮定には次のような含意があることを最初に確認しておく。第1に,この仮定は,公正な競争市場で対称的な位置にある個々人がそれぞれ自己利益最大化を図る市場モデルとの類比で,個人間の永続する自律的な交換モデルを描くことを可能とする。第2に,その一

---

[1] Rawls (2000: 237),本書第10章2節参照のこと。

方で、この仮定は、道徳的人格以外の個々人の特徴、あるいは、社会的基本財以外の個々人の必要に関する考察をモデルの外に出すことを促しかねない。そこには後述するように、センが正義理論の主題であるべきとする情報が含まれる。

確かに、「格差原理」を中核とするロールズの「民主的平等（Democratic Equality）」（Rawls, 1971a: 65）の構想は、平等思想の歴史においても福祉国家の歴史においても画期的なものだった。それは、「公正な機会の平等」のみならず、社会の中の最も不遇な人々の状態を改善する「結果の平等」に関しても影響力をもつものだった。だが、個人間の格差をとらえる視座は、本人の社会的基本財の保有における格差に限定されるという点では限界があった。ロールズ正義「理論」の経済学的定式化はこの限界を明示化する。個々人の社会的基本財の保有状況（誰が「最も不遇な個人」か）は、選択対象である社会状態（原理、制度）にもっぱら依存して変化するとみなされる。社会的基本財の保有をどういう指標（本人の効用、所得や富など）でとらえるにしても、個々人に関するそれ以外の情報、社会的基本財の保有に関する格差以外の個々人の差異は、それがいかに深刻なものであろうとも顧みられない。まさにセンの批判する「厚生主義」的定式化、すなわち指標の一元化がなされたのである[2]。

センが提唱する潜在能力アプローチはこの「厚生主義」を越える意図で構想された。それは、経済モデルの方法的枠組みが共通にもつ一元化傾向を克服するとともに、ロールズの正義理論で示された「民主的平等」の構想を越える視座を開く。すなわち、さまざまな行いや在りようからなる存在それ自体において差異のある個々人を平等に尊重する可能性を開く。ここではそれを「差異の平等（the equality of the differences）」と呼ぼう。それはハード・ケース（困難事例）を理論の中心に据えた正義理論の構築の可能性を開くものでもある。この論拠を示すにあたって、はじめに、ロールズの社会的基本財の構想に対するセンの批判を検討しよう。批判はまさに潜在能力アプローチの視座に基づいてなされた。

---

[2] Sen（1979; 2002a）など。

2 平等をめぐるロールズ‐セン論争

　センが最初に潜在能力アプローチを提唱したのは，1979年スタンフォード大学のターナー講義，「何の平等か」であった。そこで彼は次のような問いを提出した。ある空間における平等は別の空間における不平等を招く。それが不可避の事実であるとしたら，はたして，われわれはどんな空間における平等に関心を向けたらよいのだろうか。この問いに対するセン自身の答えが「基本的潜在能力」であった (Sen, 1980)。

　センによれば，個人の潜在能力は，社会的に移転可能な財やサービスを本人の（社会的には移転不可能な）利用能力で変換して実現される機能（さまざまな行いや在りよう）の集合として定義される。それは，「本人が価値をおく理由のある生」を実際に選ぶことのできる個人の「実質的機会」を表す (Sen, 1999b: 10, 18)。ロールズの社会的基本財の構想に対するセンの批判は，ロールズの書いた論文の次のような引用箇所に向けられた。

　　　私は，個々人は人並みのニーズと心理的許容力をもつことを，したがって，特別なヘルスケアの問題，あるいは精神的疾患をいかに扱うかといった問題は発生しないと仮定する。……正義の理論からわれわれを遠ざけるような困難な問題を導入することは時期尚早である (Rawls, 1975b/1999: 255-259)。

　センが反発したのは，これに続くロールズの次の言葉だった。「これらの困難事例に対する関心は，遠くにある人々の運命に対するわれわれの憐憫や心配をかきたてることにより，われわれの道徳的認識を逸らす恐れがあるからである」。センは次のように反論する。

　　　それはそうかもしれない。しかしこれらの困難事例は確かに存在する。そして，障害や特別の医療ニーズ，身体的・精神的疾患を，道徳的に無関係な事柄として扱うこと，あるいは，それらを間違いを恐れて放置することは，反対の間違いをおかす結果になりかねない。問題は困難事例に限ら

第12章　差異の平等

れない。社会的基本財アプローチは，人間存在の多様性に関心をもたないように見える（Sen, 1980/1982/1997: 365-366，引用ページは再録より）。

ロールズの真意は，正義原理をもつ「秩序ある社会」から「標準範囲」を外れた人々を排除することにはなく，第1，第2ステージで正義原理と憲法が制定された後の法と実践のステージで，社会的基本財をめぐる具体的対立を調整するという「四段階シークエンス」（Rawls, 1971a: 195）を確立することにあった。このような見通しのもとで，ロールズは次のようにセンの批判に好意的に応答する。

> 特別な医療や健康上のニーズの問題に対処する際には，基本財とは別の，より包括的な概念が必要となるに違いない。例えば，人々の基本的潜在能力に焦点を当てるセンの指標概念がこの問題に有益であり，基本財の使用に対する重要な補完的概念となるだろう（Rawls, 1982a: 168）。

しかしながら，その一方で，ロールズは，社会的基本財の構想に基づく正義理論の枠組みそれ自体を修正する必要があるとは考えていなかった。それは，基本的には，ロールズの関心は「人並み（normal range）」の個人の間の平等，すなわち，対立を余儀なくする一方で，理性的な調整が可能であるはずの個人間の秩序を構築することにあったからである。「相互に平等的なものとされるライバル関係」であればこそ対立が起こると考えた点では，ロールズは社会契約論の真正の後継者であった。その仮定のもとにロールズはセンの批判を受入れた。すなわち，

> 市民の能力は同じではないだろうが，彼らは確かに，少なくとも本質的に最低限，道徳的，知的なそして身体的な能力をもち，それらが生涯にわ

---

(3) この文脈で，本書はしがきで紹介したミッシェル・フーコーのホッブス解釈が興味深い。「生きた個々人が互いに貪り食い合う獣のような野蛮状態は，ホッブスによる戦争状態の第一の性格として現われることはない，戦争状態を特徴づけているのは，自然にもとづいて相互に平等的なものとされるライバル関係が繰り広げる一種の無限外交なのです」（フーコー，2007：92）。またアラン・ビーヴァーも同様の指摘をしている。Beever (2013: 182)。

たって社会のメンバーであることを可能とすると，私は本書を通じて仮定する。……私は，基本的潜在能力が最も重要であること，基本財の利用はこれらの潜在能力についての諸前提に照らして吟味されなくてはならない点に関して，センに同意する（Rawls, 1993: 183）。

一方，センは，先の批判をなしてまもなく，自分のロールズ批判が誤解を生むものであった点を率直に詫びている。そして，「ロールズは問題を先送りするとしたものの，決して問題を無視するとしたわけではない」点を認めている。とはいえ，センは次のような疑問を禁じ得なかった。

しかし，私は，正義の実質的理論は，もし理論の基本構造を展開させようとするなら，先送りすることができないと信ずることを付記したい。必要に関する差異――「ハード・ケース（困難事例）」はただその極端な例にすぎない――は，広く見られるものであり，ロールズ正義論のような理論において中心的位置を占めるはずのものである（Sen, 1982/1997: 366, n28, 引用ページは再録より）。

論点は次のようにまとめられる。はたして，ロールズ正義理論の本質的部分に影響を与えることなく，社会的基本財指標を潜在能力指標によって替えることができるのだろうか。結論的には筆者の答えは否である。指標の交替は直接的には情報的基礎の拡張を意味するが，それは，ロールズ正義理論の中心である「公正としての正義」構想を変化させずにはいられないだろう。ロールズの定義によれば，「正義」は人による選択可能性から独立に定義される概念であるのに対し，「公正」は人による選択可能性を本質とする概念である（Rawls, 1971b: 190）。端的に言えば，「公正としての正義」構想の新しさは，本来，選択可能性を含まない概念である正義を，選択可能性を含む概念として定義し直す点にあった。実は，ここにロールズ正義理論を厚生経済学に接近させるヒントもあった。

厚生経済学の歴史において，公正は効率と並ぶもう１つの――効率に比べて人々の関心は低いものの――規範として注目されてきた。ある分配が，他の誰の効用も悪化させることなく，ある個人の効用を改善するとしたら，それは効

率的と見なされる。「パレート効率性」と呼ばれるこの定義は，経済学で広く受容されている。それに対して，分配の手続きや結果において生ずる個人間の対立を調整する公正基準に関しては，功利主義，無羨望基準などが定式化されているものの，単一に定まったものはない。ロールズの公正概念は，それらの中の1つとして理解されてきた。

次節以降では，はじめに，厚生経済学における公正概念とロールズのそれとの同質性を論ずる。つづいて経済学的な格差原理の定式化が陥る方法的隘路（最も不遇な個人の悲惨な結末を回避できない）から逃れる方途を検討する。さらに，社会的基本財から潜在能力への指標の転換（それによる困難事例の包含）は，「格差原理」の定式化と「原初状態」の定式化の両方において，ロールズ正義理論の核心を変化させるものの，方法的には不可能ではないこと，また，ロールズの背景思想とはむしろ整合的な展開方法であることを論ずる。

3 厚生経済学と「公正としての正義」構想の内的整合性

新厚生経済学の標準的枠組みでは，ロールズの提出した格差原理は，辞書的順序型バーグソン・サミュエルソン社会厚生関数として，すなわち個々人の効用関数を含む所与の経済環境下で，最も不遇な人々の効用水準を最大化する関数として定式化される。だが，『正義論』の第Ⅱ部「制度」における下記の引用は，それとは違った定式化の方法を示唆する。

> ミルはいみじくもこう言った。常識的準則の地平にとどまるかぎり，正義の格率に関する和解はありえないだろうと。例えば，賃金に関して言えば，努力に応じて，という準則と，貢献に応じてという準則は，字義どおりに解釈すれば対立する。……どれか一つの準則を第一原理の地位に持ちあげることはできる，例えば，各人から能力に応じて，各人へ必要に応じてと（マルクスの『ゴータ綱領』からの引用：著者注）。正義の理論の見地からすると，正義の二原理は正しい高次基準を定義しているといえるだろう（Rawls, 1971a: 305）。

例えば，格差原理は「必要準則」（総所得は必要に応じて分配される）と「貢献準

則」(総所得は労働に応じて分配される)という2つの常識的準則をバランスづける高次原理として定式化できる[4]。このモデルが描く格差原理は,2つの準則を「最適」にバランスづける変数を外生的に決定(例:上記の『ゴータ綱領』からの引用,あるいは両者に2分の1ずつのウエイトを与える等)することはしない。むしろ,個々人の選好を含む経済環境を所与として,最も不遇な人々の所得を最大化するように,内生的に「最適」なバランスを決定する。個々人は本人の賃金を決定するこのような分配システムを所与とし,余暇と所得に依存する効用の最大化を目的として,自分自身の労働時間を選択するものと仮定される。個々人の効用最大化行動は集合的に,個々人に分配される資源の総量に影響を与えることになる。

ロールズ格差原理をこのように定式化することの利点は,第1に,それが平等な諸自由(実質的政治的自由を含む)と公正な機会均等の優先性という,倫理的性格をうまく説明しうるからである。この優先性はまた,「格差原理」のもとで,個々人の決定と制度とが互いに入れ子状態にあること,すなわち,一方で,個々人は,常識的準則のウエイトに応じて変化する賃金率の変化を考慮しながら,自己の効用を最大化するように労働時間を自律的に選択する,他方で,このような個々人の自律的な最適化行動が,常識的準則のウエイトそして賃金率を決定する,このような関係をうまく表現するものでもある。

第2に,このような経済学的定式化は,選択肢を完備的に順序づけ,いかなる経済環境のもとでも,最も不遇な人々の効用あるいは所得が最大化するような社会的最適(より正確には少なくとも他の選択肢よりも悪くない選択肢)を見つけることを可能とする(実行可能性の保証)。また,結果的に,社会的最適がどのくらいの値をとるかは,人々の選好や評価,行動など労働インセンティブに関連する要因に依存して変化する点を明らかにする。

後者の点は,格差原理が実際にどんな帰結をもたらすのかに関心を寄せる経済学者や政策立案者の関心を引いた。それは,例えば,必要原理により高いウエイトを与えると,就労能力のある人々の労働意欲を低下させ,結果的に,最も不遇な人々の状態が悲惨なものになる可能性を示唆するからである。これより,人々の常識的な公正感覚をなるべく損ねないという見地からも,また,最

---

[4] 例えば,後藤(1994)参照のこと。

も不遇な人々の状態をできるだけ改善するという見地からも，必要原理のウエイトを抑制する方がよいという結論が正当化されることになった。

　格差原理の経済的定式化は，さらに，政治哲学に対して，次のような問いを提起した。もしその定式化が正しいとすると，ロールズ格差原理は，結局のところ，就労能力のある人々に分配準則のウエイトを決定する権能を与えてしまうものなのだろうか。平等な諸自由，実質的な政治的自由，公正な機会均等の優先は，現代の福祉国家（ロールズの言葉では「財産所有民主主義」）を表象する原理でもあるとすれば，福祉国家は結局のところ，最も不遇な人々が悲惨な状態になることを，論理的には防げないことになるのだろうか。

　ロールズ自身は，「マキシミン原理」（二階堂，1960/1991：232など参照のこと）という経済学でなじみであった原理と「格差原理」との同一化を退けたことは知られている。その理由は，前者は「単に，人々がリスクに対して特殊で特別なリスク回避をもつことを公準化しているだけ」だからである（Rawls, 1974b/1999: 247）。ロールズは，さらに，バーグソン＝サミュエルソンらによって定式化された功利主義型社会厚生関数について，次のように批判している。功利主義型社会厚生関数は，「社会的厚生値を最大化するためにシステムのルールを調整する中央の（理想的）立法者」の存在を想定している。人々はそこで単にシステムの要因の1つとして，すなわち，「限られた資源が配置される異なったたくさんの方向」（Rawls, 1971b/1999: 217, 引用ページは再録より）として扱われるだけである。ロールズは，社会厚生関数における個人的効用関数を「満足水準の置き場」，あるいは，「荷物運搬箱」とも形容している（Rawls, 1974b/1999: 249）。

　功利主義型社会厚生関数に対するロールズの批判は，社会厚生関数が一般にもつ次の前提に対する根本的な批判を含んでいる。すなわち，そこでは，個々人は任意の2つの社会状態に関するランキングをもとに，社会状態に対する完全な順序を形成すると仮定される。その順序はまさに選好の「向き」を示すものである。すべての人に関して，この順序に関する情報を集めさえすれば，社会状態に関する社会的評価が形成される。ロールズの格差原理型社会厚生関数は，個々人の順序に関する情報に加えて，それぞれの代替的な社会状態において誰が最も不遇となるのか，その中で，さらにどの状態が最も不遇な状態となるのかという，水準に関する情報を必要とするものの，水準に関する序数的比

較ができさえすれば、それ以外の情報は不要とされる。ロールズの批判の要点を次の例で考察しよう。

いま、(稼得所得，余暇時間，税あるいは補助金) から構成される指標を想定する。個々人の状態は、この指標によって記述される。例えば、(稼得所得11, 余暇6, 税5)、あるいは、(稼得所得0, 余暇時間11, 補助金5) など。単純化のために、以下では、税や補助金を所得と合算させ、所得と余暇の組合せのみで表記する。すなわち、先の二例は (所得6, 余暇6)、(所得5, 余暇11) と表される。

このもとで2つの政策A, Bを想定しよう。政策Aは (6, 6)、(5, 11) という2人の個人の状態を、政策Bは (8, 6)、(3, 10) という2人の個人の状態をもたらすとする。政策Aのもとでは (6, 6) が、政策Bのもとでは (3, 10) が最も不遇な個人として認定されたとしよう (例えば、2つの指数の総計の比較により)。さらに、政策AとBの比較において、Bの方がよりよいとされたとしよう (同様に、2つの指数の総計の比較により)。社会的には政策Bが選ばれ、2人の個人の状態はそれぞれ (8, 6)、(3, 10) となる。

次に、政策Aのもとでの最も不遇な個人の状態は (6, 6) のままであり、政策Bのもとでのそれが (1, 12) に変化したとする。政策AとBの比較において (1, 12) の方が依然としてよりよいと判断されれば (同様に、2つの指数の総計の比較により)、再度、政策Bが選ばれ、2人の個人の状態はそれぞれ (8, 6)、(1, 12) となる。

ロールズ格差原理型社会厚生関数は、経済学者と政策立案者に対して、社会的基本財に関する指標を通じて、あらゆる社会状態を一定の倫理的基準に照らして判断することを可能とする。裏返せば、個々人の所有する社会的基本財、例えば、所得や余暇時間 (労働時間の選択に関する自由) を表す指標以外の情報は考慮することなく、すべてのケースを同じやり方で扱うことを可能とする。上記の例では、所得3であったものが所得1に低下したことに伴い、個人2の生存が臨界点を越えたかどうか、といった情報にはいっさい考慮することなく、最初のケースで適切と判断された指標間の基準を、次ケースでも援用することを、社会厚生関数はくいとめる術をもたない。このような情報の節約と基準の一般化が、センの指摘する困難事例の排除に結びつくことは想像に難くない。はたして、ロールズの格差原理を経済学的定式化から解放する途はあるのだろ

うか。次節からは，ロールズ正義理論の方法的枠組みと背景理論を検討したい。

4　非完備性とロールズ格差原理への潜在能力アプローチ

　先の例で，もし，われわれが所得のみに注目するとしよう。実のところ，2つ目に紹介した経済学モデルはそれであり，近年，フィリップ・ヴァン・パリースらが提唱する「ベーシックインカム」アプローチからはこちらが支持される。[5] この場合には，所得だけが情報的基礎とされる（余暇時間は無視される）ので，先の例では，政策Aが選ばれ，(6, 6)，(5, 11) の組合せが実現する。したがって，((8, 6)，(1, 12) の組合せに比べて）より平等主義的な解が実現されたといえる。だが，この定式化は，先述したように，労働インセンティブ問題──所得移転が増大すると就労能力をもつ個々人の就労意欲が低下し，最も不遇な個々人の受給する所得が低下する──を回避することができない。

　平等主義の立場から論戦をはるジェラルド・コーヘン (Cohen, 1997) が，この難問に対して次のような解法を提示した。政治や経済などの社会制度のみならず，個人の性向や倫理観，慣習などが，格差原理を支持する方向に変化するとしたら（そうである場合のみ），格差原理は望ましい解をもたらすであろうと。だが，次の記述を読む限り，ロールズ自身は，このような解法を退けることが明らかである。確かに，コーエンと同様に，ロールズも「個人の性向や倫理観，慣習」の変化に期待は寄せる。ただし，その変化が確証されるのは，格差原理が制定された後であって前ではないという。

> 　　正義の構想は社会的諸条件の変化に伴い，正義の常識的準則のウエイトも変化することを要求する。格差原理を適用し続けるならば，市場の勢力が大きく変容し，社会構造を再編成することを通じて，準則間のウエイトを再設定するだろう (Rawls, 1971a: 307)。

　序で紹介したようにロールズの正義理論は，その方法的枠組みとして政治的構成主義を採用する。この方法的枠組みとコーエンの図式との相違は次のよう

---

(5) 例えば，Van Parijs (1995＝2009) 参照のこと。

に説明される。理想的な制度を構想するにあたっては、それに対応する「人々の道徳や心理学的性質」が想定される。いま、想定された人々の道徳や心理学的性質と理想的制度が、ほどよく釣り合っていると判断されたとしよう。このことは、両者の想定を妥当なものとするに十分である。だが、この判断は、各々がそれ自体で正当であることを保証するものではない。どちらかを基礎として他を論理的に演繹できることを保証するものでもない。理論的には、どちらも確定されないまま残される。

もし、この解釈が正しいとすると、トーマス・ポッゲがコーエンの解法に向けた、それは「全能的な目標志向的な単一主義だ」という批判は、ロールズにはあてはまらないことになる。[6]だが、その一方で、そうだとすると、労働インセンティブ問題に基づく格差原理批判に応えるためには、コーエンとは異なる論理を探さなくてはならないことになる。先述したように、その批判は、平等な諸自由、実質的な政治的自由、公正な機会均等という理想に基づく人々の常識的な公正性の観念を論拠とするものでもあった。はたして、その批判にどのように応えたらよいのだろうか。

このような文脈で注目されるのが、潜在能力アプローチに基づくロールズ格差原理の再定式化の可能性である。先に述べたように、ロールズ自身は、センの潜在能力アプローチを、自らの正義「理論」の素直な延長として、すなわち、ヘルスケアなど具体的な問題に合わせて指標を拡張するための道具として位置づけていた。それに対して、センの再批判は、潜在能力アプローチの導入は、ロールズ正義「理論」の方法的枠組みを大きく変えうることを示唆していた。だが、はたして、その背景的思想を保持したままで、方法的枠組みを改変することが可能なのだろうか。以下では、その可能性を探りたい。その前に、センによるロールズの方法的批判を再度、確認しよう。

Sen (2009)『正義のアイディア』において、センは、ロールズ正義理論を「正義への超越論的アプローチ」と呼び、自らのアプローチを「正義への状態比較アプローチ」と呼んだ。このような批判の原型は、すでに Sen (1970a)『集合的選択と社会的厚生』の第9章「衡平と正義」に見られる。センはそこで、「xJ_iy は i さんにとって、x は y に比べてより正しいと定義される」とい

---

(6) Pogge (2000: 155)。

う比較の視点を提出したうえで,「彼［ロールズの］主要な関心は,われわれが関心をもつ社会状態の順序づけではなくて,不正義な制度の正反対である正しい制度を見つけることである」と指摘している (Sen, 1970a: 140)。

センのいう「正義への超越論的アプローチ」は次の性質のどれかをみたすものと解釈される。

① 改善の余地を残さない完全に正しい制度を考案すること,
② あらゆる選択肢を正義か,不正義かという2分法で捉えること,
③ 選択肢の完全な順序づけのもとに「最適な」選択肢のあることを想定すること,
④ 外的な道徳的判断との対応関係に言及することなく「内的整合性」をもっぱら求めること。

留意すべきは,上記の4点のうち,①と②は,近代経済学が批判的に超克してきた「倫理学」的側面をとらえるのに対し,③と④は,センが批判する近代経済学の方法,「完備性」を含む狭義の「合理性」の仮定をとらえる点である。

センのいう「状態比較アプローチ」は,個人の状態を含む具体的な社会状態 (これが潜在能力アプローチによって捕捉される) に注目する。たとえ理想的な制度を達成できないとしても,「より不正義な」状態を回避し,「より不正義ではない」状態を求める方法である。セン自身はこれを経済学の伝統的な手法と呼ぶが,「完備性」と「内的整合性」を要求しない点において,その射程は近代経済学をも越える点に注意が必要である。

さらに,上記の4点は,「公正としての正義」批判を越えて,ルールや制度に関するより根源的な問い,そもそもルールとは何であり,どのような性質を有するものなのか,という問いをつきつける。いわゆる「法のルール」と呼ばれている問題,あるいは,ロールズのいう「自由原理の正統性」に含意された問題を示唆する (Rawls, 1993: 137)。以下では,法とは何かといった問いには立ち入らない。ただし,例えば,等しい個人を等しく扱うという法制度の長所が,ある場合には,不正義を正当化することにもなるという,法制度のもつ本質的問題とは関心を共有する。

ルールの本質的性格に対するロールズの考えは,彼の主著をはじめとする多

くの論文に表されている。次節では，論文「ルールの2つの概念」(1955) などを参照しつつ，解読を試みたい。

5　ロールズ正義理論の方法的枠組みの拡張可能性

　ロールズのルール観は，「正の概念に関する形式的制約」と彼が呼ぶ次の記述に，簡潔に表現されている。

　　正の構想は，形式において一般的であり，適応において普遍的であり，道徳的人格間の対立する諸要求を順序づける最終的な裁定の場として，公共的に認識される諸原理の束である（Rawls, 1971a: 135）。

　センのアイディアとの衝突が免れえないのは，「順序」に関する次の説明であろう。

　　正義の構想は完備的である，したがって，起こりうるあらゆる（あるいは実際に起こりやすい）要求は順序づけられる。また，もし，基本構造の1番目の制度が2番目の制度に比べてより正しく，それが3番目に比べてより正しいとしたら，順序づけは一般的に推移的である。これらの形式的条件は，いつも簡単に満たされるとは限らないとしても，十分自然である。

　この引用から，われわれは一方で，ロールズのいう順序とは，社会的選択理論の標準的な意味，すなわち，完備性と整合性（推移性）を満たすことであると理解する。他方で，ロールズはこの要求が強すぎると自覚している点を理解する。その自覚は，非決定性に関する次の言及からも明らかである。

　　もちろん，このテストは非決定的である。すなわち，どの憲法，どの経済・社会制度が選ばれるかはほとんど明らかではない。それらが非決定的であるとは，正義それ自体が非決定的であることを意味している。一定の許容範囲にある制度が同程度の正しさであるということは，それらは選ばれる可能性があり，理論のあらゆる制約と両立的であることを意味してい

第12章　差異の平等

る（Rawls, 1971a: 201）。

　ロールズの非決定性に関しては，他の箇所で詳細に議論した（Gotoh, 2013）。ここでは，ロールズは非決定性を否定的にとらえてはいない点を注記するにとどめる。非決定性に関するロールズの理解は，理由の複数性に根ざすものである。彼によれば，道徳判断の形成にあたって人は，異なる理由をバランスづけるのみならず，異なる理由をバランスづけるやり方それ自体をもバランスづけつつ，「理由の配列」を組替えているという。

　　ときに答えは，ある理由のバランスを別のバランスと比較することによって見出される。……だが，そのような比較にもとづく議論は，ある方向を別の方向より選び，そのことによりベンチマークとなりえるような理由の配列（configurations）を前提とする。それをもてない場合には，条件つきの比較を乗り越えることができないだろう（Rawls, 1971a: 572）。

　要点は異なる理由の比較に先立って，「理由の配列」をもつことである。すなわち，任意のペアの比較そのもの（「条件つきの比較」）と，「理由の配列」をもったうえで比較することを区別しようとしている。時間的先行性は別として，少なくとも論理的に後者は前者に先行するものと考えられている。その意図はロールズの「ルールの2つの概念」（本書序章参照のこと）と照らすとき，より鮮明となる。ロールズは，個々の実践の集積により跡づけられるルールと，実践を主導するルールを区別する。「実践的ルール」とは実践を先導するルールであり，「特定の行為様式の要約」とは個々の実践の集積により跡づけられるルールである。「理由の配列」と同様に，少なくとも論理的に「実践的ルール」は個々の実践に先行するものと考えられている。

　以上の点を確認したうえで，本章でのわれわれの関心は，この「理由の配列」ならびに「実践的ルール」に象徴されたロールズのルール観を抽出することである。はたして，それはセンの「状態比較アプローチ」とどう異なるのか。ここで興味深いのは，「実践的ルール」の「一般性」をめぐる次の記述である。

　　しかしながら，重要なことは，実践的ルールの文脈では，「一般性」は

適用可能な割合が高いこと，あるいは，経験の一般化がなされ，例外が少ないことを，必ずしも意味しない。特殊ケースは，実践的ルールの例外として片付けられるものではない。例外は，むしろ，ルールの精度を高め，明確化（specification）を進める（Rawls, 1955/1999: 39）。

「特殊ケースは，『実践的ルール』の例外として片付けられるものではない」という一文は，ロールズのルールに関する考え方を理解し，センの正義のアイディアと接続するうえできわめて重要である。ここで，ロールズは一般性と特殊性を排他的関係ではとらえてはいない。むしろ，特殊ケース（「困難事例」を含む）を配慮することによって，ルールそれ自体を精緻化，明確化すべきことを考えている。

これまでには記述できなかった点も含めてロールズのルール観を要約しよう。ロールズが社会制度のルールとして，普遍性，一般性，公共性そして最終性という正の形式的制約を想定していたことは確かである。しかしながら，ロールズにおいて，公示性と結びついた普遍性は超越的な真理に安住するものではなく，むしろ「思考の公共的枠組み」のもとで人々がルールを受容することを意味する。また，一般性は特殊ケースを排斥するものではない。さらに，最終性は，将来，明示的な手続きと十分な理由をもって改定されることを当初より予期するものである（したがって改定手続きが明記される必要がある）。さらに，整合性はあらゆる選択肢を覆い尽くす性質であるとは考えられていない。

以上の点を考慮してロールズの「正の形式的条件」を再定式化するとしたら，その視点は，「完備性」を所与とする経済学モデルの伝統からは遠ざかり，「非完備性」（ロールズの言葉では「非決定性」）を基本とするセンの方法的視点に近づいていく。これは，格差原理に関しても，社会厚生関数とは異なる定式化の方向性を示唆するだろう。

だが，このような方向で再定式化することは，ロールズ格差原理のそもそもの意図と整合的なのだろうか。最後に，ロールズ格差原理の背景思想を確認して，本節を閉じたい。第5章で詳しく紹介したように，ロールズによれば，格差原理の最も基底的な思想は次のように記される。

　　何人も，それが他の人々の助けにならないかぎり，階級的出自や自然的

能力など，深く，執拗な影響力をもち，本人の功績とは無関係な偶然から便益を受けてはならない（Rawls, 1974a/1999: 246）。

この一文は，どのような結果がもたらされるかについて非決定的である。なぜなら，結果は，「功績とは無関係な偶然」の内容を人々がどう理解するか，すなわち，彼らの労働貢献のどの部分を「功績とは無関係な偶然」とみなすかに依存して変わりうるからであり，そのことをこの一文は認めているからである。しかしながら，重要なことは，「功績とは無関係な偶然」には，さまざまな「困難事例」，すなわち「障害や特別な健康上の必要，身体的・精神的障害」などが含まれる点である。それは，ロールズが正義理論の構築に際して「先送り」を宣言し，センが正義理論の最優先課題となるべきだと主張した論点にほかならない。一方で，「功績とは無関係な偶然」によって困難に陥る人がおり，他方で，「功績とは無関係な偶然」によって便益を得ている人がいる。ここには偶然の隔てる個人間の存在における非対称性がとらえられている。格差原理が取り組む課題がここにあるのだとしたら，センがいうように，困難事例が格差原理の中心に据えられたとしても不思議はない。

社会的基本財の指標に対するセンの批判はこの文脈で理解される。潜在能力指標は，本人たちが所有するものを越えた個々人の差異，例えば，精神的苦痛から逃れていること，安全に移動できること，音楽や映画を楽しめることなどにわれわれの関心を向ける。潜在能力指標をもとに格差原理を再定式化することは，実践的な文脈で有用であるのみならず，正義の理論化の文脈においても重要となる。なぜなら，潜在能力指標は，正義の原理を，そのもとで個々人の被る困難——例えば，視覚障害者が安全に移動できない，家族が病者を抱え込むなど——という帰結的影響の観点から評価することを可能とするからである。

ただし，ここでいう評価は二重の構造をもつ。1つは，正義の原理が実際に適用された社会で，所与の環境的条件のもとで，自己の効用の最大化を目指して就労時間の選択を行う行為者の評価を指す。他の1つは，正義の原理の制定者（政策立法者）の評価を指す。先の経済モデルでは，行為者が参照する環境的条件に，格差原理が規定する常識的準則のウエイトが含められた。潜在能力アプローチによる再定式化は，さらに，困難事例の事実を行為者が参照する環境的条件に含める。ここで惹起される興味深い問いは，このような環境的条件の

拡張（困難事例の事実の参照）が，行為者たちの就労時間の選択にどう影響するか，さらに，そのことが最終的に制定者たちの評価基準にどう作用するかである。より直截に述べれば，先の経済モデルで躓きの石になった行為者の労働インセンティブを基礎とする議論がどう変わり，評価者たちの抱く公正性の観念にどんな影響を及ぼすかである。

本節が明らかにしたことは，存在の非対称性・比較不可能性をとらえる潜在能力アプローチは，経済学的定式化がもたらした公正性の隘路に異なる光を与える可能性をもつ点である[7]。そして，この方向での格差原理の再定式化が，ロールズの「正の形式的条件」（再定式化されたもの），ならびに，格差原理の背景思想と矛盾するものではない点である。この点を確認して，次節からは，ロールズの「社会契約」構想，すなわち「原初状態」の装置に視点を移す。潜在能力アプローチは，「原初状態」の情報的拡張のみならず，認識的拡張をも要求する可能性がある。はたしてそのような拡張は，ロールズの「原初状態」の装置と整合的でありえるのだろうか。これはまさに，センによるロールズ正義理論批判のもう1つの核心に他ならない。

6　社会ルールの客体としての個々人に関する非対称的扱い

ロールズの「原初状態」においては，「無知のヴェール」によって，個々人の「名前」に関連するあらゆる特殊性を覆い隠すことが要求される。この「無知のヴェール」は，社会ルールの制定主体（評価者）の認識的制約，すなわち不偏性の条件を表象するとともに，社会ルールの客体（受容者）に関する情報的制約，すなわち社会的基本財の保有を表象するものであった。

これに対して，センの正義のアイディアでは，異なる社会ルールのもとで，個々人が被るおそれのあるさまざまな種類の不利性——その一部は社会ルールによって簡単にぬぐい去ることのできない——には，「無知のヴェール」がかけられてはならない。歴史的・社会的・文化的に特徴づけられる個々人は，それぞれ特殊で多様な「位置（ポジション）」に関するエクスパートでもある。社会ルールの制定主体（評価者）もまた，自らのおかれた特殊で多様な「位置」

---

[7]　本章の2節注(3)で紹介した「相互に平等的なものとされるライバル関係」であればこそ対立が起こるというフーコーの記述を参照のこと。

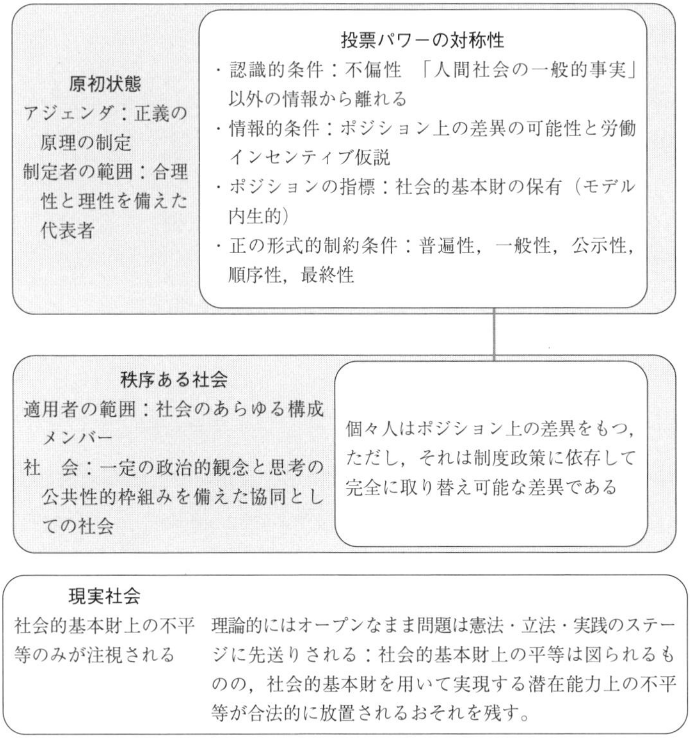

第 12 章　差異の平等

原初状態
アジェンダ：正義の原理の制定
制定者の範囲：合理性と理性を備えた代表者

投票パワーの対称性
・認識的条件：不偏性 「人間社会の一般的事実」以外の情報から離れる
・情報的条件：ポジション上の差異の可能性と労働インセンティブ仮説
・ポジションの指標：社会的基本財の保有（モデル内生的）
・正の形式的制約条件：普遍性，一般性，公示性，順序性，最終性

秩序ある社会
適用者の範囲：社会のあらゆる構成メンバー
社　会：一定の政治的観念と思考の公共性的枠組みを備えた協同としての社会

個々人はポジション上の差異をもつ，ただし，それは制度政策に依存して完全に取り替え可能な差異である

現実社会
社会的基本財上の不平等のみが注視される

理論的にはオープンなまま問題は憲法・立法・実践のステージに先送りされる：社会的基本財上の平等は図られるものの，社会的基本財を用いて実現する潜在能力上の不平等が合法的に放置されるおそれを残す。

図 12-1　ロールズの「原初状態」
出所：著者作成。

に関する証人として語ることを期待される。はたして，われわれはこのセンのアイディアをロールズモデルと矛盾なく接合することができるのだろうか。

1つの可能性は，ロールズが「無知のヴェール」の記述に際して注記した「人間社会の一般的事実」にある（Rawls, 1971a: 137）。これらは，「無知のヴェール」のもとで制定者が知りうる情報である。その例として，ロールズが明記しているのは社会的基本財に関する情報である。「彼ら［正義原理の制定者］は，彼ら［正義原理の受容者］は社会的基本財がより多く賦与されることを好むことを知っている」（Rawls, 1971a: 93）。さらに，ロールズ自身は明記していないものの，格差原理の記述において前提とされている労働インセンティブに関連する情報も，この「人間社会の一般的事実」情報に含まれていると解釈される。これ以外にも，正義理論には，制定者が知りうる情報が含意されている可能性がある。

例えば，下記の引用はその1つである。

> しかしながら，ときに，他の位置もまた考慮される必要がある。例としては，固定的な自然的特徴に由来する不平等な基本的権利に対応する位置が挙げられる。これらの特徴は変化しにくいので，対応する位置は基本構造の初期点として考慮されるべきである。性，人種，文化に応じた分配は，このタイプに属する（Rawls, 1971a: 93）。

「固定的な自然的特徴（性，人種，文化）に由来する不平等な基本的権利」は，ここではまさに，「無知のヴェール」が覆い隠す個人的情報ではなく，制定主体が共通に知りえる「人間社会の一般的事実」情報と想定されている。この想定は，特殊で多様な「位置」に関する情報を，正義の理論の中心におこうとするセンの意向と整合的であり，「原初状態（original position）」の情報的基礎を拡張するポイントとなるだろう。だが，ロールズの原初状態の装置を，センのアイディアに向けて拡張するためには，留意すべき点がいくつか残されている。

1つ目は，上記のロールズの引用が着目する位置は，固定的な自然的特徴そのものではなく，それらに由来する「不平等な基本的権利」だという点である。これは次の問題をもたらす。もし，社会が，例えば，憲法や立法を通じて既に基本的権利が平等に保証されていると判断するとしたら，たとえ，これらの権利を実際に行使するにあたって，固定的な自然的特徴がいかに深刻な不利性をもたらそうとも，それは，もはや制度的な考慮の対象とはされないおそれがある。むしろ，基本的権利の平等が保証されているという事実のもとで，制度的なネグレクトが正当化されるおそれもある。基本的権利の平等を実質的に図るためには，固定的な自然的特徴を補塡する非対称的な扱いが必要とされ，そのためには，固定的な自然的特徴それ自体に関する情報は不可欠になるだろう。

2つ目の注記は，社会ルールの制定主体が不平等な基本的権利に関する彼ら自身の経験を開示した場合，それらは彼らの「名前」に付着した情報としてではなく，社会に占める「位置」として扱われるという点である。社会の「位置」として概念化されることのない名前の付着した情報は，拡張された「原初状態」においても，依然として「無知のヴェール」で覆い隠されている。次節で述べるように，この「位置」概念はロールズとセンを結ぶキイ概念の1つで

ある。それは制度が承認する個々人の差異を端的に表象するとともに，補償的分配の根拠ともされる概念である。たとえ現在は，該当する個人がたった1人であろうとも，将来，同様の個人が現れるかもしれないとなれば，個人の情報は，本人の名前ではなく社会に占める「位置」として認識される。

　3つ目の注記は，「無知のヴェール」に表象される認識的条件は保持されるという点である。制定主体が自己の経験に基づいて不平等な基本的権利に関する情報を伝える際にも，「不偏性」という認識的条件は外せないはずである。「不偏性」は，制定主体に対して，自分の「名前」から離れて自己の「位置」に関心を向けさせるのみならず，特定の「位置」から離れてあらゆる「位置」に対して対称的な関心をもつことを要求する。

　これらの点を留保するとしたら，ロールズの原初状態の情報的基礎をセンのアイディアに向けて拡張することが可能となる。すなわち，特殊で多様な「位置」に関する情報——そこには制定者自身が申告するものも含まれる——をもち，それらを不偏的に評量しながら，制定すべき社会ルールを互いに提案し，選択し，受容するというモデルが描かれる。

7　社会ルールの主体としての個々人に関する非対称的扱い

　「原初状態」に関する次の関心は，道徳的人格を備えるかぎり自由で平等であるはずの制定主体に関して，非対称的な扱いをすることが可能であるかという問題である。前節では，制定者たちもまた特殊で多様な「位置」に関する情報の提供者でありうることが確認された。ここでの問いは，個人的評価を集計する手続きにおいて，特殊で多様な「位置」にある制定者たちに対して非対称的な重みを与えることが可能であるか，である。

　前節の最後でも言及したように，たとえ情報的基礎が拡張されるとしても，形式的・認識的な「不偏性」の条件は残される。その点を考慮すると，次のような仮説が成り立つ。もし，個人の評価を集計する際に，特殊で多様な「位置」にある制定者たちに対して非対称的な重みづけをするとしたら，そのような集計手続きが形式的・認識的な「不偏性」の条件のもとで承認されるような，「前 - 原初状態」を想定する必要がある。はたして，それは，どのような特徴をもつのだろうか。

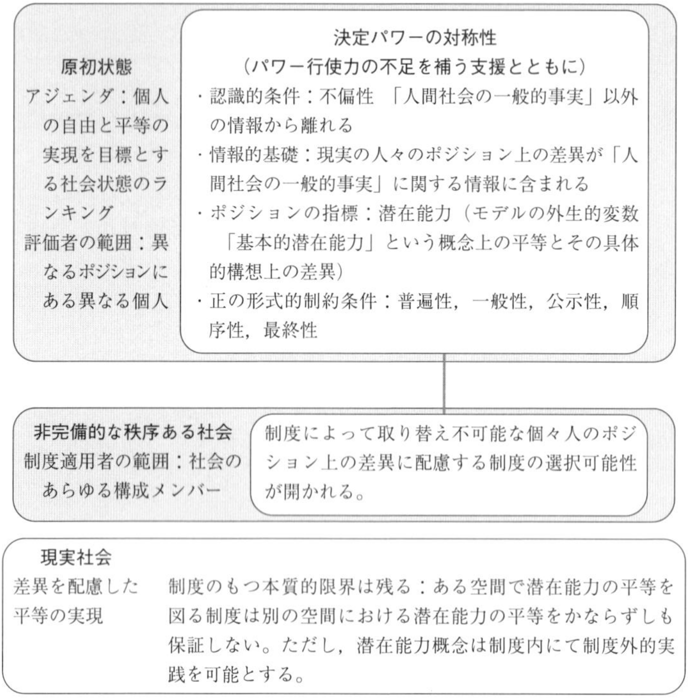

第Ⅳ部　福祉の政治経済学

```
原初状態
アジェンダ：個人
　の自由と平等の
　実現を目標とす
　る社会状態のラ
　ンキング
評価者の範囲：異
　なるポジション
　にある異なる個人
```
```
決定パワーの対称性
（パワー行使力の不足を補う支援とともに）
・認識的条件：不偏性「人間社会の一般的事実」以外
　の情報から離れる
・情報的基礎：現実の人々のポジション上の差異が「人
　間社会の一般的事実」に関する情報に含まれる
・ポジションの指標：潜在能力（モデルの外生的変数
　「基本的潜在能力」という概念上の平等とその具体
　的構想上の差異）
・正の形式的制約条件：普遍性，一般性，公示性，順
　序性，最終性
```

```
非完備的な秩序ある社会
制度適用者の範囲：社会の
　あらゆる構成メンバー
```
```
制度によって取り替え不可能な個々人のポジ
ション上の差異に配慮する制度の選択可能性
が開かれる。
```

```
現実社会
差異を配慮した
平等の実現
```
```
制度のもつ本質的限界は残る：ある空間で潜在能力の平等を
図る制度は別の空間における潜在能力の平等をかならずしも
保証しない。ただし，潜在能力概念は制度内にて制度外的実
践を可能とする。
```

図 12-2　「原初状態」の情報的基礎の拡大：ロールズからセンへ
出所：著者作成。

　この点を考察するにあたって，「不偏性」の概念について注記しておくことは有益だろう。功利主義を批判する際に，ロールズは「不偏性」概念の問題点をついた。功利主義は，あらゆる差異を捨象して個々人を形式的に等しく扱うものの，もっぱら集計値の大小に関心を向けるものであると。それに対してロールズが基礎とする不偏性は，（自分自身を含めて）すべての人に等しい関心を寄せる一方で，最も不遇な人々に優先性を与えうる不偏性である。差異に応じて個々人を非対称的に扱うことは，形式的・認識的条件としての不偏性とただちに矛盾するものではないことを，ロールズの正義理論は示唆した。ただし，ロールズの正義理論においては，特殊で多様な「位置」にある制定者たちに非対称的な重みづけをする「不偏性」までは想定されていない。

　この点に関するセンの見解を知るうえでは，「位置的客観性 (positional objectivity)」と「開かれた不偏性 (open impartiality)」という 2 つの概念が手掛かり

となる。以下で順に検討する。はじめに、「位置的客観性」について、センは、ネーゲルの「どこからでもない見解」を反転させた「どこからか方向づけられた見解」という語を手がかりとして定義する。ただし、ここでいう「どこか」、すなわち「位置」は、ある共有された歴史的、社会的、文化的あるいは個人的特徴を広く表し、その質的な差異は、社会的な関心の対象とされる。第10章5節で述べたように、ある観察、主張、信念、行為が、特有の名前や代名詞（例えば、$i, j \in G$）ではなく、一定のパラメーター（例えば、$b \in P$）により「位置」としてとらえられると、そこに「位置的客観性」が認められる（例えば、$f(x, i, b) = f(x, j, b)$）という意味である。

しかしながら、「位置的客観性」は「真理」を保証するものではない。なぜなら、ある位置にある人々は「客観的幻想」を共有する可能性があるからである。この文脈でセンは、「間 - 位置的査定（trans-positional assessment）」なる概念を提出する。それは、「異なる位置的観察に依拠しつつそれらを越える」反省的営為を指す（Sen, 2002a: 467）。例えば、特定の社会階層、ジェンダー、市民、職業に属するある個人は、それぞれの位置から評価を形成するとともに、それぞれの位置から形成した評価を別の位置から批判的に検討する機会をもつ（Sen, 1999a: 28）。

「間 - 位置的査定（trans-positional assessment）」の認識的意義は、「開かれた不偏性」の概念との対照で解釈される。スミスの「不偏的観察者」の概念に依拠する「開かれた不偏性」は、ロールズの原初状態に対する直接的批判として出された。センによれば、ロールズの「原初状態」の装置は、グループ内部における偏りから距離をおくことを保証するものの、「グループが全体として共有する偏りから距離をおくことを保証しない」点で「閉じられた不偏性」にとどまる。それに対して、「開かれた不偏性」の特徴は、自己の属するグループからも距離をおくことを保証する点にある。

「開かれた」には2つの局面がある。1つは、社会的ルールの客体（受容者）あるいは主体（評価者）の構成員の範囲が「開かれた」という意であり、他の1つは、社会的ルールの主体（評価者）の認識的構造が「開かれた」という意である。センによれば、

　　開かれた不偏性の革新力は、憶測や偏りのない異なったタイプの知見が

第Ⅳ部 福祉の政治経済学

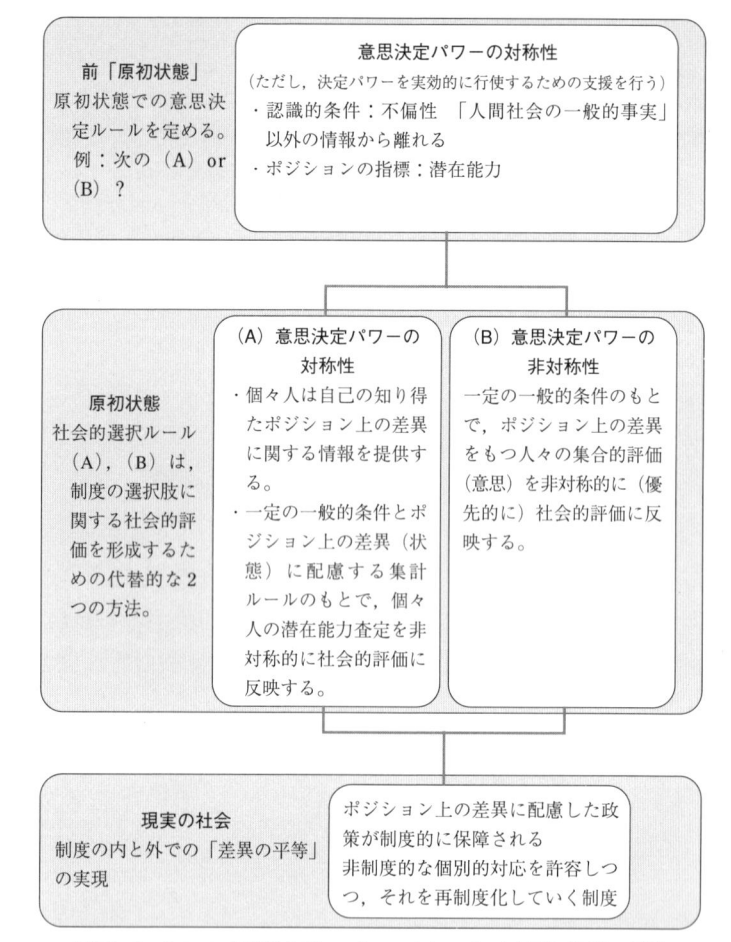

前「原初状態」
原初状態での意思決定ルールを定める。
例：次の（A）or（B）？

意思決定パワーの対称性
（ただし、決定パワーを実効的に行使するための支援を行う）
・認識的条件：不偏性　「人間社会の一般的事実」以外の情報から離れる
・ポジションの指標：潜在能力

原初状態
社会的選択ルール（A），（B）は、制度の選択肢に関する社会的評価を形成するための代替的な2つの方法。

（A）意思決定パワーの対称性
・個々人は自己の知り得たポジション上の差異に関する情報を提供する。
・一定の一般的条件とポジション上の差異（状態）に配慮する集計ルールのもとで、個々人の潜在能力査定を非対称的に社会的評価に反映する。

（B）意思決定パワーの非対称性
一定の一般的条件のもとで、ポジション上の差異をもつ人々の集合的評価（意思）を非対称的に（優先的に）社会的評価に反映する。

現実の社会
制度の内と外での「差異の平等」の実現

ポジション上の差異に配慮した政策が制度的に保障される
非制度的な個別対応を許容しつつ、それを再制度化していく制度

図12-3　センの「状態比較アプローチ」に基づく原初状態の拡張
出所：著者作成。

考慮され得ること、さまざまに状況づけられた不偏的観察者の洞察から便益を得るよう応援されることである。これらの洞察を互いに精査すると、ある共通の理解が力強く立ち現れるだろう、だが、異なる視野から生ずる差異がすべからく同様に処理される必要はないのだ（Sen, 2002b/2009: 468）。

興味深いことに、「開かれた不偏性」は1人の「不偏的観察者」の洞察に象徴されるわけではない。むしろ、「さまざまに状況づけられた不偏的観察者」

たちがおり，各人の洞察を相互に精査したのちにも，「異なる視野から生ずる差異」が残される可能性を否定していない。ここには，さまざまな位置に状況づけられた評価を広く反照する一方で，あらゆる位置に中立な単一評価（「間-位置的不変性（trans-positional invariance）」，Sen, 2002b/2009）に収斂されることのない，上述した「間-位置的査定」と同様の構造がある。

このような概念を基礎とするとき，非対称的な社会的意思決定モデルを理論化する途が開かれる。例えば，「さまざまに状況づけられた不偏的観察者」たちに（そうではない人たちに比べて）より高いウエイトを与える一方で，不偏的観察者たちには互いに等しいウエイトを与えるような集計モデルである。ただし，留意すべきは，その場合であっても，形式的，認識的条件としての「不偏性」は保持される点である。先述したように，対称的なルール制定者の間で，不偏的に，非対称的モデルが選択される「前-原初状態」を想定する必要がある。以上をまとめたものが図15-3である。

8 「公正としての正義」の向こうへ

原初状態の装置に関して残された問題は，誰がこの社会的ルールの制定主体，あるいは，社会的ルールの客体になりうるか，その範囲である。先述したように，センの正義のアイディアの着眼点は，固定された構造をもつ特定のシステムではなく，多様に多様化された個々人の行動であった。個々人はジェンダー，人種，国籍，職業，障害や疾病，性などさまざまなカテゴリーの「位置」に属している。また，新たにカテゴリー化される「位置」に属する可能性を秘めている。この事実は，われわれのいる世界にある差異の意味を理解しようという倫理的実践を促す。多元的位置のもたらす対立的判断を自我内で不偏的に眺め，「状況づけられた不偏的観察者」の1人として公共的なルール形成プロセスに参加する個々人の実践はわれわれの集合的責任である，と。

このようなセンのアイディアを基盤とするとき，ロールズの原初状態のモデルは，ひとたび集った参加者たちが決定して終わりという図式とは異なるものとなるだろう。モデルを作った直後から問い返しが始まるからである。誰が制定主体として認められるべきであったのか，誰を受容者として想定すべきであったのか，（モデルの設定，改定するわれわれ自身も含めて）人々にどのような認識

的・情報的な条件が課されると想定すべきなのか。現実の不正義を匡正するためには，絶えざる調査と不慮の緊急介入が不可避となるだろう。この視点は，個々の実践においてのみならず，差異の平等を扱い得る正義理論を構築する際にも，重要になってくる。

　差異の平等を真に実現するためには，われわれの関心は，所与のルール・制度・理論を越えて，名前をもった個々人のもとに，直接とどく必要がある。だが，だからといって，名前と名前の直接的支援こそがロールズ正義理論に対するセンの代替的構想だ，と結論づけることには慎重であるべきだろう。確かにセンは，不正義はしばしば明白であることを指摘した。さらに，普遍的，一般的，整合的，不偏的であろうとするルールや制度そして理論は，その多くを「困難事例」あるいは例外として排除しがちであったと批判する。だが，そのことは，ルールや制度そして理論の意義と必要性そのものを否定するものではないことに，われわれは留意すべきである。

　本章は，センのロールズ批判を受容し，社会的基本財を基本的潜在能力でおきかえるとしたら，ロールズの正義理論の核心である「公正としての正義」が変容せざるを得ないことを示した。「非決定性」，「例外」，「非対称性」などが中心に据えられることになるからである。その一方で，本章は，そのような変容は，ロールズの基本的ルール観と矛盾するものではないことを注記した（本書はしがきも参照のこと）。なぜなら，ロールズがルールの根幹とする「正の概念の形式的制約」は，「非決定性を排した完備的順序」や「例外を排した一般性」，あるいは，「非対称的な扱いを排した不偏性」をも，論理的に意味するものではないからである。

　さらに，本章は，センの正義のアイディアは，ロールズのこの基本的ルール観と対立するものではないことを示した。例えば，非対称的な扱いを許容する背後には対象への不偏的関心があり，「名前」を重視する背後には対象のおかれた「位置」をとらえるパラメーターのあることが確かめられた。このようなロールズとセンの再解釈は，両者の距離を縮める。2人の視座を統合すると，ルールや制度，理論に関する新たな像が結ばれる。すなわち，普遍的，一般的，整合的，不偏的でありながら，不断に更新される「位置」パラメーターを通じて，個人の名前に接近するルールや制度，理論である。この像をもって本章の暫定的な結論としたい。

最後に課題を付記する。先に,「公正としての正義」から歩を進めることは,ロールズ自身の背景思想に反するものではないと述べた。その一方で,センの「公正としての正義」批判の中心的論点は,厚生経済学の理論と方法に深く関わることを指摘した。はたして,潜在能力指標による社会的基本財の置き換えが,厚生経済学にどのような影響をもたらすのか,「公正としての正義」の先に展望される新たな正義理論は,厚生経済学の理論と方法にいかなる影響を与えるのか,次著への課題としたい。

補論4
現代正義論と支援の思想

カタストロフィと正義論

　ジョン・ロールズの『正義論』の刊行以来，正義は，社会科学の主要な研究テーマとされてきた。だが，とりわけ英米圏を中心に発展した正義論の関心は，もっぱら分配的正義の問題に収斂されたきらいがある。社会的に移転可能な財を，いかなる根拠と正当性のもとで，異なる個人の間に分配するか，再分配するか。背後には，曲がりなりとも自由と平等を理念とする福祉国家思想の進展があった。本論の目的は，この現代正義論の発展プロセスを総括することにはない。おそらく，それを総括するためには，近代政治思想の流れ，とりわけマルクス主義への批判を契機としてつくられたさまざまな理論を再吟味する作業，また，その方法的源流を論理実証主義の流れに遡り再吟味する作業が必要となってくるだろう。それは本エッセイの射程を超えている。ここでの目的は，現代正義論の一応の到達点をふまえたうえで，その行き先を根源的に問い返すことに限定される。その視点となるものが第3章で言及した「カタストロフィ」である。以下に問題関心を記そう。

ロールズ正義論への批判とその展開可能性

　ロールズの正義論は，当初より，多くの批判にさらされてきた。その最大の問題点は，社会制度を変えることにより，社会における個々人のポジションの交換が完全に可能であるかのような幻想を与えてしまう点である。例えば，所得や富の分配方法を変化させるとしたら，社会の中で誰が最も不遇な人々（最小所得者）となるかは変化する。それが誰であろうとも，その人々の状態がより改善される社会制度をよしとしよう，これが「格差原理」と呼ばれる分配的正義の要点である。土地や資本など一切の生産手段をここでの分配対象に含め

るならば，資本家と労働者の地位を逆転させることも，理論的には不可能ではないことになる。

　もちろん，実際には，社会制度の変更は，各制度における既得権益者の抵抗を伴うために，容易ではない。この問題に対処するためにロールズが持ち出してきた装置が，「無知のヴェール」と呼ばれるものである。それは，社会制度を評価する際には，自己の社会的地位や財産，技能や性質，嗜好など，私的利益に関連する情報は一切顧みてはならない，とする一種の中立性の要請を象徴する。これに対しては，無知のヴェールに覆われるほど人は中立的ではあり得ないという批判と，ロールズの想定した無知のヴェールは厚すぎるという2つの批判が寄せられてきた。前者は，そもそも人は，特定の価値判断から逃れられない，せいぜいできることは暗黙の理論前提を明示化することだけだ，というマックス・ウェーバー以来の価値自由の問題と関連する。後者は，例えば，女性であること，障害をもつこと，歴史的不正義や犯罪の被害者であることなどは，まさに社会制度を評価する観点となるべきものだから，覆い隠してはならないという批判である。

　本エッセイは，これらの批判と問題関心を共有する。ただし，次の点は確認しておきたい。これらの批判は，ロールズの「無知のヴェール」の構想とただちに矛盾するものではない。無知のヴェールは，個々人が私的利益の観点から判断することを禁ずる。だが，それは，自己の私的利益に関連する事柄を「社会の一般的事実」に仕立て上げることを禁じてはいない。「社会の一般的事実」とは，社会で共有された資産の1つであり，自己の規範的判断をつくるにあたって，個々人が自由に参照することのできる知識や情報である。

　例えば，女性であり，障害をもち，歴史的不正義の被害者でもある個人が，自己の私的利益に関連する情報を「社会の一般的事実」に仕立て上げたうえで，無知のヴェールを被るとしよう。そして，自己の私的利益に関連する情報を，「社会の一般的事実」の1つとし，他の諸事実とともに参照しながら，結果的に，自分の私的利益に有利となる規範的判断を形成したとしよう。このことは，少なくとも理論的には，「無知のヴェール」の構想と矛盾するものではない。問題があるとしたら，それは，むしろ，個々人の私的利益に関連するある事柄を「社会の一般的事実」に仕立て上げていく，その倫理的・論理的プロセスにある。ある個人の私的利益に関連するある事柄を「社会の一般的事実」に仕立て

補論4　現代正義論と支援の思想

上げていく際に、考慮すべき倫理的、あるいは論理的な事柄とは、何であるか。

このようなロールズ理論の再解釈は、現代正義論の枠組みを大きく展開するヒントを与える。女性であること、障害をもつこと、歴史的不正義や犯罪の被害者であることなどを、まさに社会制度を評価するための重要な情報的資産としながら、また、複数の情報的資産を評価する自らの価値基準・価値前提を広く開示しながら、個々人が自己の規範的判断を形成していくという枠組みである。例えば、ある共通の不利性を抱える個々人が、社会的に合意された一定の規範的条件のもとで、代替的な政策候補に関するグループ評価を形成し、それを「社会の一般的事実」の1つとして開示する、さらに、複数の不利性グループの評価の間で矛盾をきたさない部分を、社会的評価として採用するなど[1]。

このような現代正義論の展開可能性を見据えつつ、本論の課題は、「カタストロフィ」の視点から、現代正義論の臨界点を──もしそれがあるとすれば──探ることにおかれる。では、なぜカタストロフィなのか？

カタストロフィに遭遇した人々

カタストロフィは日本語で「大惨事」、「破局」などと訳される。それが起こる前と後では、ある個人の人生ががらりと変わるような、悲劇的な事柄として理解されている。「明日、また陽が昇る」と信じて眠りにつくことが、人々の〈日常〉であるとしたら、その〈日常〉を根こそぎ流しさるものが、カタストロフィである。「陽」は、エネルギーであるとともに、時を刻む標（しるべ）でもある。「陽」が昇らないとしたら、時間（齢）を重ねることができない。カタストロフィに遭遇した人は、社会に在りながら、社会にポジションをもたず、歳月を経ながら、齢を重ねることができない。また、会話しながら、意思を伝達することが難しい。通常、人々の会話は、日常とのひっかかりをもとに進行する。〈日常〉の時空につなぎとめられていない人が、会話を通じて自らの意思を伝達することは難しい。

そうだとすれば、カタストロフィに遭遇した人々が、社会的に孤立しがちとなるのは、至極、当然である。しかも、やっかいなことに、本人が、本人にとってはよそよそしい日常言語を話しつづけ、本人にとっては感覚が及ばない時

---

[1] 現代正義論をこのような形で展開する作業については、本書第9章参照のこと。

間的規律に，本人が従い続ける間は，その孤立を外から観察することはむずかしい。「社会的孤立」をとらえようとする試みの背後で，社会的には認知されがたい，いわば「世界からの孤立」が深く潜行しかねない。

確かに，カタストロフィのサバイバーと称される人はいる。かくも悲惨な体験をしながらも，見事に生き延びてきた人がいる。その意志と努力は，まさしく人の尊厳の証として，明記されるべき事柄であり，透徹した悲しみと誇りをたたえる笑みをもって，出来事の悲惨さそのものを過少に見積もることは誤りである。この点に十分，注意を払ったうえで，同時に，われわれは，次の点に留意しなくてはならない。カタストロフィのサバイバーは，カタストロフィに現に遭遇している人と同じではない。サバイバーが必死で語るその言葉は，カタストロフィに現に遭遇している人の，言葉にならない言葉と同じではない。

社会にポジションをもたない，齢を重ねることができず，意思を伝達することも困難だ，そういう状況に人を追い込むものがカタストロフィであるとすると，正義はカタストロフィに対してまったくお手上げだといえそうである。事実，社会秩序の維持において，さらには社会制度の変革においても，カタストロフィに遭遇した人たちの存在が意識されることは，ほぼ皆無だった。多くの人々にとってカタストロフィは，日常に埋没しがちな感性を覚醒させ，見慣れた事物の味わいを深め，社会秩序の価値を再認識させる，格好の契機にほかならない。また，特定の社会問題にコミットする活動家にとってカタストロフィは，自分たちがとらえる社会問題を凝縮して提示する，インパクトある素材にほかならない。正義は，カタストロフィ発生以前から自分たちの側にあり，カタストロフィ発生以降も自分たちの側にある。カタストロフィ発生に関する人々の記憶が薄らぐとともに，発生したカタストロフィに遭遇した人の姿もかすみ，人々の関心は，目前のカタストロフィから，新たなカタストロフィへとすみやかに移行するのである。

現代正義論の落とし穴

ここでいう「社会」にわれわれも身を置く限り，カタストロフィの観点から現代正義論の臨界点を探るという本エッセイもまた，現実のカタストロフィを置き去りにして，自己展開する危険をはらんでいる。この点をわれわれは率直に認めなくてはならない。そして，そのような危険を逃れるすべが存在しない

とすれば，まさにここに現代正義論の臨界点があると，いささかシニカルで逆説的なもの言いができなくもない。現代正義論は，カタストロフィに遭遇した人，すなわち，〈日常〉の時空から切り離され，社会にポジションをもたず，齢を重ねることができず，意思を伝達することが困難な人を前に，ただ立ち尽くすしかないのだ，と。

現代正義論の敗北をこのように早々と宣言することは，間違った「正義の問い」を立て，議論を自己展開させることに比べて害が少ないことも確かである。例えば，カタストロフィに関連して，しばしば，立てられる問いに「予防責任」がある。カタストロフィの近くにあり，その予兆を察知し得たはずの人たちが，なぜ，カタストロフィを予防する手立てをとることができなかったのか，その責任を追及する問いである。確かに，カタストロフィの予兆とも呼べる事象が，後になって，人々の眼に，かなり鮮明に映ることがある。しかも，予兆とも呼べる事象に，カタストロフィの近くにあった人自身の——作為あるいは不作為の——行為が含まれる場合がある。カタストロフィの近くにあった人とは，多くの場合，カタストロフィの被害者にほかならない。その人は，カタストロフィに遭遇した自らの被害を償われるすべをもたないどころか，カタストロフィを「予防」できなかった責任，さらには，カタストロフィを惹起した責任を問われかねないのだ。

現代日本においては，特に，情報開示に関する一般的な要請とあいまって，なんであれ本人の知り得た情報を他の人に知らせなかったことが，法的な過失あるいは道徳的瑕疵とみなされる傾向が強い。だが，事後的にはカタストロフィの予兆と思われる事柄を，事前的には語られることがなかったとしたら，まさに，そこに問題の根深さをみてとる必要があるまいか。先に，個々人の私的利益に関連する事柄を，「社会の一般的事実」，すなわち，社会的に共有される情報的資産に仕立て上げることが，ロールズ正義論を展開させる1つの有力な方法であることを確認した。だが，そもそも，だれかによって語られるはずの言葉が語られなかったとしたら，あるいは，だれかによって聴き取られるはずの言葉が聴き取られなかったとしたら，個々人の私的利益に関連する事柄を，社会的に共有される情報的資産として，規範的判断を形成する途は断たれる。

語られ，聴き取られるはずの言葉が，実際にカタストロフィの「予兆」であるとしたら，まさしくそれは，〈日常〉を超えたものである。だが，〈日常〉が

支配する人々の生活のただ中で,いったいだれが,〈日常〉を超えた言葉に耳を傾けるというのだろうか。いったいだれが〈日常〉を超えた言葉を伝達できるというのだろうか。カタストロフィに遭遇した人は,カタストロフィに遭遇する以前から,〈日常〉の時空から切り離されかけている。そこで離されまいと必死で抵抗すればするほど,語られた言葉は〈日常〉に吸い込まれていく。さらに,〈日常〉からいっとき外れたとしても,明日の朝には,霧が晴れたように元に戻っているかもしれないという,祈りにも似た人々の信念が,〈日常〉を超える言葉の現れを封じ込めていく。カタストロフィの「予兆」を「予兆」として同定しうるものは,カタストロフィの発生だけである。

正義のお定まりの言説を振りかざし,カタストロフィに接近しようとすることが,カタストロフィに遭遇した人々の昏迷を深め,結局のところ,われわれをカタストロフィの真実から遠ざけるおそれのあることは,想像に難くない。問いが正しく立てられない限り,現代正義論は,カタストロフィに遭遇した人を,社会から,時間から,言葉から,そして記憶からも遠ざけることに加担するおそれがある。カタストロフィの実態を明らかにする作業が,正義論に先行して成されるべきだろう。

予防と事後処理――現代正義論を超える視角

だが,そのうえで,さらに問いたい。

もともと自分たちの側にあった正義にカタストロフィを取り込むのではなく,もともと自分たちの側にあった正義をカタストロフィに押しつけるのでもなく,カタストロフィをカタストロフィとして扱う新たな枠組みを,現代正義論はつくることができないだろうか。

1つのヒントは,現代正義論が当是としてきたいくつかの諸前提,例えば合理的推論や動機づけ(就労インセンティブ理論)などを疑うことである。他の1つは,個々人が,カタストロフィに遭遇した人々に礼を尽くすことである。その人たちの居心地が少しでもよくなるように,手厚く支援し,制度を改変し,環境を整え,われわれ自身の行いや在りよう,居ずまいを調整することである。

第1の点について,例えば,合理的推論の仮定を根源的に問い返そうというジャン・ピエール・デュピュイ氏の仕事,とりわけ,ここでの文脈では,カタストロフィの予兆が事前に認められたとしたら,それはカタストロフィの予兆

とはなりえなかった，という言葉が参照される。カタストロフィが実際に起こるまでは，それをカタストロフィの予兆とみなす確証はもてないし，それが予兆と確証されるときには，カタストロフィはすでに起こってしまっているからである。もちろん，いくつもの偶然が重なって大惨事を免れたと胸をなでおろすことはある。そのような事態に至る道すじの無数の分岐点を丁寧に辿りつつ，より高度な予防システムを構築していくことは間違いなく重要である。だが，それができあがったとして，それは，カタストロフィの予兆を察知可能とするものではない。

　このようなデュプイ氏の示唆に基づくならば，われわれは，起こってしまったカタストロフィの現実的経験から予防策を帰納的推論によって引き出す科学的営みを放棄しない一方で，起こってしまったカタストロフィの事後処理，被害当事者（人や社会や自然）の回復に向けた試みをなすしかないことになる。これはもう1つのヒントと重なる。

　予防策を引き出す際には，カタストロフィに遭遇した人々の証言が何にもまして有用となってくる。そこで，カタストロフィに遭遇した人々に，その人自身の体験のエクスパートとして予防策づくりに関与していただくよう依頼し，その人々の存在と体験に対して礼を尽くす。同時に，カタストロフィに遭遇した人々への生活支援を社会的に組織する。その人たちがこの社会で，少しでも居心地よく居続けられるようにするためには，どんな制度的，あるいは，非制度的な支援が可能であるかを探り，制度の活用や変革，個別的実践に反映させる。

媒介としての「世界」

　先に述べたように，カタストロフィとは，それに遭遇した人々から日常を奪い，時を奪い，言葉すらも奪うおそれのあるものだとすると，カタストロフィに遭遇した人々としていない人々が直接，了解し合うことはほぼ不可能であり，両者を直接，結びつける試みは，危険でさえあることになる。両者の間に越えることのできない壁のあることが意識されるとしたら，それは，両者の状況の質的相違のメタファーとして，むしろ尊重されるべきだろう。個々人の境遇や幸福感，美学やモットーに関する安直な比較や序列づけ，さらには，安直な比較や序列づけに流れる傾向のある共感や同情を，いっさい許さないためのメタ

ファーとして。

　けれども，そのうえで，カタストロフィに遭遇していない人々がカタストロフィに遭遇した人々を支援することは可能であり，すべきである。両者は，〈支援〉という顕在化された行為・実践（コミットメント）を通じて，いわば位相の異なる空間に媒介されつつ，結ばれる。「政治の中心にあるのは，人間ではなく，世界に対する気遣いだ」というハンナ・アーレントの言葉は，このような文脈でその意が理解される。

　われわれには，たとえどんなにそうしたくとも，直接，特定の誰かを，たとえ目前に居るにもかかわらず，気遣うことのできない時がある。気遣おうとすればするほど，当の相手を傷つけてしまうおそれもある。そんな時は，相手の肩越しに世界に眼をやったらどうだろう。上のアーレントの言葉を拡張したフレーズ，「われわれは世界を気遣う。あなたは世界から気遣われている」において，「あなたが気遣われる世界」とは，まさに，「われわれが気遣う世界」にほかならない（Gotoh, 2013: 33）。そのことにあなたが気づき，そのことをあなたが少しなりとも信頼できる仕組みが構築されたとしたら，それ以上の正義をわれわれは望むべきもない，と考えられる。

　このように世界を媒介として，人と人をつなぐ試みは，科学より，芸術の方がはるかに得手であるかもしれない。ともにスクリーンを眺める，あるいは，一幅の絵を眺める人々の間には，支援をともにする人々の間と同様の関係が生まれる可能性がある。また，作品を通してなされる創り手と鑑賞者の交流は，支援を通してなされる当事者と援助者の交流に類似している可能性もある。村上直之が指摘するように，「特異点を境界として」生じる「不連続的な変化」を認知するうえでは，社会科学よりも芸術文化の方がはるかに優れていることは，間違いないだろう（村上，2013：25）。数式を使うにしても，文章を構成するにしても，時間的・論理的流れを連続的に跡づけることから，社会科学は逃れようがないからである。

システム悪と社会科学

　とはいえ，われわれは社会科学を手放すわけにはいかない。それは，それらがまさに政治や経済に，マスコミの言説や司法的判断にも深く影響を与えるからである。西谷修は，デュピュイの「啓発的破局論」をきわめて的確に解釈す

る一方で，議論の前提を日本の文脈にずらしたうえで，その再解釈を試みる。そして，「災厄」といった日本語は，暴走しがちな合理的思考とは異なる習慣に基づくことが指摘される（西谷，2013：16）。これは，村上がジャポニズムの特徴として抽出する「見立て発想法」と見事に呼応して，興味深い（村上，2013：27）。ただし，その一方で，次のベックの言葉に象徴される「システム的悪」は日本にもそっくりそのままあてはまること，それは，東西を問わず，現代のより普遍的現象であることを，西谷は示唆する。

> 部分システムの境界は，個人的情況を通りぬけるように走っている。個人の情況は，いわば制度によって分離されたものの個人の人生記録面である。……個人化された制度的情況が，つながっていたり断絶していたりすることによって，個々人の人生の中と間で，摩擦点や調整の困難さや矛盾が，永久に作り出されるからである。人生を営むことは，このような条件下では，システムの矛盾を個々人の人生において解決していく営みとなる（例えば，職業教育と労働との矛盾）（ベック，1986＝1998：269 カッコは原著者）。

システム悪は，支援のただ中でも起こりえる。医療，福祉，司法，教育，それぞれ異なる局面からコミットメントする行為を通じて，1人の当事者を総合的に支援するはずの包囲網が，当事者をおきざりにしたまま，自足的につくられる場合がある。当事者はシステムの矛盾の「解決」主体へと社会的に構築される。

> さまざまな領域の専門家はみな，個々人と向かい合っているときには，自己の矛盾や論争は棚に上げて，これらすべてを自分の考えで判断するよう要求して（たいていの場合この要求は，専門家たちの善意から出たものである）個々人をその場から去らせる（同前：270）。

このような場面では「個々の人間の悪意も見出せず，また相手がいないから犠牲者に憎悪も生じない」（西谷，2013：20）ゆえに問題は根深い。

支援が1人の支援者の職人芸にゆだねられるのではなく，目の前の1人の対象者に限定されることもなく，多くの支援者によって，たくさんの当事者を支

援しようとするならば，組織をつくり，システムを構築する作業は逃れられない。そこでは，一般化，普遍化の作業が不可欠となる。支援者間の，また当事者間の，名前を超えた交換可能性が要請されるからである。だが，そのような作業のただ中で，目前にいる当事者を，はたしていかに支援するのか，それは依然として，個別的な，名のり合う実践にとどまるだろう。

興味深いことに同様の問題意識はケネス・アローにも見られる。

> 私の思うに，歴史のさまざまの最大の悲劇をもたらすのは，このような考え方である。言い換えれば，取り消さなければならぬと経験によって教えられるまさにその瞬間において，かつての協定をあらためて強化してしまうような，過去の目的へのコミットメントの感覚なのである（Arrow, 1974＝1999: 26-27）。

システム悪を乗り越える試みは，まさに，システムをつくり，つくり替える試みの中で，そして，それを支える社会科学の反省的歩みの中で，展望される。現代正義論の臨界点は，たとえそれが，間違いなくあるとしても，システム悪を越えんとする多くの人の試みの後に，見出されることになるだろう。社会科学を手放すのは，それからでも遅くない。次のアーレントの言葉を銘記して結びとしたい。

> 全体主義体制にとって問題であるのは，人々を支配するディスポティックな体制を打建てることではなく，人間をまったく無用にするようなシステムを作ることなのだ。完全にコントロールされ得る反応装置，一切の自発性を奪われた繰り人形を相手にしてのみ，全体的権力は行使され得，確立され得る。人間というものはこれほど強いものであるからこそ，ひと科の動物の一個体となってしまわぬかぎり完全に支配されることはあり得ないのだ（Arendt, 1951/1968＝1974/2010: 261-262）。

終　章
自由への規範としての制度

1　福祉サービスの平等と差異化

　日本の生活保護制度について話したところある人が言った。「日本は優れた福祉制度をもっているのですね，自分は少しも実感できなかったのですが」。
　実感できなくていい，親切を尽くす能力があるなら，とカントであれば言うであろう。人々のこの親切を尽くす能力「善意志」をいわば結晶化したもの（抽象化し，かつ具体化したもの）が「福祉制度」であるから，と。
　だが，福祉の「制度」あるいは「制度化」に対しては，さまざまな立場から批判も多い。財政支出の抑制（非利用者の負担の削減），伝統的な家族制度の擁護，さらには，利用者（当事者）の人権（選択の自由を含む）尊重の立場など。これらの批判はそれぞれ重要な観点を含むので，（本書第Ⅱ部で試みたように）それらの観点を適切なウエイトで結合させる高次原理が議論されてしかるべきであろう。だが，むしろ，より根本的な批判は，次の善意志に発する再帰的（自己反省的）な疑問である。はたして，制度は，「彼ら」と「われわれ」の間の非連続性を深めるものでしかないのか，それとも，非連続性の事実を直視しながら規範的な連続性を確立するための有効な手段でありえるのか。前者であれば制度解体論（福祉予算の廃止）が帰結し，後者であれば（人権尊重に基づく）制度改良に向けた舵取りを可能とする。最後にこの点を考察して本書を閉じたい。

　自分たちの隣に，想像を絶する苦悩を抱える人がいる。この事実に不意打ちされたとき，人はたじろぐ。そこに制度の壁が立ちはだかると，苦悩する存在はすっぽり覆い隠されるので，とりあえず人は安堵する。苦悩する存在へのおそれやら戸惑いやら，親切心やら敬意やらを，制度はそっくりひきとってくれ

るから。けれども,もし,われわれが,ここで,もう1つ歩を進めて,「制度におまかせ」という態度をとるとしたら,制度は,やがて,「制度とは分断装置なり」と,あるいは「制度それ自身が差別を生むのだ」と,非難されても無理のない,当事者とわれわれを隔絶する認識上の「壁」と化すおそれがある。自分たちでこぞって,制度をそういうものとして仕立て上げたうえでのことだから,非難は,自己再帰的とならざるを得ないのであるが。

　戦後日本の福祉国家は,リベラルな平等観と貨幣（価格メカニズムと租税制度）をてこに,この論点を回避しつつ,複数の福祉制度を貫く連続性を構築してきた。第Ⅳ部で引用したアローの言葉を借りれば,「経験的に区別不可能なものは差別できない」という論理の明晰性が,福祉国家の平等理念を強力に牽引してきたといえるだろう。「選択不可能な非運を選択可能な運に換える」（ドゥオーキン,本書第3章）社会保険制度は,個々人の選択と責任を尊重しながら,リスク遭遇者とそれ以外の人々の間に,貨幣（と賃労働）を通じて,連続性をもたらす手段であるとみなされた。貨幣は,貨幣を使う人自身の境遇の相違や自然的・社会的不利性を区別できない。リベラルな平等観は,「本来の等しさ」の背後にある「事実としての差異」を不問とする論理を提供した。

　個人間比較不可能性に基づく序数主義的効用理論を採用する新古典派経済学（そして新厚生経済学）は,経験的に区別できるかできないかの議論以前に,個人間比較そのものへの規範的関心を失った。議題とされた事柄の選択肢とされた項目について,同一の順序が示される限り,個々人の選好（及びそれに基づく選択）はその持ち主の性質の違いを区別できない。同一の順序パターンを示す限り,選好表（個々人の選好の束）は人々のおかれた状況の違いを区別できない,というわけである。個人の真の必要は本人のみぞ知る,という主観主義的価値

---

(1) 第6章で記したように,「補足性の原理」（生活保護法第4条）がしばしば非貨幣的な論理の導入を許してきたものの,構造的には「負の所得税」構想と変わらない。岩田正美は,とりわけ1970年代に「普遍化・一般化,最適保障」の傾向が進んだこと,その陰で,戦前日本にあった「不安定な低所得者層への経済保護事業」のような「浮浪者」支援政策がすたれたと指摘する（岩田,1995/2000:298）。
(2) 「価値判断は経験的に区別可能な現象を等しく扱うことはできるが,経験的に区別不可能なものを差別することはできない」（Arrow, 1951/1963: 112）。本書第Ⅳ部導論参照のこと。
(3) 以上,本書第8,9,11章参照のこと。

終　章　自由への規範としての制度

論を手に，市場を「分散された知識の交換」の場として特徴づけたハイエクの哲学は，この流れと見事に符合する。そればかりではない。第12章で見たように，ロールズの「民主的平等」も，この「経験的に区別不可能なものは差別できない」という論理のもとで，その現実的な適用範囲が狭められていった。

　だが，社会には，貨幣のヴェールでは覆い尽くせないさまざまな不利性が厳然としてある。それは，外から区別（観察）できる場合もあれば，できない場合もある。区別できる不利性は，社会的差別の理由となり対象とされることがある。区別できない不利性は，それを知り，貨幣のヴェールの下で息を潜める。社会的差別を受けたという事実それ自体が，新たな区別をもたらし，さらなる不利性につながることもある。

　福祉制度の目的は，この貨幣では覆い尽くせない「区別できる」不利性を緩和することにあった。そこでは，当然ながら，個人別の個人内再分配（「所得平準化」）を越えて，個人間再分配が実行された。さらに，制度である限り，等しいものを等しく扱うという手続き的公正性が，すなわち，「ある特定の不利性」をもつ個々人を「等し並み」に扱うことが要請された。さらに，これも当然ながら，「福祉制度の利用者」という新たな統計的区別をもたらした。

　この統計的区別が，制度的差別をもたらす当の原因となったのである。内なる不利性の苦しみに，社会的差別が掛け合わせられ，そこに制度的差別が掛け合わせられる。この倍増された差別に貨幣が対抗しようとすると，貨幣もまた歪められるおそれがあった。特定のサービス（例えば，精神科病院への移送や特定の薬品など）が，市場価格を越えた法外な価格（文字通り，「差別価格」）で取り引きされる。歪められた貨幣は，制度的差別に経済的差別（「等し並み」ではない恩恵）を重ねる（富裕層でないと福祉の恩恵は受けられない）結果となった。

　かくして，戦後福祉国家の連続性の中で，福祉制度は異質なものに仕立て上げられていった。実のところ，「制度の利用者」という統計的区別が社会的差別につながる論理的必然性はない。なぜなら福祉制度の真の利用者は，不利性を被った当事者に限られないからである。苦悩する当事者へのおそれやら戸惑いやら，親切心やら敬意やらを扱いかねて，それらをひっくるめて「制度におまかせ」している人々，当事者を範例としてリスク予防に勤しみ（「一寸先は闇だから」と），当事者との関係で相対的幸福感を高めながら，当事者を潜在的に差別している人々もまた，制度のステークホルダー（受益者，恩恵者）である。

かくも広範囲の人々がさまざまな利を得ているとすれば，応益負担の論理から，福祉制度への十分な租税の投入がなされてよいはずであるが，現実には，福祉制度の財政支出が安定的に確保されてきたとはいいがたい。「平等＝事実としての連続性」とする限り，福祉制度を福祉国家の中にどう位置づけるべきかは，戦後日本が抱える難問でありつづけた。

　福祉制度を再度，貨幣に基づく福祉国家の連続性に取り込む論理もあり得た。例えば，一定の公的資金を投入しつつも，競争的な市場価格を導入し，福祉サービスの提供者と利用者が自由に選択できるようにする（「準市場」と呼ばれる），あるいはもっと進んで，福祉サービスの供給を他のサービス市場と地続きの利益創出産業とみなす大企業と，福祉を目的とする小事業主あるいは非営利企業間の競争を放任する，さらには，従来のGNPの論理を保持したままで，福祉を経済成長のシーズの１つに位置づけるなどである。この中で，福祉に光を放った「選択の自由」の輝きは，またたく間に「消費者主権」一般と見分けがつかなくなってしまった。当事者における自由の固有の意味を確かめる間もなく，市場の論理が席巻し，まさにリンドが言うように，貨幣と言語が総勢となって，差異に基づく必要を見えづらくしていったのである（序章）。

　だが，世界の人権規約や各国の憲法は，経済体制とは相対的に独立に，市民的・政治的・福祉的自由をそれ自体価値あるものとして確立してきた。本書が提案したことは，自由への権利と平等を，当事者におけるその固有の意味を徹底的に明らかにしたうえで，規範（権利や人権）として制度に課すことだった。

　第２章で述べたように，ケア労働に正義の視点を入れると，ケア労働の送り手にも受け手にも，自由（労働の移動，サービスの選択）を保証すること，労働に正当な対価（報酬）を支払うことなどが要請される。送り手の移動と受け手の選択の自由の保証は，ケア労働価格の均一化を促すだろう。これにより，私的関係性の文脈に閉じがちなケア労働が，市場「的」な論理に開かれることになる。だが，そのことは，ケア労働を普遍市場化することには直結しない点に留意する必要がある。なぜなら福祉サービスには，普遍化しがたい特殊性・地域性があるからである。

　福祉サービスは，他のサービスとは容易には代替・交換がきかず，しかも，人の存在と直結するサービスである。福祉サービスの分配においては，存在の平等と区別に応じた差異化の両方が要求されることになる。次節で確認しよう。

2　差異と平等規範

　競争市場は人々の選好の多様性に応じてサービスの絶え間ない差異化を要求する。たとえサービスの品質保証が義務づけられていない（均質性も保証されない）としても，質の低下が利益の減少を伴うとしたら，生産者の利益最大化動機に依拠して質が担保されると期待されるかもしれない。利用者が不可逆的な損失を被ることがない限り，競争市場は，リスク選好も含めた個々人の選好の多様性に応える福祉の仕組みとして，評価されてもよさそうだ。だが，それは本当だろうか。

　人の行いや在りようの実現を人が助ける福祉サービスは，同種のサービスであっても，その質は，送り手・受け手の状況によって，周囲の環境や時間によって変容しうる。それぞれはいわば名前と時刻と場所の刻まれた個別的なサービスである。それを，いつでも，どこでも，誰に対しても，誰からであろうとも，平等に提供され，平等に享受されるように，品質管理し，需給のマッチングを図るものが，制度としての福祉である。

　サービスの均質化を求めるだけでは，水道・エネルギー・通信などいわゆる「ユニバーサル・サービス」と変わらない。福祉サービスの特性は，さらに，利用者自身の状況の変化から独立に，あるいは，ワーカー自身の状況の変化からも独立に，一定の行いや在りようの実現を助ける点にある。均質なサービスでありつづけるためには，利用者やワーカーたちの状況の変化に合わせた差異化を余儀なくされる。しかも，その差異化は利用者とワーカーの創意工夫，両者の相互性を通じて実現される。福祉において均質なサービスとは，このように実に豊かに差異化されたサービスにほかならないのである。はたして，市場がこのようなサービスの均質化と差異化を同時に担えるのだろうか。

　アダム・スミスがいうように，財やサービスを生み出す生産者に，素材の質そのものへの敬意と，利用者の立場から生産物の価値を評価する倫理があり，利用者にも生産物の質への関心とそれをよく使おうという慎慮があるとしよう（本書第5章参照のこと）。その場合には，基本的所得さえ平等に保障しておけば，市場で取引されるサービスは，即，福祉の手段となると期待されるかもしれない。ただし，次の点に留意する必要がある。

市場における差異化と福祉における差異化は現象的には変わらない。いずれも多様な個別性への対応を志向する。だが，福祉における差異化は存在（人自身の価値）に応じた差異化であるのに対し，市場における差異化は善（人が所有するよきものの価値）に応じた差異化である。市場にとって，差異化の動因は増殖する資本（さらには欲求）の論理であって，利用者の存在の平等を目的とするものではない。さらに，市場は，代替可能性・交換可能性を前提とするため，利用者（あるいは生産者自身もまた）が被った損害の「不可逆性」を匡正する仕組みを内蔵していない。総じて，市場には，差異ある存在を平等に，それ以上分割不能な価値として等しく扱うべしという規範，換言すれば，市民的自由・政治的自由・福祉的自由への権利主体として等しく尊重すべし，という平等規範の占める位置がない。

　上述した「区別できないものは差別できない」というフレーズの前に，アローは「区別できるものは平等に扱うことができるが」と断りを入れている。たとえ制度それ自体が統計的区別をもたらすとして，そのように事実として「区別できるもの」は規範として「平等に扱うことができる」というのが，アローのもう1つの命題である。もちろん，ここでいう「できる」とは，可能性にすぎず，それを支える実行可能性は担保されていない。とはいえ，肝要なことは，（事実としての）区別に基づく平等とは，当然ながら事実としての平等ではなく，規範としての平等だという点である。

　しかも，事実としての区別（差異）のうえに，規範としての平等を実現するということは，区別（差異）に応じて差異化されたサービスが用意されることを含意する。もちろん，制度である限り，等しいものは等しく扱うという形式的平等（手続き的公正性）の規範は貫かれるので，完全な個別化（名前に応じた）には行きつかないだろう。実際には，例えば，第12章で述べたように，位置概念を手掛かりとして差異化を進めながら，（新たな個別性の受容をもとに）位置概念それ自体を更新していくといった方法がとられるであろう。本書では，差異ある存在を平等な価値として扱う，そのために差異に応じて差異化されたサービスを用意する，これら2つを要請する規範を「差異の平等」と呼んだ。

　このような「差異の平等」規範をもつかぎり，福祉制度は，市場と重複しつつも，市場とは異なる論理をもった経済体制として，独自の存在意義をもちうるはずである。それは，市場が事実として共有していたよき特性が，普遍的な

資本主義的競争へ一気に拡大される，そのような論理のすべりに楔を打つ．例えば，「個々の福祉サービスの差異化」が，ただちに「産業としての福祉サービス一般の差異化」へとつながる，あるいは，「ケア労働の業種内移動可能性」が，ただちに「ケア労働一般の移動可能性」へとつながるなど．次項では，福祉制度が，普遍的な資本主義的競争の論理を組み換える可能性のあることを展望して結びとしたい．

3　福祉と資本

　塩野谷祐一は『経済哲学原理』で，ハイデッガーの「投企」という概念に着目する．

　　投企するということは，ある計画をことさら考え出して，それに合わせて現存在が自分の存在を整えていくというような，計画への身構えとはまったく異なったものである．(中略) 投企は投げることにおいて可能性を可能性として自己に先投し，どこまでも可能性として存在させるのである．

　この難解な「投企」の概念は，経済学的分析にこれまでにはなかった分析視角を与える．塩野谷によれば，それは次の点にある．

　　ここでハイデッガーは，人間には行為の結果の効用を計算する以外に，もっと重要なことがあるのではないかと言っているのである．彼は自己の可能性を先駆する決意こそが，行為の動機であると言うのであろう．

　ここで塩野谷がとらえようとした問題は，次のような例で解釈される．
　いま，「働き，報酬を得る」可能性をもつ個人がいて，あるときそれが実現したとしよう．すなわち，「働いた」結果，「報酬を得られた」としよう．そして，翌日も，またその翌日も，それが実現されたとする．ただし，その実現は1回1回，可能性にとどまり（つまり，その翌日にも，「働いた」結果，「報酬を得られる」かどうかは定かではない），その意味で彼にとって働くことは，ハイデッガーのいう「投企」であったとしよう．

いま，この個人に対して，明日も働いたら報酬を与え，よりよく働いたらより多く与えることを予告するとどうなるだろうか。「働く」ことは「報酬を得る」ため，と変化しないだろうか。それもいま「報酬を得る」ためにとどまらず，繰り返し報酬を得るため，と，変化しはしないだろうか。もし，そうだとしたら，この変化は，この個人の中に，目的合理性に基づいた行動様式，つまりは「計画への身構え」が芽生えたことを示唆する。注記すれば，ここではまだ，自己利益最大化という「計算合理性」までは仮定されていない。それでも，この個人が終わりなき不安と欲求の連鎖に巻き込まれていく可能性は，十分に暗示されるのである。

　働くことと報酬を得ることを，個人別に，個人内で完結した際限のない環に仕立てあげていくことが，資本主義的競争の本質的な論理であるとしたら，社会保険制度は，ここに「プーリング（共同備蓄）」を加えて，環を補完する。本来，社会保険の理念は，個人間の連帯にあった(4)。「プーリング」とは個人内で完結した環を「共同」へ開くはずのものであった。しかし，社会保険もまた，現在の自分から，他者の間を廻って，将来の自分に回帰する環として見通されるとき，個人内で完結した環の中に組み入れられる。つまり，「働き，報酬を得，保険をかけ，働き，報酬を得……」となる。序章で紹介したツヴァイクがとらえたものは，まさにこの際限のない環の中で，大いなる不安と安全への欲求に駆り立てられて「保険」に向かう人々の合理的行動であった。

　福祉は，この環にいわば異物として挟み込まれる。すなわち，「働き，報酬を得，保険をかけ，働き，報酬を得……」という環の中に，「（働ければ働き）困窮したら福祉を受ける」というフレーズを挟み込む。冒頭で例示した人のように，おそらく働くことのできる多くの人にとって，福祉の受給は自己の目的とはなり得ないだろう。福祉を受給するために働き，報酬を得るとはならないであろう。むしろ，自己完結的な，はてしなき目的—手段の連鎖が，この「福祉」によって切断されることになる。「働き，報酬を得，保険をかけ」，必要になったら「福祉を受給する」，と。栗原彬の言葉を借りれば，福祉は，人が誰か別の人の「ほとりに立つ」(5)仕組みである。経験的に区別できる成果は得られないかもしれない。だが，成果がないと，いったい誰が断言できるのだろうか。

(4) これは，実際には個人間で異なるかもしれないリスクに，等しい負担で備える仕組みであるとしたら，個々人においては完全に合理的とはいえない。

冒頭の議論に戻ろう。福祉の制度が分断するものは，もしあるとしても，それは福祉の当事者と非当事者の間にありえたはずのつながりではない。そうではなくて，例えば，市場サービスのはてしなき差異化と資本の自己増殖の論理である。あるいは，合理的行動をとる個々人の自己完結的な目的─手段の連鎖である。もし，福祉がこれらを分断するのだとしたら，それは，むしろ，自己や家族の安寧を願い，リスクに備え，保険をかける人々が，いつの間にか権力（巨大化した資本主義的市場経済か，帝国か）に釣り出されてしまうことを防ぐ可能性がある。それはまた，働き，報酬を得ることを，終わりなき不安と欲求の環の中ではなく，現実の自分と他者との環の中に取り戻す可能性がある。

　そうはいっても，社会の中に，当事者と非当事者を隔絶する制度の壁ができかけたとしたら，それを打ち壊すのは，「差異の平等」規範と人権・権利概念を置き忘れ，苦悩する存在へのおそれやら戸惑いやら，親切心やら敬意やらをすべて「制度におまかせ」しかけた人々自身ではなかろうか。差異ある存在を平等な価値として扱う，そのために差異に応じて差異化されたサービスを用意する「差異の平等」は，社会的資源移転の根拠となる。個別と特殊に配慮する普遍的な人権と権利は，公共的相互性の糸口となる。

　以上で「福祉の経済哲学」の長い旅を終える。最後に，センの次の言葉を引用しよう。

　　　もし，ある人が，世界を少しでも変える力をもつのだとしたら，つまり，自分の見たこの世界の不正義を少しでも緩和する力をもつのだとしたら，その人は端的にそうする強く十分な理由をもつ（協力が成立した仮想的状況のもとで，自分が獲得しうる便益を慎慮的に考慮して，といった見せかけの衣装で飾る必要はない）(Sen, 2009a: 271，カッコ内は原著者)。

「協力が成立した仮想的状況のもとで，自分が獲得しうる便益を慎慮的に考慮して」なされる行為の分析が，「規範の事実（解明）的アプローチ」の仕事であるとしたら，その分析が当てはまる領域と当てはまらない領域を識別するこ

---

(5) 栗原彬「社会的排除を超えて」(「災／生─大震災の生存者」コンファレンス，2013年1月14日配布資料) 同様に，立岩 (1997/2006：426-427) 参照のこと。

と，後者において別の分析方法を探究することが，「規範の規範（哲学）的アプローチ」の仕事となる。「変える力をもつのだとしたら，……端的にそうする強く十分な理由をもつ」，人間の動機に関するこのシンプルな命題は，学問的にはあっさりしすぎていると感じられるかもしれない。だが，この命題で初めてとらえられる課題も少なくないはずである。ひとは自己利益に還元することのできない観点をもつ。そのことを素直に仮定するとしたら，「ありえる人」に対応する「ありうべき」制度はどのようなものとして構想されるか，本書は，経済学のモデル・ビルディング（ロールズの「政治的構成主義」）の手法を踏襲しつつ，この視角から経済学の方法的枠組みを拡張する1つの試みにほかならなかった。

参 考 文 献

外国文献に関しては，原著と参照した翻訳の出版年を等号（＝）で結んで記した（すなわち，原著年＝参照した翻訳年）。

引用が主として原著からの場合は，「外国語文献」に入れ，参照した翻訳情報をかっこ内で記した。

引用が主として翻訳からの場合は，「日本語文献」に含め，参照した原著名をかっこ内に記した。

原著・翻訳ともに版が複数あり，参照した版が初版と異なる場合は，初版と参照した版をスラッシュ（／）で結んで記した（すなわち，初版年／参照した刊行年）。

外国語文献

Akerlof, G. (1970), "The market for lemons: Quality uncertainty and the market mechanism," *Quarterly Journal of Economics*, 84, 488-500.

Alkire, S. and J. Foster (2011), "Counting and Multidimentional Poverty Measurement," *Journal of Public Economics*, 95(7-8), 476-487.

Arneson, R. (1989), "Equality and Equal Opportunity for Welfare", *Philosophical Studies*, 56, 77-93.

Arrow, K. J. (1951/1963 = 1977), *Social Choice and Individual Values*, 2nd ed., Wiley, New York.（長名寛明訳『社会的選択と個人的評価』日本経済新聞社。）

Arrow, K. J. (1967), "Values and Collective Decision Making," *Philosophy, Politics and Society, Third Series*, Basil Blackwell, Oxford. （Arrow, 1983, 59-77 に再録。）

Arrow, K. J. (1973), "Some Ordinalist-Utilitarian Notes on Rawls's Theory of Justice," *Journal of Philosophy*, 70, 245-263.（Arrow, 1983, 96-114 に再録。）

Arrow, K. J. (1974 = 1999), *The Limits of Organization*, W. W. Norton & Company, Inc.（村上泰亮訳『組織の限界』岩波書店。）

Arrow, K. J. (1967), "Nozick's Entitlement Theory of Justice", *Philosophia*, 7, 265-279.（Arrow, 1983, 175-189 に再録。）

Arrow, K. J. (1979), "The Trade-off between Growth and Equity", greenfield H. I., A. M. Levenson, W. Hamovitch, and E. Rotwein, (eds.), *Theory for Economic Efficiency: Essays in Honor of Abba P. Lerner*, 1-11. （Arrow, 1983, 190-200 に再録。）

Arrow, K. J. (1983), *Collected Papers of Kenneth J. Arrow: Social Choice and Justice I*, The Belknap Press of Harvard University Press.

Arrow, K. J. and F. Hahn (1971), *General Competitive Analysis*, Holden-Day, San Francisco; republished, North-Holland, Amsterdam.（1979 で再版。）

Arrow, K. J., Sen, K. A. and K. Suzumura (eds.) (2002＝2006), *Handbook of Social Choice & Welfare, Volume 1*, North-Holland/Elsevier, Amstrdam.（鈴村興太郎・須賀晃一・中村慎助・廣川みどり監訳『社会的選択と厚生経済学ハンドブック』丸善。）

Arrow, K. J., Sen, K. A. and K. Suzumura (eds.) (2011), *Handbook of Social Choice & Welfare, Volume 2*, North-Holland/Elsevier, Amstrdam.

Ashenfelter, O. and R. Layard (1986), *Handbook of Labor Economics I*, Elsevier Science Publishers.

Atkinson, A. B. (1995a), *Income and the Welfare State*, Cambridge University Press.

Atkinson, A. B. (1995b), "Capability and the Supply of Goods", K. Basu et al. (eds.), *Choice, Welfare, and Development: A Festchrift in Honour of Amartya K. Sen*, Oxford University Press, Oxford.

Atkinson, A. B. (1999), *The Economic Consequences of Rolling Back the Welfare State*, Massachusetts Institute of Technology.

Atkinson, A. B. and J. E. Stiglitz (1980), *Lectures on Public Economics*, McGraw-Hill, New York.

Basu, K. (1987), "Achievement, Capabilities and the Concept of Well-being: A Review of Commodities and Capabilities by Amartya Sen," *Social Choice and Welfare*, 4, 69-76.

Basu, K. and L. F. Lopez-Calva (2011), "Functionings and Capabilities," Arrow, K., Sen K. A. and K. Suzumura (eds.), *Handbook of Social Choice & Welfare, Volume 2*, North-Holland/Elsevier, Amsterdam, 154-187.

Becker, G. (1965), "A Theory of the Allocation of Time," *The Economic Journal*, 75, 299, 493-517.

Becker, G. (1976), *The Economic Approach to Human Behavior*, University of Chicage Press, Chicago.

Becker, L. C. (1986), *Reciprocity*, Routledge & Kegan Paul, London.

Becker, U., Pennings, F. and T. Dijkhoff (eds.) (2013), *International Standard: Setting and Innovations in Social Security*, Kluwer Law International.

Beever, A. (2013), *Forgotten Justice, The Forms of Justice in the History of Legal and Political Theory*, Oxford University Press.

Bergson, A. (1938), "A Reformulation of Certain Aspects of Welfare Economics," *Quarterly Journal of Economics*, 52, 310-334.

Berlin, I. (1969＝1971), *Four Essays on Liberty*, 2nd (ed.), Oxford University Press, London.（小川晃一他訳『自由論』みすず書房。）

Bhowmik, S. and D. Saha (2013), *Financial Inclusion of the Marginalised: Street Vendors*

参考文献

 in the Urban Economy, Springer.
Blank, R. M. (2002), "Evaluating Welfare Reform in the United States," *The Journal of Economic Literature*, Vol. XL, No. 4.
Bossert, W., Pattanaik, K. P. and Y. Xu (1994), "Ranking Opportunity Sets: Axiomatic Approach," *Journal of Economic Theory*, 63(2), 326-345.
Bossert, W. and M. Fleurbaey (1996), "Redistribution and Compensation," *Social Choice and Welfare*, 13, 343-356.
Cohen, G. A. (1989a), "Are Freedom and Equality Compatible?" Elster and Moene (eds.), *Alternative to Capitalism*, Cambridge University Press, Cambridge.
Cohen, G. A. (1989b), "On the Currency of Egalitarian Justice," *Ethics*, 99, 906-944.
Cohen, G. A. (1997), "Where the Action Is: On the Site of Distributive Justice," *Philosophy and Public Affairs*, 26(1), 3-30.
Cohen, J. (1997), "Deliberation and Democratic Legitimacy," *Contemporary Political Philosophy: An Anthology*, Blackwell, 149.
Cornell, D. (1998＝2001), *At the Heart of Freedom: Feminism, Sex & Equality*, Princeton University Press, Princeton.（石岡良治他訳『自由のハートで』情況出版。）
Coventry, K. (2014), http://www.dcfpi.org/use-additional-revenue-to-help-tanf-families-succeed
Dahl, R. (1989), *Democracy and Its Critics*, Yale University Press, New Haven.
Daniels, N. (1996), *Justice and Justification: Reflective Equilibrium in Theory and Practice*, Cambridge University Press, Cambridge.
Dasgupta, P., Sen, A. K. and D. Starrett (1973), "Notes on the Measurement of Inequality," *Journal of Economic Theory*, 6, 180-187.
Dasgupta, P. (2005), What do Economists Analyze and Why: Values or Facts?, *Economics and Philosophy*, 21(2), 221-278.
d'Aspremont, C. and L. Gevers (1977), "Equity and the Informational Basis of Collective Choice," *Review of Economic Studies*, 46, 199-210.
d'Aspremont, C. and L. Gevers (2002＝2006), "Social Welfare Functionals and Interpersonal Comparability," K. Arrow, A. K. Sen and K. Suzumura (eds.), *Handbook of Social Choice and Welfare, vol. 1*, North-Holland, Amsterdam, 459-541.（後藤玲子訳「社会厚生汎関数と個人間比較可能性」鈴村興太郎・須賀晃一・中村慎介・広川みどり訳『社会的選択と厚生経済学ハンドブック』丸善，527-621ページ。）
Duff, R. A. (1998), "Responsibility," *Routledge Encyclopedia of Philosophy*, Vol. 8, Routledge, London.

Dworkin, R. (1981a), "What is Equality? Part 1: Equality of Welfare," *Philosophy & Public Affairs*, 10, 185-246.

Dworkin, R. (1981b), "What is Equality? Part 2: Equality of Resources," *Philosophy & Public Affairs*, 10, 283-345.

Dworkin, R. (1987=1989), "Liberal Community," *California Law Review*, 77(3). (高橋秀治訳「リベラルな共同体」『現代思想』1989年4月, 116-137。)

Dworkin, R. (2000), *Sovereign Virtue: The Theory and Practice of Equality*, Harvard University Press, Cambridge.

Elster, J. (1979), *Ulysses and the Sirens*, Cambridge University Press, Cambridge.

Elster, J. (1982), "Sour grapes: utilitialianism and the genesis of wants," A. Sen and B. Williams (eds.), *Utilitarianism and Beyond*, Cambridge University Press, Cambridge, 219-238.

Estlund, D. (1997), "Beyond Fairness and Deliberation: The Epistemic Dimension of Democratic Authority," J. Bohman and W. Rehg (eds.), *Deliberative Democracy: Essays on Reason and Politics*, The MIT Press, Cambridge.

Falk, G. (2014), The Temporary Assistance for Needy Families (TANF) Block Grant: Responses to Frequently Asked Questions, Congressional Research Service Report 7-5700 (http://fas.org/sgp/crs/misc/RL32760.pdf)

Feldstein, M. (1973), "On the Optimal Progressivity of the Income Tax," *Journal of Public Economics*, 2, 357-376.

Fleischacker, S. (2004a), *A Short History of Distributive Justice*, Harvard University Press.

Fleischacker, S. (2004b), *On Adam Smith's Wealth of Nations: A Philosophical Companion*, Princeton University Press, Princeton and Oxford.

Fleurbaey, M. (1994), "On Fair Compensation," *Theory and Decision*, 36, 277-307.

Fleurbaey, M. (1995a), "Three Solutions to the Compensation Problem," *Journal of Economic Theory*, 65, 505-521.

Fleurbaey, M. (1995b), "Equal Opportunity of Equal Social Outcome?," *Economics and Philosophy*, 11, 25-55.

Fleurbaey, M. (1995c), "Equality and Responsibility," *European Economic Review*, 39, 683-689.

Fleurbaey, M. (1995d), "The Requisite of Equal Opportunity," W. A. Barnet, H. Moulin, M. Salles and N. J. Schofield (eds.), *Social Choice, Welfare, and Ethics*, Cambridge University Press, Cambridge.

Fleurbaey, M. and D. Branchet (2012), *Beyond GDP: Measuring Welfare and Assessing Sustainability*, Oxford University Press.

Fleurbaey, M. and P. Hammond (2004), "Interpersonally Comparable Utility," S. Barberà, P. Hammond and C. Seidl (eds.), *Handbook of Utility Theory*, Vol. 2 Extensions, Kluwer Academic Publishers, 1181-1285.

Fleurbaey, M. and F. Maniquet (2011), "Compensation and Responsibility," *Handbook of Social Choice and Welfare, vol.* II, 508-604.

Foley, D. (1967), "Resource Allocation and the Public Sector," *Yale Economic Essays*, 7, 45-98.

Forman, J. B., Carasso, A. and M. A. Saleem (2005), "Designing a Work-Friendly Tax System: Options and Trade-Offs," *Discussion Paper*, No. 20, June 2005, The Urban Institute.

Foster, J. (1984), "On Economic Poverty: A Survey of Aggregate Measures," *Advances in Econometrica*, 3, 215-251.

Fraser, N. and L. Gordon (1994), ""Dependency" Demystified: Inscriptions of Power In a Keyword of the Welfare State," *Social Politics*, 1, 4-31 (reprinted Goodin, R. E. and P. Pettit (1997), *Contemporary Political Philosophy*, Blackwell, Cambridge).

Friedman, M. (1962 = 1975), *Capitalism and Freedom*, University of Chicago Press, Chicago. (熊谷尚夫・西山千明・白井孝昌訳『資本主義と自由』マグロウヒル好学社。)

Frisch, R. (1959), "A Complete Scheme for Computing All Direct and Cross Demand Elasticities in a Model with Many Sectors," *Econometrica*, 27(2), 177-196.

Gauthier, D. (1986), *Morals by Agreement*, Clarendon Press, Oxford.

Gibbard, A. (1990), *Wise Choices, Apt Feelings: A Theory of Normative Judgment*, Harvard University Press.

Giddens, A. (1998), *The Third Way: The Renewal of Social Democracy*, Cambridge University Press, Cambridge.

Gorman, W. M. (1968), "The Structure of Utility Function," *Review of Economic Studies*, 35.

Gorman, W. M. (1980), "A Possible Procedure for Analysing Quality Differentials in the Egg Market," *Review of Economic Studies*, 47, 843-856.

Gotoh, R. (2001), "The Capability Theory and Welfare Reform," *Pacific Economic Review*, 6(2), 211-222.

Gotoh, R. (2009), "Justice and Public Reciprocity," R. Gotoh and P. Dumouchel (eds.),

Against Injustice: The New Economics of Amartya Sen, Cambridge University Press, Cambridge, 140-160.

Gotoh, R. (2013), "Justice as Reciprocity Reexamined in the Context of Catastrophe," *Study on Languages and Cultures* (『言語文化研究』), 24(4), 33-42.

Gotoh, R. (2015), "Arrow, Rawls and Sen: The Transformation of Political Economics and the Idea of Liberalism," R. Gotoh and P. Dumouchel (eds.), *Social Bonds as Freedom*, Berghahn Books, forthcoming.

Gotoh, R. and N. Yoshihara (2003), "A Class of fair Distribution Rules a la Rawls and Sen," *Economic Theory*, 22, 63-88.

Gotoh, R. and N. Yoshihara (2013), "Securing basic Well-being for All," *Discussion Paper Series A*, 591, Institute of Economic Research, Hitotshubashi University.

Gutmann, A. (1993), "Democracy," R.E. Goodin and P. Pettit (eds.), *A Companion to Contemporary Political Philosophy*, Blackwell, Oxford.

Gutmann, A. and D. Thompson (1996), *Democracy and Disagreement*, The Belknap Press of Harvard University Press, Cambridge.

Habermas, J. (1962 = 1973/1985), *Strukturwandel der Offentlichkeit*, Harmann Luchterland verlag, Darmstadt. (細谷貞雄・山田政行訳『公共性の構造転換』未来社。)

Habermas, J. (1995), "Reconciliation through the Public Use of Reason: Remarks on John Rawls's Political Liberalism," *The Journal of Philosophy*, 92, 3.

Hayek, F.A. (1960), *The Constitution of Liberty*, Routledge & Kegan Paul, London.

Heckman, J. (1974), "Shadow Prices, Market Wages, and Labor Supply," *Econometrica*, 42, 679-694.

Heckman, J. (1979), "Sample Selection Bias as a Specification Error," *Economcetira*, 47, 153-162.

Herrero, C. (1996), "Capabilities and Utilities," *Economic Design*, 2, 69-88.

Hill, J., Le grand, J. and D. Piachaud (2002), *Understanding Social Exclusion*, Oxford University Press, Oxford.

Hirschman, A.O. (1970 = 2005), *Exit, Voice, and Loyalty: Responses to Decline in firms, Organizations, and States*, Harvard University Press. (矢野修一訳『離脱・発言・忠誠――企業・組織・国家における衰退への反応』ミネルヴァ書房。)

Hirschman, A.O. (1977 = 1985), *The Passions and The Interests: Political Arguments for Capitalism before Its Triumph*, Princeton University Press. (佐々木毅・旦祐介訳『情念の政治経済学』法政大学出版局。)

Hirschman, A.O. (1991 = 1997), *The Rhetoric of Reaction*, Harvard University Press,

Cambridge. (岩崎稔訳『反動のレトリック――逆転, 無益, 危険性』法政大学出版局。)

Hockman, H. M. and J. D. Rodgers (1969), "Pareto Optimal Redistribution," *American Economic Review*, 59, 4.

Holmes, S. (1987), "Gag Rules or the Politics of Omission," J. Elster and R. Slagstad (eds.), *Constitutionalism and Democracy*, Cambridge University Press, Cambridge, 19-58.

Hurwicz, L. (1969), "On the Concept and Possibility of Informational Decentralization," *American Economic Review*, 59(2), 513-524.

Hurwicz, L., Schmeidler, D. and H. Sonnenschein (eds.) (1985), *Social Goals and Social Organization: Essays in Memory of Elisha Pazner*, University Press, Cambridge.

Hutt, W. (1934), "Economic Method and the Concept of Competition," *South African Journal of Economics*. (*Economists and the Public*, London, 1936 に再録。)

Hutt, W. H. (1940), "The Concept of Consumers' Sovereignty," *The Economic Journal*, 50 (197), 66-77.

Iturbe-O, I. and J. Nieto (1996), "On Fair Allocations and Monetary Compensation," *Economic Theory*, 7, 125-138.

Kathryn, E. and L. Lein (1997), *Making Ends Meet: How Single Mothers Survive Welfare and Low-Wage Work* (*European Studies*), Russell Sage Foundation Publications.

Killingsworth, M. and F. P. Stafford (1985), "Labor Supply," *Journal of Political Economy*, 93(3), 622-626.

Knight, F. H. (1921/2006), *Risk, Uncertainty and Profit*, Dover Publications.

Knight, F. H. (1997), *The Ethics of Competition*, Transaction Publishers, New Brunswick and London (Originally published in 1931 by Harper and Brothers).

Knight, J. and J. Johnson (1997), "What Sort of Political Equality Does Deliberative Democracy Require?" J. Bohman and W. Rehg (eds.), *Deliberative Democracy: Essays on Reason and Politics*, The MIT Press, Cambridge.

Kolm, S.-C. (1972), *Justice et Equite*, Editions du Centre National de la Recherch Scientifique, Paris (translated by H. F. See, *Justice and Equity*, The MIT press, Cambridge, 1997).

Kolm, S.-C. (1996), *Modern Theories of Justice*, The MIT Press, Cambridge.

Kolm, S.-C. (2005), *Macrojustice: The Political Economy of Fairness*, Cambridge University Press.

Kolm, S.-C. (2008), *Reciprocity: An Economics of Social Relations*, Cambridge University

Press.

Lakatos, I. (1970 = 1985), "Falsification and the Methodology of Scientific Research Programmes," I. Lakatos and A. Musgrave (eds.), *Criticism and the Growth of Knowledge*, Cambridge University Press. (森博監訳『批判と知識の成長』木鐸社。)

Lancaster, K. J. (1966), "A New Approach to Consumer Theory," *Journal of Political Economy*, LXXIV, 132-157.

Lindbeck, A. (1983), "Interpreting income distributions in a welfare state: The case of Sweden," *European Economic Review*, 21, 227-256.

Lindbeck, A. (1988), "Individual Freedom and Welfare State Policy," *European Economic Review*, 32, 295-318.

Lindbeck, A. (1995), "Welfare state disincentives with endogenous habits and norms," *Scandinavian Journal of Economics*, 97, 477-494.

Lukes, M. S. (1973 = 1981), *Individualism*, Blackwell, Oxford and Harper and Row, New York. (間宏監訳『個人主義』御茶の水書房。)

Maniquet, F. (2004), "On the equivalence between welfarism and equality of opportunity," *Social Choice and Welfare*, 23, 127-147.

Maskin, E. S. (1979), "A Theory on Utilitarianism," *Review of Economic Studies*, 45, 93-96.

Maskin, E. S. (1979), "Decision-making under Ignorance with Implications for Social Choice," *Theory and Decision*, 11, 319-337.

McCloskey, D. N. (1985/1998), *The Rhetoric of Economics, 2nd ed.*, The University of Wisconsin Press.

Meade, J. E. (1964), *Efficiency, Equality, and the Ownership of Property*, George Allen & Unwin LTD, London.

Menger, C. (1923 = 1982), *Grundsätze der Volkswirtschaftslehre, 2. Aufl.*, A. G. Wien und Leipzig, Hölder. (八木紀一郎・中村友太郎・中島芳男訳『一般理論経済学——遺稿による「経済学原理」第2版』みすず書房。)

Mirrlees, J. (1971), "An Exploitation in the Theory of Optimum Income Taxation," *Review of Economic Studies*, 38, 175-208.

Mirrlees, J. (2006), *Welfare, Incentives, and Taxation*, Oxford University Press.

Moffitt, R. G. (2003), "The Negative Income Tax and the Evolution of U. S. Welfare Policy," *Journal of Economic Perspectives*, 17(3), 119-140.

Musgrave, R. A. (1974), "Maximin, Uncertainty, and the Leisure Trade-off," *Quarterly Journal of Economics*, 88(652), 32.

Musgrave, R. A. (2000), *Public Finance in a Democratic Society, Vol. 3, The Foundations of Taxation and Expenditure*, Edward Elgar, MA.

Musgrave, R. A. and P. B. Musgrave (1973/1989), *Public Finance in Theory and Practice*, McGraw-Hill Book Company, Singapore.

Nagel, T. (1986), *The View from Nowhere*, Oxford University Press, Oxford.

Nussbaum, M. C. (2000 = 2005), *Women and Human Development: The Capabilities Approach*, Cambridge University Press. (池本幸生・田口さつき・坪井ひろみ訳『女性と人間開発』岩波書店。)

OECD (2015), Active labour market policies and activation strategies (http://www.oecd.org/employment/connecting-people-with-jobs-9789264217188-en.htm).

Pattanaik, P. K. (2005), "Little and Bergson on Arrow's concept of social welfare," *Social Choice and Welfare*, 25, 369-379.

Pattanaik, P. K. and K. Suzumura (1996), "Individual Rights and Social Evaluation: A Conceptual Framework," *Oxford Economic Paper*, 48, 194-212.

Pazner, E. and D. Schmeidler (1978), "Egalitarian Equivalent Allocations: A New Concept of Economic Equity," *Quarterly Journal of Economics*, 92, 671-687.

Phelps, E. S. (1973), "Taxation of Wage Income for Economic Justice," *Quarterly Journal of Economics*, 87, 332-354.

Pogge, W. T. (2000), "On the Site of Distributive Justice: Reflections on Cohen and Murphy," *Philosophy & Public Affairs*, 29(2), 137-169.

Putnam H. and V. Walsh (2012), *The End of Value-Free Economics*, Routledge, New York.

Rawls, J. (1951 = 1979/1986), "Outline of a Decision Procedure for Ethics," *Philosophical Review*, 60. (Rawls, 1999b, 190-224. に再録。守屋明訳「倫理上の決定手続の概要」田中成明編訳『公正としての正義』木鐸社。)

Rawls, J. (1955 = 1979/1986), "Two Concepts of Rule". (Rawls, 1999b, 190-224. に再録。深田三徳「二つのルール概念」田中成明編訳『公正としての正義』木鐸社。)

Rawls, J. (1958 = 1979/1986), "Justice as Fairness," *Philosophical Review*, 67. (Rawls, 1999b, 190-224. に再録。田中成明訳「公正としての正義」田中成明編訳『公正としての正義』木鐸社。)

Rawls, J. (1971a = 2010), *A Theory of Justice*, Harvard University Press. (矢島鈞次監訳『正義論』紀伊国屋書店, 1979, 川本隆史・福間聡・神島裕子訳『正義論』紀伊国屋書店。)

Rawls, J. (1971b), "Justice as Reciprocity," S. Gorowitz (ed.), *John Stuart Mill:*

Utilitarianism, with Critical Essays, reprinted in *Collected Papers* (1999c, 190-224).

Rawls, J. (1974a), "Some Reasons for the Maximin Criterion," *American Economic Review*, 64, 141-146. (Rawls, 1999, 225-231. に再録。引用ページは1999による。)

Rawls, J. (1974b), "Reply to Alexander and Musgrave," *Quarterly Journal of Economics*, 88. (Rawls, 1999, 232-253. に再録。引用ページは1999による。)

Rawls, J. (1975a), "The Independence of Moral Theory," *Proceedings and Addresses of the American Philosophical Association*, 48, 5-22. (Rawls, 1999, 286-302. に再録。引用ページは1999による。)

Rawls, J. (1975b), "A Kantian Conception of Equality," *Cambridge Review*, 96, 94-99. (Rawls, 1999, 254-266. に再録。引用ページは1999による。)

Rawls, J. (1980), "Kantian Constructivism in Moral Theory: The Dewey lectures," *The Journal of Philosophy*, 77(9), 515-572. (Rawls, 1999, 303-358. に再録。引用ページは1999による。)

Rawls, J. (1982a), "Social Unity and Primary Goods," A. Sen and B. Williams (eds.), *Utilitarianism and Beyond*, Cambridge University Press, Cambridge. 159-185.

Rawls, J. (1982b), "The Basic Liberties and Their Priority," *Tanner Lectures on Human Values*, 3, University of Utah Press, Salt Lake City.

Rawls, J. (1992 = 2004), *Justice as Fairness: A Restatement*, Kelly, E. (ed.), Harvard University Press. (田中成明・亀本洋・平井亮輔訳『公正としての正義　再説』岩波書店。)

Rawls, J. (1993), *Political Liberalism*, Columbia University Press, New York.

Rawls, J. (1995), "Reply to Habermas," *The Journal of Philosophy*, 92, 3. (Rawls, 1996, 372-434. に再録。引用ページは1996による。)

Rawls, J. (1996), *Political Liberalism*, Columbia University Press, New York (reprinted paperback).

Rawls, J. (1999 = 2006), *The Law of Peoples*, Harvard University Press, Cambridge, Mass. (中山竜一訳『万民の法』岩波書店。)

Rawls, J. (1999b), *Collected Papers*, S. Freeman (ed.), Harvard University Press, Cambridge.

Rawls, J. (2000), *Lectures on the History of Moral Philosophy*, B. Herman (ed.), Harvard University Press, Cambridge.

Reich, C. A. (1965), "Individual Rights and Social Welfare: The Emerging Legal Issues," *the Yale Law Journal*, 74(7), 1245-1257.

Richardson, J. H. (1960), *Economics and Financial Aspects of Social Security*, Allen &

Unwin.

Robbins, L.(1935), *An Essays on the Nature and Significance of Economic Science*, 2nd ed., Macmillan, London.

Roemer, J. E. (1986), "Equality of Resources Implies Equality of Welfare," *The Quarterly Journal of Economics*, 101(4), 751-784.

Roemer, J. E. (1996 = 2001), *Theories of Distributive Justice*, Harvard University Press, Cambridge. (木谷忍・川本隆史訳『分配的正義の理論──経済学と倫理学の対話』木鐸社。)

Roemer, J. E. (1998), *Equality of Opportunity*, Harvard University Press, Cambridge.

Sammuelson, P. A. (1947/1983 = 1967), *Foundations of Economic Analysis*, Harvard University Press, Cambridge. (佐藤隆三〔初版〕訳『経済分析の基礎』勁草書房。)

Sammuelson, P. A. (1981), "Bergsonian Welfare Economics," S. Rosefielde (ed.), *Economic Welfare and the Economics of Soviet Socialism: Essays in Honor of Abram Bergson*, Cambridge University Press, Cambridge, 223-266.

Sandmo, A. (1991), "Economists and the welfare state," *European Economic Review*, 35, 213-239.

Sandmo, A. (1998), "Redistribution and the marginal cost of public funds," *Journal of Public Economics*, 70.

Sandmo, A. (1999 = 1999), "The Public Economics of Redistribution and the Welfare State," *Review of Population and Social Policy*, 8, 139-154. (後藤玲子・和田美希子訳「再分配と福祉国家の公共経済学」〔第3回厚生政策セミナー「福祉国家の経済と倫理」〕『季刊社会保障研究』35(1), 6-24。)

Saraceno, C. (ed.) (2002), *Social Assistance Dynamics in Europe: National and Local Poverty Regimes*, The Policy Press, Bristol.

Sen, A. K. (1966a), "Labour Allocation in a Cooperative Enterprise," *Review of Economic Studies*, 33, 361-371.

Sen, A. K. (1966b), "Hume's Law and Hare's Rule," *Philosophy*, 41, 75-78.

Sen, A. K. (1967), "The Nature and Classes of Prescriptive Judgements," *Philosophical Quarterly*, 17, 46-62.

Sen, A. K. (1970a = 2000), *Collective Choice and Social Welfare*, Holden-Day, San Francisco. (志田基与師監訳『集合的選択と社会的厚生』勁草書房。)

Sen, A. K. (1970b), "The Impossibility of a Paretian Liberal," *Journal of Political Economy*, 78, 152-157.

Sen, A. K. (1976a), "Poverty: An Ordinal Approach to Measurement," *Econometrica*, 44,

219-231.（Sen, 1982. に再録。）

Sen, A. K. (1976b), "Liberty, Unanimity and Rights," *Economica*, 43, 217-245 (reprinted in Sen, 1982).

Sen, A. K. (1977a), "Rational fools: A Critique of the Behavioural Foundations of Economic Theory," *Philosophy and Public Affairs*, 6, 317-344.

Sen, A. K. (1977b), "On Weights and Measures: Informational Constraints in Social Welfare Analysis," *Econometrica*, 45. （Sen, 1982/1997, 226-263. に再録。）

Sen, A. K. (1979), "Personal Utilities and Public Judgements: or What's Wrong with Welfare Economics," *Economic Journal*, 89, 537-558（Sen, 1982/1997, 327-352. に再録。）

Sen, A. K. (1980), "Equality of What?" *The Tanner Lectures on Human Values*, 1, University of Utah Press, Salt Lake City.（Sen, 1982/1997, 353-369. に再録。）

Sen, A. K. (1981a), "Ethical Issues in Income Distribution: National and International," E. L. Grassman (eds.), *The World Economic Order: Past and Prospects*, Macmillan, London, 464-494.（1984/1997, 277-306. に再録。）

Sen, A. K. (1981b = 2000), *Poverty and Famines: An Essay on Entitlement and Deprivation*, Oxford University Press.（黒埼卓・山崎幸治訳『貧困と飢饉』岩波書店。）

Sen, A. K. (1982/1997 = 1990), *Choice, Welfare and Measurement*, Basil Blackwell, Oxford. (Harvard University Press, Cambridge, 1997. 再刊。大庭健・川本隆史訳『合理的な愚か者——経済学＝倫理学的探求』勁草書房。)

Sen, A. K. (1983), "Liberty and Social Choice," *The Journal of Philosophy*, 80.（Sen, 2002, 381-407. に再録。）

Sen, A. K. (1984/1997), *Resources, Values and Development*, Basil Blackwell, Oxford. (Harvard University Press, Cambridge, 1997. 再刊。)

Sen, A. K. (1985a = 1988), *Commodities and Capabilities*, North-Holland, Amsterdam. （鈴村興太郎訳『福祉の経済学——財と潜在能力』岩波書店。）

Sen, A. K. (1985b), "Well-being, Agency and Freedoms," *The Journal of Philosophy*, 82, 169-221.

Sen, A. K. (1986), "Social Choice Theory," K. J. Arrow and M. Intrilligator (eds.), *Handbook of Mathematical Economics*, Vol. III, North-Holland, Amsterdam, 1079-1181.

Sen, A. K. (1987 = 2004), *On Ethics and Economics*, Blackwell, Oxford.（徳永澄憲・松本保美・青山治城訳『経済学の再生——道徳哲学への回帰』麗澤大学出版会。）

Sen, A. K. (1992a = 1999), *Inequality Reexamined*, Clarendon Press, Oxford.（池本幸生・

野上裕生・佐藤仁訳『不平等の再検討——潜在能力と自由』岩波書店。)

Sen, A. K. (1992b), "Minimal Liberty," *Economica*, N. S., 59, 139-159.

Sen, A. K. (1993a＝2006), "Capability and Well-being," M. Nussbaum and Sen, A. (eds.), *The Quality of Life*, Clarendon Press, Oxford. (竹友安彦・水谷めぐみ訳『クオリティー・オブ・ライフ』里文出版。)

Sen, A. K. (1993b), "Markets and Freedom: Achievements and Limitations of the Market Mechanism in Promoting Individual Freedoms," *Oxford Economic Papers*, 45, 519-541.

Sen, A. K. (1993c), "Positional Objectivity," *Philosophy and Public Affairs*, 22, 126-145 (reprinted in *Rationality and Freedom*, 2002, 463-483).

Sen, A. K. (1995), "The Political Economy of Targeting," D. van de Walle and K. Nead (eds.), *Public Spending and the Poor: Theory and Evidence*, The Johns Hopkins University Press, Baltimore, 5-15.

Sen, A. K. (1996), "Legal Rights and Moral Rights: Old Questions and New Problems," *Ratio Juris*, 9, 153-167.

Sen, A. K. (1997a＝2000), *On Economic Inequality, expanded edition with a substantial annex by James E. Foster and Amartya. K. Sen*, Clarendon Press, Oxford. (鈴村興太郎・須賀晃一訳『不平等の経済学』東洋経済新報社。)

Sen, A. K.(1997b), "Individual Preference as the Basis of Social Choice," K. Arrow, A. Sen and K. Suzumura (eds.), *Social Choice Re-examined*, 1, Macmillan, London, 15-37.

Sen, A. K. (1999a＝2003/2008), *Reason Before Identity, The Romanes Lecture for 1998*, Oxford University Press, Oxford. (細見和志訳『アイデンティティに先行する理性』関西学院大学出版会。)

Sen, A. K. (1999b＝2000), *Development as Freedom*, Alfred A. Knopf, New York. (石塚雅彦訳『自由と経済開発』日本経済新聞社。)

Sen, A. K. (2000a), "Merit and Justice," K. Arrow, S. Bawles and S. Durlauf (eds.), *Meritocracy and Economic Inequality*, Princeton University Press, Princeton.

Sen, A. K. (2000b), "Consequential Evaluation and Practical Reason," *The Journal of Philosophy*, XCVII, 9, 477-503.

Sen, A. K. (2000c), "Social Exclusion: Concept, Application, And Scrutiny," *Social Development Papers*, 1, Office of Environment and Social Development Asian Development Bank, June.

Sen, A. K. (2001), "Justice, Democracy And Social Choice," Text of Public Lecture at the Center for Interdisciplinary Research (ZIF), University of Bielefeld, Germany, on 22

June.

Sen, A. K. (2002a = 2014), *Rationality and Freedom*, Harvard University Press, Cambridge.（若松良樹・須賀晃一・後藤玲子監訳『合理性と自由　上下』勁草書房。）

Sen, A. K. (2002b), "Open and Closed Impartiality," *The Journal of Philosophy*, XCIX, 9, 445-469.

Sen, A. K. (2004), "Dialogue: Capabilities, Lists, and Public Reason: Constituting the Conversation," *Feminist Economics*, 10(3).

Sen, A. K. (2006), *Identity and Violence: The Illusion of Destiny*, W. W. Norton & Company, New York.

Sen, A. K. (2009a), *The Idea of Justice*, Penguin Books, Allein Lane.

Sen, A. K. (2009b = 2011), "Economics, Ethics and Law," P. Dumouchel and R. Gotoh (eds.), *Against Injustice: The New Economics of Amartya Sen*, Cambridge University Press, Cambridge.（後藤玲子監訳『正義への挑戦――セン経済学の新地平』晃洋書房。）

Sen, A. K. and P. K. Pattanaik (1969), "Necessary and Sufficient Conditions for Rational Choice under Majority Decision," *Journal of Econometric Theory*, 1(2), 178-202.

Sen, A. K. and B. Williams (eds.) (1982), *Utilitarianism and Beyond*, Cambridge University Press, Cambridge.

Shute, S. and S. Hurley (eds.) (1993 = 1998), *On Human Rights: The Oxford Amnesty Lectures 1993*, BasicBooks, A Division of Harper Collins Publishers, New York.（中島吉宏・松田まゆみ訳『人権について――オックスフォード・アムネスティ・レクチャーズ』みすず書房。）

Simon, H. (1955), "A Behavioral Model of Rational Choice," *Quarterly Journal of Economics*, 69(1), 99-118.

Simon, H. (1957), *Models of Man*, Wiley, New York.

Simon, H. (1979), *Models of Thought*, Yale University Press, New Haven.

Simon, H. (1983 = 1987), *Reason in Human affairs*, Stanford University Press.（佐々木恒男・吉原正彦訳『意思決定と合理性』文眞堂。）

Singer, G. H. S., Biegel, D. E. and P. Conway (2012), *Family Support and Family Caregiving across Disabilities*, Routledge, New York.

Stern, N. H. (1976), "On the Specification of Models of Optimum Income Taxation," *Journal of Public Economics*, 6, 123-162.

Stiglitz, J. E. (1982), "Self-Selection and Pareto efficient taxation," *Journal of Public*

Economics, 17.

Stiglitz, J. E. (1986/1988 = 1989), *Economics of the Public Sector*, W. W. Norton & Company.（藪下史郎〔第2版〕訳『公共経済学　下　租税と地方財政・マクロ財政政策』マグロウヒル出版。）

Streeten, P. (1980), "Basic Needs and Human Right," *World Development*, 8, 107-111.

Strotz, R. H. (1955-1956), "Myopia and inconsistency in dynamic utility maximization," *Review of Economic Studies*, 23, 165-180.

Sugden, R. (1982), "On the economics of philanthropy," *Economic Journal*, 92, 341-350.

Sugden, R. (2004), "The Opportunity Criterion: Consumer Sovereignty without the Assumption of Coherent Preferences," *American Economic Association*, 94 (4), 1014-1033.

Suzumura, K. (2005) "An interview with Paul Samuelson: welfare economics, "old" and "new", and social choice theory," *Social Choice and Welfare*, 25(2), 327-356.

Tamanaha, B. Z. (2004), *On the Rule of Law*, Cambridge University Press.

Tax Policy Center (2015), http://www.taxpolicycenter.org/briefing-book/key-elements/family/eitc.cfm

Taylor C. (1991 = 2004), *The Ethics of Authenticity*, Harvard University Press, Cambridge, Mass.（田中智彦訳『〈ほんもの〉という倫理――近代とその不安』産業図書。）

The UN Committee on Economic (2008), *Social and Cultural Rights* (CESCR), General Comment No. 19: The Right to Social Security (Art. 9 of the Covenant).

Tobin, J. (1968), "Raising the Income of the Poor," K. Gordon (ed.), *Agenda for the Nation*, The Brookings Institution, 77-116.

Van Parijs, P. (1995 = 2009), *Real Freedom for All: What (If Anything) is Wrong with Capitalism*, Oxford University Press.（後藤玲子・斉藤拓訳『ベーシック・インカムの哲学』勁草書房。）

Van Parijs, P. (2004), "Basic Income: A Simple and Powerful Idea for Twenty-First Century," *Politics & Society*, 32(1), 7-39.

Varian, H. R. (1974), "Equity, Envy and Efficiency," *Journal of Economic Theory*, 9, 63-91.

Varian, H. R. (1980), "Redistributive Taxation as Social Insurance," *Journal of Public Economics*, 14, 49-68.

Vickrey, W. S. (1945), "Measuring marginal utility by reactions to risk," *Econometrica*, 13, 319-333.

Widerquist, K. (2013), "Introduction: Freedom and Basic Income," K. Widerquist, J. A. Noguera, Y. Vanderborght and J. D. Wispelaere (eds.), *Basic Income: An Anthology of contemporary Research*, Wiley Blackwell.

Wittgenstein, L. (1958/1967), *Philosophical Investigations*, Basil Blackwell, Oxford.

日本語文献

アーレント, H. (1951/1968 = 1972/1981) 大島通義・大島かおり訳『全体主義の起源 2 帝国主義』みすず書房 (*The Origin of Totalitarianism Part Two*)。

アーレント, H. (1951/1968 = 1974/2010) 大久保和郎・大島かおり訳『全体主義の起源 3 全体主義』みすず書房 (*The Origins of Totalitarianism Part Three, Totalitarianism*)。

アーレント, H. ／ジェローム・コーン編 (2005 = 2008) 高橋勇夫訳『政治の約束』筑摩書房 (*The Promise of Politics*)。

愛敬浩二編 (2010)『人権の主体』講座人権論の再定位 2, 法律文化社。

青木昌彦 (1979)『分配理論』筑摩書房。

青木昌彦・奥野正寛編著 (1996)『経済システムの比較制度分析』東京大学出版会。

雨宮昭彦 (2011)『競争秩序のポリティクス――ドイツ経済政策思想の源流』東京大学出版会。

有江大介 (1990)『労働と正義――その経済学史的検討』創風社。

アリストテレス (1966 ; 1971/1999) 高田三郎訳『ニコマコス倫理学』岩波文庫 (*The Nicomachean Ethics*)。

イエスタ・エスピン=アンデルセン, G. (2009 = 2011) 大沢真理監訳『平等と効率の福祉革命――新しい女性の役割』岩波書店 (*The Incomplete Revolution: Adapting to Women's New Roles*)。

石川経夫 (1991)『所得と富』岩波書店。

石崎学・遠藤比呂通編 (2012)『沈黙する人権』法律文化社。

石田忠 (1973/1974)『原爆と人間』未来社。

井堀利宏編 (2010)『財政政策と社会保障』内閣府経済社会総合研究所 (企画) 監修 (『バブル／デフレ期の日本経済と経済政策第 5 巻』) 慶應義塾大学出版会。

今田高俊 (2002)「リスク社会と再帰的近代――ウルリッヒ・ベックの問題提起」『海外社会保障研究』(特集 現代の規範理論と社会保障) No. 138。

今田高俊 (2004)「ケアの論理と福祉国家」塩野谷祐一・鈴村興太郎・後藤玲子編著『福祉の公共哲学』東京大学出版会。

岩田正美 (1995/2000)『戦後社会福祉の展開と大都市最底辺』ミネルヴァ書房。

ヴァリアン，H.R.（1978＝1986）佐藤隆三・三野和雄訳『ミクロ経済分析』勁草書房。

ウィルキンソン，R.G.（2005＝2009）池本幸生・片岡洋子・末原睦美『格差社会の衝撃——不健康な格差社会を健康にする法』書籍工房早川（*The Impact of Inequality — How to make Sick Societies Healthier*）。

ウォルツァー，M.（1983＝1999）山口晃訳『正義の領分——多元性と平等の擁護』而立書房（*Spheres of Justice: A Defence of Pluralism and Equality*）。

小川有美（2002）「北欧福祉国家の政治」宮本太郎編『福祉国家再編の政治』ミネルヴァ書房。

小川浩昭（2006）「保険の相互扶助性について」『商学論集』52(4)，59-98ページ。

奥野正寛・鈴村興太郎（1985）『ミクロ経済学 I』岩波書店。

重田園江（2010）『連帯の哲学 I——フランス社会連帯主義』勁草書房。

金子宏（1976/2003）『租税法 第9版』法律学講座双書，弘文堂。

金子守（2003）『ゲーム理論と蒟蒻問答』日本評論社。

金子光晴（1975）『金子光晴詩集』思潮社。

ガラポン，A.（1996＝2002）河合幹雄訳『司法が活躍する民主主義——司法介入の急増とフランス国家のゆくえ』勁草書房（*Le Gardien des Promesses, Justice et Démocratie*）。

川口清文（1999）『福祉社会と非営利・協同セクター——ヨーロッパの挑戦と日本の課題』日本経済評論社。

川本隆史（1997）『ロールズ——正義の原理』講談社。

カント，I.（1785＝1972）野田又夫訳『人倫の形而上学の基礎づけ』中央公論社（*Grundlegung zur metaphysic der Sitten*）。

カント，I.（1788＝1979/1998）波多野精一・宮本和吉・篠田英雄訳『実践理性批判』岩波文庫（*Kritik der praktischen Vernunft*）。

喜多秀行・四辻裕文（2012）「地域公共交通計画における活動機会保障水準の評価方法——潜在能力アプローチ」IATSS（国際交通安全学会）編『地域公共交通と連携した包括的な生活保障のしくみづくりに関する研究報告書』（そのII），74-88ページ。

北野弘久（1984/2003）『税法学原論 第5版』青林書院。

北原糸子（2000/2013）『地震の社会史——安政大地震と民衆』吉川弘文館。

キング，G.・コヘイン，R.O.・ヴァーバ，S.（1994＝2004）真淵勝監訳『社会科学のリサーチ・デザイン——定性的研究における科学的推論』勁草書房（*Designing Social Inquiry: Scientific Inference in Quantative Research*）。

國枝繁樹（2010）「税制」井堀利宏編（2010）『財政政策と社会保障』慶應義塾大学出版会，279-328ページ。

クーン，T.（1970＝1986）立花希一訳「私の批判者たちに関する考察」ラカトシュ，I.，A. マスグレーブ編，村上陽一郎・井山弘幸・小林傳司・横山輝雄共訳『方法の擁護——科学的研究プログラムの方法論』新曜社（*The methodology of Scientific reserch programmes*）．

郡司ペギオ－幸夫（2004）『原生計算と存在論的観測——生命と時間，そして原生』東京大学出版会．

厚生労働省（2004）「社会保障審議会福祉部会　生活保護制度の在り方に関する専門委員会」報告書．

厚生労働省（2013）「障害年金制度の概要」専門家会合（第1回）資料2（http://www.mhlw.go.jp/file/05-Shingikai-12501000-Nenkinkyoku-Soumuka/0000075345.pdf）2015年3月14日アクセス．

小島妙子（2007）「ドメスティック・バイオレンスをめぐる法政策——『人権アプローチ』と『福祉アプローチ』」辻村みよ子編『ジェンダーの基礎理論と法』ジェンダー法・政策研究叢書，第10巻，東京大学出版会．

後藤隆（2009）『集まりの学としての社会学』光生館．

後藤玲子（1994）「『常識的規則』のウエイト付けによるロールズ格差原理の定式化」『一橋論叢』112(6)，86-102ページ．

後藤玲子（2002）『正義の経済哲学——ロールズとセン』東洋経済新報社．

後藤玲子（2004）「正義とケア——ポジション配慮的〈公共的ルール〉の構築に向けて」塩野谷祐一・鈴村興太郎・後藤玲子編著『福祉の公共哲学』東京大学出版会．

後藤玲子（2006a）「正義と公共的相互性——公的扶助の根拠」『思想』（特集　福祉社会の未来）第983号，82-99ページ．

後藤玲子（2006b）「自立の社会的基盤と公的扶助」『賃金と社会保障』1426号（9月下旬号），4-10ページ．

後藤玲子（2007a）「〈実質的自由〉の実質的保障を求めて——ロールズ格差原理と潜在能力理論の方法的視座」『季刊　経済理論』43(4)，41-54ページ．

後藤玲子（2007b）「書評　土場学・盛山和夫編著『正義の論理』」『理論と方法』，22(1)，123-127．

後藤玲子（2011a）「アメリカの社会福祉(1)，(2)，(3)」松村祥子編著『欧米の社会福祉の歴史と展望』放送大学教育振興会，188-233ページ．

後藤玲子（2011b）「モービルケイパビリティの保障と地域公共交通サービス——アクセシビリティ調整方法に関する社会的選択手続きの定式化」IATSS（国際交通安全学会）編『地域公共交通と連携した包括的な生活保障のしくみづくりに関する研究報告書』84-101ページ．

後藤玲子編（2013）『ノマド・逃がす・ケイパビリティ』（トヨタ財団2010年度研究助成プログラム研究実施報告書）。
後藤玲子（2014a）「災害カタストロフィにおける個人の『福祉』と『公共性』——アメリカ合衆国の連邦災害政策を素材として」『海外社会保障研究』Autumn 2014, No. 188。
後藤玲子（2014b）「差異の平等——センによるロールズ正義理論批判の射程」『経済研究』65(2), 140-155ページ。
後藤玲子（2014c）「観点としてのリスクと公共的相互性」『言語文化研究』26(4), 285-295ページ。
後藤玲子・阿部彩他（2004）「現代日本社会における〈必要〉とは——福祉に関する意識調査より」『季刊社会保障研究』vol.36.1, 38-55ページ。
小林正弥（2004）「福祉公共哲学をめぐる方法論的対立」塩野谷祐一・鈴村興太郎・後藤玲子編著『福祉の公共哲学』東京大学出版会。
小林昌之編（2010）『アジア諸国の障害者法——法的権利の確立と課題』研究双書 No. 585, IDE-JETRO アジア経済研究所。
小山進次郎（1951）『改訂増補・生活保護法の解釈と運用』中央社会福祉協議会。
近藤文二（1963）『社会保険』岩波書店。
佐伯胖（1980/2004）『「きめ方」の論理——社会的決定理論への招待』東京大学出版会。
坂井豊貴（2013）『社会的選択理論への招待——投票と多数決の科学』日本経済評論社。
坂井豊貴（2015）『多数決を疑う』岩波書店。
酒井泰弘（1982）『不確実性の経済学』有斐閣。
塩野谷九十九・平石長久訳（1972）『ILO・社会保障への途』東京大学出版会。
塩野谷祐一（1973）『福祉経済の理論』日本経済新聞社。
塩野谷祐一（1984）『価値理念の構造——効用対権利』東洋経済新報社。
塩野谷祐一（1998）『シュンペーターの経済観——レトリックの経済学』岩波セミナーブックス70, 岩波書店。
塩野谷祐一（2002）『経済と倫理——福祉国家の哲学』東京大学出版会。
塩野谷祐一（2012）『ロマン主義の経済思想——芸術・倫理・歴史』東京大学出版会。
塩野谷祐一・鈴村興太郎・後藤玲子編著（2004）『福祉の公共哲学』東京大学出版会。
篠原一（2004）『市民の政治学——討議デモクラシーとは何か』岩波新書。
柴田弘文（2002）『環境経済学』東洋経済新報社。
柴田弘文・柴田愛子（1988/1995）『公共経済学』スタンダード経済学シリーズ, 東洋経済新報社。
清水克俊・堀内昭義（2003）『インセンティブの経済学』有斐閣。

社会生活による調査検討会（2003）『社会生活に関する調査／社会保障生活調査結果報告書』。

シュミット，C.（1932＝1970）田中浩・原田武雄訳『政治的なものの概念』未来社（*Der Begriff des Politischen*）。

シュミット，C.（1923＝1972）稲葉素之訳『現代議会主義の精神史的地位』みすず書房（*Die Geistesgeschichtliche Lage Des Heutigen Parlamentarismus*）。

ジラール，R.（1961＝1971）古田幸男訳『欲望の現象学——ロマンティークの虚偽とロマネスクの真実』法政大学出版局（*Mensonge romantique et vérité romanesque*）。

ジラール，R.（1972＝1982）古田幸男訳『暴力と聖なるもの』法政大学出版局（*La violence et le sacré*）。

新川敏光（2004）「福祉国家の改革原理」塩野谷祐一・鈴村興太郎・後藤玲子編著『福祉の公共哲学』東京大学出版会。

須賀晃一（2013）「経済学と社会的正義」船木由喜彦・石川竜一郎編著『制度と認識の経済学』NTT出版，21-66ページ。

須賀晃一編（2014）『公共経済学講義——理論から政策へ』有斐閣。

杉本栄一（2005/2006）『近代経済学史』岩波全書セレクション。

鈴村興太郎（1982）『経済計画論』筑摩書房。

鈴村興太郎（2009）『厚生経済学の基礎』岩波書店。

鈴村興太郎（2012）『社会的選択の理論・序説』東洋経済新報社。

鈴村興太郎・後藤玲子（2001/2002改装新版）『アマルティア・セン——経済学と倫理学』実教出版。

スタイン，O.（1941＝1972）塩野谷九十九・平石長久訳「社会保障への方向」『ILO・社会保障への途』東京大学出版会，125-161ページ。

スミス，A.（1776＝2003）水田洋監訳・杉山忠平訳『国富論 1-4』岩波文庫（*An Inquiry into the Nature and Causes of the Wealth of Nations*）。

スミス，A.（1759＝1973）水田洋訳『道徳感情論』筑摩書房（*The Theory of Moral Sentiments*）。

スミス，A.（2004）水田洋・松原慶子訳『アダム・スミス 修辞学・文学講義』名古屋大学出版会。

生活保護制度研究会（2004）『保護のてびき 平成16年度版』第一法規。

セン，A./後藤玲子（2008）『福祉と正義』東京大学出版会。

ソルニット，R.（2010）高月園子訳『災害ユートピア』亜紀書房（*A paradise built in hell*）。

高橋和之（2007）『新版 世界憲法集』岩波文庫。

参 考 文 献

高橋武（1972）「解説」塩野谷九十九・平石長久訳（1972）『ILO・社会保障への途』東京大学出版会，165-186ページ．

高山憲之（1992）『年金改革の構想』日本経済新聞社．

竹内啓（2010）『偶然とは何か——その積極的意味』岩波新書．

田島慶吾「アダム・スミス『修辞学・文学講義』における方法論についての一考察」『静岡大学法制研究』3(3-4)，452-418(28-61)ページ．

橘木俊詔（2000）『セーフティ・ネットの経済学』日本経済新聞社．

立岩真也（1997/2006）『私的所有論』勁草書房．

蓼沼宏一（2011）『幸せのための経済学——効率と衡平の考え方』岩波書店．

蓼沼宏一（2014）「社会的厚生と社会的評価」須賀晃一編『公共経済学講義——理論から政策へ』有斐閣，87-112ページ．

田中拓道（2006）『貧困と共和国——社会的連帯の誕生』人文書院．

田村哲樹編（2010）『語る——熟議／対話の政治学』政治の発見第5巻，風行社．

チェルヌイシェーフスキイ，Н. Г.（1863＝1980）金子幸彦訳『何をなすべきか』岩波文庫（Что делать?）．

賃社編集室（2006）『賃金と社会保障』1426号．

ツヴァイク，S.（1944＝1999）原田義人訳『昨日の世界　I』みすず書房（*Die Welt von Gestern: Erinnerungen eines Europäers*）．

都留民子（2000/2010）『フランスの貧困と社会保護——参入最低限所得（RMI）への途とその経験』法律文化社．

土場学・盛山和夫編（2006）『正義の論理——公共的価値の規範的社会理論』数理社会学シリーズ4，勁草書房．

ディヴィス，M.（2006＝2006）長原豊訳「ニューオーリンズの置き去りにされた者たち」『現代思想』1月号．

トイプナー，G. 編著（2008＝2014）土方透監訳『デリダ，ルーマン後の正義論』新泉社（Zur (Ur-) *Möglichkeit einer Gesellschaftstheorie der Gerechtigkeit*）．

東京都社会指標：http://www.toukei.metro.tokyo.jp/ssihyou/ss-index.htm（2010年4月5日アクセス）．

トクヴィル，A. de（1840＝2008/2009）『アメリカのデモクラシー　第二巻（上）』岩波文庫（*De la démocratie en Amérique*）．

トルストイ（1877＝1998）木村浩訳『アンナ・カレーニナ』新潮文庫（Анна Каренина）．

内閣府：http://www.esri.cao.go.jp/jp/sna/menu.html（2010年4月1日アクセス）．

内閣府（2013）平成25年度障害者施策に関する基礎データ集（http://www8.cao.go.jp/shougai/data/h25.html）2015年3月14日アクセス．

中村洋一（1999）『SNA 統計入門』日本経済新聞社。

二階堂副包（1991）『現代経済学の数学的方法』岩波書店。

西川長夫（2006）『〈新〉植民地主義論』平凡社。

西谷修（2013）「デュピュイ氏への応答——ここにある「未来」にどう向き合うか—」『言語文化研究』，24(4)。

ヌスバウム，M.（2009 = 2011）中山尚子訳，後藤玲子監訳「ジェンダー正義への挑戦」『正義への挑戦——アマルティア・センの新地平』晃洋書房（*Against Injustice—The New Economics of Amartya Sen*）。

ノージック，R.（1974 = 1985/1989）嶋津格訳『アナーキー・国家・ユートピア　上・下』木鐸社（*Anarchy, State and Utopia*）。

ハイエク，F.（1952 = 2008）穐山貞澄訳『感覚秩序』『ハイエク全集4』西山千明・矢島鈞次監修，春秋社（*The Sensory Order, An Inquiry into the Foundations of Theoretical Psychology*）。

ハイエク，F.（1973 = 2007）矢島鈞次・水吉俊彦訳『法と立法と自由Ⅰ——ルールと秩序』『ハイエク全集8』西山千明・矢島鈞次監修，春秋社（*Law, Legislation and Liberty, Vol. 1: A New Statement of the Liberal Principles of Justice and Political Economy*）。

ハイエク，F.（1973 = 2008）矢島鈞次監修，篠塚慎吾訳『法と立法と自由Ⅱ——社会正義の幻想』『ハイエク全集9』西山千明・矢島鈞次監修，春秋社（*Law, Legislation and Liberty, Vol. 2: The Mirage of Social Justice*）。

長谷川晃（1991）『権利・価値・共同体』法哲学叢書2，弘文堂。

長谷川晃（2000）「公共的観点とリベラルな平等論———つのメタ理論的覚え書き」『人間の尊厳と現代法理論』ホセ・ヨンパルト教授古希祝賀，成文堂，455-479ページ。

長谷川晃（2001）『公正の法哲学』信山社。

八田達夫（2009）『ミクロ経済学Ⅱ』東洋経済新報社。

濱谷正晴（2005）『原爆体験』岩波書店。

ピグー，A. C.（1920/1932 = 1953/1975）気賀健三訳者代表『ピグウ厚生経済学　Ⅰ』東洋経済新報社（*The Economics of Welfare*）。

平田富太郎（1983）「Social Policy と社会保障——古典的社会保障概念をめぐっての一考察」社会保障研究所編『社会保障の基本問題』東京大学出版会。

フーコー，M.（1975-1976 = 2007）石田英敬・小野正嗣訳「社会は防衛しなければならない（1975〜76）」『ミシェル・フーコー講義集成』筑摩書房（*IL FAUT DÉFENDRE LA SOCIÉTÉ*）。

フランス共和国憲法審議会（2015）（http://www.conseil-constitutionnel.fr/）（http://www.

conseil-constitutionnel.fr/conseil-constitutionnel/english/constitution/preamble-to-the-constitution-of-27-october-1946.105306.html）2015年3月15日アクセス。

ブレイディ，H.・コリアー，D.（2004＝2009）泉川泰博・宮下明聡訳『社会科学の方法論争——多様な分析道具と共通の基準』勁草書房（*Rethinking Social Inquiry: Diverse Tools, Shared Standards*）。

ベヴァレッジ，W.（1942＝1969）山田雄三監訳『ベヴァレッジ報告　社会保険および関連サービス』至誠堂（*Social Insurance and Allied Services. Report by Sir William Beveridge. Presented to Parliament by Command of His Majesty*）。

ペストフ，V. A.（1998＝2000）藤田暁男・石塚秀雄・的場信樹・川口清史・北島健一訳『福祉社会と市民民主主義——協同組合と社会的企業の役割』日本経済評論社（*Beyond the Market & State: Social Enterprise & Civil Democracy in a Welfare Society*）。

ベック，U.（1986＝1998）東康・伊藤美登里訳『危険社会——新しい近代への道』法政大学出版局（*Risikogesellschaft auf dem Weg in eine andere Moderne*）。

ベンサム，J.（1789＝1967）山下重一訳「道徳および立法の諸原理序説」関嘉彦責任編集『世界の名著49　ベンサム／J. S. ミル』中央公社（*An Introduction to the Principles of morals and Legislation*）。

ホジソン，G. M.（1988＝1997）八木紀一郎・橋本昭一・家本博一・中矢俊博訳『現代制度派経済学宣言』名古屋大学出版会（*Economics and Institutions*）。

ホッグ，M. A.・アブラムス，D.（1988＝1995）吉森護・野村泰代訳『社会的アイデンティティ理論——新しい社会心理学体系化のための一般理論』（*Social Identifications: A Social Psychology of Intergroup Relations and Group*）。

ボードリヤール，J.（1999＝2002）塚原史訳『不可能な交換』紀伊国屋書店（*L'Echange impossible*）。

ホッブズ，T.（1651＝1954/2013）水田洋訳『リヴァイアサンⅠ』岩波文庫（*Livaiathan*）。

堀勝洋（1994）『社会保障法総論』東京大学出版会。

ポラニー，K.（1944＝2009）野口建彦・栖原学訳『大転換——市場社会の形成と崩壊』東洋経済新報社（*The Great Transformation*）。

マーシャル，A.（1920＝1985/1997）矢沢越郎訳『経済学原理　第一分冊』岩波ブックサービスセンター（*Principles of Economics, 8th ed.*）。

マーネス，A.（1905＝1919）青木節一・小島精一訳『労働保険論』集成社（*Versicherungswesen*）（ただし，翻訳に原本の記載なし。「原著ハモト「社會保険論」ニシテ」（翻訳書 p. 3）という言葉を手がかりに推測）。

松村祥子「フランスの社会福祉(1), (2), (3)」松村祥子編 (2011)『欧米の社会福祉の歴史と展望』放送大学教育振興会, 97-142ページ。

マルクス, K. (1844＝1964) 城塚登・田中吉六訳『経済学・哲学草稿』岩波文庫 (*Konomisch-philosophisch Manuskripte*)。

マルクス, K. (1852＝1996) 植村邦彦訳『ルイ・ボナパルトのブリュメール一八日——底本初版本』太田出版 (*Der 18. Brumaire des Louis Bonaparte*)。

マルクス, K. (1875＝1975) 望月清司訳『ゴータ綱領批判』岩波文庫 (*Kritik des Gothaer Programms*)。

マルクス, K.・エンゲルス, F. (1845-1846＝2002) 廣松渉・小林昌人訳『ドイツ・イデオロギー 新編輯版』岩波文庫 (*Die deutsche Ideologie*)。

三浦信孝編 (2003)『来るべき〈民主主義〉——反グローバリズムの政治哲学』藤原書店。

水野紀子編 (2013)『社会法制・家族法制における国家の介入』有斐閣。

宮道潔 (1996)『リスクマネジメントと保険』税務経理協会。

宮本太郎 (2004)「福祉国家再編の規範的対立軸」塩野谷祐一・鈴村興太郎・後藤玲子編著『福祉の公共哲学』東京大学出版会。

宮本太郎 (2009)『生活保障——排除しない社会へ』岩波新書。

宮本太郎 (2013)『社会的包摂の政治学』ミネルヴァ書房。

ミル, J.S. (1863＝1967) 伊原吉之助訳『功利主義論』『ベンサム／ミル 世界の名著』中央公論社 (*Utilitarianism*)。

ミル, J.S. (1859＝1971) 塩尻公明・木村健康訳『自由論』岩波書店 (*On Liberty*)。

ミル, J.S. (1869＝1957/2004) 大内兵衛・大内節子訳『女性の解放』岩波文庫 (*The Subjection of Women*)。

ムフ, C. (2000＝2006) 葛西弘隆訳『民主主義の逆説』以文社 (*The Democratic Paradox*, Verso)。

村上雅子 (1984/1988)『社会保障の経済学』スタンダード経済学シリーズ, 東洋経済新報社。

メーダ, D. (1995＝2000) 若森章孝訳『労働社会の終焉——経済学に挑む政治哲学』法政大学出版会 (*Le travail: une valeur en voie de disparition*)。

森村進 (2004)「リバタリアンはなぜ福祉国家を批判するのか——さまざまの論拠」塩野谷祐一・鈴村興太郎・後藤玲子編著『福祉の公共哲学』東京大学出版会。

森村進 (2013)『リバタリアンはこう考える 法哲学論集』信山社。

山口光恒 (1998)『現代のリスクと保険』岩波書店。

ラカトシュ, I. (1970＝1986) 中山伸樹訳「反証と科学的探求プログラムの方法論」I. ラカトシュ・A. マスグレーヴ／村上陽一郎・井山弘幸・小林傳司・横山輝雄共訳『方

法の擁護——科学的研究プログラムの方法論』新曜社（*The methodology of scientific research programmes*）．

ルークス，S.（1993＝1998）「人権をめぐる五つの寓話」S. シュート・S. ハーリー編／中嶋吉弘・松田まゆみ訳『人権について——オックスフォード・アムネスティ・レクチャーズ』みすず書房．

リオタール，J.（1993＝1998）「他者の権利」S. シュート・S. ハーリー編／中嶋吉弘・松田まゆみ訳『人権について——オックスフォード・アムネスティ・レクチャーズ』みすず書房（*On Human Rights: The Oxford Amnesty Lectures 1993*）．

リンド，R.S.（1939＝1979）小野修三訳『何のための知識か——危機に立つ社会科学』三一書房（*Knowledge for What: The Place of Social Science in American Culture*）．

ルソー，J.J.（1762＝1954）桑原武夫・前川貞治郎訳『社会契約論』岩波文庫（*The Social Contract*）．

レプケ，W.（1963＝1974）西村光夫訳『自由社会の経済学』日本経済評論社（*Economics of the Free Society*）．

ロザンヴァロン，P.（1995＝2006）北垣徹訳『連帯の新たなる哲学——福祉国家再考』勁草書房（*La nouvelle question sociale, Repenser l'État-providence*）．

ワソー，M.（2000＝2010）高橋祥友監修・柳沢圭子訳『統合失調症と家族——当事者を支える家族のニーズと援助法』金剛出版（*The Skipping Stone: Ripple Effects of Mental Illness on the Family*）．

渡辺靖（2010）『アメリカン・デモクラシーの逆説』岩波新書．

あとがき

　生きることを義務としてください。
　生きることを目的ではなく，義務としてください。
　ただし，生きていて心地よさを感じたら，素直に味わってください。
　生きている限り，たのしみや喜びは降りかかってきますから。

　人が幸福を避けることにはわけがある。慈しんでいた人が不在となった。自分はいて，その人はいない。自分はたのしむことができて，その人にはできない。自分は喜ぶことができて，その人にはできない。その人にはできないたのしみや喜びを，自らに禁ずるのは，端的に不公平だと感じるから。とはいえ，生きているかぎり，たのしみや喜びをまったく退けることはできない。それは不意に降りかかってくるものだから，そして思わず心地よいと感じてしまうものだから。でも，だからこそ，人は，幸福を遠ざけようとする。鈍く鋭い痛みにさいなまされながらも自分は幸福だと言い張る人の傍らで，幸福を退ける。幸福とは，実に，倫理的かつ意思的な概念なのである。

　第3章1節で紹介したキャンプ・ケーシー（「息子を失った悲しみが通常のすべての欲求をえぐり出し，純粋な目的のみを残して空っぽになってしまった」）の受けた被害を，彼女自身の利益に照らして修復することはおそらく不可能であろう。彼女自身，そのような形で修復されることを望んではいないだろう。だが，たとえそうだとしても，彼女の福祉（well-being）に配慮しなくてよいことにはならない。彼女が，彼女の声を真摯に聴き，応答する他者を必要としていることは確かだからである。そして，支援を通じてはじめて，われわれの関心が伝達可能となりもするからである。問題は，彼・彼女の福祉をいま現に構成する，不可欠の要素をとらえる枠組みである。第2章4節で論じたように，「原爆乙女の会」の片岡ツヨ氏の福祉は，彼女本人の利益には還元されない。

「経済学は幸福に役立つのか」という挑戦的なコンファレンスに招かれたアマルティア・センが，水俣病のフイルムを観終えていった。「これは幸福の問題ではない。まさにケイパビリティの問題だ」と。神に来ていただかないとどうしようもないところで，日々闘う人がおり，それを支える人がいる。それを支えるものが福祉の思想であるとすると，はたして，経済学はその福祉の思想を支えることができるのだろうか。さまざまな世界への気遣いをもち，さまざまな世界から気遣われる人間たちの生活を支える道具を提供しうるのだろうか。「福祉の経済哲学」の今後の拡がりと可能性を切望しつつ，筆を置きたい。

また，本書の初出は以下の通りである。また本書に掲載するにあたり，大幅な加筆，改稿を行い，一冊の本としてまとめた。

第1章 「社会保障と福祉国家のゆくえ」川本隆史編『応用倫理学講義4 経済』岩波書店，2005年。

第2章 「正義とケア——ポジション配慮的公共的ルールの構築に向けて」塩野谷祐一・鈴村興太郎・後藤玲子編『福祉の公共哲学』東京大学出版会，2004年。

第3章 「リスクに抗する福祉とは」橘木俊詔編『リスク社会を生きる』岩波書店，2004年。

補論1 「福祉は正義とどうかかわるか？」福祉社会学会編『福祉社会学ハンドブック』中央法規出版，2013年。

第4章 「ニーズ基底的相互提供システムの構想」齋藤純一編著『福祉国家／社会的連帯の理由』ミネルヴァ書房，2004年。

第5章 「福祉の思想と哲学」，「社会政策と福祉政策」社会福祉士養成講座編集委員会編集『新・社会福祉士養成講座4 現代社会と福祉 第4版』中央法規出版，2013年。

第6章 「ミニマムの豊かさと就労インセンティブ——公的扶助制度再考」貝塚啓明・財務省財務総合政策研究所編著『経済格差の研究——日本の分配構造を読み解く』中央経済社，2006年。

補論2 「福祉と成長——その異質性と親和性」『atプラス』04号，2010年。

第7章 「自立の社会的基盤と公的扶助」『賃金と社会保障』1426号，2006年。

第Ⅲ部導論 「訳者解説」アマルティア・セン著／若松良樹・須賀晃一・後

あとがき

　　　藤玲子訳『合理性と自由』下，2014年。
第8章　「リベラリズムとフェミニズム」『社会政策研究』No.8, 2010年。
第9章　「〈社会的排除〉の観念と〈公共的経済支援政策〉の社会的選択手続き」武川正吾編著『社会政策の新しい課題と挑戦第3巻　シティズンシップとベーシックインカムの可能性』法律文化社，2008年。
補論3　書下ろし。
第10章　「多元的民主主義と公共性」山口定他編『新しい公共性——そのフロンティア』有斐閣，2003年。
第11章　「デモクラシーの沈黙——非決定性の論理と構造」宮脇昇・玉井雅隆編著『コンプライアンス論から規範競合論へ——ウソの社会的発生から消滅まで』晃洋書房，2012年。
第12章　「差異の平等——センによるロールズ正義理論批判の射程」『経済研究』Vol.65 No.2, 2014年。
補論4　「現代正義と支援の思想」『言語文化研究』24・4, 2013年。

　本書の作成にあたって，多くの人の支援を受けた。とりわけ，この企画の発案者である後藤郁夫氏と，氏の遺志を継いで企画を進めて下さった堀川健太郎氏に感謝したい。また，火災による脊椎損傷後も変わらず迎えて下さった立命館大学大学院先端総合学術研究科の皆様方，院生たち，正統派経済学の中に「規範経済学」と「経済哲学」のすきまを空けて下さった一橋大学経済研究所，経済学研究科の皆様方，院生・学生たちに心から感謝したい。
　アマルティア・セン教授，塩野谷祐一先生，鈴村興太郎先生，藤岡貞彦先生，川野辺敏先生をはじめとして，多くの方々から受けた学問的影響は計り知れない。執筆の最中，ここには不在の人たちともしばしば対話した。遠藤彰先生，西川長夫先生のご冥福をお祈りする。本書は，社会学者である夫の後藤隆と子どもたち，義父母，亡き父と母に捧ぐ。

　2015年1月

　　　　　　　　　　　　　　　　　　　　　　　　　　　　後藤玲子

人名索引

あ 行

アーレント，ハンナ（Arendt, H.） 6, 7, 9, 10, 12, 40, 55, 342, 344
愛敬浩二 51
青木昌彦 121
アカロフ，ジョージ（Akerlof, G.） 1
アトキンソン，アントニー（Atkinson, A.） 75, 106, 144
雨宮明彦 98
アリストテレス（Aristotle） viii, 70-73, 75, 78, 80-82, 85, 115, 167
アロー，ケネス（Arrow, K.） 8, 46, 90, 95, 122, 188-190, 225, 238, 242, 249-251, 253-255, 258, 259, 261, 264, 286, 288, 293-295, 305, 344, 346, 350
石崎学 51
石田忠 3, 50
岩田正美 346
ヴァリアン，ハル（Varian, H.） 236
ヴァン・パライス，フィリップ（Van Parijs, P.） 108, 154, 317
ウィルキンソン，リチャード（Wilkinson, R.） 65
ヴィトゲンシュタイン，ルードウィヒ（Wittgenstein, L.） 15
ウォルツアー，マイケル（Walzer, M.） 40, 41, 97, 102, 280
エスピン＝アンデルセン，イエスタ（Esping-Andersen, G.） 126
遠藤比呂通 51
小川有美 99
小川浩昭 66, 68
奥野正寛 121
重田園江 66

か 行

片岡ツヨ 50
ガッドマン，エイミ（Guttmann, A.） 37, 77
加藤雅信 74, 119
金子守 1
ガラポン，アントワーヌ（Garapon, A.） 288
川本隆史 279
カント，イマニュエル（Kant, I.） 20-22, 46, 51, 109, 215, 272, 283, 307, 345
喜多秀行 371
北原糸子 60, 63
栗原淑江 50
郡司ペギオ-幸夫 iv
クーン，トマス（Kuhn, T.） vii
ケインズ，ジョン・メイナード（Keynes, J. M.） vii, 1, 179
ゲヴァース，ルイス（Gevers, L.） 251
コーエン，ジョシュア（Cohen, J.） 288
コーネル，ドゥルシア（Cornell, D.） 357
ゴーティエ，デーヴィド（Gauthier, D.） 286
コーヘン，ジェラルド（Cohen, G.） 317
ゴーマン，ウィリアム（Gorman, W.） 190
コルム，サージ・クリストフィ（Kolm, S.-C.） 25, 37
小島妙子 220
後藤隆 13
後藤玲子 255
近藤文二 29, 69

さ 行

サイモン，ハーバード（Simon, H.） 6, 181
坂井豊貴 297
酒井泰弘 68
サミュエルソン，ポール（Sammuelson, P.） 176, 178, 188, 236, 286, 313, 315

385

サンドモ，アグナー（Sandmo, A.） 24,99
塩野谷祐一 1,46,122,131,351
シュマイドラー，デーヴィッド（Schmeidler, D.） 25
シュミット，カール（Schmitt, C.） i-iii, 189, 294, 303-305
ジラール，ルネ（Girard, R.） i
須賀晃一 25,255
杉本栄一 90
鈴村興太郎 1,122,176,178,254,255,289,294,295
スタイン，オズワルド（Stein, O.） 119
スミス，アダム（Smith, A.） 1,20,49,89,128-130,160,190,272,329,349
盛山和夫 iv,13
セン，アマルティア（Sen, A.） iii, v, vi, 1, 8, 31, 38, 41, 42, 47, 49, 77, 80, 82, 89, 91, 94, 105, 106, 111-113, 122, 140-143, 160, 168, 174, 175, 181-184, 188-191, 197, 198, 215-217, 225, 232, 234, 237, 238, 242-245, 250-252, 254, 258, 260, 261, 263, 265, 266, 270-278, 280, 281, 286, 292-294, 304, 305, 307-312, 316, 318-333, 353
ソルニット，レベッカ（Solnit, R.） 59,60

た 行

ダール，ロバート（Dahl, R.） 264
高山憲之 70
竹内啓 65
ダスプリモント，クラウド（d'Aspremont, C.） 251
橘木俊詔 105,106
蓼沼宏一 25,255
田中拓道 66,101
チェルヌイシェーフスキイ，ニコライ（Chernyshevskii, N.） 193
ツヴァイク，ステファン（Zweig, S.） 5,352
土場学 13
デュピュイ，ジャン・ピエール（Dupuy, J.） 340,342
トービン，ジェームズ（Tobin, J.） 154

ドゥオーキン，ロナルド（Dworkin, R.） 26-28, 30-33, 41, 67, 346
トクヴィル，アレクシ・ド（Tocqueville, A.） ii

な 行

ナーゲル，トーマス（Nagel, T.） 271
ナイト，フランク（Knight, F.） v, 46, 63
二階堂副包 315
西川長夫 6
西谷修 342, 343
ヌスバウム，マーサ（Nussbaum, M.） 220-222
ノージック，ロバート（Norzick, R.） 73, 261

は 行

バーグソン，アブラム（Bergson, A.） 178
ハーシュマン，アルバート（Hirschman, A.） 1, 14
バーリン，アイザイア（Berlin, I.） 109, 215, 216, 288
ハイエク，フリードリッヒ（Hayek, F.） vi, 94, 122, 131, 347
ハイゼンベルグ，ウォルナー（Heisenberg, W.） iv
ハイデッガー，マルティン（Heidegger, M.） 351
バスー，カウシック（Basu, K.） 253
長谷川晃 31,32
パタナイク，プレゼンタ（Pattanaik, P.） 250
八田達夫 123
ハバーマス，ユルゲン（Habermas, J.） 14
濱谷正晴 2, 3, 50
ピグー，アーサー・セシル（Pigou, A.） 7-9, 89, 188
フィリッシュ，ラグナー（Frisch, R.） 148
フーコー，ミッシェル（Foucault, M.） ii, 311, 324
フォーリィ，ダンカン（Foley, D.） 25
フライスシェッカー，サミュエル（Fleischacker, S.） 72

フリードマン, ミルトン（Friedman, M.） vii, 143, 154
フレイザー, ナンシー（Fraser, N.） 196, 198
フローベイ, マーク（Fleurbaey, M.） 65, 232, 253
ベッカー, ゲーリー（Becker, G.） 131, 175
ベッカー, ローレンス（Becker, L.） 37
ベック, ウルリッヒ（Beck, U.） 59, 60, 63, 66, 70, 82, 343
ヘックマン, ジェームズ（Heckman, J.） 144
ポズナー, リチャード（Pazner, R.） 25
ポッゲ, トーマス（Pogge, T.） 318
ボッサール, ウオルター（Bossert, W.） 65, 253
ホッブス, トマス（Hobbes, T.） ii, 311
ポランニー, カール（Polanyi, K.） 66
ホルメス, ステファン（Holmes, S.） 288

ま 行

マーシャル, アルフレッド（Marshall, A.） 7, 8, 89, 129, 160, 188
マーネス, アルフレッド（Manes, A.） 66, 67
マーリース, ジェームズ（Mirrlees, J.） 95
マスグレイブ, リチャード（Musgrave, R.） 107, 138
松村祥子 66, 101
マルクス, カール（Marx, K.） 20, 160, 209, 212, 313, 335
水野紀子 62, 215
宮本太郎 99, 162, 204, 281

ミード, ジェームズ（Mead, J.） 94
ミル, ジョン・スチュアート（Mill, J.S.） 193, 194, 213, 214, 220, 221, 313
ムフ, シャンタル（Mouffe, C.） 286, 288
村上直之 342, 343
村上雅子 138, 147-149
メーダ, ドミニク（Mede, D.） 69, 96
森村進 108

や・ら・わ行

吉原直毅 169, 243, 244, 253
四辻裕文 371
ラカトッシュ, イムレ（Lakatos, I.） vi-vii
ランカスター, ケルヴィン（Lancaster, K.） 190
リオタール, ジャン＝フランソワ（Lyotard, J.-F.） 42
リンド, ロバート（Lynd, R.） 4, 5, 7
リンドベック, アーサー（Lindbeck, A.） 99
ルークス, スティーブン（Lukes, S.） 303
ルソー, ジャン＝ジャック（Rousseau, J.-J.） 16, 54, 265, 303, 304, 307, 308
レイヤード, リチャード（Layard, R.） 144
レプケ, ウィルヘルム（Röpke, W.） 179, 180
ローマー, ジョン（Roemer, J.） 28, 30
ロザンヴァロン, ピエール（Rosanvallon, P.） 6
ロビンズ, ライオネル（Robbins, L.） 178
ワソー, モナ（Waso, M.） 61

事項索引

あ 行

当たり前の前提（of course assumption） 4, 7
アメリカ合衆国の統治原理 100
アロー型社会的選択理論 8, 188, 250
安定性（stability） 269
依存性 52, 196
位置（ポジション） 47, 326, 327, 331
　——依存的客観性（positional alobjectivity） 276
　——的客観性（positional objectivity） 328, 329
一般意志 265, 304
一般的公的扶助システム 162, 163
応報的正義 71, 72, 81, 167

か 行

格差原理（the difference principle） 140, 224, 313-315, 322, 335
課税最低限 145-147
仮設的保険市場 27, 32
家族と正義 222, 223
カタストロフィ 335, 337-339
活動 40
　——促進政策（activation policies） 162
　——的な雇用機会の平等政策 203
稼得所得税額控除（Earned Income Tax Credit: EITC） 125, 127, 156, 157
貨幣（ノミスマ） 71
間-位置的査定（trans-positional assessment） 329
間-位置的不変性（trans-positional invariance） 331
「観察言語」問題 vii
「観測経過」問題 iv
観点としてのリスク 62, 63, 65, 70, 83

完備性 239, 249
寛容（tolerance） 48, 210
基礎的機会 78
「基礎的機会」の保障 77, 78
基底的な思想 322
規範（norm） v
　——意識 83
　——としての平等 350
　——の規範（哲学）的アプローチ vii, 354
　——の事実（解明）的アプローチ vii, 353
　——理論 iv, v
ギフト（贈与） 107
基本財保障システム 116
基本的潜在能力（basic capability） 227, 233, 234, 236
基本的潜在能力条件 242
基本的福祉（well-being） 23, 42, 43
基本的福祉保障関数 244-246
客観性 271
給付停止所得の算出方法（課税発生ケース） 152
匡正（矯正）的正義 70-75
　——に基づく公的経済給付 73
競争市場メカニズム 39, 41, 42
共同性 35, 56, 60
共同性（ロールズ） 267
共同体 40, 41
暮らし向き 86
グループ間無矛盾性条件 243, 244
ケア労働 52
　　私的関係性に基づく—— 52, 53
経済学的思考 i, 175
欠損補塡の平等（shortfall equality） 105
言語 15, 42
原初状態（original position） 324, 326-328, 330

限定された単調性条件 243
権利 41
行為主体的自由（agency freedom） 141
公共
　――サービス提供システム 114
　――財 12, 107
　――（性） 12, 14, 62, 263, 264, 280, 282
　――的推論（public reasoning） 139, 141
　――的善 12
　――的相互性 166, 167, 169, 247
　――的相互性システム 164, 168
　――的討議（熟議） 84, 113, 263
　――的文化 268
　――的理性 263, 268, 305
　――の安全 209
交渉集団（the negotiating group） 274
公正 312
　――性 308
　――としての正義（justice as fairness） 88, 266, 270, 312, 333
　――な機会均等の保障 100
厚生主義（welfarism） 91, 189, 190, 253, 309
功績（desert） 72, 144, 323
　――とは無関係な偶然 323
衡平性（equity） 71, 132
効用関数 176
功利主義 328
合理
　――性 308
　――的愚か者 47
　――的配慮（reasonable accommodation） 137
個人
　――間分配（inter-personal distribution） 24, 31
　――責任 32
　――的価値（individual value） 249
　「――内所得」の平準化（income smoothing） 99
　――内分配（inner-personal distribution） 24, 31

　――の公共的評価 249
　――の責任と就労機会の保障法（1996年） 198
　――別衡平性 67, 134, 167
困難事例 vi, 310, 312, 322, 323, 332

さ 行

財産所有民主主義（property owning system） 94, 97, 247
「財産所有民主主義」システム 113, 162
最終性 322
最大集合 244, 245
最低生活費認定額 144, 149, 153
差異の平等（the equality of the differences） 309, 350, 353
差別 347
資源の平等（equality of resource） 26, 28, 32
思考の公共的枠組み 271
事後補償 65, 66
　　　制度 82
事実としての区別（差異） 350
事実の規範的分析 vii
事実の事実解明的分析 vii
市場
　――の失敗 133, 139
　――の成功 139
システム悪 343, 344
自尊（self-respect） 193-195, 267, 283
　――の社会的基盤 194
実践的ルール 15, 321
児童手当 126
支払い意思（willingness to pay） 134
社会 12, 13, 37, 38
社会（ロールズ） 273
　――契約 308, 324
　――厚生関数
　　功利主義型―― 315
　　ロールズ格差原理型―― 316
　――状態（social state） 249
　――的価値（social value） 249
　――的カテゴリー 76

——的基本財（social primary goods）　110,
　　　111, 308, 325
　　——的協同（social cooperation）　37, 38
　　——的厚生汎関数　8, 238, 250
　　——的選択理論　305
　　——的な公共的評価　237
　　——的排除　74, 227, 246
　　——的包摂　281
　　——的連合（social union）　258
　　——の経済（人々の相互連関活動）　182
　　——の公共的評価　250
弱衡平性原理　31
自由（freedom）（セン）　91, 141, 198
自由主義的思考　i
修辞法（レトリック）的方法　1
住民評価型福祉　80, 81
就労
　　——（労働）インセンティブ　95, 96, 157,
　　　158, 165, 314, 325
　　——インセンティブ政策　170
　　——インセンティブ問題　135, 136, 155, 317
　　——インセンティブ理論　144
　　——の（倫理的）義務　167
熟議的民主主義　37
主体（subject）　56, 57
順序　320
障害
　　——者権利条約　21, 136
　　——者雇用　136, 137
消極的自由　215
常識的準則　313, 314
状態比較アプローチ　319
承認　267
　　——における相互性　37
消費者主権（consumer's sovereignty）　131,
　　134
消費者の慎慮　130
諸社会の社会（society of societies）　269
序数主義的効用理論　258
序数的効用理論　174
自立の2つの構成要素　205

親切を尽くす能力　20
推移性　239, 249
生活程度　89
正義　312
　　——の葛藤　235
　　——の感覚の到達範囲を拡張する営み　275
　　——の常識的規則（common sense precepts
　　　of justice）　147, 313
　　——の二原理　266
　　——の開かれた観察可能性　271
　　——への状態比較アプローチ　319
　　——への超越論的アプローチ　319
生産者の倫理　130
政治
　　——的構成主義　46, 307, 317, 354
　　——的リベラリズム　267
正常な悲嘆のプロセスを体験する権利　62
制度　iv, v, 44
　　——としての福祉　83
正の概念に関する形式的制約　320
政府の失敗　133, 134
世界からの気遣い　55, 57, 83
世界に対する気遣い　7, 9, 55, 57, 342
責任　32, 136
　　予防——　339
　　——的補償理論　76
善意志　345
前‐原初状態　327, 331
潜在能力　111, 140, 200, 310
　　——アプローチ　174, 183, 184, 198
　　——関数　239
　　——基底的弱パレート条件　244
　　——指標　323
　　——と支配力　214, 217
戦争状態　311
全体主義　87, 188, 344
選択の自由　216, 348
相互主義（マーネス）　66
相互性（reciprocity）　33-36, 80, 99, 136, 166,
　　279, 349
　　行為と評価の——　81

――としての正義　36
相互提供システム　102
相互的用意（mutual provision）　97
相互便益（mutual advantage）　33
素材に相応した程度の明確な論述　82
尊敬　283
存在における平等　260
損失補塡システム　115

た行

大衆性（popularity）　264
対象の素材に相応した程度の明確な論述（アリストテレス）　82, 115
多元性の事実　10
多元的活動評価システム　162, 163
多数決ルール　296
達成の平等（attainment equality）　106
単調性（monotonicity）　180, 236
中立性（Neutrality）　217, 223, 253-255, 297, 298
重複的合意（overlapping consensus）　110, 265, 280
適応的選好　216
適理性（reasonable）　268
手続き的正義（公正性）　189, 255, 305, 350
手続き的な相互性　36
デモクラシー　→民主主義
問い返し（explication）　48
投企　351
特殊的正義　70
匿名性（Anonymity）　39, 41, 223, 253-255, 298
――条件　296
閉じられた不偏性　329

な・は行

二項関係　47, 249
人間社会の一般的事実　325
バーグソン＝サミュエルソン型社会厚生関数　236, 315
配分的正義　70-72, 78, 80, 81, 167

「ハモンド衡平性」条件　292
パレート
――改善　290
――拡張ルール　189
――（強）条件　290
――効率性　132, 290, 313
――（弱）条件　290
――派リベラルのパラドックス（リベラル・パラドックス）　216, 293
反差別思想　258
反射性　239
反照的均衡（reflective equilibrium）　267, 279
万民の法　269
被影響者集団（the affected group）　274
非決定性（indeterminacy）　285, 288, 320, 321, 332
非自由主義的民主主義論　304
非純粋公共財　138
悲嘆者の最下層階級　61
必需品（necessaries）　160, 201
必要（ニーズ）に応ずる分配原理　111, 185
等しい尊重と配慮　26, 30, 31, 33, 43
非人称性（non-personal）　39, 41
ヒューム法則　vi
評価集団（the evaluating group）　274
標準（standard）　114, 142
平等（シュミット）　iii
平等（トクヴィル）　ii
平等（ホッブス）　ii
平等（リスクの前での）　62, 65, 67
――規範　21
――等価原理（egalitarian-equivalence）　25
開かれた不偏性（open impartiality）　181, 186, 329, 330
複合的正義　41
福祉（well-being）　i, 4, 7, 8, 85, 91
――サービスの特性　349
――制度　345
――的自由（well-being freedom）　141, 198
――年金　119
――への権利　63

複層的公的扶助システム　162, 170
負の所得税（Negative Incom Tax: NIT）　143, 154
　──モデル　155
不平等な基本的権利　326
不偏性（impartiality）　263, 272, 327, 328
不変性要請　252
不偏の観察者　330, 331
分権の意思決定　131
ベーシックインカム（基本所得）　124, 154, 158, 163, 164, 317
ベーシック・ニーズ　112
法
　──による支配（rule of law）　16
　──のルール（rule of law）　255, 302, 303
ポジション配慮的選択手続き　301
ポジション配慮的中立性条件　299
ポジション配慮的匿名性条件　299
補足性の原理　145, 202, 205, 207

ま　行

マキシミン原理　315
ミニマム（基本的福祉）保障　168, 169
民主主義　ii, 264, 285
　──的同一性　iii
　──の完備化プロセス（complementation process）　289
民主的平等（Democratic Equality）　110, 120, 309
無関連対象からの独立性条件　295, 297
無拠出制年金制度　119
無羨望（no-envy）原理　25
無知のヴェール　36, 88, 212, 267, 324-327, 336

明白な不正義（patent injustice）　245
目的合理性　352
モデル・ビルディング　46, 51, 56

や・ら・わ行

ユニバーサル・サービス　114
要約的ルール　15
リスク（定義）　63
　──の個人化　69
　──予防　64, 66
理想的観察者（ideal spectator）　272
リバタリアニズム（自由至上主義）　32
リバタリアン　73, 259
リフレイン条件　243
リベラル
　──な共同体　32
　──な平等　ii, 32, 346
　──な民主主義　295
理由（セン）　141, 198
　──の配列　321
　──別公的扶助システム　162, 163
倫理　v
例外　322
ロールズ
　──格差原理　168, 169
　──格差原理型社会厚生関数　316
ワークフェア政策　163

欧　文

EITC　→稼得所得税控除
EITCとTANF・フードスタンプ制度の統一モデル　170
TANF（困窮家庭への一時扶助政策）　157

《著者紹介》

後藤玲子（ごとう・れいこ）

1958年　新潟県上越市生まれ。
現　在　一橋大学経済研究所教授（経済哲学専攻）。
主　著　『アマルティア・セン』（共著）実教出版，2001年。
　　　　『正義の経済哲学』東洋経済新報社，2002年。
　　　　『福祉の公共哲学』（共編著）東京大学出版会，2004年。
　　　　『福祉と正義』（共著）東京大学出版会，2008年。
　　　　Against Injustice, (coeditor), Cambridge University Press, 2010.
　　　　『正義への挑戦』（監訳）晃洋書房，2011年。

福祉の経済哲学
──個人・制度・公共性──

2015年7月30日　初版第1刷発行　　　　　　　　〈検印省略〉

定価はカバーに
表示しています

著　者　　後　藤　玲　子
発行者　　杉　田　啓　三
印刷者　　田　中　雅　博

発行所　株式会社　ミネルヴァ書房
　　　　607-8494 京都市山科区日ノ岡堤谷町1
　　　　電話代表　(075)581-5191
　　　　振替口座　01020-0-8076

©後藤玲子，2015　　　　　創栄図書印刷・新生製本

ISBN978-4-623-07145-6
Printed in Japan

ジョン・グレイ 著／山本貴之 訳
自由主義論 四六判／432頁／本体3800円

ジョン・グレイ 著／松野 弘 監訳
自由主義の二つの顔
●価値多元主義と共生の政治哲学 四六判／266頁／本体2800円

F. A. ハイエク 著／田中真晴・田中秀夫 編訳
市場・知識・自由
●自由主義の経済思想 四六判／304頁／本体2800円

A. マーシャル 著／伊藤宣広 訳
マーシャル クールヘッド＆ウォームハート
 四六判／320頁／本体3500円

フランク・ナイト 著／高 哲男・黒木 亮 訳
競争の倫理
●フランク・ナイト論文選 四六判／292頁／本体3500円

フランク・ナイト 著／黒木 亮 訳
フランク・ナイト 社会哲学を語る
●講義録 知性と民主的行動 四六判／280頁／本体3500円

根井雅弘 編著
現代経済思想
●サムエルソンからクルーグマンまで A5判／308頁／本体2800円

服部茂幸 著
危機・不安定性・資本主義
●ハイマン・ミンスキーの経済学 四六判／330頁／本体4000円

―――― ミネルヴァ書房 ――――
http://www.minervashobo.co.jp/